Hände hoch, oder ich lache . . .

. . . und andere Schmunzelkrimis
Detektivgeschichten
Krimirätsel
hinterlistige Geschichten
Balduin Pfiffs Rezeptgeheimnisse
zwei Fälle für Perry Clifton
und vieles andere

Bilder von Erich Hölle

Das große Wolfgang Ecke Buch

Loewes Verlag

Quellenverzeichnis

„Geisterstunde“ aus: Kriminalgeschichten. Ravensburg 1971
„Jacques, der Dieb“ aus: Notlandung auf Takanawe. Stuttgart 1969
„Zwei Pläne nach Maß“ aus: Wer knackt die Nuß? 3. Band.
Ravensburg 1975

ISBN 3 7855 1762 9 – 2. Auflage 1978

Gesamtherstellung: Salzer-Ueberreuter, Wien
Printed in Austria

Inhalt

++++++++++++++++++++++++++++++++++++

Hände hoch, oder ich lache ...

++++++++++++++++++++++++++++++++++++

Es gibt Menschen,

die beim Anblick einer fünfbeinigen toten Maus in Ohnmacht fallen,

die bei der Begegnung mit einer betenden Hexe zu schreien beginnen,

denen ein einziges Gespenst eine Gänsehaut verursacht,

die keine lebenden Fische auf der blanken Haut vertragen,

die sofort zu weinen anfangen, wenn sie einen schlafenden Maulwurf sehen,

oder denen nach dem Verzehr eines einzigen Regenwurms schlecht wird.

Leopold Ox gehörte weder zu den einen noch zu den anderen – jedoch, er war das Opfer eines viel schlimmeren Leidens: Seine Krankheit hieß Lachen. Natürlich liest sich das auf den ersten Blick komisch, unwahrscheinlich, ja, es wirkt geradezu lachhaft, lächer-lich. Und doch ist es so!

Bei Leopold Ox, allgemein Poldi genannt, von Körpergröße zu sprechen wäre Hohn, zumindest Spott, denn Poldi hatte im Alter von 18 Jahren irgendwo zwischen dem 138. und dem 139. Zentimeter aufgehört zu wachsen. Doch trotz seines mangelnden Wuchses fehlte es ihm nicht an „Köpfchen“, und wäre zwischen ihm und den Reagenzgläsern und den Bunsenbrennern nicht soviel Luftlinie gewesen, wer weiß, vielleicht wäre aus Poldi einmal ein berühmter Chemiker geworden.

So jedoch strebte er einem anderen, sozusagen uniformierten Traumziel zu: Leopold wollte Briefträger werden.

Monatelang begleitete er den chronisch schnupfenkranken Herrn Schullerfeld auf dessen täglicher Tour durch die Straßen und beobachtete ihn dabei, wie er Briefe und Karten mit gewichtiger Miene in die Schlitze beförderte. Wie er Geld auszahlte und manchmal welches kassierte.

Daß Herr Schullerfeld, selbst kein Riese, ein wenig mitleidig auf ihn herabsah, störte ihn nicht ein bißchen.

Und endlich war er da, der große Tag der Bewerbung.

Tja, und von Stund an haßte er die Post!

Bis auf den heutigen Tag behielt er für sich, mit welchen Gründen die Postverwaltung seine Bewerbung abschlägig beschied.

Und noch etwas bewirkte diese Ablehnung: Zum erstenmal trat bei Leopold Ox jenes unerklärliche Leiden auf: Er lachte...

Er lachte, bis ihm die Tränen über die Wangen rannen. Das Lachen schüttelte ihn so, daß seine Arme, Hände und Finger flogen und zuckten, als müßten sie Schwärme von Bienen abwehren.

Er ging zu einem Arzt.

„Herr Doktor", sagte er, „immer wenn ich mich aufrege, packt es mich, und ich muß lachen!"

„Raus!!" befahl der Arzt, der sich auf den Arm genommen glaubte.

„Ich meine es ehrlich!" sagte der Leopold.

„Ich auch!!“

Na ja, der Doktor war nicht der letzte Arzt, der den Leopold aufregte.

Als er sich eines Tages auf dem Arbeitsamt nach „einer ruhigen Berufsmöglichkeit für kleine Leute“ erkundigte, erwiderte ihm der gutgelaunte Beamte ahnungslos, er solle es doch mal bei Schneewittchen hinter den sieben Bergen versuchen. Natürlich konnte der gutgelaunte Beamte nicht wissen, daß er Leopold damit aufregte. Zuerst lachte er ja mit; als dann Poldi jedoch lachend begann, Akten und sonstigen Behördenkram vom Schreibtisch zu fegen, ergriff er die Flucht, um wenig später mit zwei stattlichen Ordnungshütern zurückzukehren.

Eine der schlimmsten Erinnerungen Poldis war die Beerdigung des armen Herrn Schullerfeld, jenes Briefträgers, dessen Begleiter er über Monate hin gewesen war. Weil er so klein war, schoben ihn die übrigen Trauergäste immer weiter nach vorn, bis er endlich in der ersten Reihe stand.

Es kam, wie es kommen mußte. Leopold Ox regte sich ganz furchtbar auf...

Er verlor daraufhin seine Stelle als Kartenabreißer im Kino.

Tagelang verbarrikadierte er sich in seiner Wohnung.

Am 13. Tag beschloß er, sein ganzes Geld von der Bank abzuheben und auf einer einsamen Insel über sein weiteres Leben nachzudenken.

Am 14. Tag bestieg er den Zug Richtung Wasser und erreichte am 15. Tag das gewünschte Ziel: die Insel.

Ein schönes Leben begann.

Er fühlte sich wohl, ging am Strand spazieren, sammelte Muscheln, schenkte sie Kindern, aß viel Fisch, regte sich nie auf und wünschte sich eines Tages nichts sehnlicher, als immer hier auf der Insel bleiben zu können.

Am 9. Tag im dritten Monat seines Aufenthaltes setzte er sich an den Tisch in seinem Zimmer und machte Kassensturz. Das Ergebnis war niederschmetternd. Nur für knapp drei Wochen würde sein Geld noch reichen. Zwei Stunden später fragte die Wirtin den Leopold, worüber er denn eine halbe Stunde lang so furchtbar gelacht habe? Und der Leopold erzählte ihr einen Witz...

Leopold begann einen Rundgang über die Insel zu machen. Fragte diesen und jenen nach Arbeit und zwang sich zur Fröhlichkeit, während er ein ums andere Kopfschütteln einsammelte. Nein, Arbeit hatte keiner für ihn.

Nach einer weiteren schlaflosen Nacht stand es für ihn fest: Wenn er nicht auf ehrliche Art zu Geld kommen konnte, dann eben auf andere. Und da Leopold Ox, wie bereits eingangs erwähnt, kein Dummer war, ging er den Plan mit der ihm eigenen Gewissenhaftigkeit an. Eine Bank würde wohl das richtige sein.

Doch welche?

Natürlich eine kleine. Sie sollte seiner Körpergröße angepaßt sein.

Leopold kicherte.

Er würde eine kleine, niedliche Bank suchen und finden.

Am nächsten Morgen setzte er mit der ersten Fähre zum Festland über und bestieg den Omnibus zur Landeshauptstadt. Für einen Großteil seiner noch vorhandenen Barschaft erstand er in einer finsteren Kneipe einen leicht angerosteten Revolver, und nachdem er bei einem „Friseur und Perückenmacher" noch einige weitere Kleinigkeiten eingekauft hatte, begann er mit der Suche nach der kleinen, niedlichen Bank.

Straße für Straße ging er ab, und es erfüllte ihn mit Staunen, wie viele Banken es gab. Nur der kleinen, niedlichen wollte er einfach nicht begegnen.

Doch dann durchfuhr es ihn siedend heiß. Da war sie! Schräg gegenüber! *Handelsbank von 1880* stand in großen Lettern über dem Eingang und einer Art Schaufenster mit einem Riesenschwein darin.

„Nur nicht aufregen!" flüsterte sich Poldi zu und zwang sich, langsam und unauffällig weiterzugehen.

„Es ist eine niedliche kleine Zweigstelle, wie für mich gemacht!" Ein seltsames Glücksgefühl durchströmte ihn.

Im Geist hörte er das Geschrei der ewig hungrigen Möwen und das Geräusch der Wellen bei auflaufender Flut. Er roch das brackige Wasser im kleinen Hafen und spürte in der Nase den Geruch im Inneren der alten reetgedeckten Häuser.

Er würde einer von ihnen werden!

Er – ein Inselbewohner!

Es war kurz vor halb drei, eine gute Zeit!

Der Verkehr auf der Straße war nicht übermäßig dicht. Leopold bog an der nächsten Kreuzung nach rechts ab. Verschwand, als gehöre er hinein, im Hausflur eines Hauses, in dem es rechts vom Eingang einen Tabakladen und links ein Geschäft für Molkereiprodukte gab.

Eine dumpfe Muffigkeit empfing ihn.

Von überall Geräusche, doch keine darunter, die ihm im Augenblick bedrohlich erschienen.

Er handelte rasch, so, als hätte er es schon tausendmal geprobt. Blitzschnell hatte er eine kleine Dose mit Mastix (Klebemittel), einen Spitzbart und einen buschigen Schnauzer in der Hand, die Bebartung gleich darauf im Gesicht. Es folgten eine riesige Sonnenbrille und eine quastenbesetzte Mütze. Zum Schluß entnahm er seiner Aktenmappe noch einen leichten Regenmantel.

Wenn auch nicht in der Größe, so hatte er sich doch im Äußeren sehr verändert. Keiner seiner Bekannten von zu Hause oder von der Insel würde ihn in dieser Aufmachung wiedererkannt haben.

Raschen Schrittes strebte er einem Blumengeschäft zu, in dem er einen Strauß gelber Rosen kaufte. In aller Eile legte er vier weitere Straßen zurück, überquerte dabei fünf Kreuzungen und steuerte schließlich auf einen Taxistand zu.

Als er die Straße überquerte, ergriff eine beleibte grauhaarige Dame mit einem ebenso beleibten Dackel Besitz von dem einzigen Taxi.

Leopold sah ihnen nach und murmelte: „Kein Grund zur Aufregung... Nicht aufregen, Poldi, nur nicht aufregen..."

15.22 Uhr.

Leopold Ox wartete auf ein anderes Taxi. Ab und zu fuhr seine Rechte ins Gesicht, wo er mit Fingerdruck versuchte, dem etwas beweglichen Schnauzer mehr Festigkeit zu verleihen.

Das andere Taxi kam um 15.30 Uhr.

„Fahren Sie mich bitte in die Bismarckstraße!"

„Wohin genau dort?"

„Bis zu dem kleinen Parkplatz neben dem Reiterstandbild."

Ja, Leopold hatte sich alles genau eingeprägt. Von dem Parkplatz bis zur Bank um die Ecke waren es höchstens drei Minuten. Drei Minuten hin, drei zurück, das machte sechs. Der ganze Überfall durfte nicht länger als vier Minuten dauern, das wären zehn. Mit dem Taxi zum Omnibusbahnhof wären weitere zehn, würde zusammen zwanzig Minuten ausmachen.

Jetzt war es 15.31 Uhr. Bis zum Parkplatz dürfte das Taxi weniger als fünf Minuten benötigen. Also 15.31 Uhr plus fünf Minuten plus zwanzig wäre 15.56 Uhr.

Eine runde Sache, denn um 16.10 Uhr fuhr der Omnibus zum Fährhafen, wo er das letzte Schiff zur Insel erreichen würde.

Das Taxi hielt. Die eben noch umschattete Miene des Taxifahrers – wer fährt schon gern solche kurzen Strecken – hellte sich schlagartig auf, als der kleingeratene Fahrgast neben ihm sagte: „Lassen Sie die Uhr laufen, Sie müssen mich anschließend noch zum Omnibusbahnhof fahren. Hier haben Sie fünfzig Mark, wir rechnen später ab!"

„Geht in Ordnung, mein Herr!"

Leopold nahm Tasche und Rosenstrauch und stieg aus. Schnell, jedoch ohne Hektik, trippelte er seinem Ziel entgegen.

15.39 Uhr drückte er die Glastür der Filiale der *Handelsbank von 1880* auf.

In der gleichen Sekunde durchzuckte ihn ein furchtbarer Gedanke. Er sah drei Bankangestellte (zwei Herren, eine Dame) sowie eine Kundin vor sich. Wie sollten diese vier Menschen wissen, daß sie ihn nicht aufregen durften.

Noch nahm niemand Notiz von ihm.

Leopold betrachtete den Rosenstrauß in seiner Hand. Er konnte doch nicht einfach... Aber da schoß ihm eine geniale Idee durch den Kopf.

„Das ist ein Überfall! Hände hoch, oder ich lache!!"

Mit weitem Schwung schleuderte er die Rosen Richtung Kassenschalter.

Sahen ihn vier Augenpaare zuerst erstaunt bis überrascht, dann leicht amüsiert bis ratlos an, so starrten sie nun mit angehaltenem Atem auf den großen Revolver in der Hand des kleinen Mannes.

Und es war etwas in dessen Augen, was es ihnen angeraten erscheinen ließ, die Hände über den Kopf zu heben.

„Bitte", rief er in beschwörendem Ton, „regen Sie mich nicht auf, denn wenn ich mich aufrege, muß ich lachen, und wenn ich lache, habe ich mich nicht mehr in der Gewalt und könnte aus Versehen mit dem Finger an den Abzug kommen."

Sie standen wie zu Salzsäulen erstarrt. Nur ein korpulenter, rotbäckiger Mittvierziger rief mit unterdrückter, heiserer Stimme: „Wir sind nur eine kleine Zweigstelle, viel gibt's bei uns nicht zu holen."

„Wie heißen Sie, und wer sind Sie?"

Es sah schon komisch aus, wie der Kopf des Wohlbeleibten zwischen den hochaufgereckten Armen versuchte, eine Art Verbeugung zuwege zu bringen. „Leinenbrinck, ich bin der Zweigstellenleiter."

Leopold Ox richtete den angerosteten Revolver auf Herrn Leinenbrinck, dem daraufhin die letzte Farbe aus den feisten Wangen wich.

„Sie haben nur zwei Dinge zu tun", erklärte ihm Poldi, „das eine ist, mich unter keinen Umständen aufzuregen, und das andere ist, blitzschnell diese Tasche mit Geld zu füllen."

Der kleine Mann, dessen Schicksal das Lachen war, ging in schnellen Schritten auf den Kassenschalter zu, wo eine Dame mit Zwiebelmiene bemüht war, ihr Leben durch besonders steif aufgerichtete Arme zu retten.

„Vollmachen!!" herrschte sie Ox an und warf besagte Tasche über die Panzerglaseinfassung. Durch Sprünge aus dem Stand versuchte er sich einen Eindruck von den vorhandenen Barmitteln zu verschaffen – ein Unterfangen, das ihm allerdings mißlang.

Die Dame mit der Zwiebelmiene begann die Tasche in hektischer Betriebsamkeit zu füllen; dabei bekam ihr weinerlicher Gesichtsausdruck beängstigend traurige Züge.

„Tasche zumachen und rüberwerfen!" schnauzte Leopold, als sie hilflos, mit zitternden Händen, nicht wußte, wohin damit.

Es klatschte, als die Tasche zwei Meter von ihm entfernt auf die dunkelbraunen Keramikfliesen fiel.

Ohne seinen Standort zu ändern, forderte er die wie zu einem Denkmal gewordene Kundin auf, ihm die Tasche zu bringen.

Als Leopold Ox wieder aus der Glastür trat, waren genau drei Minuten und vierzig Sekunden vergangen. Eilig ordnete er sich in den Strom der Fußgänger ein, wobei er Mantel und Mütze abstreifte. Er legte, als er die Kreuzung erreicht hatte, einen leichten Trab ein, prallte dabei mit einem Kinderwagen zusammen und kam, entsprechend seiner Zeitrechnung, wenn auch ein wenig außer Puste, bei seinem Taxi an.

„Und jetzt zum Omnibusbahnhof!" schnaufte er, nachdem er sich mit einem ungeheuren Triumphgefühl in den Fond hatte fallen lassen.

Im gleichen Augenblick, als sich der Taxifahrer in die fahrende Autoarmada einordnen wollte, mußte er noch einmal auf die Bremse treten. Das gellende Auf und Ab einer Polizeisirene näherte sich.

„Ein Unfall?" fragte Poldi scheinheilig, und er sah, wie der grauhaarige Kopf vor ihm heftig geschüttelt wurde.

„Das sieht mir eher nach einem Überfall aus. Da kommt von irgendwo noch eine Sirene."

Diesmal klappte es mit dem Einfädeln. Sie überquerten die Kreuzung, und im Vorbeifahren sahen Taxifahrer und Leopold Ox vor der Bankfiliale eine Menschentraube und das blinkende Blaulicht von zwei Polizeifahrzeugen.

„Na, wie ich es gesagt habe, es war ein Überfall!" sagte der Chauffeur voller Verachtung.

„Ja, ja, man ist seines Lebens nicht mehr sicher!" seufzte Leopold, und er nahm sich in diesem Augenblick vor, in einem Geschäft für Modeschmuck in der Nähe der Anlegestelle noch eine Kleinigkeit für seine Wirtin zu kaufen. Seine Hand schob sich unauffällig in das Innere der Tasche, und mit geschlossenen Augen versuchte er den ungefähren Wert der Geldbündel zu ertasten. Irgendwas hielt ihn davon ab, offen in die Tasche zu blicken.

Sie überquerten die Kanalbrücke.

Sie bogen in die fünfbahnige Kanalallee ein.

Der Fahrer mußte stark abbremsen, und plötzlich ging es nur noch schrittweise weiter. Bald folgte der totale Stopp.

„Da muß es einen Unfall gegeben haben. Wann geht Ihr Omnibus?"

„Um 16.10 Uhr..."

„Das könnte knapp werden."

„Ich muß unbedingt das letzte Schiff erreichen..."

Wieder ging es fünf Meter vorwärts.

Irgendein ungeduldiger Autofahrer drückte auf seine Hupe. Ein zweiter schloß sich an, und schon war das schönste Hupkonzert im Gange.

„Ich *muß* das letzte Schiff erreichen!" wiederholte der kleine Leopold.

„Tut mir leid, aber mein Taxi ist nun mal kein Hubschrauber."

„Ich muß das letzte Schiff erreichen!"

Der Fahrer zuckte stumm mit den Schultern und versuchte etwas von seinem kleingewachsenen Fahrgast im Rückspiegel zu erhaschen. Er sah dessen Gesicht, einen traurig herunterhängenden Schnurrbart und eine Hand, die sich mit einem gepunkteten Taschentuch den Schweiß von der Stirn tupfte.

Diesmal ging es nur zwei Meter vorwärts. Zum Omnibusbahnhof waren es noch etwa zwei Kilometer.

„Es wird tatsächlich knapp..." bemerkte der Mann am Lenkrad. Dann deutete er grinsend mit dem Kopf auf den Wagen rechts neben ihnen, in dem der Fahrer wütend mit den Fäusten auf dem Lenkrad herumtrommelte.

„Ein Idiot!" sagte der Taxifahrer respektlos. „Wird eines Tages einen Herzinfarkt kriegen."

Die Schlange setzte sich in Bewegung.

„Sie, es geht weiter!" rief Leopold und puffte gegen die Rückenlehne des Fahrersitzes.

„Es *ging* weiter. Dort vorn bremsen sie schon wieder!" korrigierte der Fahrer trocken.

Zwei, drei Sekunden lang glaubte Albert Tobbensen, das Geräusch käme aus dem eingeschalteten Sprechfunkgerät, doch dann wußte er, daß es von hinten kam. Seine Augen suchten seinen Fahrgast im Spiegel, und sie entdeckten ihn, wie er sich vor leisem Lachen krümmte.

Noch bevor er sich weitere Gedanken über dieses seltsame Benehmen machen konnte, geschahen zwei Dinge:

Zum einen schien die Ursache der Stockung behoben, denn in die Blechkarawane kam Bewegung, das andere war die weibliche Stimme aus der Taxizentrale:

„An alle Fahrer, Achtung, Achtung, eine Durchsage der Polizei!" leitete sie mit kühler Stimme ihre eigene Durchsage ein. „Vor wenigen Minuten wurde die 12. Zweigstelle der Handelsbank von 1880 überfallen. Der Täter wird von allen Augenzeugen als besonders klein beschrieben. Er trug zum Zeitpunkt des Überfalls eine quastenbesetzte Mütze und einen Regenmantel. Sein Gesicht wurde von einer großen Sonnenbrille sowie Schnauz- und Kinnbart bedeckt. Die Bärte könnten auch falsch sein..."

Leopold lachte, und die Tränen rannen in den buschigen Schnauzer.

„Die Polizei bittet alle Taxifahrer um Mitfahndung nach dem Täter. Vorsicht, dieser ist bewaffnet!"

„Hahahahahaha..."

Albert Tobbensen fühlte, wie sich sein Körper immer mehr mit Gänsehaut überzog. Er transportierte einen Bankräuber. Trotzdem, er wollte es wagen...

Seine Geschwindigkeit lag jetzt bei etwa 40 km/h.

„Hahahaha", klang es in seine Ohren.

Leopold Ox spürte, wie sein Zwerchfell zu schmerzen begann. Er spürte es und konnte doch nichts dagegen unternehmen. Der Schmerz kam vom Lachen, und ausgerechnet heute wollte die Aufregung überhaupt kein Ende nehmen – das letzte Schiff...

Er schmeckte das Salz seiner Lachtränen in den Mundwinkeln, er hörte, wie jemand aus dem Lautsprecher sprach, ohne wahrzunehmen, *was* gesagt wurde,

er sah den Fahrer in ein Mikrofon reden,

er registrierte, wie der Wagen beschleunigte,

er sah, wie er plötzlich abbog, und

er wußte, daß dies nicht die Richtung zum Omnibusbahnhof war...

Und Leopold lachte noch, als das Taxi in einen Hof rollte, als es hielt, als die Türen rechts und links von ihm aufgerissen wurden und er in zwei uniformverpackte Gesichter blickte...

Wenn das kein Grund zur Aufregung ist, durchzuckte es ihn, und er hielt sich den schmerzenden Bauch. Armer, kleiner Poldi...

Warum nur hatte man ihn nicht Briefträger werden lassen?

++++++++++++++++++++++++++++++++++++++

Handschellen-Witz

++++++++++++++++++++++++++++++++++++++

„Ich bin ein Spaßvogel, Herr Inspektor", sagte der eben in das Gefängnis von Mexico City eingelieferte Taschendieb Rodrigues Emanzo. „Wenn ich im Kittchen nicht jeden Tag mindestens einen neuen Witz serviert bekomme, fliege ich einfach davon!"

„In Ordnung", erwiderte der Gefängnisinspektor Otillorillo. „Bei uns gibt's jeden Tag *drei* neue Witze: das Frühstück, das Mittagessen und das Nachtmahl!"

Krimirätsel

????????????????????????????????????

Das seltsame Ableben des Mr. Banks

????????????????????????????????????

Eine interessante Begegnung

Bernd Feldhoff, 28 Jahre alt, ehemals stellvertretender Filialleiter des Internationalen Reisebüros in München, nennt es heute, ein Jahr danach, eine gelungene Kurzschlußhandlung.

Was war geschehen? Feldhoff war seiner Aufgabe plötzlich überdrüssig geworden. Von einem Tag auf den anderen empfand er es als Zumutung, ständig für andere Reisen in alle Welt organisieren zu müssen. Er wollte selbst reisen. Wollte die Städte und Länder, die er ständig anpries und die ihm von Plakaten und Prospekten – wie er fand, höhnisch – entgegenlächelten, selbst kennenlernen. Der Drang zu jener sogenannten „Fremde" erfüllte ihn mit einem Male so unwiderstehlich, daß er all das, was eben noch sein Leben und seinen Alltag darstellte, von sich streifte.

Sparen war nicht seine starke Seite, deswegen sann er auf einen Ausweg. Und er fand ihn. Eine Woche nach seinem Auszug aus dem Internationalen Reisebüro konnte man in mehreren Tageszeitungen folgende Anzeige lesen:

> **Reisebegleiter**
>
> *Junger Mann, gut aussehend, mit besten Umgangsformen, charmant, musikalisch, sportlich, perfekt in englischer, französischer und spanischer Sprache, mit ausgeprägtem Sinn für Humor, abenteuerlustig, gewandt in allen Reisefragen, wahrheitsliebend und anpassungsfähig, ist zur Zeit frei für Reisebegleitung jeder Art. Angebote unter Chiffre ZZ 1236.*

Seine Idee war ein Volltreffer. Im Laufe eines Jahres begleitete er bei acht Reisen die unterschiedlichsten Menschen durch insgesamt 19 Länder. Die siebente Reise hatte ihn nach Spanien geführt, wo er in der Provinz Alicante Rafael Ibanez kennenlernte, einen Glasmaler, der eine kleine Erbschaft gemacht hatte und der sich nun einen Jugendtraum zu erfüllen gedachte: vier Wochen lang kreuz und quer durch Frankreich zu reisen. Die einzige Mißlichkeit seines Vorhabens bestand darin, daß er nur Spanisch sprach und somit also auch des Französischen nicht mächtig war. Das Kennenlernen Bernd Feldhoffs, dessen Reisebegleitung gerade in Alicante endete, erschien ihm wie ein Wunder.

Die beiden wurden sich handelseinig, und gemeinsam durchquerten sie ohne festen Reiseweg Frankreich von den Pyrenäen bis ins Lothringische, vom Atlantik bis zu den Gestaden des Genfer Sees.

In Paris schließlich endete die Fahrt.

Sie mieteten sich ein im Hotel *Benedict*, einer mittelgroßen Fremdenherberge in der Rue Vincence, in dessen Hausbar sie dann auch Abschied feierten.

Das war gestern. Und es schien, als habe Rafael Ibanez das bis dahin schöne, laue Winterwetter mit auf die Heimreise nach Spanien genommen. Seit dem Augenblick seiner Abreise regnete es...

Bernd Feldhoff blickt durch die Scheibe und wendet sich angekelt ab. Seit zwei Tagen und zwei Nächten regnet es nun schon ohne Unterlaß. Er ist froh, daß er für den kommenden Vormittag den Rückflug nach München gebucht hat. Wenn schon Dauerregen, dann wenigstens in den eigenen gemütlichen vier Wänden mit Getränken zu anständigen Preisen.

Gegen 18 Uhr begibt sich Feldhoff hinunter in den kleinen Speisesaal des Hotels *Benedict.*

Als er matt, satt und lustlos gegen 19.30 Uhr die altmodische Empfangshalle mit den leuchtendroten Plüschmöbeln durchquert, hört er seinen Namen rufen.

Aus einem Sessel erhebt sich ein elegant gekleideter Mann um die Fünfzig. Bernd Feldhoff erinnert sich, ihm in den zwei Tagen seines Aufenthaltes im *Benedict* einige Male begegnet zu sein. Doch außer einem Gruß gab es keinerlei Berührungspunkte. Um so erstaunter ist er, als ihn der andere mit seinem Namen anredet.

„Ja, bitte, Monsieur?"

„Mein Name ist Banks, David Banks", stellt sich der Rufer mit einer knappen Verbeugung vor. „Würden Sie mir das Vergnügen machen und einen Kaffee mit mir trinken? Oder haben Sie etwas Besseres vor?"

Feldhoff zeigt ein dünnes Lächeln. „Bei diesem Wetter? Ich nehme Ihr Angebot dankend an."

„Merci!" Banks deutet auf die Tür neben der Telefonzelle. „Gehen wir am besten in die Bar!"

Während sich Feldhoff in einer Nische niederläßt, schlendert Banks zur Theke, um den Kaffee zu bestellen. Feldhoff hat Muße, seinen Gastgeber eingehend zu betrachten. Und wenn er ehrlich ist, so muß er sich eingestehen, daß ihm Banks einige Rätsel aufgibt. Es beginnt schon beim Akzent. Er spricht das Französisch weder wie ein Engländer oder Amerikaner noch wie ein Franzose, der er dem Aussehen nach sein könnte. Englisch dagegen ist die altmodische Eleganz seiner Kleidung, das etwas abgezirkelte Sprechen und nicht zuletzt – der Name.

Mit einem Seufzer läßt sich Banks neben Feldhoff nieder. „Es ist schlimm mit den Franzosen. Sie ziehen grundsätzlich die Liebe und das Spiel dem Geschäft vor."

Feldhoff lächelt. „Nicht unbedingt eine verwerfliche Einstellung zum Dasein. Sie sind kein Franzose, nehme ich an, Monsieur Banks?“

„Nein, ich stamme aus Idaho. Bin sozusagen ein gebürtiger Amerikaner. Und wenn Sie in meinem Gesicht etwas Nichtamerikanisches entdecken, so muß ich Sie mit meiner lieben Mutter bekannt machen. Sie hieß Paola und war das schönste Mädchen Siziliens. Ich bin froh, daß sie ihre Schönheit nur meiner Schwester vererbt hat. Schöne Männer finde ich abscheulich.“

Feldhoff muß unwillkürlich grinsen. „Danke für diesen genauen Anschauungsunterricht. Was mich betrifft: Ich komme aus München!“

„Ich weiß!“ erwidert Banks, und als er Feldhoffs erstaunten Blick wahrnimmt, erklärt er mit um Entschuldigung bittender Miene: „Ich wurde zufällig oder, wenn Sie wollen, unabsichtlich Zeuge Ihrer Abschiedsfeier mit Mister Ibanez.“ Banks deutet auf den Nachbartisch: „Ich saß dort!“

„Ja, jetzt erinnere ich mich!“ gibt Feldhoff zu.

„Sehen Sie. So weiß ich also, woher Sie kommen, daß Sie früher in einem Reisebüro tätig waren und sich nun mit Reisebegleitungen beschäftigen.“ Banks schmunzelt, beugt sich etwas vor und sagt verschmitzt: „Die Geschichte, die Sie über die Reisebegleitung jener komischen Dame mit den drei Hunden erzählten, hat mich köstlich amüsiert.“

„Sie scheinen eine ganze Menge gehört zu haben, Mister Banks“, sagt Feldhoff nüchtern. David Banks bleibt ungerührt.

„Stimmt!“

In diesem Augenblick kommt der Kellner. Er stellt einen Sektkübel samt Inhalt neben den Tisch und erkundigt sich ohne Begeisterung: „Den Kaffee gleich, Monsieur?“

Banks macht eine ärgerliche Handbewegung. „Nach dem Sekt!" sagt er dann, und in seiner Stimme schwingt etwas Herablassendes mit.

„Bitte, Monsieur!" Man merkt es dem Kellner an, daß er in diesem Moment das Trinkgeld abgestrichen hat. Mürrisch und betont behäbig öffnet er die Flasche und schenkt ein.

„Auf Ihren nächsten Arbeitgeber, Monsieur Feldhoff!" sagt Banks und hebt sein Glas.

„Danke! Eine Arbeitgeberin wäre mir zur Abwechslung lieber."

„Schade! Wirklich schade, Monsieur Feldhoff!"

„Wieso schade?"

„Weil ich vorhatte, Ihnen ein Angebot zu unterbreiten... Ja, sehen Sie mich nicht so fassungslos an... Ich wollte Sie fragen, ob Sie nicht Lust hätten, mich nach Madeira zu begleiten?"

Bernd Feldhoff ist ehrlich erstaunt. „Nach Madeira?... Sie sehen eigentlich gar nicht so aus, als ob Sie einen Reisebegleiter brauchen würden."

Banks bläst sich ein nicht vorhandenes Stäubchen vom Rockaufschlag, bevor er erklärt: „Vielleicht brauche ich weniger einen Reisebegleiter als einen diskreten Dolmetscher. Und Sie sprechen ja Spanisch."

Feldhoff schüttelt verwirrt den Kopf. „Sie wollen doch nach Madeira... Bekanntlich gehört Madeira zu Portugal... Und Portugiesisch kann ich leider nicht."

Banks trinkt sein Glas mit einem Schluck aus und setzt es behutsam auf die schwarze Marmorplatte zurück. „Sie haben recht. Aber nehmen Sie einmal an, meine Geschäftspartner würden nur Spanisch sprechen... Übrigens sollte ich noch sagen, daß ich Generalagent einer großen Versicherung bin."

Feldhoff hat sich zurückgelehnt. Während seine Finger gedankenverloren den Sektkelch hin- und herdrehen, überlegt er...

Madeira... Stichworte fallen ihm ein... Golfstrom... Palmen... Orchideen... Wein und Korbschlitten... und das Wetter um diese Jahreszeit...

Es ist, als habe Banks letzteres erraten: „Denken Sie auch an das Klima... Es soll sehr angenehm sein... jetzt, im Februar... Warum wollen Sie sich nicht ein paar schöne Tage machen. Ich verspreche Ihnen, daß Sie sich nicht überanstrengen müssen..."

„Ich habe aber für morgen schon einen Rückflug nach München gebucht, Mister Banks."

„Dann buchen Sie um nach Lissabon. Wir würden mit der Mittagsmaschine fliegen. Ich zahle Ihnen außer den Unkosten pro Tag 50 Dollar..."

Bernd Feldhoff nickt. „Gut. Ich nehme Ihr Angebot an. Warum soll ich mir nicht einmal Madeira anschauen?" Er streckt David Banks die Hand entgegen, in die dieser mit einer Verbeugung einschlägt. Dazu sagt er: „Ich bin überzeugt, es wird Ihnen in Funchal gefallen!"

Feldhoff fühlt sich beschwingt und ist bereit, schon jetzt Banks' Überzeugung zu teilen.

Er ahnt nicht, daß er von diesem Augenblick an mitten in einem abenteuerlichen Kriminalfall steckt...

Das Telefongespräch

Gegen 23 Uhr verlassen Banks und Feldhoff frohgestimmt die Bar und suchen ihre Zimmer auf, die sich zufälligerweise beide im zweiten Stock befinden. Der genossene Sekt und die Eintönigkeit des noch immer herniedergehenden Regens lassen Feldhoff bald in einen traumlosen Schlummer sinken. „Ich muß Banks fragen, zu welcher Versicherung er gehört", ist sein letzter Gedanke, bevor er endgültig vom Schlaf übermannt wird.

Mr. Banks preßt Minuten später sein Ohr an Feldhoffs Zimmertür. Anscheinend zufrieden mit dem Ergebnis, strebt er eilig dem Lift zu. Der alte André Condin reißt erschrocken den Kopf von den Armen, als Banks' Hand hart und klatschend auf die Holzplatte in der Empfangshalle fällt. „Guten Abend, Monsieur... Schlimmes Wetter, was..." stottert er und reibt sich verlegen das Kinn. Aus Banks' Miene ist alle Freundlichkeit verschwunden. Kalt und stechend mustert er den alten Mann. „Sind Sie hier als Nachtportier oder als Vorschläfer angestellt?"

„Verzeihung, Monsieur, ich war ein wenig eingenickt... Was kann ich für Sie tun?"

„Hier!" Banks schiebt ihm einen Zettel zu. „Verbinden Sie mich mit dieser Nummer!"

„Sofort, Monsieur." Der Portier hat sich erhoben und strebt eiligst dem Telefon zu. „Bitte, auf welches Zimmer darf ich Ihnen das Gespräch geben?"

„Ich will hier unten sprechen. Das Hotel ist mir aus zu dünnen Wänden gebaut, und ich habe keine Lust, Ihren werten Gästen den Schlaf zu rauben!" Banks' Stimme ist voller

Hohn. Während seine Finger einen Marsch auf der Holzplatte trommeln, sitzt der Portier vor seinem Telefon und starrt hilflos auf den Zettel. Endlich wendet er sich dem Amerikaner zu. „Verzeihen Sie bitte, Monsieur, ist dieses Funchal in Frankreich?"

„Nein. Es liegt auf Madeira. Ich würde Ihnen empfehlen, das Fernamt anzurufen!"

„Ja, Sie haben recht..." Es dauert genau zwölf Minuten, dann ist die Verbindung hergestellt. Banks zieht ungeduldig die dicke Tür der Telefonzelle hinter sich zu und nimmt den Hörer von der Gabel. „Hallo... Ja, ich bin es. Tut mir leid, wenn ich noch so spät störe... Nein, ich wollte nur eine kleine Veränderung durchgeben... Es bleibt alles wie vereinbart. Die Veränderung betrifft sozusagen meine Umgebung. Ich komme in Begleitung... nein, nein, keine Sorge, es ist ein Fremder. Er hat nichts mit unserer Sache zu tun. Ein Deutscher, dessen Jobs Reisebegleitungen aller Art sind... Unsinn, ich habe mir gedacht, daß es vielleicht besser ist, in Gesellschaft zu reisen... Man fällt weniger auf... Der Mann heißt Feldhoff. Vielleicht kann er uns auch noch von Nutzen sein... Ich habe heute früh mit Gonzales gesprochen... Ja, man weiß, daß ich das Land verlassen habe... Nein, ich habe aufgepaßt. Ich möchte jeden Eid schwören, daß ich keine Verfolger habe... Ja, wir treffen morgen ein... Ich hoffe, daß die Sache mit P. in Ordnung geht... Danke, gute Nacht!"

Banks wischt sich die Schweißtropfen von der Stirn, als er die Zelle verläßt.

„Nun, hat alles geklappt, Monsieur?"

„Ja, danke. Sagen Sie Ihrem Chef, daß er gelegentlich einmal die Telefonzelle mit Lüftung ausstatten sollte. Eine Sauna ist ein Eskimoiglu dagegen... Das Gespräch geht auf Rechnung Zimmer 28. Mein Name ist Banks!"

André Condin macht eine Verbeugung. „Jawohl, Monsieur – wollte sagen, Sir, geht in Ordnung – wird alles zu Ihrer Zufriedenheit erledigt!" Um Banks' Lippen huscht ein verächtliches Lächeln, als der Alte mit gierigen Fingern nach der entgegengestreckten Zehnfrancnote grapscht.

Als die Maschine der *Transportes Aéreos Portugueses* mit einer weiten Schleife zur Landung auf dem kleinen Flugplatz von Funchal ansetzt, fühlt Feldhoff eine erwartungsfrohe Spannung in sich. Aber das geht wohl allen so, die in einer kalten, fast abgestorbenen Umgebung die Erde verlassen, um sie inmitten eines warmen, blühenden Paradieses wieder zu betreten.

Die Paß- und Zollkontrollen werden rasch und freundlich erledigt, und bereits zehn Minuten nach der Landung sitzen David Banks und Bernd Feldhoff in einem Taxi, das sie zum Hotel *Santa Louisa* bringen soll. Erstaunt bemerkt Feldhoff, wie Banks immer wieder mißtrauische Blicke zum rückwärtigen Fenster hinauswirft. Gespielt ernsthaft erkundigt er sich: „Haben Sie irgendwo eine Rechnung nicht bezahlt, Mister Banks?"

„Ich?... Wie kommen Sie auf diese verrückte Idee?" fragt Banks verwirrt zurück.

„Weil Sie so angestrengt nach etwaigen Verfolgern Ausschau halten."

Banks stößt ein helles Lachen aus. „Ein bißchen gekünstelt", denkt Feldhoff und wirft seinerseits einen neugierigen Blick auf den nachfolgenden Verkehr. Doch er kann nichts Auffälliges entdecken.

„Ich wüßte nicht, wer mich verfolgen sollte. Seit meiner Studentenzeit habe ich eigentlich alle Rechnungen bezahlt.

Und mit Feinden rechne ich in Funchal auch nicht. Ich bin zum ersten Male in meinem Leben hier auf der Insel."

Feldhoff nickt. „Dann bin ich ja beruhigt. Aber dabei fällt mir gleich eine andere Frage ein: Bei welcher Versicherung sind Sie eigentlich?" Banks bemüht sich um ein verbindliches Lächeln. „Ein bißchen neugierig, mein Herr Reisebegleiter, was?"

„Stimmt. Eine Untugend, die ich meiner früheren Verlobten abgeschaut habe!" antwortet Feldhoff. Er spürt die leichte Spannung, die plötzlich zwischen ihm und dem Amerikaner ist.

„Ich bin Generalagent der South-Star-Versicherung. Mein Einzugsgebiet ist Westamerika. Genauer gesagt, das gesamte Gebiet westlich der Rocky Mountains.“ Banks stößt Feldhoff in die Seite. „Ich hoffe, ich habe Sie zufriedengestellt!“

Feldhoff wird einer Antwort enthoben, denn in diesem Augenblick stoppt der Wagen vor einem weißgetünchten Haus. „Hotel Santa Louisa“, ruft der Fahrer und tippt sich mit einem fröhlichen Grinsen an die Mütze, die sicher irgendwann einmal ein Schiffsoffizier im Wagen vergessen hat. Drei Männer unterschiedlicher Ranghöhe in weißen Leinenanzügen umstehen den Wagen und bemächtigen sich der Koffer und der Neuankömmlinge. „Mein Name ist Banks!“ erklärt dieser auf dem Weg in die Empfangshalle. „Ich hatte telegrafisch ein Zimmer bestellt.“

„Ist reserviert, Mister Banks!“ versichert einer der drei Herren. Wie sich später herausstellt, ist er der Empfangschef des Hotels *Santa Louisa*. „Ich hoffe, daß Sie auch noch ein Zimmer für meinen Reisegefährten haben.“ Banks deutet dabei auf Feldhoff.

„Selbstverständlich – auf der gleichen Etage!“ erwidert der andere. Und zu Feldhoff gewandt: „Mit herrlichem Blick auf das Meer und auf unseren unvergleichlich schönen Garten!“

Mr. Banks möchte tauschen

Bernd Feldhoff tritt auf den zum Zimmer gehörenden Balkon und ist überwältigt. Er muß zugeben, daß der Mann vom Empfang nicht übertrieben hat. Es ist weniger das azurblaue Meer, das sich fast zum Greifen nahe den Blicken darbietet, es ist der Garten, der selbst das Herz des eingefleischtesten

Naturmuffels zum Klingen bringen würde. Unübersehbar die blühende Pracht von pastellfarbenen Geranien, von Freesien, Rosen, schneeweißen Gladiolen, samtroter Cannas und schillernder Amaryllis. Feldhoff ist so mit Schauen und Staunen beschäftigt, daß er erschrocken zusammenfährt, als sich plötzlich eine Hand auf seine Schulter legt.

„Verzeihen Sie bitte, ich hatte geklopft, aber wie ich sehe, gefällt es Ihnen hier..."

„Ja, Mister Banks, klänge es nicht so abgedroschen, würde ich sagen: paradiesisch. Ist Ihr spanischer Geschäftsfreund schon eingetroffen?"

„Nein, noch nicht... Sie haben Zeit genug, einen ausgedehnten Bummel zu unternehmen... Ich kam eigentlich nur, um Sie zu fragen, ob Sie Ihr Zimmer gegen meines tauschen wollen."

Feldhoff glaubt, sich verhört zu haben. „Sie wollen die Zimmer tauschen? Sind Sie denn so unzufrieden mit dem Ihren?" Banks schüttelt den Kopf. „Ich glaube, daß beide gleich eingerichtet sind. Auch die Sicht auf Meer und Garten dürfte sich kaum voneinander unterscheiden... Ich vertrage nur den Geruch der Bignonien nicht. Und unter meinem Fenster ist alles voll davon." Er zuckt bedauernd mit den Schultern, während Feldhoff zustimmend nickt. „Meinetwegen. Räumen wir also um. Sie sind der Boß!"

Feldhoff findet bestätigt, was Banks sagte: die Gleichheit der Zimmereinrichtung und dieselbe Aussicht. Nur eines stimmt nicht: Den angeblichen Duft der Bignonien kann er nicht finden. Aber vielleicht verfügt Banks über einen besonders ausgeprägten Geruchssinn.

Am frühen Abend des gleichen Tages wird Feldhoff ganz

unerwartet Zeuge eines Ereignisses, das ihn zwangsläufig an die Fahrt vom Flugplatz zum Hotel erinnert: Er überquert gerade den Rathausplatz in Höhe des Jesuitenkollegs, als er etwa hundert Meter entfernt David Banks entdeckt. Der Amerikaner scheint es äußerst eilig zu haben. Daß er sich trotzdem immer wieder – ängstlich, wie es Feldhoff erscheint – umsieht, macht ihn stutzig.

Er läßt die zum Winken schon halb erhobene Hand wieder sinken. Und dann entdeckt auch er Banks' Grund zur Eile: Es sind zwei Männer in dunklen Anzügen auf der anderen Straßenseite, die sich eifrig bemühen, mit Banks Schritt zu halten.

Automatisch setzt sich auch Bernd Feldhoff in Marsch. Doch schon nach wenigen Minuten löst sich die Szene wie ein geheimnisvoller Spuk auf. Banks verschwindet schattengleich in einem Taxi, während auch die beiden Verfolger hastig von zwei Seiten in ein plötzlich vorfahrendes hellblaues Auto schlüpfen.

Nachdenklich blickt ihnen Feldhoff nach. Seine Gedanken sind alles andere als freundlich, als er sich auf den Rückweg zum Hotel macht.

Es verwundert ihn nicht im geringsten, daß David Banks bereits im Speisesaal Platz genommen hat. Es wundert ihn auch nicht, daß er so tut, als sei er soeben von einem gemütlichen Spaziergang zurückgekehrt. Doch seine Schauspielertalente sind mangelhaft. Krampfhaft bemüht er sich, seine Erregung zu verstecken.

„Na, schon viel von Funchal gesehen?“ Mit diesen Worten begrüßt er Feldhoff, der sich mit aufreizender Akkuratesse seiner Serviette widmet.

„Eine ganze Menge... Und was taten Sie, Mister Banks?“

„Oh, ich habe erst ein bißchen geschlafen und dann ein

bißchen an den zauberhaften Blüten im Garten geschnuppert... Ja, sonst eigentlich nichts..."

„Interessant – man lernt nie aus!" gibt Feldhoff zurück. Banks' Blicke sind plötzlich eisig. „Was meinen Sie damit?"

„Ich hoffte, daß Sie mir einiges zu sagen hätten."

„Ich verstehe nicht... Wollen Sie nicht deutlicher werden?"

„Also gut, Mister Banks. Heute mittag glaubte ich, Sie hielten Ausschau nach Verfolgern... Seit heute abend weiß ich, daß es sie tatsächlich gibt – die Verfolger. Ich habe zwar keine Ahnung, in welche Dinge Sie verwickelt sind, aber ich bin fast sicher, daß sie nichts mit Versicherungen zu tun haben. Das habe ich zu sagen. Jetzt wären Sie an der Reihe..."

David Banks scheint ehrlich erschrocken. Während seine Finger nervös die Serviette walken, versucht er mit belegter Stimme, Feldhoffs Befürchtungen zu zerstreuen. „Okay, Mister Feldhoff, ich werde verfolgt. Ich kann Ihnen leide· keine weiteren Einzelheiten geben. Aber ich habe weder jemanden umgebracht noch eine Bank ausgeraubt. Es handelt sich um ein größeres Geschäft... Ich hoffe, daß sich alles aufklären wird, sobald morgen nachmittag mein spanischer Geschäftsfreund kommt. Würden Sie sich bitte noch so lange gedulden?"

„Gemacht", stimmt Feldhoff zu, verspricht sich selbst jedoch dabei, seine Augen auch weiterhin offenzuhalten. Daran ändert auch die Tatsache nichts, daß ihm Banks in diesem Augenblick verstohlen einige Banknoten zuschiebt. „Ich möchte bei dieser Gelegenheit 300 Dollar an Sie loswerden. Es ist die ausgemachte Taxe für sechs Tage."

Feldhoff schiebt die Scheine ungerührt in seine Tasche. „Danke! Ich werde Ihnen nach dem Essen eine Quittung geben!"

Das verschwundene Opfer

Seit 24 Stunden sind Feldhoff und Banks in Funchal.

Es ist genau 10.55 Uhr vormittags, als Feldhoff, von einem ausgedehnten Bad im 14 Grad „warmen“ Atlantik kommend, die breiten Stufen zum Hotel *Santa Louisa* hinaufklettert. Ein Teil der Treppe führt durch den herrlichen Hotelpark, und Feldhoff kann das Blütenmeer aus nächster Nähe betrachten.

Um 15 Uhr soll das Treffen mit Banks' Geschäftsfreund sein. Als Feldhoff das Foyer betritt, schlägt es vom Turm einer Kirche gerade 11 Uhr. Senhor Lassos, der Empfangschef, kommt ihm neugierig lächelnd entgegen. „Na, Mister Feldhoff, hatte ich recht?“

„Nein, Senhor, Sie hatten unrecht. Das Wasser war herrlich erfrischend. Gerade richtig, um sich treiben zu lassen wie ein toter Mann!“

„Wie ein toter Mann?“ Lassos scheint die Vorstellung, als Leiche auf dem Wasser zu treiben, nicht sonderlich erbauend zu finden. „So sagt man bei uns, wenn sich jemand bewegungslos auf dem Wasser treiben läßt“, erklärt Feldhoff dem Portugiesen. „Ist Mister Banks schon von der Post zurück?“

„Ich habe ihn nicht gesehen...“

„Danke!“

Fröhlich pfeifend springt Feldhoff die läuferbedeckten Stufen zum ersten Stock hinauf, und pfeifend öffnet er die unverschlossene Tür zu seinem Zimmer, tritt hinein und erstarrt. Fast schmerzhaft spürt er sein Herz schlagen. Seine Füße versuchen ein paar unsichere Schritte zu machen, während seine Lippen irres Zeug murmeln. „Hallo, Mister Banks...“ Doch Banks rührt sich nicht. Etwas verkrampft liegt er in der Mitte des Zimmers. Er liegt mit dem Gesicht nach oben, seine Augen sind geschlossen, und aus der Brust ragt der Griff eines Messers. Das weiße Leinenhemd ist um den Griff herum rot gefärbt. Banks' Hände haben sich um die Klinge des Messers gekrampft. Da, endlich kommt Bewegung in Feldhoff. Er schleudert den zusammengerollten Bademantel in eine Ecke, stürzt zum Telefon und reißt den Hörer von der Gabel...

Nichts. Kein Rufzeichen, kein Rauschen, kein Knacken. Er hämmert auf die Gabel und ruft ein ums andere Mal „Hallo!" Dann wirft er den Hörer mit einem Fluch auf die Gabel zurück, schickt noch einen verzweifelten Blick auf den toten Banks und stürmt aus seinem Zimmer. Immer vier, fünf Stufen auf einmal nehmend, hetzt er ins Erdgeschoß hinunter.

„Hallo, Mister Feldhoff, Sie sind wohl aus dem Gleichgewicht gekommen?" Feldhoff stutzt und starrt Lassos, dem Empfangschef, mißtrauisch ins Gesicht. Als er begreift, daß dieser nur auf seine Eile anspielt, packt er ihn heftig am Arm und zischt ihm zu: „Kommen Sie mit, Senhor, es ist etwas Schreckliches geschehen!" Lassos, plötzlich sehr blaß, folgt ihm, obwohl Feldhoff in seiner Erregung deutsch gesprochen hatte. Nebeneinander hetzen sie die Treppen hinauf. Feldhoff stößt die Tür auf und läßt dem Empfangschef den Vortritt. Zögernd kommt Lassos der Aufforderung nach. Suchend sieht er sich um.

Als er sich verwirrt Feldhoff zuwendet, ist seine Stimme belegt: „Bitte, Mister Feldhoff, was ist geschehen... Was soll ich hier?" Der Gefragte schiebt ihn heftig zur Seite. Seine Stimme überschlägt sich fast, als er empört ruft: „Na, hören Sie mal, das..." Das, was er noch sagen wollte, gefriert ihm auf den Lippen. Fassungslos stiert er auf den Boden. Seine Hände zucken ohne Halt hin und her. Lassos wiederholt seine Frage: „Bitte, Mister Feldhoff, was ist geschehen?" Bernd

Feldhoff schüttelt den Kopf, kneift die Augen zusammen und fühlt plötzlich etwas in sich aufsteigen, was er als ganz gewöhnliche Wut bezeichnet. Ein Gefühl, das nicht geringer wird, als der Empfangschef mit schüchternem Lächeln sagt: „Das Wasser war eben doch zu kalt..." Feldhoffs Stimme ist beherrscht, als er dem Bediensteten erklärt: „Ich glaube, Senhor, daß es wenig Sinn hat, Ihnen klarzumachen, daß noch vor wenigen Minuten Mister Banks hier im Zimmer auf dem Fußboden lag." Lassos' Antwort ist nicht ohne Logik: „Aber es ist doch sein Zimmer, Mister Feldhoff. Warum sollte er sich da nicht auch auf den Boden legen dürfen."

Feldhoff tippt Lassos auf die Brust. „Sprechen Sie Deutsch?" Der Empfangschef, die Frage mehr erratend als verstehend, schüttelt eifrig den Kopf. „Sie sind ein ausgemachter Affe!" versichert ihm Feldhoff auf deutsch und fährt englisch fort: „Erstens ist das nicht Banks' Zimmer, sondern das meine, wir haben nämlich getauscht, und zweitens hat sich Banks nicht zum Schlafen auf den Boden gelegt. In seiner Brust steckte ein Dolch... Was sagen Sie jetzt?"

Lassos bemüht sich ernsthaft um eine Antwort auf diese Frage, doch ihm fällt nichts ein. „Ich habe versucht, Ihnen den Sachverhalt telefonisch durchzugeben, leider war der Apparat kaputt." Mit wenigen Schritten ist der Portugiese neben dem Telefon und hält den Hörer ans Ohr. „Bitte, ein ganz normales Rufzeichen!"

„Okay, Senhor, Sie sollen recht haben... Was sollen Sie auch schon sagen. Schließlich haben Leichen nicht die Angewohnheit wegzulaufen... Und damit uns beiden geholfen wird, rufen Sie am besten die Polizei!"

Der Empfangschef streckt die Arme aus, als wolle er den bösen Blick abwehren, und ruft: „Aber, Mister Feldhoff, was wollen wir denn der Polizei mitteilen?! Ich bin überzeugt, daß

Sie sich geirrt haben. Das kalte Wasser..." Wütend fährt Feldhoff mit der Hand durch die Luft. „Lassen Sie endlich das kalte Wasser aus dem Spiel! Und versuchen Sie nicht, mich zu einem Idioten zu stempeln... Wenn ich sage, daß Banks mit einem Messer in der Brust hier lag, dann hat das schon seine Richtigkeit. Warum er jetzt nicht mehr hier liegt, entzieht sich meiner Kenntnis..."

„Sicher ist Mister Banks nur spazierengegangen..." Lassos versucht noch einmal, dem störrischen Gast eine Brücke zu bauen. „Das wird es sein, Senhor. Er wollte sicher schon lange einmal mit einem Messer zwischen der sechsten und siebenten Rippe auf Madeira spazierengehen."

Feldhoff macht eine Verbeugung. „Sie können jetzt gern wieder an Ihre Arbeit gehen. Ich danke Ihnen." Auch Lassos macht eine knappe Verbeugung. Man sieht es ihm an, daß er Feldhoff für etwas gestört hält. Und da man Kranke äußerst schonend behandeln soll, klinkt er die Tür so leise zu, daß man nicht das geringste Geräusch hört. Feldhoff dagegen läßt sich auf die Knie nieder und sucht Zentimeter um Zentimeter des Bodens ab. Doch sosehr er sich auch anstrengt – keine Spur von Blut.

Er muß an die beiden Männer denken – und je länger er es tut, um so überzeugter wird er, daß sie etwas mit Banks' Verschwinden zu tun haben. Ja, er ist fast sicher, daß sich die Täter noch im Zimmer befanden, als er vom Schwimmen kam, Er untersucht Banks' Zimmer. Doch er findet nicht den geringsten Hinweis darauf, daß sich etwas Außergewöhnliches ereignet hat. Und dann faßt Feldhoff einen Entschluß: Sollte sich bis heute abend 20 Uhr nichts getan haben, wird er zur Polizei gehen. Warum er sich diese Frist setzt, weiß er im Augenblick selbst noch nicht.

Vielleicht liegt es daran, daß er genau unter seinem Balkon

außer einer Reihe von Fußabdrücken etwas entdeckt hat, was sich eine Viertelstunde zuvor noch in seinem Zimmer befand: den Griff des Messers, das Banks in der Brust steckte... Vorsichtig hat er ihn in sein Taschentuch gewickelt und hinter den Spiegel im Zimmer geklemmt.

Unerwarteter Besuch

Trotz der Ereignisse am Vormittag versucht Bernd Feldhoff, sich so etwas Ähnliches wie einen Plan für den Nachmittag zu machen. Doch die Unruhe frißt an seinen Nerven wie Salzsäure auf Seide. In größeren und kleineren Kreisen umrundet er das Hotel. Zweimal ist er auch nahe daran, die Polizeistation zu betreten. Dann fällt ihm wieder der Messergriff ein, und er zögert.

Kurz nach 17 Uhr kehrt er in sein Zimmer zurück. Sekundenlang haften seine Augen auf der geschlossenen Balkontür. Er hatte sie bei seinem Weggang weit geöffnet... Jetzt nimmt seine Nase auch den schwachen süßlichen Duft wahr, und ganz plötzlich spürt er die Gefahr... Zu spät! Ein heftiger Stoß in den Rücken schleudert ihn zur Zimmermitte, während hinter ihm die Tür ins Schloß fällt. Der neben dem kleinen, runden Mosaiktisch stehende Korbsessel mildert seinen Sturz. Wütend richtet sich Feldhoff auf... Doch die Worte bleiben ihm im Halse stecken. Schweigend starrt er auf die beiden dunkelgekleideten Männer, von denen der eine eine Pistole mit Schalldämpfer in der Hand hält. Sein Partner, etwas kleiner, gedrungener, mit einem brillantineglänzendem Haarschopf, spielt mit einem Dolch. Er ist es auch, der zuerst spricht – Spanisch: „Ein lauter Ton, und ich schlitze Sie von unten nach oben auf... Was tun Sie in diesem Zimmer?"

„Ich wohne hier!" Anscheinend ist Feldhoffs Antwort einen Ton zu laut ausgefallen. Der Kleine hebt drohend sein Messer. „Leiser!" zischt er ihm zu, während sein Genosse schweigend Zielübungen veranstaltet. Feldhoff fühlt einen Kloß im Hals, der trotz mehrfachen Schluckens nicht verschwinden will. „Also, wo steckt das Schwein?"

„Welches Schwein?"

Der Kleine tritt dicht an ihn heran, nimmt das Messer von der rechten in die linke Hand, und noch bevor Feldhoff eine

Bewegung machen kann, fährt ihm die Faust des ungebetenen Gastes in den Magen. Feldhoff spürt es siedend heiß aufsteigen und glaubt mehrere Atemzüge lang, er müsse sich übergeben. Langsam läßt der stechende Schmerz nach und macht einem anderen Gefühl Platz. Es ist Wut – eine unbeschreibliche Wut! Doch sein Peiniger hat sich bereits wieder aus der Schußlinie gebracht. Schmierig lächelnd steht er auf dem alten Fleck und läßt seinen Daumen spielerisch über die Schneide des Messers gleiten. „Ich hoffe, ich kann mich gelegentlich revanchieren, kleines Stinktier!“ murmelt Feldhoff. Das Lächeln verschwindet augenblicklich vom Gesicht des anderen, und es sieht aus, als wolle er sich auf den Deutschen stürzen. „Stopp!“ Der Mann mit dem Schießeisen hat es gerufen, und Feldhoff ist überzeugt, daß es sich bei ihm um einen eiskalten Killer handelt. „Wo ist Osonis?“

Feldhoff zuckt mit den Schultern. „Es muß sich um einen Irrtum handeln. Ich kenne keinen Osonis...“

„Aber Sie kennen Banks, oder? Banks ist Osonis... Wir wollen ihn, also, wo steckt er?“

„Er ist tot – ermordet... Warum fragen Sie mich. Sie haben ihn doch selbst umgebracht!“ Feldhoff stößt es wütend heraus. Da spuckt ihm der Mann mit der Pistole vor die Füße. „Ich habe keine Lust, hier ein langes Palaver zu veranstalten. Hätten wir das Schwein schon umgelegt, wären wir jetzt nicht hier. Also, raus mit der Sprache. Wo steckt Osonis?“

Es wird Feldhoff klar, daß ihn dieser Mann ohne die geringste Gemütsbewegung abknallen würde, wenn es ihm in den Kram paßte. „Hören Sie zu, Senhor, ich habe keine Ahnung, welches Interesse Sie an Banks haben, aber eines muß ich klarstellen: Ich habe weder etwas mit seinen Geschäften noch mit seinen Plänen zu tun. Banks heuerte mich in Paris als Spanisch-Dolmetscher für eine geschäftliche Besprechung hier auf Madeira an. Die Besprechung sollte heute stattfinden. Als ich mittags vom Schwimmen kam, lag Banks hier in meinem Zimmer mit einem Dolch in der Brust. In der Zeit, wo ich den Geschäftsführer holte, verschwand Banks... Ich weiß, es klingt phantastisch, aber es ist die Wahrheit."

Wieder spuckt ihm der andere vor die Füße. „Wirklich phantastisch, wenn man überlegt, daß dieses Zimmer hier nicht das Ihre ist!"

„Es war Banks' Wunsch, die Zimmer zu tauschen!" versichert Feldhoff schnell. In seinem Kopf herrscht ein fürchterlicher Wirrwarr. Er versucht seine Fluchtchancen zu berechnen. Da geschieht etwas, womit er überhaupt nicht gerechnet hat. Der Pistolenmann richtet den Lauf auf Feldhoff und zischt ihm zu: „Sie verschwinden jetzt nach draußen... Übrigens, ich glaube, daß Sie nicht gelogen haben. Das Schwein ist uns wieder einmal entwischt..."

Die Polizei und das Mädchen

Eine Stunde hat Feldhoff gebraucht, um Lassos zu überzeugen, daß er weder krank noch seine Geschichte erdacht ist. Weitere 30 Minuten vergehen, bis Lassos mit einem gewissen Senhor Manuel Casto erscheint. Casto ist Polizeioffizier. Daß er in Zivil ist, geht sicher auf das Konto des Hotelangestellten. Zum Glück spricht Casto ein ganz ordentliches Französisch, und Feldhoff empfindet es als sehr angenehm, daß der Polizist statt eines Schreibblocks ein Tonbandgerät mitgebracht hat. Dann beginnt er zu berichten – von der ersten Minute seiner Bekanntschaft mit Banks im Pariser Hotel an. Er gibt sich Mühe, auch an die unauffälligste Kleinigkeit zu denken. Er erzählt von ihrer ersten Taxifahrt in Funchal und von

Banks' offensichtlicher Befürchtung, verfolgt zu werden. Er erklärt den Grund des Zimmertausches, und er holt den Dolchgriff aus dem Versteck. Dazwischen beantwortet er immer neue Fragen. Dann kommen sie zu dem Punkt, wo Feldhoff über seine beiden gewalttätigen Besucher berichtet. Die bis dahin höfliche, etwas mißtrauische Aufmerksamkeit Castos schlägt in jenem Moment schlagartig in hochgespanntes Interesse um, als Feldhoff sagt: „Es gibt keinen Zweifel darüber, daß sie Banks umbringen wollen. Für sie heißt er allerdings Osonis."

„Osonis? Sie haben sich nicht verhört?"

„Nein, ich habe mich nicht verhört. Dieser Name fiel einige Male. Was ist mit ihm...?"

Casto tut, als habe er Feldhoffs Frage überhört. „Haben die beiden Männer gesagt, warum sie hinter diesem Osonis her sind?"

Feldhoff schüttelt den Kopf. „Nein. Ich erinnere mich nur, daß sie von ihm immer nur als ‚Schwein' sprachen." Für den Bruchteil einer Sekunde huscht die Andeutung eines Lächelns um Castos Lippen. Doch plötzlich erhebt er sich. „Ich wäre Ihnen dankbar, wenn Sie sich zu unserer Verfügung halten würden, bis sich die Sache geklärt hat, Monsieur Feldhoff."

„Das heißt, ich soll so lange in Funchal bleiben, bis Sie den toten Banks gefunden haben?" fragt Feldhoff zurück.

„Ich bin nicht mehr so sicher, daß Mister Banks tot ist..."

Bernd Feldhoff nickt ein wenig abwesend. „Ja, den Gedanken habe ich auch schon gehabt..."

Manuel Casto ist schon an der Tür, als er noch einmal zurückkommt. „Bald hätte ich es vergessen: Ich brauche noch eine genaue Beschreibung der beiden Männer, die Sie bedroht haben."

Feldhoff gibt sie ihm mit fast fotografischer Genauigkeit.

Bevor Bernd Feldhoff kurz nach 20 Uhr in den Speisesaal hinunter zum Abendessen geht, achtet er darauf, daß Balkontür, Fenster und Zimmertür fest verschlossen sind.

Als er das Hotel zu einem kleinen Verdauungsspaziergang verläßt, ist es genau 21 Uhr. Die Dämmerung hat die Insel in einen zarten pastellfarbenen Schleier gehüllt. Als er den Rathausplatz überquert, flammen in den weißen Spitzkugeln der Straßenbeleuchtung die Lichter auf. Feldhoff will gerade einen zum Meer hinabführenden Weg einschlagen, als er überrascht zusammenzuckt. Eine zarte, schmale Hand hat sich in die seine geschoben. Erstaunt betrachtet er das junge Mädchen. Da sie unmittelbar neben einer Laterne stehen, kann er erkennen, daß es noch sehr jung sein muß. Höchstens 17. Und noch etwas bemerkt er: seine außergewöhnliche Schönheit. Feldhoff möchte sich am liebsten entschuldigen, daß er es im ersten Augenblick für ein käufliches Mädchen hielt. Doch was will es wirklich von ihm? „Was kann ich für Sie tun?" fragt Feldhoff auf französisch. Und es antwortet ihm mit einem leisen Schwall portugiesischer Worte, von denen Feldhoff nicht eines versteht. Als es sein bedauerndes Schulterzucken sieht, versucht es das Mädchen mit der Zeichensprache. Es versucht ihn mitzuziehen. Feldhoff ist neugierig.

Leichtfüßig geht es immer einen halben Schritt vor ihm, ohne seine Hand loszulassen. Manchmal wendet es sich ihm zu, und er glaubt, ein aufmunterndes Lächeln zu erkennen. Es geht durch ein Labyrinth von Straßen und Gassen. Feldhoff weiß längst nicht mehr, in welcher Richtung sein Hotel liegt. Dann sind sie in einem Garten. Er kann tropische Pflanzen in großer Fülle erkennen. Vor einem kleinen runden Pavillon stoppt seine schöne Begleiterin. Sie schließt die Tür auf und macht eine einladende Handbewegung. Als sie das Licht an-

dreht, kann er erkennen, daß alle Fenster verhangen sind. Das Inventar besteht lediglich aus zwei Stühlen und einer Sitzbank. Feldhoff will sich mit Hilfe der Zeichensprache gerade nach dem Grund dieses Ausfluges erkundigen, als es gegen die Tür klopft. Noch bevor er etwas zu Ende denken kann, hat das Mädchen geöffnet und ist hinausgehuscht.

„Ich danke Ihnen, daß Sie gekommen sind, Mister Feldhoff!" Feldhoff starrt den Eingetretenen wie ein Gespenst an, bevor er ohne große Begeisterung erwidert: „Dachte mir schon, daß Sie noch unter den Lebenden sind, Mister Banks – oder Osonis, falls Ihnen dieser Name geläufiger ist. Dummerweise habe ich wenig Erfahrung mit Erstochenen, sonst hätte ich wohl den Schwindel eher begriffen."

Banks' Miene zeigt keinerlei Regungen. Fast eintönig klingt seine Stimme. „Ich weiß, daß Sie heute unliebsamen Besuch hatten. Es tut mir aufrichtig leid. Und es tut mir auch leid, daß ich Ihnen die Komödie vorspielen mußte – aber es war notwendig, um mir den entsprechenden Vorsprung zu verschaffen. Ich habe Sie hierhergebeten, um mich bei Ihnen zu bedanken und Sie zu bitten, morgen abzureisen!"

Feldhoff lächelt. „Mit anderen Worten, Sie wollen mir nicht sagen, um welche Geschäfte es sich handelt?"

„Tut mir leid, Mister Feldhoff, das kann ich leider nicht. Aber am Empfang des Hotels liegt noch ein Umschlag für Sie. Er enthält Ihre Spesen. Wir wären dann quitt!"

Feldhoff schüttelt staunend den Kopf. „Und die Leute vom Hotel – die Polizei – die beiden Ganoven?"

„Die interessieren mich nicht. Mich interessiert nur, daß Sie morgen abreisen. Andernfalls kann ich für nichts mehr garantieren!"

Feldhoffs Augen sprühen zornige Blitze. „Sagen Sie mal, Sie Westentaschen-Napoleon, wer ist eigentlich dieses wunderbare

Geschöpf, das Sie da vor Ihren Wagen gespannt haben?" David Banks alias Osonis hat sich hoch aufgerichtet. Sekundenlang mahlen seine Backenknochen, dann antwortet er voller Stolz: „Das wunderbare Geschöpf ist meine Tochter!"

Feldhoff muß mehrere Male Luft holen, bevor er diese Antwort verdaut hat. „Unglaublich – unglaublich..." seufzt er und wirft mit donnerndem Krachen die Tür des Pavillons hinter sich zu. Zehn Minuten später gelingt es ihm, ein Taxi zu stoppen.

Die Auflösung

Verschlafen reibt sich Feldhoff die Augen und fischt nach seiner Armbanduhr. „Ja doch!" schreit er zwischendurch und stellt mit Genugtuung fest, daß das Klopfen an der Tür fast augenblicklich verstummt. 9 Uhr... Und von jenseits der Tür erklingt es: „Bitte machen Sie auf, Monsieur Feldhoff, hier ist Casto."

Feldhoff brummt einige unfreundliche Worte, springt vom Bett, wirft sich den Bademantel über und dreht den Schlüssel. „Guten Morgen, Monsieur Feldhoff, darf ich Ihnen Monsieur Alberto Ligueira vorstellen. Er ist Kommissar und eigens aus Lissabon gekommen."

„Wegen mir?" Vor Überraschung bleibt Feldhoff das Gähnen im Halse stecken. Der ältere, grauhaarige Herr lächelt liebenswürdig. „Auch. In erster Linie allerdings wegen Osonis... Er hat Aufenthaltsverbot für Portugal! Ich möchte Sie auch gleich fragen, ob Sie gestern noch von ihm gehört haben?"

Feldhoff hebt abwehrend die Hände. „Hören Sie auf, ich habe genug von diesem Schurken... Ja, gestern abend hat er mich durch seine Tochter zu einem Treffpunkt lotsen lassen... Wollte mir auftragen, daß ich heute noch von der Insel verschwinden soll... Er hat mir sogar gedroht... Als ob es nicht schon gereicht hat... Hören Sie", Feldhoff hat sich in Fahrt geredet, „diesen Zimmertausch hat er veranstaltet, um seine eigene Haut zu schützen."

Der alte Herr aus Lissabon nickt. „Stimmt. Er wäre bereit gewesen, Sie zu opfern. Er war es auch gestern abend noch. Mit dem Wunsch Ihrer Abreise glaubte er, auch seine Verfolger abschütteln zu können... Nun ja, er hat sich getäuscht..."

„Bitte, Monsieur Ligueira, was hat nun eigentlich hinter der ganzen Angelegenheit gesteckt? Sie scheinen ja eine ganze Menge zu wissen."

„Ja. Zunächst noch eine Erkennung. Casto, zeigen Sie ihm das Bild." Casto nestelt in seiner Jackentasche und hält Feldhoff dann ein Foto entgegen. „Ja!" ruft dieser sofort, „das ist Banks – oder Osonis, wie Sie ihn nennen."

Ligueira setzt sich bequem und schlägt die Beine übereinander. „Osonis stammt aus Portugal und ist ein berufsmäßiger Umstürzler. Es gibt fast keine Revolution in Lateinamerika, bei der Osonis seine Finger nicht im Spiel hat. Zur Zeit ist wieder einmal eine bestimmte Gruppe daran interessiert, die Regierung in Costa Rica zu stürzen. Nach Madeira war Osonis gekommen, um sich mit Pertschowsky zu treffen. Das ist ein internationaler, äußerst berüchtigter Waffenschmuggler. Aber P. ist vorgestern in der Schweiz wegen Paßvergehens festgenommen worden."

„Und die beiden Gangster, die mir gestern eingeheizt haben?"

„Stammen auch von drüben. Sie sollten dafür sorgen, daß Osonis keine Waffen mehr kaufen kann. Wie Sie sehen, ist man bei der Wahl der Mittel auf keiner Seite besonders zimperlich."

Feldhoff kann es immer noch nicht fassen. „Aber warum das Theater mit dem angeblichen Erstechen?"

„Diente zur Verwirrung. Sicher hat sich Osonis mehr davon versprochen, als letztlich dabei herausgekommen ist.“

„Und was ist mit seiner Tochter?“

„Juana lebt hier bei seinem Stiefbruder. Inwieweit dieser in Osonis’ Geschäfte eingeweiht ist, konnten wir nicht in Erfahrung bringen. Dürfte inzwischen ja auch uninteressant geworden sein.“ Hier mischt sich Costa ins Gespräch. „Osonis hat seine Gegner unterschätzt...“

Feldhoff fühlt, wie sich sein Körper mit Gänsehaut bezieht. „Sie haben ihn umgebracht?“

„Es gab einen kurzen Kampf. Dann ist es Partinje gelungen, Osonis, dessen Bruder und seine Tochter mit dem Flugzeug außer Landes zu bringen... Es war eine Privatmaschine. Wir haben keine Ahnung, in welche Richtung sie geflogen ist... Aber ich glaube, daß es Osonis zur Zeit nicht sonderlich gutgeht...“

„Woher haben Sie denn die Einzelheiten?“

„Von Pedro Madros... Wir fanden ihn mit zwei Löchern in der Brust im Haus von Osonis’ Bruder... Aber er wird durchkommen...“

„Ist das der kleinere der beiden...“

Ligueira und Costa zucken fast gleichzeitig mit den Schultern. „Wir haben seinen Komplizen ja nicht zu Gesicht bekommen“, erwidert dann Costa. „Aber Pedro hatte eine ganze Sammlung von Messern bei sich...“

„Das ist er.“ Feldhoff nickt. „Ich bin ihm noch eine volle Hand schuldig...“

„Die Schuld werden Sie wohl noch lange mit sich herumtragen müssen... Im übrigen sind wir hauptsächlich deshalb gekommen, um Ihnen zu sagen, daß Sie Madeira wieder verlassen können.“

„Danke!“ sagt Feldhoff. „Wenn ich nur wüßte, ob ich darüber froh oder traurig sein soll. Im Augenblick ist das einzige, was ich genau weiß, die Tatsache, daß ich mich zur Gattung der leichtsinnigen Esel zählen darf!"

Während Costa sich bemüht, ein Lächeln zu unterdrücken, versucht Ligueira, Feldhoff zu trösten: „Sie konnten nicht wissen, daß Ihr Auftraggeber ein internationaler Gauner ist!"

„Stimmt, das nicht", pflichtet Feldhoff bei, „aber ich hätte bereits in Paris merken müssen, daß er ein Lügner ist. Schon als er mich engagierte, beging er einen Fehler der obersten Größenordnung. Nur ich – ich habe diesen Fehler, diese Lüge, nicht bemerkt. Erst heute nacht fiel es mir wie Schuppen von den Augen." Energisch fügt er hinzu: „Und so werde ich mich für meine Dummheit selbst bestrafen: Ich werde dieses wunderschöne Stück Erde noch heute verlassen..."

Auflösung Seite 452

Bildkrimi

????????????????????????????????????

Pepes Pech

????????????????????????????????????

Pech hatte Schritzerlisch, genannt „Pepe, der lange Finger“, als er in der Nacht von Sonntag auf Montag, schwerbepackt mit Diebesgut, einem Streife gehenden Polizisten direkt vor die Füße sprang.

Pepe war vor Schreck steif wie ein Stock, aber auch der Polizist stand da, als habe ihn der Schlag getroffen. Dann begann Pepe zu laufen. Der Polizist hinterher. Bald schmolz Pepes Vorsprung dahin. Immer mehr holte der Hüter der Ordnung auf. Und so kam es, daß Pepe Stück für Stück seiner Beute auf die Straße warf, um schneller laufen zu können. Bereits nach hundert Metern hatte er alles fortgeworfen.

Aber der Polizist ließ sich nicht ablenken. Nach weiteren dreihundert Metern hatte er Pepe eingeholt, der sich seufzend in sein Schicksal ergab.

Und hier die Frage:

Wo hatte Pepe eingebrochen?

Auflösung Seite 453

Aus Balduin Pfiffs privater Kochrezepte-Sammlung:

++++++++++++++++++++++++++++++++++++

Chinese mit Sommersprossen

++++++++++++++++++++++++++++++++++++

Zutaten:

3 Eier
Büchsenmilch
Salz
Zucker
Vanillezucker
Rosinen
Pflanzenöl

Zubereitung:
Die 3 Eier werden zusammen mit 2 Eßlöffel Büchsenmilch (10%), einer Prise Salz, zwei Prisen Zucker, einer Messerspitze Vanillezucker und einem gehäuften Eßlöffel Rosinen kräftig verquirlt.

Öl in Pfanne stark erhitzen und die verquirlte Masse hineingeben,

Hitze sofort zurückschalten,

die Masse ungestört wachsen lassen;

wenn sich die Ränder zu verfärben beginnen, das Omelett in der Pfanne wenden und noch
1 Minute
backen lassen. Den *Chinesen mit Sommersprossen* sollte man möglichst aus der Pfanne essen.

Heiliges Kanonenröhrchen, nur wer unbedingt will, verderbe sich das Eßvergnügen mit zusätzlich darübergestreutem Zukker!

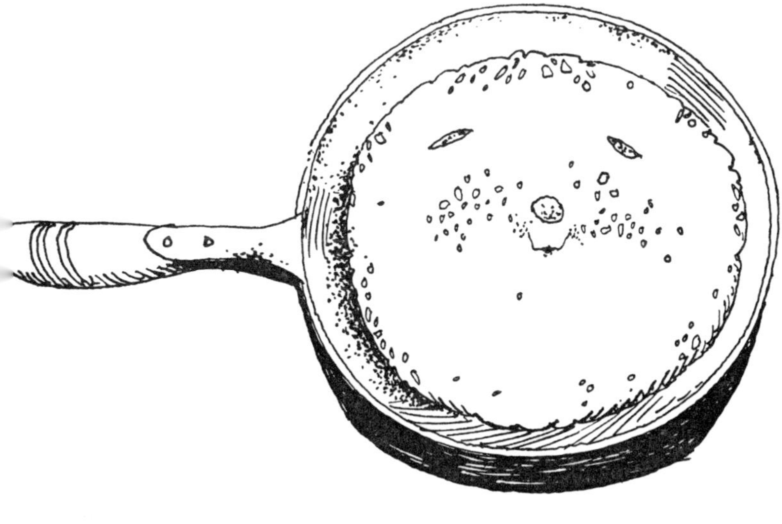

Schmunzelkrimi

++++++++++++++++++++++++++++++++++++

Und im Wald, da sind die Räuber...

++++++++++++++++++++++++++++++++++++

Es war 9.10 Uhr, und aus dem Radio erklang im Chor der Wunsch, daß „der Tag, so wunderschön wie heute, nie zu Ende gehen" möge! Und das früh um 9.10 Uhr.

Peter Kleinschmidt schlürfte voller Behagen den Rest seines Kamillentees, schnupfte eine Prise Menthol, erhob sich und ging zum Schrank, dem er ein dickes Buch entnahm. Es war nicht nur dick, es wirkte auch alt und behäbig, und es trug den Titel „Alle Suppen dieser Welt".

Der Mann klappte den Deckel auf und grapschte aus dem Inneren des Buches eine Handvoll Groschen. Ein Jammer, daß diese bibliophile Kostbarkeit von Anno 1911 zu einer Schatulle für Kleingeld umfunktioniert worden war.

Peter Kleinschmidt, 39 Jahre alt, von der Natur mit einem harmlos-freundlichen Allerweltsgesicht ausgestattet, ging dem gesetzwidrigen Kombinationsberuf eines Taschendieb-Einbrecher-Räubers nach.

Er warf jetzt einen letzten Blick in die Runde seines Untermieterzimmers und packte seinen „Musterkoffer", der keine Muster, sondern Einbrecherwerkzeuge enthielt.

„Auf Wiedersehen, Frau Schnetzler!!" brüllte er im Korridor, denn seine Wirtin, die ihn für einen ehrenwerten Vertreter hielt, war sehr schwerhörig. Hulda Schnetzler streckte ihren Kopf aus der Küche und brüllte frohgelaunt zurück:

„Auf Wiedersehen, Herr Kleinschmidt. Ich wünsche gute

Geschäfte!" Das sagte sie jeden Tag, und ebenso wie an jedem Tag winkte ihr Kleinschmidt daraufhin liebevoll zurück. Schon am Vorabend hatte er ihr ins Ohr gerufen, daß er für zwei Tage auswärts zu tun habe und nicht nach Hause käme.

Ein letztes Nicken, ein letzter Gruß.

Mit der gepfiffenen Melodie des River-Kwai-Marsches marschierte er die 120 Stufen bergab. Und im gleichen Marschrhythmus betrat er wenig später die Telefonzelle Ecke der Bückler- und Hornbergstraße.

Die ersten beiden Groschen schepperten in das vorgesehene Fach. Herr Kleinschmidt wählte: Sieben – neun – acht – drei – sechs – eins! Das Rufzeichen,

eine mürrische Stimme: „Gasthof Grüner Baum!"

„Hallo, Max", rief Herr Kleinschmidt aufgekratzt in die schwarze Muschel, „hier spricht Peter. Gib mir doch mal den Hans-Dieter!"

„Ist nicht da!" kam es lakonisch und keine Spur freundlicher zurück: „Wir haben heute geschlossen!"

„Oh!" Kleinschmidt tat überrascht. „Geschlossen? Aus welchem Grund denn?"

„Weil Mittwoch ist, und mittwochs haben wir immer geschlossen! Bis morgen also!!"

Peter Kleinschmidt kicherte leise in sich hinein. Er sah den asthmatischen Max vor sich, wie er den Hörer wutschnaubend auf die Gabel wuchtete und zu seinem Küchensofa zurückstampfte.

Zwei neue Groschen fielen nach unten.

Zwei – vier – acht – drei – acht – neun!

„Turmschenke!!"

„Na, wie schön, Männe, daß dein Laden nicht auch geschlossen hat. Ich hätte gern Hans-Dieter an die Strippe, wenn's keine Mühe macht!"

„Wer ist denn dort?“ wollte ein piepsiger Sopran wissen. Kleinschmidt grinste, seine Stimme nahm eine geheimnisvolle Färbung an. „Nicht weitersagen, hier spricht der Präsident vom Trachtenverein. Es geht um eine Tracht Prügel!“

Der gleichermaßen belustigte wie gespannte Gesichtsausdruck Kleinschmidts veränderte sich jäh. Verblüfft sah er auf den Hörer in seiner Hand, aus dem plötzlich ein rhythmisches Tonsignal erklang.

„Dieser Napfkuchen hat doch tatsächlich aufgelegt!“ zischelte er entrüstet.

Das dritte Groschenpärchen fiel blechern durch die Apparatur. Zwei – vier – acht – drei – acht – neun!

Diesmal ertönte das Freizeichen siebenmal, bevor sich die dünne helle Stimme von eben wieder meldete.

„Turmschenke!“

„Und hier ist Peter, du breitgelaufener Limburger!“ schimpfte Kleinschmidt in den Draht. Und ebenso aufgebracht schimpfte es zurück.

„Der Präsident vom Trachtenverein, was? Melde dich gefälligst anständig, damit man weiß, mit wem man es zu tun hat. Hab’ schon genug Ärger!“

„Halte mir keine Vorträge, Männe, gib mir lieber Hans-Dieter!“

Eine Spur versöhnlicher: „Tut mir leid, Peter, von dem hab’ ich heut nur das Gesicht an der Tür gesehen. Soll ich ihm was ausrichten, falls er hier noch mal aufkreuzt?“

Peter Kleinschmidt dachte kurz nach, dann erwiderte er: „Nö, Männe, das hilft mir nichts. Bis zum nächstenmal!“

Diesmal behielt der falsche Vertreter den Hörer gleich in der Hand, während er mit dem Finger nur kurz die Höreraufhängung herunterdrückte und erneut zwei Zehner deponierte.

Acht – acht – eins – vier – sechs – eins...

Rufzeichen!

„Rotes Eck!“ Zur Abwechslung eine weibliche Stimme.

„Hier ist Kleinschmidt. Ist der Hans-Dieter zufällig da?“

„Hans-Dieter? Welcher Hans-Dieter?“ fragte die Stimme.

„Ich meine den mit der Warze auf dem Ohrläppchen.“

„Warze auf dem Ohrläppchen?“ fragte die Stimme wieder, und Peter Kleinschmidt wurde ungeduldig.

„Ja!“ bellte er unfreundlich ins Telefon. „Sie sind wohl neu im ‚Roten Eck‘, was?“

„Erraten! Warten Sie ein bißchen, ich guck' mich mal um, es sind ja nur vier Gäste da!“

Kleinschmidt wartete. Und es dauerte wirklich nicht lange, dann meldete sich eine neugierige Stimme:

„Ja?? Wer ist denn dort?“

„Hier ist Peter!“ raunzte Kleinschmidt.

„Hallo, Peter!“ rief Hans-Dieter erfreut. „Ich wünsche dir einen schönen guten Morgen. Warum biste denn so sauer?“

„Drei Kneipen mußte ich anrufen“, erwiderte Peter verstimmt, „drei Kneipen, um dich aufzustöbern.“

„Aber das ist doch ganz einfach“, wehrte sich Hans-Dieter. „Der ‚Grüne Baum‘ hat mittwochs geschlossen, und in der ‚Turmschenke‘ verging mir schon an der Tür der Appetit.“

„Und warum?“

„An unserem Stammtisch frühstückten zwei Polizisten!“

„Pfui, an unserem Stammtisch?“ Kleinschmidt schüttelte sich.

„So ist es. Was blieb mir weiter übrig als das ‚Rote Eck‘. Ist auch nicht mehr das, was es mal war. Die haben eine neue Bedienung. So eine Dünne im Minirock mit einem frechen Mundwerk.“

„Was ist denn mit der dicken Paula, die bisher immer bedient hat?“

„Der Willi sagt, die sei nach Marokko ausgewandert. Gibt's was Neues?"

„Es gibt. Geh sofort zu Paulchen, und sage ihm, daß ich für ihn, für dich und für mich einen heißen Tip bekommen habe. Und was ich jetzt sage, gilt für euch beide: Ihr rüstet euch mit einer warmen Wolldecke und einem Schirm aus, dann meldet ihr euch bei euren Vermietern für zwei Tage ab. Sagt, ihr müßtet in einer Erbschaftsangelegenheit verreisen. Punkt 14 Uhr treffe ich euch an der ehemaligen Straßenbahnhaltestelle Sprossenplatz. Alles klar?"

„Alles klar!" rief Hans-Dieter fröhlich. „Ist es wieder so ein schickes Ding wie beim letztenmal?"

„Könnte sein!" kam es einsilbig zurück.

„Und was ist mit der Verpflegung?"

„Das besorge alles ich. Und noch was: Tätschle Paulchen den Rücken, damit er sich nicht wieder so aufregt!"

Für eine Weile blieb es stumm zwischen den beiden Telefonierenden. Eine Stille, die deutliche Züge von Mißmut trug. Und da sagte Hans-Dieter auch schon murrend: „Brauchen wir den denn unbedingt? Können wir das Ding nicht auch zu zweit drehen?"

Kleinschmidts Erwiderung ließ keine weitere Diskussion zu diesem Thema zu: „Paulchen ist der beste Schmieresteher, den ich kenne, das ist das eine, und das andere ist: Paulchen hat uns bis jetzt immer Glück gebracht!"

„Stimmt, da haste recht", sagte Hans-Dieter und schnipste sich gegen die Warze auf dem Ohrläppchen. „In welche Richtung geht's denn?" erkundigte er sich dann neugierig und fuhr gleich darauf erschrocken zusammen. „Seit wann unterhalten wir uns darüber am Telefon?" hatte Peter Kleinschmidt rügend in die Leitung gebellt.

„War 'ne dumme Frage, was? Soll nicht wieder vorkommen!“ versprach Hans-Dieter. Dabei ärgerte er sich, daß ihn der „fromme Peter“ (wie Kleinschmidt in der Branche hieß, weil er jeden Sonntag feierlich und schwarzgewandet in die Kirche ging) so angeblasen hatte.

„Also, bis 14 Uhr!“ sagte der jetzt und legte auf.

„Bis 14 Uhr!“ erwiderte Hans-Dieter leise, obwohl er wußte, daß ihm niemand mehr zuhörte.

Hans-Dieter und der kleine mopplige, rotwangige Paulchen waren weit und breit die einzigen, die an der ehemaligen Straßenbahnhaltestelle Sprossenplatz standen. Hans-Dieter mit einem prallgefüllten Plastikbeutel in der einen und einem Schirm in der anderen Hand. Paulchen dagegen trug die gewünschte Wolldecke zu einer unförmigen Wurst gedreht unter dem Arm. Die beiden stiegen zu Kleinschmidt in den Wagen.

Während Hans-Dieter den strahlenden Paulchen in den Fond schob, sagte er: „Du bist ja pünktlich wie meine Frühjahrsmüdigkeit, Peter!“ Und er nahm neben diesem Platz. „Ich sage dir, Paulchen ist aufgeregt wie beim erstenmal.“ Er warf die Tür zu. Und Paulchen nickte eifrig.

„Vie–vie–vielen Dank, P–Peter, daß d–d–du mich wieder mitni–nimmst!“

„Schon gut, ist doch Ehrensache. Seht nach, ob eure Türen ordentlich zu sind!“

„Eh–eh–ehrlich, ich b–bin ganz wi–wi–wild aufgeregt. Es ist das er–er–erste M–M–Mal, daß ich ein Ding mit ei–einer d–d–dicken Wolld–d–decke drehe!“

„Hehe, man fängt mit allem einmal an, Paulchen!“

Paulchens Miene war plötzlich umwölkt, und mißmutig schimpfte er: „Verd–dammt, d–d–daß ich immer st–st–stottern muß, wenn i–ich aufgeregt b–b–bin.“

„Warum gehst du nicht mal zum Psychiater?“ fragte Peter Kleinschmidt.

„Was s–s–soll ich d–d–ort?“ Paulchen schien von solch einer Möglichkeit nicht allzuviel zu halten.

Hans-Dieter schätzte grinsend die Eventualitäten ab: „Wenn du Glück hast, schmeißt der dich auf eine Couch – und schon biste dein Stottern los.“

„Ich glau–be nicht an sssolche Mätz–chen. Also, ich sage euch, ich le–lese die ga–ga–ganze Z–Z–Zeitung von v–vorn bis hinten und von h–hinten bis v–v–vorn ohne einen ei–einzigen Aufenthalt.“

„Und wie ist es, wenn du was Aufregendes liest?“ wollte Peter wissen.

„H–Hab’ ich noch nicht aufge–gepaßt, o–oder? Nö, d–das m–macht mir gar nichts aus. Vie–vielleicht gehe ich d–doch noch mal zu so einem Sychater o–oder so ähnlich.“ Paulchen klatschte in die Hände und versicherte noch einmal: „M–Mann, bin ich aufgeregt.“

„Hoffentlich bringt die Sache wenigstens was ein“, dachte Hans-Dieter laut. Peter beruhigte ihn: „Wenn meine Informationen stimmen und wenn wir Glück haben, könnte die Sache ihre guten 100 000 wert sein.“

„D–D–Donnerw–w–w–wetter!“ stotterte Paulchen und riß die Augen auf.

„Und wenn wir Pech haben?“

„Bestenfalls nichts, schlimmstenfalls ein Jahr!“ gab Peter Kleinschmidt zu.

„Wo dr–dr–drehen w–w–w–wir das D–Ding eigentlich?“

„Im Ebelinger Forst!“

Hans-Dieter stieß einen Pfiff aus, und auch Paulchen sah überrascht auf Kleinschmidt.

„Im Ebelinger Forst“, wiederholte Hans-Dieter ungläubig.

„Gibt's denn dort außer Brennholz was zu holen?"

„Wo d–der P–P–Peter hingeht, gibt's immer was zu h–h–holen. A–aber wozu brauchen wir ei–eigentlich Decken, P–Peter?"

„Damit wir uns den Hintern nicht verkühlen!" Kleinschmidt grinste. Und der etwas schwerfällige Paulchen haute ihm die Hand auf die Schulter. „T–t–toll, an w–w–was du alles d–denkst, ganz massig t–toll!"

„Ich will euch erzählen, um was es geht. Kennt ihr den reichen Kreiselmeier?"

Hans-Dieter sah erstaunt auf. „Meinst du den Rollmopsfabrikanten?"

„Den meine ich. Der besitzt im Ebelinger Forst ein sogenanntes Land- und Jagdhaus. Dort feiert er heute abend eine große Party!"

„Ich hatte keine Ahnung, daß es dort überhaupt Häuser gibt."

„Bis gestern wußte ich das auch nicht. Daran siehst du wieder mal, daß man von den Reichen nur das wenigste und unwichtigste wirklich weiß."

„Ha–ha–haben die dich eingela–den, P–Peter?"

Peter Kleinschmidt wandte sich langsam um und sah Paulchen strafend an. Und seine Stimme klang gereizt: „Paulchen, du weißt genau, wie ich auf dämliche Fragen reagiere. Also stell mir keine dämlichen Fragen! Oder hast du schon einen reichen Rollmopsfabrikanten gesehen, der einen armen Einbrecher zu seiner Party einlädt?"

„T–toll, eigentlich n–n–nicht!" Paulchen schüttelte zerknirscht den Kopf, um gleich fortzufahren: „M–Mann, b–bin ich aufgeregt."

„Dieser Waldvilla schräg gegenüber liegt eine wunderschöne Tannenschonung. Dort werden wir es uns bequem machen. Mein Informant hat behauptet, daß der Rollmops und sämtliche Gäste nach der Party das Haus wieder verlassen!“ erklärte Peter Kleinschmidt weiter.

„Du meinst, daß es dann leer steht?“

„So ist es. Sobald der letzte abgedampft ist, machen wir uns an die Arbeit!“

So ganz geheuer schien Hans-Dieter die Sache nicht zu sein. „Vielleicht gibt’s einen Hund oder eine Alarmanlage, was dann?“

„Weder das eine noch das andere. Dafür gibt’s aber eine wertvolle Briefmarkensammlung und einige noch wertvollere Bilder. Alles zusammen hat in unseren Rucksäcken Platz.“

Paulchens Kopf zuckte erschrocken vor. „Rucksäcke??“ fragte er. „Wo nehmen wir denn Rucksäcke her? Hans-Dieter hat nur von Decke und Schirm gesprochen...“ Er sah die Blicke der beiden anderen auf sich gerichtet. „Was seht ihr mich denn so an?“

„Du hast eben kein bißchen gestottert, Paulchen!“ sagte Peter Kleinschmidt.

„Du warst flüssig wie eine sprudelnde Quelle!“

„Was denn, w-w-was denn... Ist mir ü-ü-überhaupt nicht aufgefallen.“

„Aber uns, du Primel!“ Hans-Dieter nickte ihm zu. Und Peter Kleinschmidt beruhigte Paulchen:

„Wegen der Rucksäcke mach dir mal keine Gedanken, die habe ich im Kofferraum, zusammen mit den Wanderstökken.“

„Kennst du dich denn in der Umgebung aus?“ fragte Hans-Dieter.

„Gestern bin ich zweieinhalb Stunden durch das Gelände gewetzt. Übrigens, das Haus hat einen Hausmeister.“

„Ach du liebes Schneewittchen!“ rief Hans-Dieter beunruhigt und erschrocken zugleich aus. „Du hast doch gesagt, daß..."

Peter Kleinschmidt winkte ab.

„Kein Grund zur Aufregung. Der arme Mann liegt seit drei Wochen im Krankenhaus. Ist vom Balkon gefallen, als er eine Leitung montieren wollte."

Paulchens Stimme klang resolut, als er vorschlug: „I–ich sage euch, wenn alles ge–geklappt h–hat, schicken wir ihm ein paar t–tolle Blumen ins Kra–Kra–Krankenhaus, was, Peter?"

„Das können wir machen. Aber jetzt machen wir, daß wir erst mal an Ort und Stelle kommen."

Es war 15.10 Uhr, als Peter Kleinschmidt seinen alten VW auf den Parkplatz am Waldgasthaus „Waldesruh" lenkte. Nachdem Paulchen und Hans-Dieter ihre mitgebrachten Decken und Schirme in den für sie reservierten Rucksäcken verstaut hatten, packten alle drei ihre Knotenstöcke und schritten mit den Mienen überzeugter Wandersleute in den Wald hinein. Sie mieden die asphaltierte Wald-Hauptstraße. Und wenn sie von weitem irgendwelche Spaziergänger entdeckten, schlugen sie sofort einen Haken.

Endlich, nach 65 Minuten, lag das Ziel ihres Marsches, die Tannenschonung, vor ihnen. Die Bäume hatten durchweg eine Höhe von annähernd zwei Meter und standen so, daß sich das Gaunertrio bequem einen Weg hindurchbahnen konnte.

Punkt 16 Uhr hob Peter die Hand und verkündete leise: „Wir sind da! Hier schlagen wir unser Lager auf!" Paulchen sank mit einem Wehlaut zu Boden und streckte sich der Länge nach aus.

„E–endlich. Mein Ru–Rucksack w–w–wiegt mindestens einen Zentner!“

Und auch Hans-Dieter stöhnte: „So viel bin ich in den letzten zehn Jahren nicht mehr an einem Stück gelaufen. Ich glaube, ich hab’ an jeder Zehe eine Blase!“

„Jammerlappen seid ihr“, schimpfte Kleinschmidt. „Sind den Tränen nahe, wenn sie mal marschieren müssen. Warum betreibt ihr nicht jeden Tag ein bißchen Trimm-Trab?“

„Wozu soll ich mich unnötig bewegen?“ maulte Hans-Dieter. „Im Schlaf liege ich schließlich auch still.“

„Das ist vielleicht eine Einstellung. Du bist ein Faulpelz!“

„W–w–was ha–hast du n–n–nur in meinen Ru–Rucksack gepackt. Der h–hat mich richtig krummgezo–gen“, lamentierte Paulchen.

„Essen und Trinken!“

„Hoho, Trin–Trinken, M–Mann, ha–hab’ ich einen Du-Du–Durst!“

Während Paulchen nach einer Flasche zu kramen begann, wollte Hans-Dieter wissen: „Wo ist denn nun die Rollmopsvilla?“

Peter Kleinschmidt deutete nach rechts. „Zehn Meter in diese Richtung, dann liegt sie direkt vor uns. Außerdem kann man von dort aus auch die Zufahrtsstraße sehen. Wir werden uns zunächst einmal stärken, und anschließend beziehen wir Posten!“

Sie schlachteten bei ihrem Picknick nacheinander drei Konservendosen, ein Glas Kirschen und verputzten zwei Pakete Knäckebrot sowie zwei Liter Limonade. Dann packten sie ihre Decken und krochen zum Rand der Schonung.

Es handelte sich wirklich um einen idealen Beobachtungsposten. Nicht nur, daß sie das imposante einstöckige Haus gerade vor ihrer Nase hatten und auch die etwa 400 Meter lange Zufahrt bis zur Einmündung in die Wald-Hauptstraße einsehen konnten, sie selbst wurden von hohen Farnkräutern so vollendet gedeckt, daß kein noch so scharfsichtiger Späher sie hätte ausmachen können.

Sämtliche Fenster des Hauses waren mit schweren, massiven Fensterläden gesichert, und nichts deutete darauf hin, daß sich im Haus eine lebende Seele befand. Doch dann, es war 18.15 Uhr, tauchte das erste Auto, ein großer Mercedes, auf. Er fuhr in den weiträumigen, plattenbelegten Hof. Drei Herren und eine Dame stiegen aus.

Sie schienen alle vier bester Laune zu sein und verschwanden laut lachend und redend im Haus. Wenig später wurde geräuschvoll ein Fensterladen nach dem anderen aufgestoßen. Es dauerte nicht mehr lange, und sie rauschten heran, die Jaguars, Maseratis, Porsches, Alfa Romeos und Mercedes. Bald hatten sich neunzehn Fahrzeuge im Hof versammelt.

Aus den geöffneten Fenstern drangen Musik und ausgelassene Heiterkeit bis hin zu dem Platz, wo dicht an dicht drei Männer auf das Ende der eben begonnenen Party warteten.

Sie mußten lange warten...

Mitternacht ging vorüber. Ihre geflüsterte Unterhaltung wurde immer sparsamer. Als es 1 Uhr war, versuchte Paulchen seine beiden Kumpane mit einem Witz aufzuheitern.

„He, s-s-soll ich euch ei-einen Witz erz-zählen?"

„Wenn's sein muß, erzähl!" sagte Peter Kleinschmidt, ohne die Villa aus den Augen zu lassen.

„Wenn's dich erleichtert, Paulchen. Aber nur einen, über den ich auch lachen kann!" sagte Hans-Dieter.

„Also, da trifft ein St-Stotterer ei-einen Bu-Buckligen. Fragt d-d-der Buck-lige den St-St-Stotterer: ‚H-he, wohin g-gehst du?' A-antwortet der St-St-Stotterer: ‚Ich g-geh in die Sch–Schule!‘ Da l–l–lacht der B–Bucklige und sssagt: ‚Du k–kannst doch sch–sch–schon so g–g–gut st–st–stottern, wozzu gehst d–d–du noch in die Sch–Sch–Schule.‘ Der St–Stotterer fragt n–nun den Bu–Buckligen: ‚Und wo g–g–gehst du h–hin?‘ Sagt der: ‚Ich g–geh zum Fo–Fotografen, B–B–Bilder mach–en.‘ Da f–fängt der St–Stotterer an zu llachen und sssagt: ‚Hihihi, dann p–p–paß nur auf, daß der B–B–Buckel nicht mit aufs B–Bild kommt, sssonst ge–geht d–das Al–bum n–n–nicht zzzu.‘“

Paulchen kicherte.

In diesem Augenblick begann Hans-Dieter zu schnarchen.

„G–G–Gemeinheit“, schimpfte Paulchen entrüstet.

Peter Kleinschmidt tröstete ihn: „Mach dir nichts draus, Hans-Dieter hat eben keinen Humor!“

Es wurde 2 Uhr.

Es wurde 3 Uhr.

Um 3.50 Uhr verließ der erste Wagen den Hof. Um halb sieben stand nur noch der Mercedes da, der am Abend zuvor den Reigen eröffnet hatte.

Viel weniger fröhlich wurden die Fensterläden wieder geschlossen. Um 7 Uhr endlich kutschierte auch der Mercedes mit den drei Männern und der Dame zum Hof hinaus.

Hans-Dieter schnarchte noch immer, und auch Paulchen fiepte leise vor sich hin.

„He, aufwachen, ihr beiden!!“

Während sich Hans-Dieter reckte und streckte, bis die Knochen und Gelenke knackten, fragte Paulchen schlaftrunken: „H–hab’ ich gesch–schlafen?“

„Ein wenig!“

„Na–na so was!“

„Sag mal, Peter“, Hans-Dieter gähnte, „vorhin im Traum ist mir eine Frage eingefallen. Warum liegen wir hier eigentlich wie die Tannenzapfen herum, statt dem Haus zu ganz normaler Einbrecherzeit einen Besuch abzustatten?"

„Wenn es unmittelbar nach der Party passiert, wird man zuerst einen der Gäste verdächtigen. Und das ist gut so, denn das lenkt die Polizei fürs erste von unseren Spuren ab!" Peter deutete auf die Rucksäcke.

„Die nimmst du, ich trage das Werkzeug! Und nun zu dir, Paulchen. Was nehmen wir für einen Warnruf?"

Paulchen überlegte kurz, dann schlug er mit jetzt wachen Blicken vor: „Ich k–könnte ganz t–t–toll wie ein Motor–ra–rad hu–hupen!"

„Mensch, Paulchen", schimpfte Peter, „wir sind hier nicht in der Stadt, wir sind mitten im Wald. Was kannst du besser. Das Quaken eines Frosches..."

„Frosch?" unterbrach Hans-Dieter zweifelnd. „Hier??"

„Ja, dreihundert Meter hinter dem Haus liegt ein kleiner Waldsee – also Frosch oder das Rufen eines Kuckucks?"

„Im Qua–Quaken b–bin ich ganz große Klas–ssse! Aber auch d–d–das Ge–Gekuckucke l–l–liegt mir!"

„Lassen wir's beim Quaken", entschied Peter Kleinschmidt und bückte sich nach dem Werkzeugbündel. „Sobald du jemanden dort auf der Straße auftauchen siehst, quakst du, was das Zeug hält. Alles klar, Paulchen?"

„Kl–kl–klar, alles kl–kl–klar!"

Und so nahm das Verhängnis seinen Lauf.

Das heißt, zunächst ging ja alles ganz gut. Peter und Hans-Dieter brauchten für das Türschloß nicht mal fünf Minuten. Und da überall Fensterläden vorgelegt waren, konnten sie es sich erlauben, ebenfalls überall ungeniert Licht einzuschalten.

Sie öffneten die Fenster, um Paulchens eventuelle Warnsignale zu hören, und widmeten sich dann mit Hingabe ihrer gar nicht feinen Aufgabe.

Zu gleicher Zeit starrte Paulchen angestrengt auf die Waldstraße. Er summte dabei leise vor sich hin, denn Paulchen war mit sich, seinem Los und rundherum mit allem zufrieden. Er hatte Freunde, eine leichte Arbeit und – bis aufs Stottern – eine gute Gesundheit. Zwanzig Minuten mochten so wohl vergangen sein, als es ihn wie ein Blitz durchfuhr.

Der Mercedes!

Mit quietschenden Reifen war der zuletzt weggefahrene Mercedes von der Wald-Hauptstraße in die Zufahrt eingebogen. Vor Aufregung bediente sich Paulchen eines der Aus-

sprüche Hans-Dieters: „Ach d-d-du lie-liebes Sch-Schneewittchen!" stotterte er entsetzt, und dann fiel ihm ein, warum er hier hockte und die Straße beobachtete.

„K-Kuckuck!" schrie er. „Ku-ckuck, Kkkuckuck..."

„Kuckuck!" Und noch einmal und immer wieder: „Kukkuck – K-Kuck-uck! Kuckuck..."

Schneller und schneller und lauter und lauter erfüllte er den morgendlichen Wald mit seinen Rufen.

„Kuckuck – K-Kuckuck..."

Paulchen sah die drei Männer im Haus verschwinden, und sein Herz schlug jetzt so stark, daß er kaum schlucken konnte.

„Kuckuck – Kuckuck..." Nur noch leise drang die Stimme des Vogels aus der Schonung. Paulchen hätte sich am liebsten in den Waldboden eingegraben, als er zehn Minuten später den Polizeiwagen mit kreischenden Bremsen vor dem Haus halten sah...

„K-K-Kuckuck..."

Und dann fiel es Paulchen wie Schuppen von den Augen, und er erkannte die ganze Tragweite seines abscheulich-nicht-wiedergutzumachenden-dummen-sträflich-blöden-hundsgemeinen Fehlers.

Als er sah, wie seine beiden Freunde in Handschellen abgeführt wurden, legte er den Kopf auf die Arme und schluchzte in den Waldboden:

„Quak... Quak... Quak... Quak... Quak..."

Er quakte noch, als längst wieder Ruhe eingekehrt war in Wald und Haus...

Hörspiel

????????????????????????????????????

Geisterstunde

????????????????????????????????????

Die Personen:

Sir John Danbrugh, der Schloßherr
Mr. Oliver, der Butler
Kathrin McKelly, eine Ahnfrau
Pieter Rauls, Graf York
George Forster, Earl of Leeds
Mary Woodmaker, Amerikanerin
Patricia, ihre Zofe
Mann, der fotografieren wollte
Inspektor

Die Schauplätze:

Mehrere Räumlichkeiten in dem zu einem Hotel umgebauten Schloß Duncart

Am 2. Mai erscheint in der *Evening Post* von Glasgow folgende zweispaltige Textanzeige:

„Ich suche für die Monate Juni, Juli und August zwei junge Männer sowie eine junge Dame für lukrative Nebenbeschäftigung. Diese erfolgt stundenweise. Interessenten sollten in oder im Umkreis von Glasgow wohnhaft sein. Näheres erfahren Sie, sobald mir Ihre Bewerbung mit Alters- und Berufsangabe unter der Chiffre 222 vorliegt."

Auf den Tag genau zwei Wochen später betritt Mr. Oliver, der Butler von Sir John Danbrugh, das Foyer von Schloß Duncart. Er begrüßt die Wartenden mit einer knappen, aber trotzdem äußerst hoheitsvollen Verbeugung und sagt:

Oliver (steif): „Sir John Danbrugh begnügt sich im allgemeinen mit der Anrede ‚Sir John'. Das zu Ihrer Information. Und jetzt wünscht Sir John Miß McKelly zu sehen." (Türklopfen/Türöffnen)

Danbrugh: „Miß Kathrin McKelly?"

Kathrin: „Ja, Sir, die bin ich..."

Danbrugh: „Bitte, nehmen Sie doch Platz... Hatten Sie Schwierigkeiten, den Weg zum Schloß zu finden?"

Kathrin: „O nein, Sir. Nicht im geringsten. Ich kenne jeden Winkel in dieser Gegend. Wir haben neun Jahre drüben in Everdale gewohnt."

Danbrugh: „Dann kennen Sie also auch Schloß Duncart?"

Kathrin: „Ja. Nur nicht als Hotel."

Danbrugh (lächelnd): „Die Zeiten ändern sich oft schneller, als man wahrhaben möchte... Miß Kathrin, ich muß Ihnen einige Fragen stellen."

Kathrin: „Bitte, Sir John!"

Danbrugh: „Ich bin leider gezwungen, Sie zu verpflichten, über alles, was hier gesprochen wird, Stillschweigen zu bewahren. Das gilt für den Fall, daß ich Sie einstelle ebenso wie für den, daß ich auf Ihre Dienste verzichten muß. Sind Sie eine ängstliche Natur?"

Kathrin: „Ich glaube nicht, daß ich zu Überängstlichkeit neige."

Danbrugh: „Fürchten Sie die Nacht?"

Kathrin (irritiert): „Die Nacht...?"

Danbrugh (sachlich): „Anders formuliert: Würden Sie sich fürchten, um Mitternacht allein durch einen Friedhof zu spazieren?"

Kathrin (schluckt): „Ich weiß nicht... Ich habe es noch nie probiert... Ihre Fragen sind ein wenig eigenartig."

Danbrugh: „Aber notwendig, liebe Miß Kathrin. Ihre Arbeitszeit hier im Schloß würde zwar nur eine Stunde betragen, aber diese fiele zwischen Mitternacht und 1 Uhr."

Kathrin: „Die Geisterstunde... Wahrlich eine ungewöhnliche Zeit für eine Nebenbeschäftigung."

Danbrugh: „Es ist die Zeit, in der die tote Lady Cattoway nach dem Rechten zu sehen pflegt."

Kathrin (fröstelnd): „Wie bitte..., welche Tote?"

Danbrugh: „Lady Melinda Cattoway. Gestorben hier im Schloß vor genau 241 Jahren."

Kathrin: „Aber was hat das mit mir zu tun, Sir John?"

Danbrugh: „Früher, Miß Kathrin, war Schloß Duncart nur ein Schloß. Heute ist es nicht mehr nur ein Schloß, sondern ein Schloßhotel. Meine Gesellschaft hat eine große Summe investiert, um aus den mehr oder weniger ungemütlichen Räumlichkeiten eine angenehme Atmosphäre des Luxus und der Gediegenheit zu machen. Unsere Gäste, Miß Kathrin, werden zu 90 Prozent aus Übersee kommen. Diese Leute erwarten von einem Hotel die entsprechende Bequemlichkeit und von einem Schloß den entsprechenden Schloßgeist. Sie sollen beides bekommen, wenn wir am 1. Juni eröffnen. Bequemlichkeit und Schloßgeister!"

Kathrin: „Und worin besteht meine Tätigkeit als tote Lady Cattoway?"

Danbrugh: „Ihre Aufgabe wäre es, zweimal in der bewußten

Zeit den oberen Gang im Südflügel entlangzugehen. Und zwar einmal kurz nach Mitternacht und das zweite Mal gegen 0.45 Uhr. Danach wäre Ihr Dienst beendet. Sie würden für diese Stunde pro Tag fünf Pfund erhalten. Zum An- und Umkleiden stünde Ihnen ein Zimmer zur Verfügung. Dort könnten Sie, wenn Sie auf den Heimweg in der Nacht verzichten wollen, auch übernachten. Bitte entscheiden Sie sich...!"

Kathrin: „Jetzt gleich?"

Danbrugh: „Allerdings. Für den Fall, daß Sie ablehnen, muß ich mich ja leider nach einer neuen Lady Cattoway umsehen."

Kathrin (gibt sich einen Ruck): „Also gut, Sir John, ich nehme an."

Danbrugh: „Ich danke Ihnen. Trotzdem möchte ich Sie bitten, noch so lange zu warten, bis ich auch mit den beiden Gentlemen gesprochen habe. Mister Oliver wird Sie dann alle mit den Einzelheiten vertraut machen und Ihnen auch die Verträge aushändigen."

Kathrin: „Und wer ist Mister Oliver?"

Danbrugh (überrascht): „Sie haben ihn doch kennengelernt. Es ist der gleiche Mann, der Sie bei Ihrem Eintreffen in Empfang genommen hat."

Kathrin: „Ah, der Butler..."

Danbrugh: „Mister Oliver wird ab 1. Juni der Chefportier des Hauses sein. Auf Wiedersehen, Miß Kathrin."

Kathrin: „Auf Wiedersehen, Sir John!"

Oliver (steif): „Sir John Danbrugh hat mich gebeten, Sie mit den Einzelheiten vertraut zu machen. Hier zunächst Ihre Verträge. Sie können sie später mit der Post zurückschicken."

Rauls: „Verzeihung, Mister Oliver, mein Gedächtnis hat mich scheinbar im Stich gelassen. Welchen Geist vertrete ich?"

Kathrin/Forster (Lachen)

Oliver (unbewegt): „Sie vertreten den Geist des Grafen York. Der Graf stürzte sich in einem Anfall von Schwermut vom Dach des Schlosses. Daß er sich dabei nur ein Bein brach, hat ihn nicht etwa aufgemuntert; im Gegenteil: Er sprach von diesem Tag an mit niemandem mehr ein Wort. Er blieb in seinen Gemächern und blies die Flöte... Eines Morgens war er verschwunden. Man hat niemals wieder von ihm gehört."

Rauls (ironisch): „Ich bin beeindruckt. In welchem Jahr habe ich eigentlich dieses fürchterliche Schicksal erlitten?"

Oliver: „Es war Anno 1699."

Rauls: „Ich glaube, ich kann den Job nicht annehmen, Mister Oliver."

Oliver (pikiert): „Und warum nicht, wenn ich mir diese Frage erlauben darf. Gegenüber Sir John hatten Sie keinerlei Bedenken."

Rauls: „Der Grund ist denkbar einfach: Ich kann nicht Flöte blasen."

Oliver: „Das war einkalkuliert, Mister Rauls. Ein Tonband wird für Sie flöten."

Forster: „Eine Frage, Mister Oliver. Ist mein Geisterdasein auch von Musik begleitet?"

Oliver: „Nein, Mister Forster. Der Earl of Leeds war ein total unmusikalischer Mensch."

Forster (beeindruckt): „Oh, ein Earl bin ich. Das gefällt mir!"

Kathrin/Rauls (lachen)

Oliver (monoton): „Der Earl of Leeds war der gerissenste Betrüger, den diese Mauern je beherbergt haben. Er lud zu rauschenden Festen ein und studierte dabei genau das Geschmeide der anwesenden Ladys. Die am kostbarsten Behangenen ließ er dann auf dem Heimweg von in seinen Diensten stehenden Halunken überfallen und berauben. Damit waren gleichzeitig die Kosten für das nächste Fest gesichert."

Forster (mißtrauisch): „Sagen Sie, Mister Oliver, hat es einen besonderen Grund, daß ausgerechnet ich für diesen unangenehmen Zeitgenossen spuken muß?"

Oliver: „Es ergab sich so, Mister Forster. Darf ich Ihnen noch sagen, wie der Earl of Leeds ums Leben gekommen ist?"

Forster: „Ich bin sicher, daß er sich nicht aus dem Fenster gestürzt hat."

Oliver: „Meine Hochachtung, Sir. Sie sind der Wahrheit bis auf ein einziges Wort nahegekommen. Das Wort heißt ‚allein'."

Forster: „Allein? ... Wie soll ich das verstehen?"

Oliver: „Er hat sich nicht ‚allein' aus dem Fenster gestürzt... Zwei Damen der damaligen besten Gesellschaft sollen ihm den entscheidenden Stoß versetzt haben!"

Forster: „Hm... Und seit wann geistert der Earl of Leeds durch die dicken Mauern von Duncart?"

Oliver: „Er wird sozusagen durch Sie Premiere feiern, Mister Forster. Und jetzt würde ich Ihnen gern Ihren Wirkungsbereich zeigen. Wenn die Gentlemen nichts dagegen haben, beginne ich mit Miß McKelly..."

Kathrin: „Warum einzeln? Ich hätte nichts dagegen, wenn meine männlichen Gespensterkollegen auch mein Geisterreich kennenlernen würden."

Rauls (lebhaft zustimmend): „Das ist ein Wort. Graf York und der Earl of Leeds nehmen Ihr Angebot gern an, Mylady."

Oliver (mit viel Hall): „Und das wären Ihre Arbeitsräume, Mister Rauls."

Rauls (trocken): „Noch ungemütlicher als die anderen. Was stellte diese riesige Halle eigentlich in früheren Zeiten dar?"

Oliver: „Es war der Rüstsaal."

Kathrin: „Daß man Rüstsäle sogar unters Dach verlegt hat, höre ich zum erstenmal."

Oliver: „Tut mir leid, Miß McKelly, über die Gründe dieser Anordnung kann ich leider nicht mit Einzelheiten dienen. Darüber geben die Annalen des Schlosses keinerlei Auskunft."

Rauls: „Von hier kommen dann also auch meine Flötentöne?"

Oliver: „Ganz recht. Dort drüben wird das Bandgerät stehen. An jeder Längsseite installieren wir einen Lautsprecher, damit nichts an Ton verlorengeht... Sie brauchen dann nur noch mit den Ketten zu rasseln..."

Rauls (seufzt): „Wenn das mein Großvater wüßte... Der hat immer behauptet, aus mir würde noch mal was Großes."

Forster: „Na und... Ist ein Graf vielleicht nichts?"

Oliver: „Bitte, darf ich vorausgehen... Wir wollen noch zum Westflügel..."

Später läßt Mr. Oliver die drei zukünftigen Schloßgeister noch einen Blick in eines der Luxusappartements, die beiden prachtvollen Speisesäle und einige andere Räumlichkeiten werfen. Da alle drei in Glasgow wohnen, ergibt es sich fast von selbst, daß sie gemeinsam in George Forsters klapprigem Morris nach Hause fahren. Pieter Rauls läßt es sich nicht nehmen, seine beiden Kollegen zu einem Tee mit Whisky in *Peggy's Drugstore* einzuladen. Fast eine Stunde sitzen sie dort und sehen sich gegenseitig ein bißchen in die privaten

Karten. Und so erfährt man, daß Kathrin McKelly im Herbst ein Psychologiestudium aufnehmen will und George Forster ein jungverheirateter Bibliothekar ist. Pieter Rauls dagegen hat gerade seinen Wehrdienst abgeleistet und will seinen erlernten Beruf im September wiederaufnehmen. Und sie kommen überein, jeden Abend gemeinsam nach Schloß Duncart zu fahren und auch den Heimweg nach Ende der Geisterstunde in Forsters Wagen anzutreten. Dafür wollen sie sich die Benzinkosten teilen.

Die Maitage gehen dahin. Im Schloßhotel werden die letzten Vorbereitungen für die erste Sommersaison getroffen. Und dann kommen die Gäste, die sich einen Urlaub auf Schloß Duncart leisten können. Reiche Leute, noch reichere und ganz besonders reiche. Sie kommen mit betont gleichgültigen Mienen, und nur an ihren umherhuschenden Blicken sieht man die sorgsam verhüllte Neugier. Mrs. Mary Woodmaker, die mit ihrer Zofe Patricia als eine der ersten eintrifft, bittet Mr. Oliver kurz nach ihrer Ankunft in ihr Luxusappartement. Sie ist gerade dabei, ihren Schmuckkoffer unter die Matratze zu schieben, als sie erschrocken zusammenfährt...

Oliver: „Verzeihung, Madam, ich hatte geklopft!"

Mrs. Woodmaker: „Ich dachte, es wäre Patricia."

Oliver: „Tut mir leid, wenn ich Sie erschreckt habe. Ihr Mädchen sah ich übrigens vorhin zu den Garagen gehen... Sie wollten mich sprechen, Madam?"

Mrs. Woodmaker (augenzwinkernd): „Ich platze fast vor Neugier, Mister..."

Oliver (mit einem Räuspern): „Oliver."

Mrs. Woodmaker: „Also gut, Mister Oliver... (forsch) Als ich in New York die Reise nach hier buchte, schwärmte mir der Manager des Reisebüros von geheimnisvollen Geistern vor. Was ist daran wahr?“

Oliver (tut betreten): „Ja, Madam, wenn Sie so direkt fragen, muß ich es wohl zugeben: Bei uns spukt es. Die Direktion hatte gehofft, daß die Umgestaltung des Schlosses in ein Hotel dem Geisterunwesen ein Ende machen würde. Aber leider fand diese Überlegung keine Bestätigung.“

Mrs. Woodmaker: „Brrrr... Es spukt also wirklich hier.“

Oliver: „Ich versichere Sie, Madam, daß Sie nicht belästigt werden.“

Mrs. Woodmaker (erschauernd): „Ja, kann man denn die Geister hören oder sehen?“

Oliver (leise): „Beides... Aber das Sehen können Sie ja dadurch vermeiden, daß Sie in der Zeit von 0 bis 1 Uhr Ihr Appartement nicht verlassen.“

Mrs. Woodmaker: „Oh, das muß ich mir aber noch reiflich überlegen. Ist das denn jede Nacht?“

Oliver: „Unsere Geister spuken bedauerlicherweise ohne jedes Schema. Einmal ist es stärker im Nordflügel, das andere Mal im Ostflügel... Hier im Südflügel haben wir es mit dem Geist der Lady Cattoway zu tun. Sie starb an einer Überdosis... Gift... vor genau 241 Jahren. Sie geht oft von ihrem ehemaligen Schlafzimmer hinüber in den früheren roten Salon. Vom Treppenaufgang kann man sie oben über den Gang gehen sehen... Habe ich Ihre Fragen erschöpfend beantwortet, Madam?“

Mrs. Woodmaker: „Ja, Mister Oliver, haben Sie vielen Dank... Und wenn Sie mein Mädchen sehen, richten Sie ihr aus, sie möge sich gefälligst ein wenig beeilen.“

Oliver: „Wie Sie wünschen... Darf ich Ihnen noch etwas empfehlen, Madam? Wir haben unten einen einbruchsicheren Safe... Wenn Sie etwas aufzubewahren haben, ist es dort garantiert sicherer als unter Ihrer Matratze."

Mrs. Woodmaker: „Von meinem Schmuck trenne ich mich keine Minute."

Oliver: „Ich möchte es Ihnen trotzdem ans Herz legen."

In der Nacht vom 1. auf den 2. Juni sollen die drei engagierten Ersatzgeister ihren Dienst aufnehmen. Alle Vorbereitungen sind für die Premiere der Schloßgeister von Duncart getroffen. Und obwohl die meisten Gäste über den sogenannten „Makel" des Hotels Bescheid wissen, fiebern sie doch mit Spannung der ersten Nacht entgegen.

Kurz vor 23 Uhr treffen Kathrin McKelly, Pieter Rauls und George Forster ein. Über eine rückwärtige Treppe im Mittelbau des Schlosses gelangen sie zu einem Gang im Dachgeschoß, von wo aus jeder seinen eigenen Weg gehen muß.

Kathrin kann sich eines Fröstelns nicht erwehren, als sie allein durch die muffigen, nur schwach erleuchteten Gänge ihrem nächtlichen Domizil zustrebt. Nervös tastet sie nach dem Schlüssel, den ihr Mr. Oliver in die Hand gedrückt hat. Und sie fühlt merkbare Erleichterung, als sie ihr Ziel erreicht und feststellen muß, daß die Organisation anscheinend ausgezeichnet funktioniert. So findet sie außer Schminke und den Gewändern aus wallendem weißem Stoff auch einen kleinen Imbiß sowie eine Fünfpfundnote.

Kathrin McKelly beginnt, sich in Lady Melinda Cattoway zu verwandeln. Aber auch Pieter Rauls, der sich in den Grafen York zu verwandeln hat, und George Forster, der in die Maske des Earl of Leeds schlüpft, sind zufrieden. Die Gewandungen sind so prächtig anzusehen, daß sie auf jedem Kostümfest für einen Preis gut wären.

Je näher es auf Mitternacht zugeht, um so mehr macht sich

auch Unruhe im übrigen Schloß bemerkbar. Immer öfter öffnen sich leise Türen, die zu den Zimmern oder Appartements führen.

Als die Zeiger der Uhren nur noch wenige Minuten von der Geisterstunde entfernt sind, tritt Mrs. Woodmaker an das Bett ihrer Zofe Patricia, die fest und traumlos schläft...

Mrs. Woodmaker (leise/drängend): „He, Patricia... Pat!

– – –

Hallo, Patricia, so wach doch endlich auf!"

Pat (verschlafen): „Ja, Madam... Ist was, ist was passiert?"

Mrs. Woodmaker (ungeduldig): „Passiert, passiert... Es ist gleich Mitternacht, Pat!"

Pat (verständnislos): „Mitternacht?"

Mrs. Woodmaker: „Ja, Mitternacht... Geisterstunde. Los, raus aus dem Bett!"

Pat (ängstlich): „Sie wollen wirklich? *Ich* möchte lieber hierbleiben."

Mrs. Woodmaker: „Und warum?"

Pat (leise): „Ich habe Angst, Madam."

Mrs. Woodmaker (Atempause/sich überwindend): „Also gut, Pat, ich gebe zu, daß ich mich auch nicht ganz wohl in meiner Haut fühle. Aber meine Neugier ist stärker als meine Angst. Und was kann uns schon groß geschehen, wenn wir zu zweit sind."

Pat (zögernd): „Wie spät ist es denn, Madam?"

Mrs. Woodmaker: „Es ist... 23.59 Uhr. Pat, sollen wir uns vor einer Frau fürchten, die seit 241 Jahren tot ist?"

Pat: „Also gut, Madam. Ich komme!"

(Von der Schloßkapelle schlägt eine Uhr zwölfmal.)

Und dann stehen sie eng aneinandergedrängt im Schatten einer Säule und starren leise zitternd nach oben, wo die angeblich vor 241 Jahren verblichene Lady Cattoway jeden Augenblick erscheinen muß. Sie, das sind Mary Woodmaker, Erbin einer Fabrikkette, die außer Schreib- und Toilettenpapier auch Fischkonserven und Transistorradios herstellt, und Patricia Sing, die aus finanziellen Gründen ihr Sprachenstudium aufgeben mußte. Es ist inzwischen 0.07 Uhr geworden.

Plötzlich stößt Patricia einen heiseren Schrei aus...

Mrs. Woodmaker (entsetzt): „Pat, was ist denn los..."
Pat (erstickt): „Da – da..."
Mann (näher kommend): „Verzeihung, Madam, ich wollte Sie nicht erschrecken..."
Mrs. Woodmaker: „Wieso schleichen Sie dann herum..."
Mann (verzeihend): „Ich stand schon die ganze Zeit dort. Sie haben mich nur nicht beachtet... Ich... Ja, wenn ich ehrlich sein soll, dann muß ich gestehen, daß ich auf die tote Dame warte..."
Pat (flüsternd): „Dort ist sie..."
Mrs. Woodmaker (ebenso): „Tatsächlich..."
Mann (ebenso): „Schade, daß das Licht so miserabel ist. Ich würde gern eine Aufnahme machen. Wer hat schon Bilder von Gespenstern."
Pat (aufatmend): „Schon vorbei... Ob sie auch zurückkommt?"
Mrs. Woodmaker: „Bestimmt. Wir warten! (Spitz) Der Herr möchte sicher lieber schlafen gehen."
Mann: „Keineswegs. Ich mach's mit Blitzlicht!"

Aus unerfindlichen Gründen klappt es mit dem Blitzlicht nicht. Und so kommt es, daß der Geist der Lady Cattoway in dieser Nacht nicht auf Zelluloid gebannt werden kann.

Genau eine Stunde später befinden sich die Geister von Schloß Duncart bereits auf dem Heimweg nach Glasgow.

Kathrin: „Fahren Sie bitte nicht so schnell, George. Denken Sie daran, daß nur echte Gespenster unsterblich sind."
Forster: „Sie haben recht... Ich war in Gedanken immer noch bei meinen Zuschauern... Ich wüßte zu gern, welche von ihnen nun wirklich an Gespenster glauben..."

Rauls: „Zugeben wird es keiner... Selbst wenn sie sich bekreuzigen."

Kathrin: „Mich hat ein kleiner Dicker fotografieren wollen..."

Rauls: „Oh – ein Dokumentarfilmer."

Kathrin: „Ja, leider ging sein Blitzlicht nicht los. Hatten Sie viele Zuschauer?"

Rauls: „Drei oder vier waren es bei mir – mehr konnte ich jedenfalls nicht entdecken."

Forster: „Bei mir waren es mindestens zehn. Die Damen trotz später Stunde in voller Bemalung und mit Schmuck behangen. Prächtige Stücke waren darunter."

Kathrin: „Na, Sie scheinen ja genau hingesehen zu haben."

Forster: „Das bin ich meinem Ruf als Earl of Leeds schließlich schuldig."

Rauls: „Dann vergessen Sie nur nicht, wie dieser arme Mensch endete – durch Fenstersturz..."

Kathrin: „Aber Sie haben recht, George. Auch bei mir sah eine Dame zu, deren Schmuckstücke nicht zu übersehen waren..."

So geht es noch einige Zeit hin und her. Als man sich in Glasgow trennt, schlägt es gerade 1.45 Uhr.

Tage vergehen. Man schreibt inzwischen den 9. Juni. Neue Gäste sind gekommen, alte Gäste haben verlängert. Und beider Gesprächsstoff sind nach wie vor die Schloßgeister. Wie ein Lauffeuer hat es sich verbreitet, daß der morgige Tag der Geburtstag der Lady Cattoway sei. Nun sieht man gespannt der kommenden Nacht entgegen. Mr. Oliver will diesem Rechnung tragen und mit einer besonderen Überraschung aufwarten.

Pünktlich wie immer, 0.10 Uhr, taucht Lady Cattoway aus

dem Dunkel auf. Sie trägt eine brennende Kerze vor sich her, während ihr stumm und mit gesenkten Köpfen der Graf York und der Earl of Leeds folgen. Ein Raunen geht durch die Zuschauer, von denen ein Großteil in anderen Flügeln wohnt. Aber auch vereinzeltes Kichern wird laut. Die ganze Prozedur dauert kaum zwei Minuten. Trotzdem harren die meisten der nächtlichen Gäste aus. Wenn schon, dann wollen sie auch die Rückkehr von Mylady erleben. Und sie kommt – doch allein. Wieder dauert es nur zwei Minuten, dann ist der ganze Spuk

vorbei..., das heißt, eigentlich beginnt er jetzt erst richtig... Mrs. Woodmaker ist nur noch wenige Schritte von ihrem Appartement entfernt, als sich dessen Tür öffnet und eine Gestalt heraushuscht...

Obwohl es dunkel ist, kann Mary Woodmaker doch genau erkennen, daß es nicht ihr Mädchen Patricia ist... Also... Einem plötzlichen Impuls folgend, hastet sie der Gestalt nach – doch es ist zu spät. Tatenlos muß sie zusehen, wie der Schatten hinter einer Tapetentür am Ende des Ganges verschwindet. Ihre Bemühungen, diese zu öffnen, sind vergeblich. Voll böser Ahnungen läuft sie in ihr Appartement...

Danbrugh: „Bitte, Madam, darf ich Ihnen trotz der ungewöhnlichen Stunde einen Platz anbieten."

Mrs. Woodmaker (wütend): „Ich will keinen Platz, Sir, ich will meinen Schmuck! Und wenn Sie wirklich der Direktor dieses Etablissements sind, dann sorgen Sie dafür, daß das umgehend geschieht."

Danbrugh (ruhig): „Sie haben bisher etwas aufgeregt gesprochen, Madam. Dürfte ich Sie bitten, den Vorfall noch einmal so zu wiederholen, daß ich ihn verstehen kann?!"

Mrs. Woodmaker: „Was gibt's da groß zu erklären. Ich habe diesen Geistern zugesehen. Als es vorbei war, wollte ich in mein Appartement zurück. Da schoß plötzlich eine Gestalt aus der Tür... Nach einer Schrecksekunde bin ich hinterher... Aber der Bursche ist durch eine Tapetentür entwischt."

Danbrugh: „Haben Sie den Betreffenden wenigstens erkannt?"

Mrs. Woodmaker: „Keine Spur... Er trug so eine mittelalterliche Uniform... Ähnlich wie Ihre Geister..."

Danbrugh: „Und Ihre Zofe?"

Mrs. Woodmaker: „Die hat geschlafen... Oh, die hat einen Schlaf, daß jeder Operateur auf die Narkose verzichten könnte... (seufzt) Dabei hatte ich den Schmuckkoffer so gut unter der Couch versteckt."

Danbrugh (vorwurfsvoll): „Nun, Madam, eine Couch dürfte ja wohl auch nicht gerade der geeignetste Aufenthaltsort für Schmuck sein. Würden Sie jetzt bitte hier aufschreiben, was der Schmuckkoffer im einzelnen enthielt. Inzwischen erlaube ich mir zu telefonieren..."

Sir John Danbrugh legt die Zigarre zur Seite, schiebt Mary Woodmaker Papier und Kugelschreiber hin und langt nach dem Telefon. Zwischen seinen Augenbrauen steht eine steile Falte.

Für das erste Gespräch wählt er die 9. Mißmutig und ungeduldig lauscht er auf den Summton, der ihm aus der Muschel entgegenklingt. Endlich wird der Hörer abgenommen...

Oliver (verzerrt): „Oliver!"

Danbrugh: „Na endlich... Hier ist Danbrugh..."

Oliver: „Verzeihung, Sir, ich hatte schon geschlafen."

Danbrugh: „Ich erwarte Sie in fünf Minuten in meinem Büro. Es ist etwas geschehen!"

Oliver: „Sofort, Sir!"

Danbrugh: „Und veranlassen Sie, daß der Inhalt des kleinen Morris ebenfalls hier erscheint!"

Oliver: „In Ordnung, Sir!"

(Auflegen des Telefonhörers.)

Danbrugh: „Madam, darf ich Sie bitten, bis zur Klärung über den Vorfall zu schweigen?"

Mrs. Woodmaker: „Meinetwegen..."

Danbrugh (geheimnisvoll): „Ich hoffe, daß wir innerhalb der nächsten halben Stunde Licht in das Dunkel gebracht haben. Wollen Sie bis dahin als Gast des Hauses in der Bar warten?"

Mrs. Woodmaker: „Okay, Sir, ich nehme Ihre Einladung an und werde Sie schädigen, so gut ich kann."

Danbrugh: „Ich bitte darum. Sobald ich Näheres weiß, werde ich Sie verständigen."

Unmittelbar nachdem Mrs. Mary Woodmaker das Büro von Sir John Danbrugh in Richtung Bar verlassen hat, führt dieser noch zwei Telefongespräche. Eines davon mit dem Barkeeper. Genau vier Minuten später trifft Mr. Oliver, der Chefportier und ehemalige Butler, ein. Sein Gesicht ist ein einziges Fragezeichen.

Oliver: „Was ist geschehen, Sir?"

Danbrugh: „Wir haben Schmuckdiebe im Haus, Oliver. Und sie haben bereits zugeschlagen."

Oliver (erschrocken): „Teufel... Verzeihung, Sir – heute nacht?"

Danbrugh: „Während der Gespensterei... Sie hatten doch Türdienst? Ist Ihnen nichts aufgefallen?"

Oliver: „Mein Dienst ging bis Mitternacht, Sir. Dann hat mich Haggerty abgelöst. Hat sie den Täter erkannt?"

Danbrugh: „Leider nein."

Oliver (eifrig): „Ich habe der Lady schon am ersten Tag empfohlen, ihren Schmuck in unseren Safe zu tun. Aber nein, sie steckte ihn unter die Matratze."

Danbrugh: „Anscheinend war ihr das nicht sicher genug. Der Dieb hat den Schmuck unter der Couch vorgeholt. Übrigens, Missis Woodmaker gab an, daß der Dieb eine Art mittelalterliche Uniform trug."

Oliver: „Ah, jetzt verstehe ich, warum Sie unsere Geister zu sehen wünschen. Sie sind ja auch die einzigen außer Ihnen und mir, die die Tapetentür kennen."

In diesem Augenblick klopft es. Sekunden später schieben sich Kathrin McKelly, Pieter Rauls und George Forster ins Zimmer. Sir John Danbrugh beginnt ohne Umschweife.

Danbrugh: „Miß Kathrin, Gentlemen, ich hoffe auf Ihr Verständnis für das nun Folgende. Zwischen 0.15 Uhr und 0.30 Uhr heute wurde der gesamte Schmuck von Missis Mary Woodmaker gestohlen. Die Dame konnte den Dieb nicht erkennen, sagte jedoch aus, daß er in einer altertümlichen Uniform gesteckt habe."

Forster (ungerührt): „Das geht gegen uns, Mister Rauls, merken Sie was?"

Rauls: „Ja, das gleiche Gefühl habe ich auch."

Forster: „Dann will ich mal gleich die Feststellung machen, daß ich mich persönlich für Schmuck absolut nicht interessiere."

Oliver: „Aber Sie kennen doch die Tapetentür?"

Forster: „Wer kennt die nicht..."

Danbrugh: „Mister Forster, würden Sie mir bitte sagen, wie die heutige Aktion zu Ende ging?"

Forster: „Gern. Wie vereinbart begleiteten wir Lady Cattoway auf ihrem Gang. Und wie vereinbart trennten wir uns dann von ihr."

Danbrugh: „Wo gingen Sie hin?"

Forster: „Ich ging in mein sogenanntes Ankleidezimmer zurück."

Danbrugh: „Allein?"

Forster: „Ja, allein... Mister Rauls spukt ja bekanntlich in einem anderen Flügel..."

Danbrugh: „Sie können das bestätigen, Mister Rauls?"

Forster (heftig): „Natürlich kann er das bestätigen..."

Danbrugh: „Bitte, Mister Forster, ich hatte Mister Rauls gefragt."

Rauls: „Ja, ich kann es bestätigen. Zuerst begleiteten wir Miß Kathrin über den Gang, und anschließend verschwanden wir in unseren eigenen Gemäuern... Ich habe auch noch einmal der Musik gefrönt..."

Danbrugh: „Wie meinen Sie das?"

Rauls: „Ich habe die Flöte laufen lassen – das Tonband... Ziemlich laut sogar..."

Danbrugh: „Miß Kathrin, kennen Sie die Tapetentür im 2. Stock..."

Kathrin: „Ja, Sir, Mister Oliver hat uns einmal durchgeführt."

Danbrugh: „Und kennen Sie auch das Appartement von Missis Woodmaker?"

Kathrin (zögernd): „Ich weiß nicht... Wohnt sie in meinem Flügel?"

Danbrugh: „Ja..."

Kathrin: „Dann kenne ich es nicht. Uns wurden damals nur Appartements im Ostflügel gezeigt..."

Danbrugh: „Mister Rauls, wie lange benötigen Sie zum Umziehen?"

Rauls: „Wenn ich mich beeile – drei Minuten."

Danbrugh: „Und Sie, Mister Forster?"

Forster: „Das Doppelte, Sir. Ich habe ein paar Schnüre mehr als der Graf York."

Kathrin (kichert).

Danbrugh: „Miß Kathrin, wer ist in der Regel zuerst im Auto?"

Kathrin: „Ich, Sir…"
(Klopfen)
Danbrugh: „Herein!"
(Tür)
Inspektor: „'n Abend, Sir John, komme ich zu früh?"
Danbrugh: „Ganz im Gegenteil, Inspektor…"
Inspektor: „Das heißt, daß Sie bereits wissen, wer die Juwelen gestohlen hat."
Danbrugh: „Genau. Sie brauchen jetzt nur noch das Versteck zu suchen und – den Dieb mitzunehmen…"
Inspektor: „Ausgezeichnet… Und dabei hatten wir schon mit einer langen Nacht gerechnet…"

In der entscheidenden Phase waren im Büro von Sir Danbrugh außer diesem noch vier Personen anwesend: Kathrin McKelly, Pieter Rauls, George Forster und der Butler Oliver. Eine dieser Personen beging einen nicht wiedergutzumachenden Fehler – welcher war es?

Auflösung Seite 452

Hinterlistige Geschichte

++++++++++++++++++++++++++++++++++++

Die Faulpelze oder Das Geheimnis des Biedermeiersekretärs

++++++++++++++++++++++++++++++++++++

Alois Glastaler und Charly Gaffke kannten sich schon eine Reihe von Jahren.

Anlaß und Ort ihrer ersten Begegnung war eine Weihnachtsfeier des Kegelvereins „Alle Neune" im Hotel *Weißes Roß*. Charly mußte an diesem Abend an gleicher Stelle arbeiten, während Alois von einem Arbeitskollegen, der in diesem Verein kegelte, zu jener Festivität eingeladen worden war.

Beide fanden sofort Gefallen aneinander. Das lag sicher daran, daß sie eine Menge Gemeinsamkeiten registrierten. Die kurioseste darunter war: Beide sammelten Muscheln.

Darüber hinaus gingen sie beide gern ins Kino,
schliefen beim Fernsehen ein,
waren Junggesellen,
bewohnten ein Untermieterzimmer,
schwärmten von weiten Reisen und
hörten gern Zithermusik.

Und noch etwas verband sie: Beider Verhältnis zur Arbeit konnte man gespannt nennen. Nicht daß sie unzuverlässig, unpünktlich oder gar Drückeberger waren, nein, ganz im Gegenteil: Was sie taten, taten sie korrekt, nur – sie taten es widerwillig.

Alois arbeitete zur Zeit als Kellner in einem Ausflugslokal, während Charly gewissenhaft Pakete im Versand eines großen Verlags packte.

Während man den Alois einen verträumten, melancholischen Typ nennen kann, zählte Charly zur Gruppe der ewigen Optimisten, der ständig Hoffenden. Charly wartete und hoffte auf ein Wunder, von dem er vor langer Zeit einmal geträumt hatte.

Dies also zu den beiden Hauptpersonen der Geschichte.

Blenden wir uns nun in einen Tag ein, den die Kalender als 7. Dezember 1969 auswiesen...

Es war gegen 20 Uhr, als Charly Gaffke die Stockwerke im Haus Kasernenhofallee 144 hochkeuchte.

In der 5. Etage angekommen, lehnte er sich atemlos gegen die Wand und sammelte neue Kraft und neue Luft, bevor er klingelte.

„Ach, Sie sind's, Herr Gaffke!“ bemerkte Frau Rath in eisiger Ablehnung, als sie ihn erkannte.

„Tag, Frau Rath, ist der Alois zu Hause?“ Charly übersah geflissentlich ihre sauertöpfische Miene.

„Ja, der Herr Glastaler ist daheim!“ erwiderte sie steif und geziert. Nur widerwillig rückte sie ihre runde, pralle Figur zur Seite. „Bitte!“ Es klang weniger nach einer Aufforderung als nach einer Kriegserklärung.

„Danke!“ Charly schob sich vorbei. Dabei konnte er sich nicht verkneifen zu bemerken: „Eines Tages wird Ihr Gesicht so stehenbleiben, und dann gehen Sie als alte böse Tante in die Ewigen Jagdgründe ein.“

Edelgard Rath schnappte nach Luft. „Ich – ich möchte doch bitten, Herr Gaffke!“

Charly winkte ab. „Schon gut. Sie machen aber auch immer

ein Gesicht, als hätten Sie bis eben auf Heftzwecken geschlafen."

Die Tür fiel krachend hinter Frau Rath ins Schloß.

Gaffke klopfte kurz an Alois' Tür und trat ein.

„Also doch der Charly!" Alois Glasthaler strahlte ihn an. „Ich habe geglaubt, deine Stimme zu hören. Du hast dich ja eine Ewigkeit nicht sehen lassen."

„Was heißt Ewigkeit", erwiderte Charly und ließ sich in einen der beiden altersschwachen Sessel fallen.

„Ich war ganze vier Tage in Berlin. Am Dienstag habe ich noch versucht, dich zu erreichen, aber du warst, wie man mir sagte, beim Zahnarzt."

„Stimmt. Und was hast du in Berlin gemacht?"

„Ich war auf einer Hochzeit. Meine Schwester hat geheiratet."

„Geheiratet?" Alois verzog sein Gesicht zu einer Grimasse, als hätte er soeben in eine Zitrone gebissen.

„Was für einen?"

„Einen Ingenieur. Maschinenbau. Ein eifriger Streber, aus dem könntest du glatt mehrere machen. Der hält die Arbeit für das Höchste im Leben. Als ich ihm sagte, daß das wahre Glück im Nichtstun läge, hat er mich angeguckt wie eine Erscheinung."

„O weh, ein armer Wurm, dein neuer Schwager."

Charly Gaffke nickte zustimmend.

„Charly, hat der mich gefragt, angenommen, dir würde jemand eine halbe Million vererben, was würdest du dann tun?"

„Und, was hast du geantwortet?"

„Lieber Hotte, hab' ich gesagt, ich würde so sparsam mit dem Geld umgehen, daß ich nie mehr arbeiten müßte. Da ist ihm der ganze Spaß vergangen."

Alois kicherte fröhlich.

„Er meinte in ‚etwas Feines' hineingeheiratet zu haben. Na ja, um ihn, was die neue Verwandtschaft betraf, nicht gleich völlig zu entmutigen, bin ich noch am gleichen Abend abgedampft…"

Charly begann in der Innentasche seiner Jacke zu nesteln; dabei forderte er seinen Freund auf: „Und jetzt, Alois, drück mal deine Strahler zu, ich habe eine Überraschung für dich."

Während Alois Glastaler gespannt die Augen fest zupreßte, legte sich Charly das Mitbringsel auf die flache Hand und hielt diese Alois unter die Nase.

„Augen auf!!" rief er.

„Das Gehäuse einer Wellhornschnecke", stammelte Alois hingerissen. „So ein großes Haus habe ich noch nie gesehen."

„Zwölf Zentimeter hoch! Ich hab' sie in einem Trödlerladen entdeckt."

„Ich danke dir vielmals, Charly. Hoffentlich kann ich mich bei Gelegenheit einmal revanchieren…" Dabei seufzte Alois abgrundtief und sah plötzlich regelrecht unglücklich aus.

Charly Gaffke stutzte. Was war hier im Busch?

„Was hast du, Alois? Du hast doch was?"

Alois nickte stumm.

„Also raus mit der Sprache. Was macht dir zu schaffen?"

„Die Versuchung, Charly. Es ist die verdammte Versuchung. Warum nur finde ich sowenig Gefallen an der Arbeit?"

Charly schüttelte verständnislos den Kopf.

„Was hat deine Einstellung zur Arbeit mit der Versuchung zu tun? Von welcher Versuchung faselst du eigentlich?"

Alois beugte sich vor. „Seit vorgestern", flüsterte er unglücklich, „weiß ich, daß die liebe Frau Rath außer diesem großen Haus hier noch zwei weitere Mietshäuser besitzt."

„Woher weißt du das?"

„Sie hat es mir selbst gesagt. Aber sie hat mir noch eine

Menge mehr gesagt. Zum Beispiel, daß ihre einzige Tochter Alwine wohl einen Narren an mir gefressen hätte."

„Was denn, was denn", wisperte Charly, völlig außer sich vor Entrüstung. „Diese unterbelichtete, häßliche, bleich- und pferdegesichtige Alwine, die immer nur in Schürzen herumläuft und dürr ist wie ein Knotenstock?"

„Genau die..."

„Mensch, Meier." Mehr brachte Charly im Augenblick nicht heraus, wobei er natürlich ahnte, in welcher großen Gefahr sein Freund schwebte. Und da erfuhr er auch schon, wie recht er hatte.

„Stell dir vor, die gute Frau Rath hat mich gefragt, ob ich mich zu Weihnachten nicht verloben wollt' mit dem Knotenstock!"

„Aber das ist ja furchtbar!" rief Charly Gaffke. „Du mußt sofort hier ausziehen, Alois..." Er schlug sich mit der Hand vor die Stirn. „Jetzt weiß ich auch, warum mich die runde Tante immer so unwirsch empfängt. Unsere Freundschaft stört sie. Ich bin ihr ein Dorn im Auge. Ich, ehrenwerter Kellner mit Sternbild Löwe, passe nicht in ihre Pläne."

Charly Gaffke hatte sich so in Fahrt geredet, daß ihm gar nicht bewußt geworden war, daß seine Stimme längst nicht mehr nur in Alois' Ohren drang. „Ach, laß mich doch mit deinem Finger in Ruhe", schimpfte er und meinte damit Alois' Zeigefinger, den dieser mit beschwörend aufgerissenen Augen über seine Lippen gelegt hatte.

„Schrei doch nicht so!" bat Alois und schielte zur Tür.

„Am Sonntag gibt's gefüllte Ente, du weißt, daß das meine Lieblingsspeise ist."

Wenn auch leiser, so doch nicht weniger aggressiv, erkundigte sich Freund Charly: „Alois, du hast doch nicht etwa zugestimmt?"

Zuerst schüttelte Alois nur den Kopf. Dann flüsterte er gequält: „Überlegt hab' ich's, Charly. Nur überlegt! Stell dir doch mal das Leben vor, das ich hätt', wenn ich den Knotenstock heiraten tät. Ich könnte jeden Tag bis zehn schlafen, brauchte keine Bücher mehr einzupacken. Könnte in aller Ruhe hier Hausmeister spielen und hätte nie mehr Geldsorgen."

Charlys Zeigefinger schoß vor. „Dafür hättest du aber den Knotenstock am Hals!"

„Das ist es ja . . ." Alois Glastaler seufzte abgrundtief.

„Wenn sie nur nicht so dünn und häßlich wäre."

„Vielleicht hat sie andere, höhere Werte!" Es sollte höhnisch klingen. Charly bleckte die Zähne. „Vielleicht ist sie besonders musikalisch?"

„Sie kann Beethoven nicht von Johann Strauß unterscheiden."

„Vielleicht ist sie eine gute Köchin, die dich kugelrund füttert."

„Sie kocht miserabel. Ich glaube, das liegt an ihrer Kurzsichtigkeit. Sie verwechselt immer die Gewürze."

„Dann ist sie eben besonders gebildet und belesen!"

Alois schüttelte traurig den Kopf. „Nichts dergleichen. Sie liest nur die *Bild*-Zeitung, ohne sich hinterher die Hände zu waschen. Von Literatur hat sie so wenig Ahnung wie eine Wühlmaus vom Klavierspielen. Ich hab' ihr mal ein Buch mitgebracht. Weißt du, was sie da gemacht hat?"

„Keine Ahnung."

„Sie hat eine Stecknadel genommen und damit in das Buch gepiekt. Und gesagt hat sie: ‚Die zwei Seiten, zwischen die ich jetzt einpieke, die lese ich. Und wenn die spannend sind, lese ich das ganze Buch.' Tut so was nicht weh?"

„Na, und wie ist es ausgegangen?"

„Das Buch hieß *Abenteuer Afrika*, und die Seiten, die sie anpiekte, befaßten sich mit den Hottentotten..." Alois zuckte mit den Schultern, und Charly resümierte: „Natürlich hat sie das Buch nicht gelesen."

„Du hast es erraten."

Charly kam auf das Thema von eben zurück: „Wie hat die runde Dame denn reagiert, als du es abgelehnt hast, den Knotenstock zu heiraten?"

„Ich habe ja nicht brutal abgelehnt, ich habe mir nur Bedenkzeit ausbedungen."

„Mensch, Meier, Bedenkzeit..." Charly Gaffke stöhnte augenrollend. „Was gibt's bei so was noch zu überlegen."

„So einfach ist das nicht, Charly", gab Alois zu bedenken. „Versetz dich mal in meine Lage." Den nächsten Satz sprach er besonders leise: „Stell dir vor, der Knotenstock hätte es auf dich abgesehen. Du brauchtest niemandem mehr Suppe und Würstchen servieren. Du müßtest dir nicht mehr sagen lassen, daß das Fleisch zu hart, das Gemüse versalzen, die Soße zu kalt und die Eier zu weich seien. Niemand könnte mehr behaupten, der Apfelkuchen sei aus Kürbis gemacht und die Schlagsahne schmecke nach Ventilgummi. Niemand würde dich mehr fragen, warum du so langsam gingst und ob du nicht einen Zahn zulegen könntest... Na, was ist?"

Charly Gaffke, dessen Miene immer mißmutiger geworden war, wurde einer Antwort enthoben, denn es klopfte.

„Herein!" rief Alois ohne jegliche Begeisterung.

Die Tür öffnete sich, und herein trat Alwine Rath. Sie trug die Haare hochgesteckt, was ihre knochige, hagere Gestalt noch mehr streckte. Über einem dunklen Kleid knisterte eine gestärkte rot-weiß gestreifte Schürze.

„Guten Tag, Herr Gaffke!" sagte sie, ohne Charly eines Blickes zu würdigen.

„Tag!“ brummte dieser grollend.

„Loisle, die Mutter fragt, ob du nicht zum Fernsehen kommen willst. Es gibt einen Krimi!“ sang Alwine mehr, als daß sie sprach.

„Aber Alwine, du siehst doch, daß ich Besuch habe!“ Alois winkte ärgerlich ab.

„Die Mutter meint, daß der Herr Gaffke ja ohnehin gerade gehen wollte!“ gab sie spitz zurück und bedachte Charly mit einem winzigen, tiefgefrorenen Lächeln.

Alois Glastaler sprang auf. Aus seinen Augen schossen Blitze.

„Das ist eine Unverschämtheit!“ donnerte er den Knotenstock an. „Wer mich besucht, bestimme immer noch *ich*. Und ob und wann mein Besuch geht, bestimme ebenfalls ich! Noch bezahle *ich* hier die Miete. Und Krimis hängen mir ohnehin zum Hals heraus!“

Charly Gaffke zollte seinem Freund innerlich Anerkennung. Soviel Protest und Stimme hätte er ihm nie und nimmer zugetraut. Weniger beeindruckt dagegen zeigte sich Alwine.

„Aber deswegen mußt du mich doch nicht so anschreien, Loisle“, sagte sie voller Sanftmut.

Charly erhob sich ebenfalls. Er zwinkerte Alois kurz zu. „Reg dich nicht auf, Alois... äh, Loisle. Das geht nur aufs Herz. Wir hatten unser Gespräch über Knotenstöcke ohnehin beendet. Geh nur ruhig fernsehen. Ich laß bei Gelegenheit wieder von mir hören! Mach's gut. Schönen Advent noch, Fräuleinchen!“

Wütend stampfte Charly Gaffke durch die Dunkelheit. Er würde es zu verhindern wissen, daß er seinen Freund an so eine häßliche Hopfenstange verlor. „Loisle...“ Wie sie dabei den Alois schmachtend angeguckt hatte. Entsetzlich... Nein, wenn schon, dann sollte sich der Alois eine hübsche

Frau nehmen, eine gebildete. Keine, die nur die *Bild*-Zeitung las. Andererseits – der Knotenstock war Alleinerbin von drei großen Mietshäusern. Die Versuchung war wirklich nicht zu unterschätzen.

Geld, Geld, Geld...

Warum gab es kein Land, in dem man essen, trinken und Muscheln sammeln konnte, ohne dafür arbeiten zu müssen.

Charly gab einer auf dem Fußweg liegenden Zigarettenschachtel einen kräftigen Fußtritt.

Arbeit, Arbeit, Arbeit...

Allein der Gedanke an den neuen, fleißigen Schwager verursachte ihm einen bitteren Geschmack im Mund. Wo nur blieb das Wunder, auf das er nun schon so lange wartete?

Es schlug 11 Uhr vormittags.

Charlys Dienst begann heute erst um 17 Uhr. Dafür würde er wohl auch bis in den Morgen hinein gehen. Die Lottermann AG feierte ihr hundertjähriges Bestehen, und Charly Gaffke gehörte zu den 20 Kellnern, die die Stammbelegschaft der Stadthallen GmbH verstärken sollten.

Im Augenblick allerdings marschierte Charly durch die Straßen, ohne zu wissen, welche Straßen es waren. Manchmal murmelte er vor sich hin, ein anderes Mal stieß er laut ein begeistertes „Mensch, Meier!“ aus.

Charlys Problem... Nein, Problem ist das falsche Wort. Charlys überwiegend stumme, fassungslose Begeisterung betraf das – Wunder. Konnte er es anders bezeichnen?? Nein, für Charly gab es kaum noch Zweifel: Er stand am Beginn des langersehnten Wunders.

Soweit gedacht, strebte er glücklich und entschlossen der nächsten Telefonzelle zu. Es dauerte (wie er meinte) eine

Ewigkeit, bis ihn die Vermittlung endlich in die Versandabteilung durchgeschaltet hatte und Alois Glastalers Stimme durch den Draht zu ihm drang.

„Ich bin's, Alois! Ich muß sofort mit dir sprechen!"

„Jetzt?"

„Sofort!"

„In einer Stunde mache ich Mittag, da..."

„Aber ich kann keine Stunde mehr warten."

„Was ist denn passiert?" Echte Sorge schwang in Glastalers Stimme mit.

„Alois, das Wunder!"

„Welches Wunder?"

„Das kann ich dir am Telefon nicht erzählen. Wir treffen uns in zehn Minuten!"

Eine kleine Pause trat ein, Alois schien zu überlegen. Charly jedenfalls kam es wie eine Ewigkeit vor, bis sich sein Freund wieder meldete. Zuerst stutzte er, als er hörte, wie dieser zu ihm sprach: „Also gut, Herr Doktor, ich mache mich gleich auf den Weg zu Doktor Paul!" Doch dann hatte er Alois' Geheimsprache auch schon entziffert.

Zu ihren beliebtesten Treffpunkten gehörte *Pauls Weinstube*. Alois hatte aus welchen Gründen auch immer daraus einen Dr. Paul gemacht. Charly freute sich. Und er würde sich sputen müssen, wollte auch er rechtzeitig zur Stelle sein.

Sie kamen gleichzeitig vor dem Lokal an. Und sie fanden im hintersten Eck eine freie Nische.

„Also raus mit der Sprache. Was sollte das Gerede vom Wunder?"

Charly tat geheimnisvoll: „Ich möchte dir zuerst ein paar Fragen stellen. Frage eins: Stimmst du mit mir überein, daß es nichts Schöneres gibt als Faulheit, die man bei bester Gesundheit erleben kann?"

Obwohl Alois Glastaler diese Fragestellung über Gebühr verwunderte, nickte er ernsthaft und stimmte ohne Einwände zu: „Du sagst es, so ist es!“

„Bist du meiner Meinung, daß einer gesunden Faulheit nichts mehr schadet als Arbeit?“

„Stimmt!“

„Nun, meine Herren, was trinken wir?“ rief ihnen Paulchen Putzeckchonsky, der Wirt, von weitem zu.

„Zwei Viertel rote Haussorte!“ rief Charly zurück und wandte sich wieder seinem Freund zu. Er breitete die Arme aus und begann in schwärmerischem Tonfall:

„Da gibt es irgendwo weit draußen in der fernen, warmen Welt eine liebliche Insel mit weißem, heißem und feinem Sand. Mitten in diesem weißen, heißen und feinen Sand liegst du, Alois Glastaler. Und wenn du genug gelegen bist, stehst du auf, sammelst bei Zithermusik ein paar Muscheln, trinkst ein kühles Bier, ißt eine Kokosnuß oder ein Stück geräucherten Tintenfisch, schmust ein bißchen mit einem schönen braunen Inselmädchen – und wenn du von alldem genug hast, legst du dich zurück in den weißen, heißen und feinen Sand. Mit einem Wort: Du tust nur das, was dir Spaß macht. Wie würde dir das gefallen?“

„Du bist nicht an irgendeiner Stelle krank, Charly?“

„Im Gegenteil, ich fühle mich putzpudelwohl. Also, noch einmal: Wie würde dir das gefallen?“

„Das würde mir sehr gut gefallen, nur fehlt mir für ein solches Paradies das nötige Kleingeld.“

„Gesetzt der Fall, du hättest es“, orakelte Charly weiter. „Würdest du dann auf den Knotenstock Alwine verzichten?“

„Ich würde noch heute zu dieser Insel abreisen.“

„Na, Gott sei Dank, ich hatte schon befürchtet, das mit der schönen Alwine säße tiefer.“

„Jetzt hast du aber wirklich lange genug den Märchenonkel gespielt. War das der Grund deines Anrufs?“

„Alles, was wir für dieses Märchen brauchen, ist ein bißchen Geld, Alois.“

„Ja“, der nickte, „aber ein bißchen viel Geld.“

Charly Gaffke nickte ebenfalls, sagte „Prost“ und trank einige optimistische Schlucke. Er setzte das Glas mit hörbarem Klirren auf die Tischplatte zurück und lächelte.

„Alois... am Horizont zeigt sich ein Silberstreif. Das Schicksal hat mir ins Ohr geflüstert, wie ich zu Geld, das heißt, wie *wir* zu Geld kommen können. Und... ich habe bereits alles vorbereitet!“

„Ist es mit viel Arbeit verbunden?“ fragte Alois sorgenvoll und mit sichtbar gemischten Gefühlen.

„Kaum!“

„Charly“, Alois' Stimme war nur noch ein Flüstern, „das ist doch nicht etwa was Ungesetzliches?“ Diese Vorstellung war für Alois Glastaler so beängstigend, daß sie seine Stimme belegt klingen ließ.

„Bist du verrückt?“ entrüstete sich Charly Gaffke.

„Wenn ich schon faul sein will, dann doch nicht hinter Gittern.“

„Entschuldige, das war nur so eine blöde Idee...“

„Hör zu, ich erzähle dir jetzt eine unglaubliche Geschichte. Meine Wirtin, Frau Klein, hat sie gestern abend höchstpersönlich zum besten gegeben.“

„Ich denke, die alte Dame ist krank?“

„Ist sie auch. Und wenn sie krank ist, ist sie immer besonders hinterlistig und schadenfroh. Gestern abend, als ich ihr einen Tee brachte, erzählte sie mir von ihrer Schwester und von ihrer Nichte, die beide in Oldenburg leben und mit denen sie seit zwanzig Jahren verfeindet ist.“

„Widerlich!“ sagte Alois.

„Was?“

„Streit!“

„Ach so, natürlich... Da hat also die Schwester in Oldenburg von ihrem Bruder in Oldenburg, der also auch der Bruder meiner Wirtin ist, Haus und Möbel geerbt.“

„Und deine Wirtin hat nichts bekommen?“

„Wo denkst du hin, die hatte ja auch mit ihrem Bruder Krach.“

„Muß ein zänkisches Weib sein, deine Wirtin.“

„Ich kann nicht klagen. Mit mir hat sie noch nie Krach angefangen. Nur wenn die Rede auf ihre Verwandtschaft kommt, kriegt sie weiße Flecken im Gesicht und in den Händen das Zittern.“

Alois Glastaler sah auf die Uhr. Und ein wenig gelangweilt maulte er: „Ich möchte wissen, was die Familienangelegenheiten deiner Wirtin mit deinem Wunder zu tun haben?!“

Charly Gaffke winkte beschwichtigend ab. „Immer mit der Ruhe. Nur nichts überstürzen, ich komme gleich zum Wunder. Der Bruder...“

„Der tote Bruder, der vererbt hat?“

„Ja, der. Der soll nicht nur ein reicher Holzhändler, sondern auch ein ziemlicher Eigenbrötler gewesen sein.“

„Bei dieser Familie wundert mich gar nichts mehr.“

„Jedenfalls bewahrte er große Teile seines Vermögens, darunter Goldbarren, Goldmünzen, Schmuck und auch Bargeld, in den Geheimfächern seines Biedermeiersekretärs auf.“

Alois sah seinen Freund ungläubig an. „Gibt's denn so was in Wirklichkeit, Charly?“

„Gibt es. Und jetzt halt dich fest, jetzt kommt nämlich das Wunder. Außer dem Bruder selbst wußte nur meine Wirtin davon. Und die auch nur durch Zufall.“

Alois verspürte nicht die leiseste Ahnung, auf was die ganze Geschichte hinauslaufen sollte.

„Was kann die schon mit dem Wissen anfangen, wenn doch alles *die Schwester* geerbt hat."

„Mann, Alois", Charly Gaffke erregte sich und wurde eine Spur lauter, „hast du heute aber eine lange Leitung. Glaubst du denn eine Sekunde daran, daß meine Wirtin ihrer Schwester auch nur ein Sterbenswörtchen verraten hätte?"

„Sie hat ihr nichts gesagt?" An so viel Bosheit zu glauben fiel Alois sichtlich schwer.

„Keine Bohne! Aus Gemeinheit und Schadenfreude blieb sie stumm wie ein Fisch."

Alois Glastaler schüttelte ungläubig den Kopf. Dann fiel ihm jedoch noch etwas ein: „Aber im Testament..." An dieser Stelle unterbrach ihn Charly: „Irrtum. Im Testament stand kein Wort. Und jetzt, Alois", Charlys Augen glänzten wie im Fieber, „geht das Wunder weiter. Die ahnungslose Schwester hat das gesamte Mobiliar an einen Trödler verkauft. Meiner Wirtin hat es vor Freude fast die Sprache verschlagen."

„Das... nein, das... das... Die hat den Sekretär verkauft?"

„Hat sie!"

„Mitsamt dem Reichtum?"

„Das ist ja das Wunder, Alois. Aus einer Kettenreaktion wurde sozusagen ein Wunder. *Unser* Wunder! Wir müssen jetzt nur noch den Biedermeiersekretär ausfindig machen."

„Und dann?"

„Dann kaufen wir ihn dem Trödler ab."

„Und wenn der ihn schon weiterverkauft hat?"

„Dann wenden wir uns an den Käufer."

„Hm..." machte Alois. Eine Menge Wenn und Aber gingen ihm durch den Kopf.

„Was hast du noch einzuwenden?" wollte Charly wissen.

Sein Optimismus und sein Glaube an das Wunder waren durch nichts zu erschüttern.

„Es könnte ja immerhin sein, daß der Trödler längst hinter das Geheimnis gekommen ist!" gab Alois zu bedenken.

„Unmöglich. Meine Wirtin hat behauptet, und die muß es ja wissen, die Geheimfächer seien so geheim, daß selbst der Bruder habe immer überlegen müssen."

Alois Glastaler lehnte sich zurück. In seiner Miene spiegelte sich plötzlich Hoffnung, und selbst in seiner Stimme gab es etwas davon.

„... der Strand ... die Muscheln ... braune schöne Mädchen ... Kokosnüsse ... kühles Bier ..."

„Und heißer weißer Sand!" vollendete Charly.

„Und ich müßte den Knotenstock nicht heiraten, um ein reicher Mann zu werden."

„Und alles ist ganz gesetzlich."

„Du sagtest vorhin, du hättest bereits alles vorbereitet. Was meintest du damit?"

Charly grinste, zog seine Brieftasche, ließ sie auf den Tisch fallen, klappte sie mit dem Zeigefinger auseinander und zeigte mit dem gleichen Finger auf zwei Bundesbahnfahrkarten. „Da sind sie, die Eintrittskarten zum Wunder."

„Das sind ja Fahrkarten, wohin denn?"

„Nach Oldenburg, mein Freund. Nimm dir zwei Tage Urlaub, morgen früh geht's los. Unser Zug fährt 6.15 Uhr. Punkt 14 Uhr sind wir in Oldenburg. Und die Adresse von Frau Kleins Schwester habe ich auch bereits ausgekundschaftet. Über die Telefonauskunft, hehehe."

„Du gehst aber ran", staunte Alois Glastaler.

„Gehe ich. Wir treffen uns um 6 Uhr auf dem Bahnhof. Und vergiß nicht, dein Scheckbuch einzustecken. Schließlich müssen wir das Wunder bezahlen."

„Ob so ein Biedermeiersekretär sehr teuer ist?"

„Ich habe mich erkundigt. So von zweitausend an aufwärts müssen wir rechnen."

„Was???" Der Schreck über die Höhe dieser Summe fuhr durch Alois wie der Blitz durch den getroffenen Baum.

„Denk an den Inhalt! Und kein Wort zu jemandem."

„Wo denkst du hin. Ich werde mir heute abend vorm Schlafengehen sogar den Mund verbinden!"

„Wozu das?"

„Damit ich nicht im Schlaf spreche..."

Charly Gaffke zeigte ein breites Lachen. „Wenn wir Glück haben, sind wir übermorgen um diese Zeit zwei reiche Leute."

Alois Glastaler grinste zurück. „Du hast ein Wort vergessen, Charly. Zwei *faule* reiche Leute!"

Punkt 6 Uhr, wie vereinbart, hatten sich Alois Glastaler und Charly Gaffke auf dem Bahnhof getroffen.

Die ersten Stunden der langen Bahnfahrt konnten sie kaum über ihr abenteuerliches Vorhaben sprechen, da sie zu keiner Sekunde allein im Abteil waren. Sicher lag das an der Vorweihnachtszeit.

Während Charly diese Zeit nützte und in einem Buch las – es handelte sich um ein Fachbuch über das Leben von Meeres- und Muscheltieren –, blätterte Alois lustlos und ungeduldig in einem Dutzend Illustrierten. Es drängte ihn, sich mit seinem Freund noch einmal ausführlich über das bevorstehende Vorhaben zu beraten.

Endlich war es soweit, endlich waren sie allein im Abteil.

„...ich weiß nicht, ich weiß nicht, Charly. Ist das nicht riskant, einfach hinzugehen und zu fragen?"

Charly Gaffke fand das nicht. „Was soll dabei sein", sagte

er. „Ich sage ganz einfach: ‚Entschuldigen Sie, gnä' Frau, mein Name ist Charly Gaffke, und ich habe durch einen glücklichen Zufall erfahren, daß Sie einen Biedermeiersekretär aus dem Nachlaß Ihres Bruders zu verkaufen haben...' Das ist alles!"

Alois war in keiner Weise beunruhigt. „Und was machst du, wenn statt der gnädigen Frau die Tochter da ist?"

„Dann sage ich eben statt der gnädigen Frau gnädiges Fräulein, und den Bruder wandle ich um in den Onkel."

Alois Glastaler sann eine Weile vor sich hin. Dann schlug er vor: „Wir sind allein, haben noch eine Menge Zeit. Spielen wir die Geschichte doch mal durch."

„Durchspielen?" Charly Gaffke sah nicht sonderlich geistreich drein.

„Ja, du spielst Charly, also dich selbst, und ich spiele die alte Tante. Wie heißt die eigentlich?"

Charly zog einen arg zerknitterten Zettel aus der Tasche.

„Die Schwester meiner Wirtin heißt Hedwig Jansen und die Tochter Agnes."

„Also, ich bin die Hedwig. Fang an!"

„Ideen hast du..." Charly fischte seinen Hut aus dem Netz, setzte ihn auf und klingelte an einer nicht vorhandenen Klingel: „Klingelingeling!!", lupfte den Hut und flötete: „Ah, habe ich das Vergnügen, mit Frau Jansen zu sprechen?"

„Ganz recht! Und was wollen Sie von mir? Eines sage ich Ihnen gleich: Ich kaufe nichts, ich bestelle nichts, und ein Zeitungsabonnement brauche ich auch nicht. Drum fassen Sie sich kurz!"

„Also, gnä' Frau, Sie schätzen meine Absichten völlig falsch ein. Mein Name ist Charly Gaffke, und ich habe durch einen Zufall erfahren, daß Sie einen Biedermeiersekretär aus dem Nachlaß Ihres Herrn Bruders zu verkaufen haben."

„Sososo, da sind Sie aber falsch unterrichtet. Ich habe nichts zu verkaufen!"

„Nicht??" fragte Charly erschüttert und schnitt eine traurige Grimasse.

„Nein. Ich habe nämlich sämtliche Möbel schon verkauft! Sie sehen, mit mir ist kein Geschäft zu machen."

„Ach, das trifft mich aber wirklich. Würden Sie mir verraten, an wen Sie verkauft haben, gnä' Frau?"

„Wozu wollen Sie das denn wissen?"

„Es könnte ja sein, daß ich dort vielleicht mal..."

Charly Gaffke konnte den Satz nicht vollenden, denn Alois in seiner Rolle als Hedwig Jansen unterbrach ihn giftig: „Geben Sie sich keine Mühe. Über meine Geschäftsverbindungen spreche ich grundsätzlich nicht zu Fremden! Pengg!!"

„Was soll denn das Peng! bedeuten, Alois?" fragte Charly.

„Das war die Tür. Die alte Hedwig hat dir soeben die Tür vor der Nase zugeschlagen."

„Ein blödes Spiel, Mensch", ärgerte sich Charly. „Völlig wirklichkeitsfremd. So reagiert doch keiner."

Alois wußte es besser: „Warum nicht? Rechnen mußt du mit allem!"

„Warum sollte die Dame nicht höflich sein, wenn ich es auch bin?"

Alois Glastalers Stirn hatte sich umwölkt. „Da ist mir noch etwas eingefallen, Charly. Du hast dich als Charly Gaffke vorgestellt."

„Na und? Soll ich etwa sagen: Hurra, ich bin der Weihnachtsmann?"

Alois schüttelte ernst den Kopf. „Ist dir noch nicht der Gedanke gekommen, daß die ‚gnä' Frau' deinen Namen schon gehört haben könnte? Schließlich wohnst du seit vier Jahren bei ihrer Schwester zur Untermiete."

„Hm, daran habe ich gar nicht gedacht... Ganz einfach, ich nenne mich anders. Zum Beispiel wie mein Vetter: Fritz Marotzke."

„Das wäre eine Vortäuschung falscher Tatsachen. Sozusagen eine akustische Urkundenfälschung. Als Kellner hast du schließlich keinen Künstlernamen."

Charly starrte seinen Freund zuerst äußerst mißlaunig an, dann verklärte sich seine Miene: „Das Problem ist bereits gelöst. Nicht *ich* werde den Besuch machen, sondern *du*!"

„Ich? Ich kann das nicht!" wehrte Alois ab. „Ich habe zu so was keinerlei Geschick, ich bin schließlich kein Kellner!"

„Was hat denn das damit zu tun?"

„Na, da redet man doch. Du bist daran gewöhnt, die Leute zu fragen."

„Ja, glaubst du denn, daß ich die Gäste nach Biedermeiersekretären frage?" Charly Gaffke klopfte seinem Freund auf die Schulter. „Da hilft alles nichts, du bist dran!"

„Charly..."

„Denk an die Insel, die schönen braunen Mädchen, die Muscheln und den weißen heißen Sand..."

„Also meinetwegen." Alois Glastaler seufzte und machte ein Gesicht, als stünde ihm ein unfreiwilliger Sprung vom Eiffelturm bevor.

Fahrplanmäßig um 14 Uhr lief der Zug in Oldenburg ein. Obgleich weder Charly noch Alois Stadtkenntnisse besaßen, hielten sie sich nicht mit Besichtigungen auf. Sie kannten nur ein Ziel: die Erbeutung eines alten Biedermeiersekretärs.

Vor dem Bahnhof bestiegen sie ein Taxi und ließen sich in die Bremer Straße kutschieren. In Hausnummer 84 sollten Frau Jansen und Tochter wohnen.

Vor dem Haus Nr. 70 verließen sie den Wagen.

„Ganz schön kalt, was?" Alois bibberte und zog fröstelnd die Schultern ein; dabei war es gar nicht so kalt.

„Sei kein Frosch, Alois", Charly sprach ihm Mut zu. „Gib mir deine Tasche. Und denk daran, alles, was wir wissen müssen, ist, an wen die alte Tante Jansen die Möbel verkauft hat. Klar?"

„Klar!"

„Dort drüben in den *Hansastuben* warte ich auf deine glückliche Rückkehr. Hals- und Beinbruch, Alois!"

Das Haus Bremer Straße 84 war ein fünfstöckiges Mehrfamilienhaus. Den Namen *Jansen* entdeckte Alois Glastaler auf der vorletzten Reihe des Klingelschildes. Das hieß: vierter Stock.

Die schwere Haustür war unverschlossen. Im Hausflur roch es nach Putzmitteln, Sauberkeit und Bohnerwachs.

Breite hölzerne Treppen mit einem ebenfalls hölzernen, kunstvoll gedrechselten Geländer führten nach oben. Je höher Alois kam, um so schwerfälliger wurden seine Schritte.

Jansen. Nur *Jansen*. Ein Messingschild, blankgeputzt, daß man sich hätte notfalls davor rasieren können.

Dreimal setzte Alois zum Klingeln an, schließlich packte er es und drückte den ebenfalls goldglänzenden Messingknopf hinein.

Ein helles, durchdringendes Klingeln erklang.

Nach einer Minute klingelte Alois ein zweites Mal.

Diesmal ließ er den Finger eine Spur länger auf dem Knopf.

Endlich ein Geräusch. Die Tür öffnete sich.

Fröhlich glänzende Augen in einem rotwangigen Gesicht musterten Alois. Alois musterte zurück. Was da vor ihm stand, war ein Mittdreißiger mit wirrem Haarschopf und lose heraushängender Krawatte, der zweifellos einen Schwips hatte.

„Ha-hallo, Mann... wollen Sie auch einen Grog?"

„Grog??" fragte Alois verdattert zurück.

Der Beschwipste nickte so kräftig, daß er um ein Haar die Balance verloren hätte. „Ja, Mann. Grog! Rum, Zucker, Wasser! Oder w–wollen Sssie nicht?"

„Eigentlich wollte ich zu Frau Jansen!"

„M–meine Schwiegermutter ist nicht da... im Augenblick nicht!" Der Mann blinzelte Alois verschmitzt zu und flüsterte: „Gott sei Dank, Mann. Die hat nämlich immer was dagegen, wenn ich neue Grogrezepte ausprobiere."

„Ach, Sie sind der Schwiegersohn, der Mann von der Agnes?"

Wieder ein emsiges Nicken und ein Beinahe-aus-dem-Gleichgewicht-Kommen.

„G–ganz recht. Ich bin Christian... Agnes läßt sich gerade den Blinddarm rausschrauben, hihihihi, rausschrauben ist gut, was? Na los, Mann, kommen Sie rein, Christian Möllberger spendiert Ihnen einen echten Fidel Castro!"

„Ich nehme dankend an, wenn ich dabei auf Frau Jansen warten darf."

Christian, der Grogfreund, machte eine weitausholende Armbewegung. „Bitte, treten Sie ein... Sssie können warten, s–so lange Sie wollen, hihihi. Geradeaus, wenn ich empfehlen darf!"

Es war das Wohnzimmer.

Auf dem Tisch stand eine stattliche Batterie Flaschen, und es roch intensiv nach Rum.

„So, mein lieber Mann, jetzt wird Ihnen der liebe Christian einen Fidel Castro mixen." Während der Gastgeber leicht schwankend ein Glas aus dem Schrank holte, erklärte er: „Das sssag ich Ihnen, nur mit echtem Jamaikarum läßt ssich ein ordentlicher Grog brauen!"

„Aber Fidel Castro hat doch nichts mit Jamaika zu tun", bemerkte Alois.

„Sssie wollen Streit?"

„Aber nein!" Alois wehrte erschrocken ab.

„Gut sso!" Christian nickte. „Ich ha–habe das Rumrezept so genannt, ganz einfach, weil es so fidel macht, hihihi. Ist doch erlaubt, was? Was hat der Hering mit Bismarck zu tun, frage ich! Oder wie kommt diessser komische Fürst ins Eis, frage ich. Ich meine den, der sssonst nur mit Gärten zu tun hatte... wie hieß der gleich... Pückler hieß der. Fürst Pückler! Mann wie heis–sen *Sie* eigentlich?"

„Glastaler Alois!" antwortete Alois Glastaler.

„Hhhab' ich mir gedacht."

„Was haben Sie sich gedacht?"

„Daß Sie sso heißen!"

Christian rührte mit einem umgedrehten Bleistift den Zucker unter den Rum, und Alois stellte fest, daß in dem Glas nicht mehr viel Platz für heißes Wasser war.

„Wissen Sssie, Sie sprechen ein ssso schönes Zugspitzdeutsch, da müssen Sie einfach Glasmaler heißen!"

„Glastaler!" verbesserte Alois.

„Meinetwegen, Glastaler", sagte Christian und verschwand mit dem Glas aus dem Zimmer. Um ein Haar hätte er dabei eine Vase mitgenommen. Eine halbe Minute später tauchte er wieder auf. Das Glas bis zum Rand gefüllt. Er hielt es Alois hin. „Hier, Glastaler Alois, Prost!!"

„Prost!" gab Alois höflich zurück und nippte an dem Glas, wobei ihm bereits der aufsteigende Rumgeruch in den Hustenmuskel zwickte. Nach seinen Erfahrungen mußte das Gesöff in seinem Glas zu mindestens 70 Prozent aus Alkohol bestehen.

„Schmeckt toll!" sagte er und versuchte eine ehrliche Miene zu schwindeln.

„Will ich meinen..."

Eine gute halbe Stunde verging.

Während Christian Möllberger bereits zwei weitere *Fidel Castros* vereinnahmt hatte, nippte Alois, von unterdrücktem Widerwillen geschüttelt, noch immer am ersten.

„Prost, Alois!" rief Möllberger zum zwanzigsten (oder vielleicht auch schon zum einundzwanzigsten) Male. „Ich sssage Ihnen, es geht nichts über einen B–Blinddarm, der raus muß. N–Noch nie habe ich so gute Rezepte ausprobieren können."

Alois rutschte ungeduldig in seinem Sessel herum, und er zuckte erschrocken zusammen, als Christian Möllberger plötzlich laut zu kichern anhub. „Wissen Sssie eigentlich, hihihi, warum der Blinddarm Blinddarm heißt, Glasmaler?"

Alois, der den „Glasmaler" schon lange nicht mehr korrigierte, schüttelte den Kopf.

„Hihihi, weil er nichts sehen kann, hihihi... Prost!"

Nach einer dreiviertel Stunde:

„Sagen Sie, Herr Möllberger, ich warte jetzt schon ziemlich lange. Ob Ihre Schwiegermutter noch lange ausbleibt?"

Christian Möllberger fuhr auf. „Na, das w–will ich doch hoffen, Mann, Glasmaler Alois. Das fffehlte mir gerade noch, das die mir mein Grogfes–fes–festival versssaut!"

„Wie meinen Sie das?" fragte Alois stark beunruhigt.

„Die alte Dame hat versprochen, vor Ende n–nächster Woche nicht zurückzukehren... Wiessso kehren, ich m–meine kommen, hehehe. Ist im H–Harz, der alte M–Mäuseschreck. He, müs–sen Sie mich sso erschrecken?"

Alois war aufgesprungen. Er brachte nur zwei Worte über die blassen Lippen: „Nächste Woche?"

Christian Möllberger winkte ihm beruhigend zu. „Keine Angst, Sie brauchen sssich nicht zu grä–men, ich hhhabe noch genug Rum für 'n Grog!"

Mindestens eine Minute lang stand Alois stumm da und starrte auf den angetrunkenen Schwiegersohn. In seinem Kopf war auf einmal eine entsetzliche Leere. Nur langsam und widerwillig nahm sein Kopf die Denkarbeit wieder auf.

„Prost, Alois Malerg–glas!"

Es war unglaublich, was dieser Schwiegersohn vertrug. Ein Wort fiel Alois ein: Diplomatie! Jawohl, er mußte diplomatisch vorgehen.

„Hören Sie, lieber Herr Möllberger", begann er diplomatisch, „vielleicht könnten ja auch *Sie* mir helfen. Dann brauchte ich nämlich nicht auf Ihre Schwiegermutter zu warten..."

„Warum wollen Sie denn n–nicht war–rten, he?"

„Ich muß doch zurück auf die Zugspitze!"

„M–mit dem Auto?"

„Nein, mit dem Zug."

„Na, denn P–Prost und gute Reise!" rief der Grogler.

„Danke... Wissen Sie, ich wollte Ihrer Schwiegermutter etwas abkaufen, was sie von ihrem Bruder geerbt hat. Und zwar einen Schreibsekretär."

„Hihihih, P–Prost, Alois, zu spät, zu ssspät. Die fromme Hedwig hat schon alles verkauft!"

„Ach..." Alois tat überrascht. „*Verkauft* hat Sie? Und an *wen*?"

Christian Möllberger trank sein Glas leer, gähnte und schüttelte den Kopf. „K–keine Ah–nung. Hat mich auch nicht interessiert. An i–irg–end so einen Burschen, der olle Möbel aufkauft." Erneutes Gähnen. Alois Glastaler bekam es schon mit der Angst zu tun. Wenn der Grogliebhaber jetzt einschlief, war alles umsonst.

Alois ging auf den anderen zu.

„Hören Sie, Christian", sagte er, „wenn Sie den Namen des

Händlers herausfinden, verrate ich Ihnen ein ganz tolles Grogrezept."

„Dasss würden Sssie?" Christians Augen funkelten. Alois hob die Rechte und sagte: „Ehrenwort!"

Möllberger stemmte sich mühsam hoch. „M–Mann", murmelte er dabei, „für ein nnneues Grogrezept mach' ich sssogar einen Handstand auf d–der Dachrinne! Ich habe sch–on neun-un–undreißig. Hehe, der gute alte Christian weiß, wo die fromme Hedwig ihre Quittungen auf–fhebt..."

Alois Glastaler zwang sich, sein schlechtes Gewissen zu beruhigen, als er Christian schwankend hinter der Tür verschwinden sah. Bald darauf begann es jenseits der Tür zu donnern, zu poltern, zu rumpeln und zu krachen. Als Alois bereits ernsthaft die Möglichkeit einer leisen und schnellen Flucht erwog, ertönte von nebenan ein lauter „Hurra"-Schrei, und der Schwankende tauchte auf. Triumphierend schwenkte er einen Zettel durch die Luft und sang dazu: „Da ha–haben wir ihn! Da hhhaben wir ihn!"

Alois nahm das ihm entgegengehaltene Papier und erkannte sofort, daß es sich um eine Quittung handelte.

„Armin F. Schottfeld, An- und Verkauf von Möbeln. Handel mit Antiquitäten. Moltkeplatz 12."

Alois reichte sie zurück. „Danke!" sagte er.

„Und nun dasss Re–zept!" forderte Christian Möllberger. Alois nickte. „Das Geheimnis ist denkbar einfach", sagte er. „Gießen Sie in Ihren Fidel Castro einfach noch ein Gläschen echten Enzian!"

„Das m–mache ich auf der S–telle!" versicherte Christian, kniff kurz die Augen zusammen und visierte dann die Flaschenbatterie auf dem Tisch an...

Als Alois Glastaler die *Hansastuben* erreichte, wurde gerade die Straßenbeleuchtung eingeschaltet.

Charly Gaffke saß allein an einem Tisch.

Alois ließ sich auf den Stuhl daneben fallen, stöhnte und sagte: „Ich bin restlos erledigt!"

„Was ist denn los? Du warst ja eine Ewigkeit verschwunden."

„Die fromme Hedwig, dieser Mäuseschreck, ist im Harz, die Agnes läßt sich den Blinddarm herausschrauben, und der liebe Christian trinkt einen Fidel Castro nach dem anderen!"

Charly sah sich erschrocken in der nicht übermäßig großen Gaststube um, doch niemand nahm Notiz von ihnen. Er beugte sich über den Tisch und erkundigte sich leise und besorgt: „Ist was mit dir?"

„Was soll denn sein?"

„Na ja... ich meine, du bist so – komisch."

Alois nickte und spielte den Leidgeprüften. „Die fromme Hedwig ist die Schwester deiner Wirtin, und die ist im Harz. Die Tochter, jene Agnes, liegt im Krankenhaus und wird oder wurde am Blinddarm operiert."

„Und was war das mit Fidel Castro?"

„Nie was von einem Schwiegersohn gehört?"

„Nie!"

„Komm, zahl, ich erzähl's dir auf dem Weg zum Trödler!"

Armin Schottfeld war ein untersetzter, kantiger Mann Anfang der Fünfzig. Sein Dialekt wies ihn als Ostpreußen aus. Er stand inmitten seines Ladens, in dem es nach Friedrich dem Großen, Napoleon, Museum und einem präparierten Walfisch roch, hatte die Arme in die Seiten gestützt und nickte jetzt langsam und bedächtig.

„Ja, ich erinnere mich, von einer Frau Jansen einen Posten Möbel übernommen zu haben. So vor sechs Wochen muß das gewesen sein."

„Dann sind Sie unser Mann, Herr Schottfeld. Wir hoffen, daß Sie den Posten noch nicht weiterverkauft haben."

Herr Schottfeld aus Pillau, das heute Baltijsk heißt, lachte kurz und dröhnend. Und er erklärte:

„Die Zeiten der weitverbreiteten Armut bei uns sind vorbei. So leicht und schnell verkauft man heutzutage keine gebrauchten Möbel mehr."

„Mir fällt ein Stein vom Herzen!" sagte Alois, dem erst jetzt auffiel, daß er die ganze Zeit die Luft angehalten hatte.

„Und mir ein ganzer Steinbruch!" Auch Charly Gaffke atmete erleichtert auf.

„Ich ersehe daraus, daß Sie an dem Posten ganz besonders interessiert sind", meinte Herr Schottfeld und klatschte in die Hände. „Dann wollen wir mal ins Lager hinabsteigen. Sozusagen in die Schottfeldschen Katakomben."

„Moment mal", sagte Charly. „Es geht uns weniger um den ganzen Posten, es geht uns eigentlich nur um ein Einzelstück."

„Genauer gesagt, um den Biedermeiersekretär!" ergänzte Alois.

„Ja, um den Biedermeiersekretär!" Charly nickte.

„Ach, um den Biedermeiersekretär..." wiederholte Herr Schottfeld breit und ein bißchen enttäuscht, und er sah von Alois zu Charly und von Charly zurück zu Alois.

„Was haben Sie denn?" fragte Charly, und das Bangen in seiner Stimme war nicht zu überhören.

„Ich kann Ihnen nur sagen, was ich *nicht* habe. Zum Beispiel den Biedermeiersekretär."

„Aber Sie sagten doch eben, daß Sie den Posten noch haben..." stieß Alois vorwurfsvoll hervor, und Charly assistierte:

„Ja, daß man heutzutage nicht mehr so einfach gebrauchte Möbel verkaufen könne."

„Stimmt, das sagte ich", gab Herr Schottfeld zu. „Nur... der Biedermeiersekretär ist eben nicht nur ein gebrauchtes Möbel, sondern in erster Linie eine Antiquität. Übrigens die einzige im ganzen Jansen-Posten."

Da standen unsere beiden Freunde nun mit hängenden Schultern und sahen sich in abgrundtiefer Enttäuschung an, die Faulpelze, die so gern das Arbeiten gegen das Nichtstun eingetauscht hätten.

„Ich kann Ihnen sicher weiterhelfen", erbot sich Herr Schottfeld forsch und klatschte erneut in die Hände. „Wie wär's zum Beispiel mit einem traumhaft schönen Rokoko-Schreibsekretär aus dem Jahre 1750?"

Alois schüttelte den Kopf, und Charly erklärte: „Wir suchen ja nicht irgendeinen Sekretär, Herr Schottfeld, wir suchen nur den von Frau Jansen. Und wir *müssen* ihn haben!" Charly beugte sich vor und flüsterte geheimnisvoll tuend: „Wir besitzen nämlich das Doppel, den Zwilling!"

„Zwilling??"

„Ja. Es existieren zwei tupfergleiche Sekretäre. Wir erfuhren auch erst durch Zufall davon."

„Könnten Sie uns nicht verraten, an wen Sie den Sekretär verkauft haben? Oder wissen Sie das gar nicht mehr?"

„Aber natürlich weiß ich das. Nur glaube ich nicht, daß Ihnen das viel hilft. Der Doktor Mühlen war von Anbeginn in das Möbel verliebt."

„Doktor Mühlen – ein Arzt?"

„Nein, ein Geologe."

„Wir würden ihm ein großzügiges Angebot machen!" versicherte Alois.

„Meinetwegen", Herr Schottfeld lachte, „versuchen Sie

Ihr Glück. Der Doktor wohnt im Rosenweg 18. Ist ziemlich weit draußen. Soll ich Ihnen ein Taxi rufen?"

„Ja bitte..."

Charly und Alois nannten ihre Namen.

Eigentlich hatten sie sich Dr. Mühlen ganz anders vorgestellt. Weniger groß und kräftig. Zerbrechlicher. Der massige Mann vor ihnen, dessen Baßstimme dröhnte, als liefe sie über einen Verstärker, hatte so gar nichts gemein mit einem vergeistigten Wissenschaftler. Er glich mehr einem Schankwirt oder einem Bierfahrer. Vielleicht auch einem Preisringer, der in einem Zelt von Kirmes zu Kirmes zog.

Charly und Alois zogen unwillkürlich die Köpfe ein, als ihnen Dr. Mühlen gutgelaunt entgegendonnerte: „Der gute Schottfeld hat mich bereits vorinformiert. Sie sind also an meinem Sekretär interessiert. Bitte, treten Sie ein!"

Überall alte Möbel, auf dem Boden Brücken und Teppiche, denen man die Jahre ebenfalls ansah. Dr. Mühlen führte sie in eine Wohnhalle, und sein Organ füllte den riesigen Raum bis in den letzten Winkel.

„Da steht er!"

Wie auf Kommando beeilten sich Alois und Charly zu einem eifrigen Nicken. Schließlich mußten sie ja, gemäß ihrer Rolle, das Stück kennen.

„Wie der unsrige!" rief Charly mit belegter Stimme.

„Genau!" stimmte Alois zu und dachte insgeheim darüber nach, wie schön es doch wäre, wenn er jetzt Röntgenaugen hätte.

„Herr Schottfeld erzählte mir schon, daß Sie ein Doppel besäßen. Sehen sich die beiden denn nun wirklich so ähnlich?"

Charly und Alois nickten stumm, aber voller Nachdruck.

„Ich verkaufe nicht! Es handelt sich um ein selten schönes Stück. Ich habe noch keinen Biedermeiersekretär mit schönerer Intarsienarbeit gesehen. Außerdem leuchtet mir nicht ein, warum Sie zwei und ich keinen haben soll." Sein Lachen schallte von den Wänden zurück.

„Wir möchten Ihnen ein angemessenes Angebot machen, Herr Doktor!" So schnell gab ein Gaffke nicht auf!

Dr. Mühlen lächelte amüsiert. „Was verstehen Sie unter angemessen?"

Charly legte gewichtig die Stirn in Falten. „Ich schätze", schätzte er, „daß Sie tausend bezahlt haben. Wir bieten Ihnen zweitausendfünfhundert!"

Dr. Mühlen lachte. „Das soll wohl ein Witz sein?" fragte er schließlich.

„Aber natürlich war das nicht ernst gemeint", entgegnete Alois rasch. „Das Doppelte wäre er uns schon wert, der Sekretär."

„Hm, das klingt schon besser." Dr. Mühlen nickte.

„Sie sind also einverstanden?" fragte Charly freudig erregt – wie er jedoch feststellen mußte, leider zu früh.

„Ich sagte lediglich, daß das schon besser klänge."

Alois schluckte seine Enttäuschung hinunter und sagte vorwurfsvoll: „Herr Doktor, Sie werden doch kein Halsabschneider sein. Wir sind schließlich keine Millionäre."

„Hahahaha", lachte der Geologe und ließ Alois seine gewaltige Pranke auf die Schulter fallen. „Hahaha, Sie machen mir Spaß, alter Freund. Was heißt hier Halsabschneider? Will ich unbedingt *verkaufen* – oder wollen Sie unbedingt *kaufen*?"

„Sechstausend!" bot Charly.

Dr. Mühlen schwieg und grinste breit.

„Siebentausend!" rief Alois und schloß dabei die Augen.

Dr. Mühlen schwieg.

„Achttausend!" sagte Charly Gaffke, und er dachte dabei mit aller Gewalt an heißen Sand und Zithermusik.

„Entweder ich mache gute Geschäfte oder gar keine!" dröhnte Dr. Mühlen. „Für zehntausend kriegen Sie das Prachtstück. Das wäre für mich dann ein gutes Geschäft. Sie haben eine Minute Zeit zum Überlegen!"

Ohne sich angesehen oder gar besprochen zu haben, sagten sie es, wenn auch mit bestürzten Mienen, wie aus einem Mund: „Einverstanden!"

Nacheinander dagegen schüttelten sie Mühlens Schaufelhand. Anschließend meinte der:

„Nehmen Sie einen Augenblick Platz, ich hole was zum Schreiben. Es geht nichts über eine schriftliche Vereinbarung. *Sie* können inzwischen den *Scheck* ausstellen!"

Mit mächtigen Schritten strebte Dr. Mühlen aus dem Raum.

„Ich rieche sie schon, das Meer und die Insel", flüsterte Charly.

„Und ich sehe die schönen braunen Mädchen vor mir!" Das war Alois.

„Und ich höre das dumpfe Klirren der Muscheln!"

„Und ich schmecke die Milch!"

„Milch??" Ein erschrockener Blick von Charly. Hatte Alois schon vom Denken einen Sonnenstich?

„Die aus den Kokosnüssen."

„Ach so... Und ich spüre den heißen Sand!"

„Mindestens vier Wochen werde ich keinen Finger rühren. Sogar die Zähne werde ich mir putzen lassen!"

„Und ich lasse mich drei Monate lang von einem schönen braunen Mädchen füttern!" übertrumpfte ihn Charly.

„Verdammt, mein Scheckbuch ist weg!" rief Alois plötzlich.

Charly zuckte zusammen.

„Nein, hier ist es. Komisch, es steckt sonst immer links.“ Und dann schrieben sie jeder einen Scheck über fünftausend Mark.

Der zurückkehrende Dr. Mühlen setzte einen kleinen Kaufvertrag auf und händigte ihnen eine Quittung über eben jene zehntausend Mark aus.

„Wie wollen Sie den Sekretär denn transportieren?" wollte der Geologe wissen. „Wenn ich richtig gesehen habe, kamen Sie doch zu Fuß."

„Wir würden den Sekretär gern noch bis morgen früh bei Ihnen stehen lassen, geht das?" fragte Charly, und Alois erklärte:

„Morgen früh würden wir uns einen Transporter mieten und ihn abholen."

„Einverstanden!"

Alle drei erhoben sich. Da schlug sich Dr. Mühlen vor die Stirn. „Um ein Haar hätte ich es vergessen. Bitte, nehmen Sie doch noch einmal Platz. Wenn Sie schon so viel Geld für den Sekretär bezahlt haben, will ich mich auch nicht an der allerkleinsten Kleinigkeit bereichern." Wieder marschierte Mühlen hinaus. Begleitet von den zufriedenen und glücklichen Blicken der neuen Besitzer.

Die zufriedenen und glücklichen Blicke verwandelten sich allerdings bei Mühlens Wiederauftauchen in verständnislose. Verständnislos nämlich starrten sie auf das Paket Zeitungen, das ihnen Dr. Mühlen entgegenhielt.

„Da, die gehören Ihnen, greifen Sie zu!"

„Z-Z-Zeitungen?" stotterte Alois Glastaler.

„Ja, aber was für welche. Hochinteressante Lektüre. Jede dieser Zeitungen ist über sechzig Jahre alt."

„Aha..." sagte Charly und sah ratlos drein. „Warum gehören die uns?"

„Ganz einfach, weil sie aus *Ihrem* Biedermeiersekretär stammen."

„Aus... aus..."

„...unserem Biedermeiersekretär?" vollendete Charly.

„Ganz recht. Alle fünf Geheimfächer waren damit vollgepfropft."

„Ge–Ge–Geheimfächer...?“ lallte Charly Gaffke, während Alois Glastaler das ungute Gefühl eines nicht endenwollenden Falles hatte.

„Was haben Sie denn?“ rief Dr. Mühlen besorgt.

„Hallo, meine Herren, was ist denn los... So sagen Sie doch was... Herr Gaffke... Herr Glashahn... Um Gottes willen, ist Ihnen schlecht? Warten Sie, ich hole Ihnen etwas zu trinken...“

„Keinen Grog, bitte...“ war das letzte, was Dr. Mühlen hörte, bevor er aus der Wohnhalle stürzte...

Perry Clifton hat einen Freund namens Dicki Miller! Und Dicki Miller hat einen Großvater! Der Großvater aber hat eine ganze Kiste voll mit merkwürdigen Weisheiten . . .

. . . hier sind einige davon:

Ein Magengeschwür bekommt, wer während des Essens redet, Grimassen schneidet oder in einen ovalen Spiegel sieht.

*

Mittel gegen Sodbrennen: ein halbes Papiertaschentuch essen — das saugt die Säure auf.

*

Nichts kann einschläfernder sein als das endlose Gerede kluger Leute.

Andere Großvatersprüche Seite 149

Bildkrimi

?????????????????????????????????????

Personenbeschreibung

?????????????????????????????????????

Dieser Herr heißt

Alfred Kurz

Natürlich könnte er ebensogut Otto Lang, Friedrich Dick oder Adalbert Dünn heißen. Ihr merkt daran, daß der Name bei der nun folgenden Aufgabe überhaupt keine Rolle spielt. Was eine Rolle spielt – das erfahrt ihr auf einer späteren Seite. Nur eines können wir schon jetzt verraten:

... es ist eine Gedächtnisprüfung, und es können fünf Punkte gewonnen werden.

Also – seht euch Herrn Alfred Kurz sehr genau an!

Ihr habt für das Ansehen 5 Minuten Zeit.

Die Fragen werden nach dem nächsten Mini-Krimi auf Seite 136 gestellt.

Mini-Krimi

++++++++++++++++++++++++++++++++++++

Nachtarbeiter

++++++++++++++++++++++++++++++++++++

Sie standen eng aneinandergedrängt im Schatten einer ausladenden Reklametafel und ließen das Juweliergeschäft von *Kronemann & Söhne* nicht aus den Augen.

Gleich mußte der Mann von der Wach- und Schließgesellschaft um die Ecke biegen. Er kam immer zwischen 2 Uhr und 2.05 Uhr. Und 2 Uhr hatte es bereits vor fünf Minuten geschlagen.

Und da kam er auch schon, jener hünenhafte Berg von Mann, in dessen Begleitung sich immer zwei große Doggen befanden.

Man hörte Mann und Hunde kaum, so leise näherten sie sich.

Die drei Männer versuchten noch enger zusammenzurücken. Teddy Küfer, der eine Wollmütze mit Bommel auf dem Kopf trug, zitterte beim Anblick der Hunde so sehr, daß der Schlüsselbund in seiner Hosentasche zu klirren begann.

„Still!!" hauchte Willi Petzold und rammte seinem Nachbarn die Ellbogenspitze in die Seite.

„Au..." schrie Teddy kaum hörbar auf, allerdings ohne dabei die Hunde aus den Augen zu lassen. Hunde, besonders große, verursachten ihm nachgerade schmerzhafte Furcht.

Jetzt waren die drei bei *Kronemann & Söhne* angelangt. Ein feines metallisches Geräusch klang auf.

10, 15 Sekunden vergingen, dann setzten die zehn Beine ihren Weg fort.

Willi Petzold zog Handschuhe aus der Tasche und streifte sie über. Paulus Mock, der Mann mit den Beziehungen zu den Hehlern, tat es ihm gleich, während sich Teddy Küfer nach dem Koffer mit dem Werkzeug bückte. Dabei flüsterte er Willi zu: „Mensch, das sssag' ich dir, du Pf–Pfeife, wenn du mich noch–mal in die S–Seite haust, haue ich dir paar auf die R–Rübe, d–du Pinscher!"

„Okay!" sagte Willi und tätschelte Teddy die Wange.

Paulus Mock zischte zuerst leise: „Ruhe!!" und gleich darauf: „Los jetzt!!"

Wie die Wiesel flitzten sie über die Straße, Teddy allerdings mehr wie ein lahmes Wiesel, aber das lag daran, daß er den schweren Koffer mit den Werkzeugen schleppen mußte.

Nach zwei Minuten war auch er in der Toreinfahrt verschwunden.

Weitere fünf Minuten später – sie hatten die hintere Eisentür aufgebrochen und die Alarmanlage unterbrochen – betraten sie den hellerleuchteten Verkaufsraum.

Blitzschnell rafften sie zusammen, was sie fanden.

Willi sackte sogar noch den Schmuck aus der erleuchteten Auslage ein.

„M–Mensch, ist der leichtsinnig!" kommentierte Teddy fassungslos dieses Tun.

2.15 Uhr war der ganze Spuk vorbei, und niemand schien etwas bemerkt zu haben.

Als Max Burger, der Mann von der Wach- und Schließgesellschaft, 90 Minuten später zum zweitenmal in dieser Nacht zu *Kronemann & Söhne* kam, spürte er an der Unruhe der Hunde schon 50 Meter vor dem Geschäft, daß sich etwas Ungewöhnliches ereignet haben mußte.

Der Atem stockte ihm, als er das ausgeraubte Schaufenster entdeckte…

Es schlug 4 Uhr morgens, als Kriminalinspektor Schrader mit den Beamten von der Spurensicherung am Tatort anlangte.

„Ich bin zwar sicher, daß die Burschen mit Handschuhen gearbeitet haben. Geht aber trotzdem behutsam vor!" empfahl er Anton Kofler, dem Spezialisten für Fingerabdrücke.

Fünf Stunden später.

Inspektor Schrader telefonierte gerade nach einem Kaffee, als sich Anton Kofler ins Zimmer schob. Sein Grinsen war eine Mischung aus Triumph und Geheimnistuerei.

„Wir sind fündig geworden!" verkündete er.

„Doch nicht bei den Fingerabdrücken?"

„Genau dort. Und wenn ich Ihnen sage, von wem die Porträts stammen, schütteln Sie den Kopf!"

„Na, los schon, spannen Sie mich nicht unnötig auf die Folter!" drängte der Inspektor.

„Sie stammen von Stotter-Teddy!"

„Nein!!"

„Doch!"

Nun schüttelte Schrader wirklich den Kopf. „Ausgeschlossen, daß er das allein gedreht hat. Dazu reicht der Inhalt seines Kopfes nicht."

„Vielleicht verrät er Ihnen, wer seine Komplizen waren."

„Sicher wird er das." Der Inspektor nickte grimmig und griff zum Telefon. „Ich werde Scheffler und Billy mitnehmen."

Am anderen Ende des Drahtes meldete sich jemand. „Hier ist Schrader, sagen Sie bitte Wachtmeister Scheffler Bescheid, daß er sich mit Billy im Hof einfinden soll. Wir haben einen Besuch vor."

Teddy bewohnte im Dachgeschoß eine mehr als bescheidene Behausung: ein Zimmer mit Küche und schrägen Wänden sowie kleinen Dachfenstern zum Aufklappen. Schrader, Scheffler und Billy kletterten im Gleichschritt die fünf Stockwerke hinauf.

T. Küfer, Vertretungen aller Art stand auf einem handbeschriebenen Karton, der mitten auf die Tür gezweckt war.

Es gab zwar eine Klingel, doch sie funktionierte nicht.

Der Inspektor klopfte. Nicht zu laut und nicht zu leise. Es gelang ihm ein ausgesprochen harmloses Klopfen. Und vielleicht war es das, was Teddy Küfer zu einem ahnungslosen Öffnen veranlaßte.

„Ja, was gibt's..." Die weiteren Worte erstarben, und der schon herausgestreckte Kopf wurde mit einem Schrei des Erschreckens zurückgezogen.

Der Inspektor drückte die Tür auf und hielt ein Papier hoch. „Das ist ein Haftbefehl, Teddy!"

Küfer klebte an der Wand und flüsterte in maßlosem Entsetzen: „B–Bitte nehmen Sssie den H–Hund weg!"

„Billy ist Ihnen bis hierher gefolgt, Teddy. Leugnen ist also zwecklos!"

„A–Aber das kann nicht sssein, ich war g–gar nicht dabei!"

„Wo dabei, Teddy?"

Sogar Teddy Küfer war es in diesem Augenblick klar, daß er einen Fehler begangen hatte. Trotzdem protestierte er leise. „Das ist ein f–fauler Trick!"

Billy, der Schäferhund, saß neben den Beinen von Wachtmeister Scheffler und gähnte. Er schien die abgestandene Luft nicht zu vertragen.

„Sagen wir mal, Billy ist nur mitgekommen, weil er ein bißchen Bewegung brauchte. Aber daß Sie bei dem Einbruch bei Kronemann dabei waren, haben wir schwarz auf weiß. Sie haben leichtsinnigerweise Ihre Fingerabdrücke hinterlassen!"

„M-Mensch", stotterte Stotter-Teddy, „M-Mensch, das kann nicht sssein." Dabei wußte er genau, daß der Inspektor recht hatte.

„Und da wir gerade bei den Erkenntnissen sind, sagen Sie uns gleich, wer Ihre Partner waren!"

Teddy schloß die Augen und schwieg.

„Na, auch gut. Ich werde jetzt etwas tun, was ich eigentlich nicht darf. Was gegen die Vorschrift ist und was mich sogar eine Beförderung kosten kann", des Inspektors Zeigefinger fuhr in Richtung Teddy, „wenn Sie sich beschweren!"

Teddy scheuerte unruhig mit den Händen an den Hosennähten auf und ab. Dieser verdammte Inspektor war bekannt dafür, daß er ständig hinterhältige Tricks auf Lager hatte.

„Was w-wollen Sssie tun?"

„Ich werde Sie jetzt mit Billy allein lassen und mich mit Wachtmeister Scheffler auf die Suche nach Ihren Komplizen machen. Wir kommen erst wieder, wenn wir sie haben!"

„A-a-a-aber das können Sssie nicht!" Teddy spürte plötzlich Eis in sich, und er streckte die Arme abwehrend aus, während Billy ein leises, freundliches Knurren hören ließ.

„Keine hastigen Bewegungen, Teddy, kein lautes Atmen oder gar Niesen. Kein Vorwärtsgehen und vor allen Dingen kein Hinsetzen. Kommen Sie, Scheffler, beginnen wir mit unserer Expedition!"

„H-Halt...!!! Irgendwie h-hatten die b-beiden Ähnlichkeit mit Willi P-Petzold und P-Paulus Mock..."

„Danke!" sagte der Inspektor und bot Teddy ein Pfefferminz an. „Nehmen Sie eins. Mit frischem Atem sitzt es sich viel leichter..."

Zurück zur Aufgabe mit dem Titel

Personenbeschreibung

Fünf Fragen zu Herrn Alfred Kurz.

1. Frage: Was hat er auf dem Kopf?
2. Frage: Was hat er im Mund?
3. Frage: Wie sah seine Krawatte aus?
4. Frage: Wie viele Taschen hatte sein Jackett?
5. Frage: Welche Schuhe trug er?

Mini-Krimi

+++++++++++++++++++++++++++++++++++++++

Große und kleine Fische

+++++++++++++++++++++++++++++++++++++++

Michel Lauberge bereitete das Unternehmen sorgfältig und generalstabsmäßig vor. Nichts wollte er dem Zufall überlassen.

Daß ihm dabei jedoch ein Leichtsinnsfehler der billigsten Sorte zum Verhängnis werden sollte, das ahnte er in diesem Augenblick nicht.

Punkt 8 Uhr war er mit seinem Wagen in Genf losgefahren.

Kurz vor Vevey am Genfer See parkte er auf einem versteckten Parkplatz,

verwandelte sich in eine bäuerlich aussehende Frau,

entnahm dem Kofferraum ein Klappfahrrad und

tauchte nun, eine halbe Stunde später, in einer Fischhandlung in Vevey auf.

Er kaufte einen frisch gefangenen Zander und dazu noch zwei Makrelen.

Wieder bei seinem Auto angekommen, ließ er die Frauenkleider im See verschwinden, schlüpfte in die Maske eines bärtigen Telegrammboten und fuhr nach Lausanne zurück.

Es schlug 11 Uhr, als er sich durch die hintere Tür Einlaß zu Combins Villa verschaffte.

Eine Stunde später waren die wertvollen, aus dem Rahmen geschnittenen Gemälde bereits in einem sicheren Versteck, während die Haushälterin Combins ihren unfreiwilligen Ätherrausch ausschlief.

Lauberge aber saß fröhlich pfeifend an „seiner Angelstelle“ und angelte nach großen und kleinen Fischen...

Als Kommissar Clairmont vom Einbruchsdezernat in Lausanne die Meldung vom Diebstahl in der Villa des Briefmarkengroßhändlers Jean Combin erhielt, dachte er sofort an Michel Lauberge, dessen Spezialität der sogenannte „Mittagseinbruch“ war.

Da er sich dabei jedesmal einer anderen Verkleidung bediente, konnte er bisher nur einmal überführt werden.

Obwohl Clairmont in diesem Moment nichts weiter als einen Verdacht hatte, schickte er sofort Moltaire und Passedeli zu Lauberges Wohnung.

Lisa, Lauberges Freundin, öffnete.

Michel sei an den See zum Angeln gefahren, erklärte sie den beiden Beamten mürrisch, die höflich darum baten, die Rückkehr Lauberges hier in seiner Wohnung abwarten zu dürfen.

Schulterzuckend ließ das Mädchen sie ein.

Michel Lauberge kam kurz nach 15 Uhr.

Immer noch fröhlich pfeifend, sein Angelzeug und die „Beute“ schwingend, stand er vor der Tür. Und er konnte sich vor Überraschung kaum fassen.

Warum er?

Warum ausgerechnet er?

Er habe den ganzen Vormittag am Ufer des Genfer Sees verbracht und geangelt. Er hielt Passedeli den Eimer mit jenen drei toten Fischen entgegen. Der Beamte, selbst ein leidenschaftlicher Angler, staunte zuerst neidvoll, dann aber zuckte er mit den Schultern und sagte: „Tut mir leid, Monsieur Lauberge, wir haben den Auftrag, Sie so, wie Sie sind, zu Kommissar Clairmont zu bringen! Also, bitte!“

Schulterzuckend und keine Spur beunruhigt, ergab sich Lauberge seinem Schicksal.

„In einer Stunde bin ich zurück, Cherie!“ rief er seiner Freundin Lisa zu, der eine dicke Träne über die gepuderte Wange rollte.

Lauberge glaubte an das, was er sagte. Ihn der Tat zu überführen war unmöglich.

Die Verkäuferin im Fischgeschäft hatte einer Bauersfrau gegenübergestanden, und Combins Haushälterin würde sich nur noch an einen bärtigen Mann von der Post erinnern...

Wer und was also sollte ihm gefährlich werden? Doch Lauberge irrte!

Als Lisa drei Stunden später bei Kommissar Clairmont anrief, teilte ihr dieser weniger charmant als genüßlich mit:

„Tut mir furchtbar leid, Mademoiselle Lisa, aber ich glaube, Sie werden sich wohl auf eine längere Wartezeit einrichten müssen. Ja, ja, manchmal gehen auch große Fische ins Netz...“ Und weil er außer einem bestürzten Seufzer nichts hörte, fügte er hinzu: „Monsieur Lauberge hat den unverzeihlichen Fehler begangen, sich vor seiner Angeltour weder über den Salzgehalt noch die Fauna des Genfer Sees zu orientieren...“

„Was soll das heißen?“ fragte Lisa verständnislos.

„Das soll heißen, daß die Makrele ein Salzwasserfisch ist, die in erster Linie in der Nordsee gefangen wird und nicht im Genfer See. Leider! Oder, wenn Sie mir gestatten: Gott sei Dank!“

Clairmont bugsierte den Hörer ganz behutsam auf die Gabel zurück.

Nein, es ärgerte ihn nicht, daß Mademoiselle Lisa grußlos aufgelegt hatte...

Schmunzel-Krimi

++++++++++++++++++++++++++++++++++

Meisterdetektiv Balduin Pfiff und die Drillinge

++++++++++++++++++++++++++++++++++

„Großer Meister, Sie müssen mir unbedingt helfen!" jammerte Eilenfried Semmel, rieb mit der rechten Hand verzweifelt seine gurkenähnliche Nase und mit der linken das Ohrläppchen.

Balduin Pfiff, 166 Zentimeter klein, 199 Pfund schwer, pfiffig, kugelrund und kurzbeinig, stupste dem Besucher seinen kleinen dicken Zeigefinger in den Bauch und wiederholte breit und gemütlich: „Sie werden also jede Nacht ein paarmal angerufen, und wenn Sie sich melden, meckert jemand am anderen Ende der Strippe, so war's doch?"

„Aber nein, aber nein", rief Eilenfried Semmel aufgeregt und stieß beschwörend seine Arme von sich. „Es meckert nicht, es lacht!"

„Heiliges Kanonenröhrchen", schimpfte der Meisterdetektiv mit dem ausgeprägten Geruchssinn und dem nimmermüden Appetit, „das meine ich doch mit Meckern!"

„Ach so..." nuschelte Eilenfried und musterte Balduin mißtrauisch mit halbgeschlossenen Augenlidern. „Sie meinen mit Meckern Lachen." Ganz so leicht wollte ihm das nicht in den Kopf.

„Lieber Herr Semmel..." begann Balduin Pfiff, holte dann ganz tief Luft, hielt mitten im Luftholen inne, winkte ab und sagte fast traurig: „Manche lachen eben meckernd!"

Herr Semmel nickte stumm.

„Fein. Dann erklären Sie mir mal, wie Ihr Lacher lacht!"

„Es klingt wie ein Lachsack!"

„Hehehehe..."

„Warum lachen Sie?" zürnte Herr Semmel. „Mir ist nicht danach zumute."

„Bei einem Lachsack muß ich immer lachen!" erklärte der Meisterdetektiv und fuhr fort: „Es ruft Sie einer an und hält Ihnen einen Lachsack ans Ohr. Wirklich komisch, das. Und noch nie hat der Anrufer ein echtes eigenes Wort von sich gegeben?"

„Noch nie!" antwortete Eilenfried und schien den Tränen nahe. „Ich bin ständig todmüde, weil ich keine Nacht mehr richtig schlafen kann."

Balduin Pfiff marschierte viermal mit raschem Links-zwo-drei-vier durch das Zimmer, dann blieb er vor Semmel stehen, nickte und sagte:

„Ich werde heute abend zu Ihnen kommen. Vielleicht gelingt es mir, dem Lachsack ein paar Worte zu entlocken."

„Oh!" Eilenfried Semmel strahlte. „Ich bin Ihnen wirklich über alle Maßen dankbar, lieber großer Meister. Jetzt ist mir gleich wohler! Soll ich einen kleinen Imbiß für Sie vorbereiten?"

Balduin Pfiffs Kopf ruckte in die Höhe, und mit einer steilen Falte zwischen den Augenbrauen musterte er Semmel.

„Sie sind wohl gar ein Geizkragen, was?" fragte er.

„Aber niemals!" beeilte sich Herr Semmel zu versichern, und die Vorstellung, Balduin Pfiff könnte seine Zusage zurücknehmen, ließ ihn erzittern. „Niemals!!" wiederholte er eine Spur kräftiger.

„Warum reden Sie dann von einem kleinen Imbiß?" Der Detektiv dehnte dabei das „ei" von „kleinen" auf drei Meter fünfzig.

„A–A–Alles, was Sie wollen, großer Meister!" stammelte Herr Semmel erschrocken und atmete gleichzeitig erleichtert aus. Wenn's nur daran lag... Er machte eine einladende Armbewegung und forderte Balduin Pfiff auf: „Sagen Sie, was Sie vorfinden möchten, und es wird auf Sie warten!"

Balduin Pfiff trommelte sich zufrieden auf sein Bäuchlein und begann nach einem genießerischen Schnalzen aufzuzählen:

„Dann besorgen Sie zwei Liter eisgekühlte Buttermilch, zwei Pfund Aufschnitt, kaltes Fleisch dabei nicht vergessen, portugiesische Ölsardinen, ein Pfund Tomaten, bitte schnittfest, Erdnußbutter und ein paar knusprige Pariser Brote!"

„Oh..." staunte Eilenfried Semmel.

Balduin Pfiff nickte ernsthaft und sagte leise:

„Man muß schließlich mit einer langen Nacht rechnen!" Und laut: „Ich werde pünktlich um 20 Uhr bei Ihnen sein!"

Der kleine Detektiv hielt Wort. Als es vom Turm der Franziskanerkirche 20 Uhr schlug, drückte er Semmels messingfarbenen Klingelknopf.

Und wenig später war er dabei, das mitgebrachte Tonbandgerät mit dem Telefon zu koppeln.

Die Zeit verging...

Es wurde 22 Uhr ... (sämtliche Teller und Schüsseln waren bereits leer!!)

Es wurde 23 Uhr...

Es wurde 23.30 Uhr...

23.43 Uhr: Rrrrrrr...

Eilenfried Semmel und Balduin Pfiff sprangen gleichzeitig hoch.

Rrrrrrrrr... machte das Telefon.

„Mein Herz klopft wie ein Dampfhammer!" flüsterte Eilenfried, und Balduin Pfiff zischte: „Ruhe im Karton!!"

Rrrrrrrrr...

Balduin Pfiff drückte auf die Tonbandtaste und nahm den Hörer ab: „Hallo, Heinzimännlein, mein Lieber, warum rufst du so spät an?" zwitscherte er in allerhöchsten Tönen.

„Oh, Verzeihung, da habe ich mich wohl verwählt!" sagte eine Stimme, und es knackte.

Balduin Pfiff legte behutsam auf und seufzte: „Heiliges Kanonenröhrchen!"

Eilenfried Semmel packte ihn am Arm, und mit aufgerissenen Augen fragte er heiser: „Hat er gelacht?"

Balduin ließ das Band zurücklaufen, warf Semmel einen vielsagenden Blick zu und flüsterte geheimnistuerisch: „Gleich werden wir mehr wissen, lieber Herr Semmel. Gleich passiert's... Achtung!"

Er drückte die Stopptaste und anschließend auf den Vorwärtsgang...

Stille, nur ein sanftes Rauschen.

Dann: „Hallo, Heinzimännlein, mein Lieber, warum rufst du so spät an?" – Pause. „Oh, Verzeihung, da habe ich mich wohl verwählt!"

Balduin Pfiff schaltete ab und wandte sich Eilenfried Semmel zu, der in diesem Augenblick rückwärts taumelte und bleich und bebend in den nächsten Sessel sank.

„Na???" wollte Balduin Pfiff wissen.

„Das – das können nur Ottofried oder Abelfried gewesen sein."

Der Detektiv musterte Semmel mißtrauisch. „Was für Friede?"

„Meine Drillingsbrüder Ottofried und Abelfried! Wir sind alle miteinander verfeindet."

„Heiliges Kanonenröhrchen!“ staunte Balduin Pfiff.

„Seit Jahren spricht keiner mit dem anderen.“

„Hohoho“, tönte Balduin, „mit mir werden die beiden schon sprechen. Und wenn ich nicht bis spätestens morgen mittag weiß, wer der Lachsack ist, dann will ich fortan Balduinfried Salzstengel heißen!“

In dieser Sekunde klingelte es erneut.

Semmel nahm den Hörer ab, und Balduin drückte auf die Tonbandtaste.

Hahahahahaha... Hohohohoho... Hauhauhauhau... hihihihi... Hehehehehehehahahahahahihihihihihöhöhöhöhöhuhuhuhuhu...

Zuerst stand Balduin Pfiff Ottofried Semmel gegenüber. Dabei rutschte ihm ein fassungsloses „Ei der Daus" über die Lippen, denn Ottofried sah Eilenfried so ähnlich, daß der Detektiv glaubte, Eilenfried sei Ottofried und Ottofried nicht Ottofried. Nachdem er sich vorgestellt hatte, kam er zum Grund seines Besuches.

„Ihr Bruder wird jede Nacht von einem Lachsack belästigt!" Sein kleiner dicker Zeigefinger bohrte sich in Ottofrieds flache Brust. „Er hat Sie in Verdacht, der Lachsack-Attentäter zu sein!"

„Raus!!" raunzte Ottofried, der Drilling, in höchstem Diskant, und aus seinen Augen schossen giftige Blitze. „Mit Eilenfried verkehre ich schon seit Jahren nicht mehr!"

Den Knall der Tür, die hinter ihm ins Schloß katapultiert wurde, hatte Balduin Pfiff noch sieben Straßen weiter im Ohr.

In der Sesselmannallee 49 kniff der kleine Detektiv einmal rasch die Augen zu. Konnte es sein, daß ihn dieser wütende und laute Ottofried überholt hatte und jetzt als Abelfried vor ihm stand? Oder war Abelfried in Wirklichkeit Eilenfried und er, Balduin Pfiff, das Opfer eines verrückten Scherzes?

Oder träumte er gar?

Aber da sprach die Traumgestalt vor ihm: „Bitte, Sie wünschen?"

Balduin betrachtete den dritten Drilling, dessen Stimme

nur ein wenig trauriger und ein bißchen leiser klang als die von Ottofried.

„Sind Sie Herr Semmel?"

„Derselbe!" Semmel Nr. 3 lächelte nachsichtig.

„Herr Abelfried Semmel?" Balduin wollte ganz sichergehen.

„Ja, der bin ich. Was erstaunt Sie daran so?"

„Daß Sie Ihren Brüdern so ähnlich sehen!" gab Balduin Pfiff zu.

„Das soll bei Zwillingen, Drillingen, Vierlingen und so weiter so üblich sein." Abelfried lächelte noch immer. „War das alles?"

„Nö, ich bin hier, weil Ihr Bruder Sie für einen Lachsack hält, das heißt für denjenigen, der mit dem Lachsack spielt!"

An die Stelle von Abelfrieds Lächeln war ein trotziger Ausdruck getreten.

„Ich weiß nicht, wer Sie sind und was diese alberne Rede zu bedeuten hat, aber lassen Sie sich eines von mir sagen: Ich habe den Umgang mit meinen Brüdern vor fünf Jahren eingestellt!!"

Auch seine Tür fiel mit überdurchschnittlichem Getön ins Schloß.

Eilenfried sah Balduin Pfiff erwartungsvoll an. Und der wiederum dachte in diesem Moment an den lieben Gott, der wohl doch ein Mann mit Humor sein mußte. Denn sicher nur aus einer besonders guten Laune heraus hatte er drei verschiedene Männer mit drei gleichen (oder fast gleichen!) Gesichtern ausgestattet.

„Haben Sie was erreicht, Herr Pfiff?" forschte Eilenfried behutsam.

Der Detektiv ließ sich in den Sessel plumpsen und nickte.

„Balduin Pfiff erreicht immer etwas!“ erklärte er selbstbewußt.

„Wer ist es?“ Groll beherrschte Herrn Semmels Stimme, und einmal mehr lag seine Hand an der Gurkennase.

„Wem trauen Sie es eher zu: dem Abelfried oder dem Ottofried?“ fragte Balduin mit einem schelmischen Augenzwinkern. Eilenfried Semmel schrumpfte ein wenig zusammen. „Soll ich ehrlich sein?“

„Heiliges Kanonenröhrchen, darum möchte ich doch bitten!“ meinte Balduin lebhaft.

„Also dann – ich würde es beiden zutrauen. Dem lauten Ottofried ebenso wie dem leisen Abelfried!“

„Aha...“ sagte Balduin Pfiff.

„Na?“ fragte Eilenfried.

„Es war der laute!“ sagte Balduin Pfiff.

„Es war der Ottofried?!“

„Es war der Ottofried!“ gab Balduin zu. „Er hat sich selbst verplappert.“

„Und wobei?“

„Als ich ihm die Schandtat auf den Kopf zusagte, erwiderte er: ‚Mit Eilenfried verkehre ich schon seit Jahren nicht mehr!‘ Und damit saß er in der Falle, hehehe!“

„Wieso?“ wollte Eilenfried wissen, und aus seinem Blick sprach blanke Verständnislosigkeit.

„Haben Sie vergessen, daß Sie ein Drilling sind?“

Langsam ging in Eilenfrieds Augen ein Licht auf... „Sie meinen...“

„Jawohl, ich meine! Warum hat er nicht gesagt: Mit Abelfried verkehre ich schon seit Jahren nicht mehr? Er wußte sofort, welcher Drilling gemeint war... Na ja, und das konnte ja nur der wissen, der die Lachsackspielchen inszenierte...“

„Ich bewundere Sie!“ erwiderte Eilenfried Semmel und stand dabei auf.

Auch der kleine rundliche Detektiv erhob sich. Und er sagte: „Tun Sie das! Aber tun Sie das bitte auch dann noch, wenn Sie meine Rechnung bezahlt haben…“

Und Balduin Pfiff lachte noch, als er durch den sonnendurchfluteten Rest des Tages mit Links-zwo-drei-vier nach Hause marschierte…

Großvatersprüche 2. Teil:

Der klügere gibt nach — leider nur, wenn es gar nicht anders geht.

*

Die Neugierde gehört zu einem tüchtigen Detektiv wie die Milch zu einem Baby.

*

Ein Gentleman läßt sich nichts schenken, nicht mal eine Bügelfalte.

*

Wer Falten hat, ist alt, wer Runzeln hat, ist uralt.

Weitere Großvatersprüche Seite 202

Hörspiel

++++++++++++++++++++++++++++++++++++

Jacques, der Dieb

++++++++++++++++++++++++++++++++++++

Die Personen:

André Labin und
Michel Poire, Angestellte einer Zeitungsagentur, die in einen Schneesturm gerieten und dabei auf
Marcel Leger stießen, der ihnen die Legende von
Jacques Isell erzählte, in der eine Menge Leute vorkamen

Zum Beispiel:

Polizist,
Viehhändler,
Bauer, einer von denen, die ihr Geld in Vasen verstecken
Heckenschneider und andere – und eine unheimliche
Stimme

Es ist eine Reihe von Jahren her. André Labin arbeitete damals als Reporter bei der *Internationalen Zeitungsagentur* in Paris.

Es mochten noch drei Wochen bis Weihnachten gewesen sein, als Labin Order bekam, sich umgehend bei seinem Chef, Monsieur Roché, zu melden.

Labin (ohne Begeisterung): „Guten Morgen, Monsieur Roché. Sie haben mich rufen lassen?"

Chef: „Morgen, André, ich habe einen Auftrag für Sie. Machen Sie gefälligst ein freundlicheres Gesicht, wenn ich bitten darf..."

Labin: „Drei Wochen vor Weihnachten...? Was Größeres, Monsieur?"

Chef: „Wie ich Sie kenne, machen Sie das mit der linken Hand. Das *Journal de Paris* bringt eine Serie französischer Legenden aus der Provinz. Kannten Sie nicht mal einen Knaben, der so was sammelt?"

Labin (freudlos): „Ja, Robert Retain. Der Knabe ist Pfarrer..."

Chef: „Meinetwegen. Sie werden ihn besuchen. Wo wohnte Hochwürden gleich?"

Labin: „In einer kleinen Ortschaft in der Nähe von Lyon... Und da verlangen Sie auch noch ein freundliches Gesicht... Bei dieser Kälte... und drei Wochen vor Weihnachten..."

Chef: „Wenn Sie noch lange meckern, schicke ich Sie wegen einer Reportage zu den Eskimos..."

Labin: „Schon gut, Chef. Wann soll ich fahren?"

Chef: „Sofort. Nehmen Sie sich den Fotografen Poire mit..."

Labin: „Wozu brauche ich zum Legendenaufspüren einen Bildberichterstatter?"

Chef: „Das *Journal* hat es sich in den Kopf gesetzt, seine Legenden mit authentisch anmutendem Bildmaterial aufzulockern. Die erste Geschichte müssen wir zwei Tage vor Weihnachten abliefern. Das heißt also, daß Sie spätestens fünf Tage vor Weihnachten wieder in Paris sein müssen... Nun lächeln Sie wenigstens zum Abschied, André. Ich wünsche Ihnen Hals- und Beinbruch."

André Labin fuhr nicht sofort, sondern am Morgen des nächsten Tages. Auch der Fotograf Michel Poire heuchelte keineswegs Begeisterung.

Das Wetter war abscheulich. Sie hatten noch ungefähr 150 Kilometer bis Lyon vor sich, als sie völlig unerwartet von einem fürchterlichen Schneesturm überrascht wurden... Es war in der Gegend von Clermont. Bald ging es nur noch schrittweise vorwärts, weil man buchstäblich nicht mehr als einen Meter weit sehen konnte... Nach einer halben Stunde stieg André aus, um Michel am Steuer abzulösen. Während er in den eisigen Schneesturm hinauskletterte, mußte er eine traurige Entdeckung machen...

(Sturm, Zuschlagen einer Autotür)

Labin (schreit): „Michel, wir sind falsch gefahren..."

Michel (ebenso): „Unmöglich... bei diesem Schneckentempo..."

Labin: „Trotzdem... das hier ist keine Straße... höchstens ein besserer Feldweg..."

Michel: „Dann müssen wir umkehren."

Labin: „Bleibt uns nichts anderes übrig. Dreh das Fenster herunter. Ich gebe dir Anweisungen..."

Das Wendemanöver endete mit einem Fiasko. Obgleich Michel jede Bewegung mit größter Vorsicht ausführte und auch André sich alle Mühe mit seinen Wende-Regieanweisungen gab, legte sich das Fahrzeug mit sanfter Gelassenheit auf die Seite. Sie waren mit zwei Rädern in den Begrenzungsgraben gekommen. Da aus eigener Kraft herauszukommen war unmöglich.

In den nächsten Stunden waren sie mit sich allein. Nicht ein Wagen kam ihnen entgegen oder wollte an ihnen vorbei.

Es ging alles gut, und alles war erträglich, solange der Motor lief und damit auch die Heizung funktionierte. Kurz nach Mitternacht jedoch begann der Motor plötzlich zu spucken... und nach einigen Stoßseufzern stellte er seine Tätigkeit endgültig ein.

Bereits nach einer Viertelstunde war es im Wagen so kalt, daß die beiden Reporter hinausklettern mußten, um Freiübungen zu machen. Zu ihrem Glück ließ wenigstens der Sturm nach, und die Schneeflocken schrumpften zu einer manierlichen Größe zusammen...

Das war der Augenblick, in dem Michel einen Einfall hatte...

Michel: „Ich schlage vor, André, daß wir den Wagen hier liegenlassen und versuchen, eine Ortschaft zu erreichen..."

Labin: „Hm, ich weiß nicht, ob wir das tun sollten. Vielleicht ist die nächste Ortschaft zehn Kilometer entfernt..."

Michel: „Hier frieren wir langsam zu Eis. Oder glaubst du, daß ich Lust habe, die ganze Nacht wie ein Ballettmädchen herumzuhüpfen?"

Labin (scherzt): „Wir könnten ja zur Abwechslung mal einen Schneemann bauen. Was meinst du?"

Michel: „Warum nicht... (hastig) Sei mal still..., kommt da nicht jemand?" (Schritte nähern sich)

Labin: „Da scheint tatsächlich jemand zu kommen..."

Michel: „Ein Mann..."

Labin: „Hoffentlich kriegt er keine Angst und läuft weg..."

Michel: „Sieht nicht so aus..."

(Schritte kommen näher)

Leger: „Guten Abend..."

Beide: „Guten Abend, Monsieur..."

Leger: „Kann ich Ihnen helfen..."

Labin: „Danke, danke, aber das wird kaum möglich sein. Wir liegen nämlich nicht nur im Straßengraben – uns ist auch das Benzin ausgegangen."

Michel: „Sagen Sie, Monsieur, ob man hier in der Nähe Benzin und einen Abschleppwagen bekommen kann?"

Leger: „Heute nacht finden Sie nichts. Und morgen früh höchstens einen Traktor, der Sie herauszieht."

Labin: „Na schön. Dann sagen Sie uns bitte, ob es hier in der Umgebung ein Hotel oder einen Gasthof gibt."

Leger: „Nein. Aber wenn es Ihnen nichts ausmacht, würde ich Sie bitten, heute nacht meine Gäste zu sein."

Labin: „Das ist sehr freundlich, Monsieur, aber das können wir Ihnen nicht zumuten."

Leger: „Doch, Sie können es. Meine Frau wird sich über den Besuch freuen."

Michel (ungläubig): „Mitten in der Nacht?"

Leger (lächelnd): „Mitten in der Nacht. Übrigens, mein Name ist Marcel Leger."

Labin: „Wir freuen uns, Monsieur Leger. Das ist Michel Poire, und ich heiße André Labin... Dann wollen wir dem Zufall danken, daß er Sie uns über den Weg geschickt hat."

Leger (geheimnisvoll): „Zufall? Vielleicht heißt der Zufall Jacques..., man kann nie wissen... Kommen Sie, es sind nur zwei Kilometer..."

Labin (nach einer Weile Gehen): „Monsieur Leger, was meinten Sie, als Sie vorhin sagten, der Zufall heiße Jacques?"

Leger: „Ja, Jacques, der Dieb... Kennen Sie die Legende nicht? Ich will Sie Ihnen gern erzählen, wenn wir zu Hause sind. Hinterher werden Sie verstehen, was Jacques mit dem Zufall zu tun hatte..."

André Labin und Michel Poire sahen sich vielsagend an. Etwas sehr Merkwürdiges war passiert. Rund 150 Kilometer vor dem Ort, an dem sie glaubten, von Legenden zu hören, wurden sie selbst in eine verwickelt.

Als sie nach einer knappen halben Stunde Fußmarsch in Marcel Legers Haus kamen, waren sie so gespannt auf seine Geschichte, daß sie nicht einmal daran dachten, daß es bereits auf 2 Uhr zuging... Madame Leger hatte ihnen einen Grog serviert. Und während sie an der glühendheißen Flüssigkeit nippten, begann Marcel Leger mit seiner Geschichte...

Jacques Isell war damals zehn Jahre alt. Er lebte in Paris, hatte weder Vater noch Mutter, und niemand wußte, woher er gekommen war. Er war sozusagen aus dem Nichts aufgetaucht. Jacques konnte weder lesen noch schreiben. Er besuchte keine Schule und tat den lieben langen Tag nur eines: Er stahl. Er stahl alles, was ihm zwischen die Finger kam: Taschen, Geld, Eßwaren, Wein, Kleidungsstücke und vieles andere. Er brachte es sogar fertig, einem anderen Kind das Butterbrot aus der Hand zu nehmen, um es selbst zu essen. Es kamen Tage, da wurde ihm der Boden in der Innenstadt zu heiß unter den Füßen, und er verlegte sein Betätigungsfeld an den Rand der Stadt. Dabei geschah es auch eines Tages, daß er während des Pferdemarktes von einem Gendarmen ausgerechnet in dem Augenblick erwischt wurde, als er einem Pferdehändler die Geldbörse aus der Tasche zog...

Polizist (erbost): „Habe ich dich erwischt, mein Bürschchen..."

Jacques (dreist): „Was wollen Sie von mir. Ich habe nichts getan."

Polizist: „So, du hast nichts getan, he? Und was hast du dir da eben unters Hemd geschoben?"

Jacques: „Das? Das ist die Brieftasche von meinem Onkel. Loslassen..."

Händler: „Nanu, Wachtmeister, was haben Sie denn da in der Hand... Das ist ja meine Geldkatze..."

Polizist: „Dieser Bengel hier hat sie Ihnen aus der Tasche gezogen, Monsieur... Sind Sie sein Onkel?"

Händler (spuckt wütend aus): „Zum Teufel, sehe ich aus, als ob ich mit so einem Dreckfinken verwandt wäre?"

Polizist: „Danke, das genügt... Los, Bengel, komm mit zur Wache. Sei froh, daß man den Dieben nicht mehr die Hände abhackt, sondern sie nur ins Gefängnis steckt..."

Jacques (leichtsinnig): „Das macht mir gar nichts aus..."

Auf der Wache machte der Polizeihauptmann mit Jacques nicht viel Federlesens. Mit dem nächsten Schub kam er ins Gefängnis. Es war eine große Zelle, und außer Jacques gab es dort noch Strauchdiebe, Wegelagerer und andere heruntergekommene Menschen. Jacques sperrte Augen und Ohren auf, denn er bekam viele interessante Dinge zu hören. Man sprach von Überfällen und Einbrüchen, von Diebstählen und Erpressungen. Und Jacques glaubte jedes Wort. Er merkte nicht, daß die meisten nur prahlten und sich für große Halunken ausgaben, in Wirklichkeit aber nur kleine Spitzbuben waren.

Als die Nacht kam, legte sich Jacques in eine Ecke, um zu schlafen. Doch da spitzte er die Ohren... Zwei Männer in seiner Nähe hatten begonnen, geheimnisvoll miteinander zu tuscheln... Vorsichtig schob sich Jacques näher heran...

Stimme 1 (flüsternd): „... ich sage dir, daß es stimmt. Pierre hat mir noch nie einen Bären aufgebunden..."

Stimme 2: „Und du glaubst wirklich, daß dieser Bauer sein ganzes Geld in einer Vase aufbewahrt?"

Stimme 1: „Wenn es Pierre sagt, glaube ich es. Die Vase steht auf dem Kleiderschrank in seiner Schlafstube."

Stimme 2: „Hehehe..., kaum zu glauben. Wie heißt denn dieser Esel von einem Bauern?"

Stimme 1: „Pierre sagt, er heißt Agrelles, Viktor Agrelles..."
Stimme 2: „Ist es weit von hier?"
Stimme 1: „Hm, zwei gute Tagesmärsche... Das Dorf heißt Bressuire..."

Jacques hatte jedes Wort verstanden. Und immer wieder flüsterte er die Namen vor sich hin, um sie ja nicht zu vergessen: Bauer Agrelles in Bressuire. Nach einigen Tagen wurde Jacques entlassen, weil man den Platz dringend für die schwereren Fälle benötigte...

Drei Tage später langte er in Bressuire an..., und bald hatte er das Haus des Bauern Agrelles erfragt... Mit einem Stein klopfte er an die Tür...

(Klopfen, Hundegebell, Geräusch der sich öffnenden Tür)
Bauer: „Was gibt's?"
Jacques (tut erschöpft): „Tag, Bauer, ich bin ein armer Junge und würde mir gern ein paar Sous bei Euch verdienen. Habt Ihr keine Arbeit für mich?"
Bauer: „Ich bin selbst ein armer Mann..."
Jacques (wehleidig): „Ich bin zwei Wochen gelaufen..., ich bin sehr hungrig..."
Bauer: „Na, dann komm herein. Zu essen will ich dir gern geben. Es ist zwar eine einfache Mahlzeit, aber wenn du hungrig bist, wird sie dir schon schmecken."
Jacques: „Danke..., vielen Dank, Bauer..."

Jacques stürzte sich auf die Milchsuppe, die ihm der Bauer hinstellte. Es dunkelte bereits, als er den Teller von sich schob. Gleich danach verkündeten tiefe Atemzüge, daß er eingeschlafen war. Was der Bauer allerdings nicht wußte, war, daß Jacques sich nur schlafend stellte.

Vorsichtig packte der alte Mann den Jungen und bettete ihn auf die Ofenbank, schob ihm ein Kissen unter den Kopf und deckte ihn behutsam mit einer Decke zu. Und dann legte sich auch der Bauer schlafen. Bald darauf konnte man sein lautes Schnarchen durch die Tür hören... Das war der Augenblick, auf den Jacques gewartet hatte. Geräuschlos schob er sich von der Ofenbank herunter, zog die Schuhe von den Füßen und schlich zur Tür des Schlafraumes... Vorsichtig drückte er die Klinke herunter... Zentimeter um Zentimeter tastete er sich auf den Kleiderschrank zu... Suchend fuhren seine heißen Hände über den Rand ..., dann hatten seine Finger die Vase entdeckt...

Der Bauer bemerkte von alledem nichts. Leise zog Jacques die Tür wieder hinter sich zu... Dann sprang er zum Tisch, entzündete die Petroleumlampe und schüttete den Inhalt der Vase auf die Platte. Es war eine Menge Geld, das da vor ihm lag. Hastig begann Jacques Geldscheine und Münzen in seinen Hosentaschen zu verstauen. Nicht eine einzige kurze Sekunde lang meldete sich sein Gewissen... Jacques verließ das Bauernhaus und stürmte in die Nacht hinaus. Stunde um Stunde marschierte er kräftig drauflos, bis er, völlig erschöpft, vor sich einen großen Strohhaufen entdeckte. Sofort beschloß er, die angebrochene Nacht in diesem Strohhaufen zu Ende zu verbringen. Müde wühlte er sich hinein... Und da..., er hatte sich gerade noch einen Armvoll Stroh unter den Kopf geschoben ..., da hörte er plötzlich eine unheimlich hallende Stimme...

Stimme: „Jacques! Jacques, du bist ein schlechter Mensch, aber du sollst die Möglichkeit haben, dich zu bessern. Geh zu dem Bauern zurück, und gib ihm sein Geld wieder. Er hat seit vielen Jahren gespart, um seine Tochter, die in einem fremden Land wohnt, noch einmal zu sehen. Geh hin, Jacques, und gib ihm das Geld zurück, und arbeite als Buße für dein Unrecht vier Wochen für ihn..."

Jacques (mit belegter Stimme): „Ich bin doch nicht dumm... Nie gebe ich das Geld zurück, nie!"

Stimme: „Du hast einen Tag Zeit, um es dir zu überlegen. Tust du es nicht, so werde ich dir zehn Jahre deines Lebens nehmen. Es würde eine harte Lehre sein..."

Jacques (versucht höhnisch zu lachen)

Jacques starrte noch eine Weile in die Dunkelheit, dann drehte er sich zur Seite, fühlte noch einmal nach dem Geld und schlief ein.

Am anderen Morgen machte er sich weiter auf den Weg nach Paris. Er hatte großes Glück; denn er war noch nicht lange gegangen, als eine schnelle Kalesche daherkam. Der Kutscher hielt an und ließ Jacques neben sich auf den Bock klettern. Dann ging es ab wie die wilde Jagd. Schon am späten Nachmittag erreichten sie Paris. Jacques suchte als erstes den Fischhändler Pollon auf, wo er einen Spickaal erstand. Dann kaufte er sich einen neuen Anzug, ein Paar neue Stiefel und eine Laute.

Als der Mond aufging, war bereits über die Hälfte des gestohlenen Geldes ausgegeben.

Unweit der Pferderennbahn brach Jacques, der Dieb, in ein leerstehendes Gartenhaus ein, um darin die Nacht zu verbringen. Für den kommenden Tag hatte er sich einiges vorgenommen, was man sich nur vornehmen kann, wenn man Geld hat.

Doch als Jacques am anderen Morgen erwachte, spürte er sogleich, daß mit ihm eine seltsame Verwandlung vor sich gegangen war ... War das wirklich seine Hand? Sie war viel

größer, viel derber ..., überhaupt, er selbst war plötzlich doppelt so groß wie gestern... oder?... Jacques betrachtete sich voller Entsetzen in einer Scheibe ... Das war nicht der zehnjährige Jacques Isell, der ihm daraus entgegensah ..., das war ein zwanzigjähriger Jacques Isell ... Er erinnerte sich an die geheimnisvolle Stimme, die er als bösen Traum abtun wollte...

Jacques begann zu toben, zu schreien, er demolierte die Einrichtung des Gartenhauses ..., aber es half alles nichts. Aus dem Zehnjährigen war ein Zwanzigjähriger geworden. Und dieser zwanzigjährige Jacques Isell haderte mit seinem Schicksal.

Zwei Tage lang versteckte er sich im Wald. Aber dann hatte er sich wieder beruhigt. Gewillt, sein Handwerk wiederaufzunehmen, eilte er in die Stadt zurück.

Wieder stahl er, wieder betrog er und wieder häufte er eine

schlechte Tat auf die andere. Aber am Abend, wenn er sich irgendwohin verkrochen hatte, wartete er. Wartete, ob sich die Stimme wieder melden würde. Die Furcht peinigte ihn. Jedoch es verstrich Abend für Abend, ohne daß sich die Stimme hören ließ. Und je mehr Zeit verging, desto dreister und frecher wurden seine Gaunereien.

Dann kam der Tag nach Himmelfahrt.

Jacques saß vor einem kleinen Bistro, trank Wein und wartete auf seinen Spießgesellen Honoré...

Jacques: „He, Garçon, noch einen vom Roten... Ich bin heute in Stimmung. Und wenn ich in Stimmung bin, habe ich Durst."

Honoré (näher kommend): „Hallo, Jacques..."

Jacques: „Na endlich, Honoré. Wo steckst du denn die ganze Zeit? Ich warte schon seit einer geschlagenen Stunde auf dich."

Honoré: „Dafür bringe ich auch 'ne Neuigkeit, Jacques..."

Jacques: „Wird wieder kaum der Rede wert sein, deine Neuigkeit."

Honoré: „Ich hab' was ausgeknobelt... Du wirst Augen machen!"

Jacques: „Nun spann mich nicht so auf die Folter, erzähle schon!"

Honoré (senkt Stimme): „Kennst du René Bold?"

Jacques (enttäuscht): „Meinst du den Alten, der am Denkmal Debusse Blumen verkauft..."

Honoré: „Und Wurzeln... Ja, den meine ich."

Jacques: „Was ist mit ihm? Soviel ich weiß, ist er ärmer als der ärmste Landstreicher."

Honoré: „Er hat aber trotzdem was, das ihn für uns reich macht. Eine handtellergroße, echt goldene Münze."

Jacques (neugierig): „Und wo hat er die?"
Honoré: „Unter seinem Hemd."
Jacques: „Hm... Und wie willst du da rankommen?"
Honoré: „Ich habe einen genauen Plan gemacht. Der Alte holt jeden Morgen um fünf seine Blumen und das Wurzelzeug in der Rue Mentone. Auf dem Weg zu seinem Stand am Denkmal muß er durch die alte Wäschergasse..., da ist um diese Zeit kein Mensch, und wir könnten ihn überfallen und ihm die Münze abnehmen... Das geht ziemlich einfach, oder was meinst du, Jacques?"
Jacques (kurz): „Wann treffen wir uns?"
Honoré: „Halb fünf in der alten Wäschergasse!"
Jacques: „Abgemacht – halb fünf!"

Den Rest des Tages schlenderte Jacques durch die Straßen. Er sah sich noch einmal den Ort genau an, an dem am kommenden Morgen der alte Blumenhändler überfallen werden sollte. Da er früh wach sein mußte, wollte er rechtzeitig schlafen gehen. So suchte Jacques auch bald sein Nachtlager auf, das er in einem zur Zeit unbewohnten Haus hatte...

Er rollte sich gerade in eine Decke ein, als ihn plötzlich ein unheimliches Gefühl beschlich. Er richtete sich auf, während ihm eiskalte Schauer über den Rücken liefen..., und dann hörte er sie wieder, die unheimliche Stimme...

Stimme: „Höre, Jacques... Wenn du den alten Mann überfällst, dann nehme ich dir weitere zwanzig Jahre deines Lebens... Und das werde ich tun, sooft du ein Unrecht begehst... Mehr habe ich dir nicht zu sagen..."

Das Entsetzen hielt Jacques, den Dieb, gepackt. Zwanzig Jahre, zwanzig Jahre, zwanzig Jahre... So hämmerte es in seinem Kopf... Zusammen ergäben das dreißig nutzlos vertane Jahre...

Noch in dieser Nacht floh Jacques. Floh vor sich selbst und vor seinem Freund Honoré, der ihn doch nur ausgelacht hätte.

Er ging an das andere Ende der Stadt und tat nichts. Vier Tage ging es gut. Aber dann war der letzte Sou ausgegeben. Wollte Jacques nicht verhungern, mußte er arbeiten.

Er tat es zum erstenmal in seinem Leben, und er tat es äußerst widerwillig. Aber die Furcht saß ihm im Nacken. Und da ihn der Hunger ständig begleitete, mußte er mehr arbeiten, als ihm lieb war.

In den nächsten Wochen und Monaten fegte er Straßen, rollte Fässer, stellte Zäune auf und striegelte Pferde. Und als ein Jahr vergangen war, hatte er sich schon fast ans Arbeiten gewöhnt.

Als er einmal ohne Arbeit war, begegnete er einem Trupp Heckenschneider. Das waren Männer, die gegen Bezahlung die Hecken fremder Leute schnitten. Jacques ging zum Vorschneider und fragte, ob man ihn brauchen könne.

Es war dem Vorschneider recht, und so lernte Jacques, wie man Hecken aus Buchsbaum und wilden Rosenbüschen beschnitt. Es ging von Stadtviertel zu Stadtviertel. Und waren die alle geschnitten, dann verließ man die Stadt und zog in eine andere.

Eines Nachmittags nun sah Jacques, wie der Vorschneider einen Zettel aus seiner Brieftasche nahm. Aber er sah nicht nur den Zettel, er sah auch, daß die Brieftasche zum Bersten voll mit Banknoten gefüllt war. Jacques konnte diesen Anblick nicht vergessen. Sosehr er sich auch bemühte, immer wieder zog es ihn wie magnetisch in die Nähe des Vorschneiders...

Vorschneider: „Was ist los, Jacques, was kriechst du ständig um mich herum?"

Jacques: „Ich wollte fragen, ob ich dir helfen soll. Ich habe meinen Teil schon geschnitten."

Vorschneider: „Dann hilf deinem Nachbarn. Ich werde mit meiner Seite schon allein fertig..."

Jacques: „Ja..."

Vorschneider: „Was ist..., auf was wartest du noch?"

Jacques (heiser): „Nichts, nichts, ich gehe schon..."

Jacques vergaß die Warnung der Stimme. Er vergaß Angst und Qual. In der folgenden Nacht stahl er die Brieftasche des Vorschneiders...

Er rannte in die Dunkelheit hinaus, und obwohl die Tasche in seinen Händen wie Feuer brannte, drückte er sie fest an seine Brust. Soviel Geld hatte er noch nie in seinem Leben besessen. Plötzlich stürzte er.

Er fiel, fiel immer tiefer. Fiel in einen Abgrund. Der Sturz wollte gar kein Ende nehmen. Dann war mit einem Male eine unheimliche Stille um ihn. Und mitten in diese Stille hinein hörte er die geheimnisvolle und doch schon vertraute Stimme...

Stimme: „Es ist Nacht, Jacques, und du bist in einer fremden Stadt. In einer Stadt, in der du noch nie zuvor gewesen bist.

Jacques, ich habe dir weitere zwanzig Jahre deines Lebens genommen, du wirst es bei Tagesanbruch sehen... Du bist jetzt schon ein gereifter Mann. Es liegt in deiner Hand, noch viele Jahre zu leben. Aber nachdem du schon zweimal versagt hast, wird die neue Prüfung die schwerste sein. Du sollst etwas tun, was du bisher noch nie getan hast: Du sollst geben.

In deinen Taschen wirst du immer Geld finden. Viel Geld, wenig Geld. Doch du darfst nie etwas davon für dich verbrauchen, sondern mußt Gutes tun. Lindere Schmerzen damit, hilf in Not, Armut und Krankheit. Säe Glück und Zufriedenheit... Das Geld ist nicht für dich, hast du mich verstanden?"

Jacques: „Und wenn ich hungrig bin?"

Stimme: „Dann geh in den Wald, und suche Beeren und Wurzeln. Sei klug, tue Gutes – und du wirst nicht verhungern. Wenn du aber auch nur den kleinsten Betrag für dich verwendest, so werde ich dir weitere dreißig Jahre deines Lebens nehmen..."

Das waren die letzten Worte, die Jacques von der Stimme hörte. Als er sich am nächsten Morgen in einem Zimmer, das

ihm fremd war, im Spiegel betrachtete, sah er einen Mann mit angegrauten Schläfen vor sich. Und als er auf die Straße trat, fand er bestätigt, was ihm die Stimme gesagt hatte: Er war in einer fremden Stadt. Jacques ging langsam durch die Straßen, über Plätze und durch Anlagen. Er sah viele Menschen, arme und reiche. Manche grüßten ihn, andere warfen ihm feindselige Blicke zu oder beachteten ihn überhaupt nicht.

Als er um eine Hausecke bog, stieß er mit einem Bettler zusammen...

Bettler: „Bitte um eine milde Gabe, Monsieur..."

Jacques: „Warum bettelst du? Geht es dir schlecht?"

Bettler: „Früher besaß ich Pferd und Wagen. Ich habe Menschen und Ware befördert. Aber das Pferd ist krank geworden und eingegangen. Und ich habe kein Geld, um mir ein anderes zu kaufen. Es ist schlimm, Monsieur, zu Hause warten viele hungrige Mäuler, die gestopft werden wollen..."

Jacques (klimpert mit Geld): „Sieh her – bekommst du dafür ein neues Pferd?"

Bettler (mißtrauisch): „Ja, natürlich... Warum fragen Sie?"

Jacques: „Dann nimm es. Kauf dir ein neues Pferd..." (Geht davon.)

Bettler: „Nein, das kann doch nicht Ihr Ernst sein, Monsieur, so viel Geld können Sie mir doch nicht schenken, Monsieur, Monsieur..." (Ruft hinterher.) „Vielen, vielen Dank..."

Für Jacques begann eine seltsame Zeit. Er besaß Geld und besaß doch keines. Oft spielten seine Finger mit Münzen und Banknoten. Und manches Mal kam er in Versuchung, etwas davon für sich auszugeben.

Aber immer, wenn er das Geld in seinen Taschen fühlte, geschah etwas, das ihn zur Hilfe aufrief. Und ganz langsam bemerkte er die Wandlung, die mit ihm vor sich ging. Ganz plötzlich war der Wille zum Helfen für ihn Bedürfnis geworden, und es machte ihn glücklich und froh. Es war schön, wenn ihn die Leute dankbar und achtungsvoll grüßten. Auch wenn niemand wußte, daß er sich seine Nahrung zusammensuchen mußte. Aber einmal schien ihn dabei jemand beobachtet zu haben, denn immer öfter fand er jetzt vor seiner Tür einen Korb mit Lebensmitteln...

Die Jahre vergingen. Eine neue Zeit brach an. Eine Zeit, in der man sich die Stadt ohne Jacques nicht vorstellen konnte. Er war zum Wohltäter geworden. Er war da, wenn man ihn brauchte, und er verschwand wieder, wenn seine Hilfe nicht mehr nötig war.

Als in der Stadt eine Seuche ausbrach, war er Tag und Nacht unterwegs, um zu helfen. Er versorgte die Kranken und die Kinder. Ja, die Kinder waren es, denen seine besondere Liebe galt. Vielleicht lag es daran, daß er selbst kaum eine richtige Kindheit gekannt hatte...

Und aus Jacques, dem Dieb, wurde der zufriedenste Mensch unter der Sonne. Und wenn irgendwo etwas geschah, das ein glücklicher Zufall zu sein schien, so sprach man nicht vom Zufall, sondern von Jacques, der Hilfe gesandt hatte...

Leger: „Ja, meine Herren, das war die Geschichte von Jacques, dem Dieb."

Labin (holt Luft): „Ich muß Ihnen ein Kompliment machen, Monsieur Leger, kein berufsmäßiger Geschichtenerzähler hätte seine Sache besser machen können als Sie. Aber noch eine Frage: Was ist aus Jacques, dem Wohltäter, geworden?"

Leger: „Davon weiß die Legende leider nichts zu berichten. Vielleicht liegt es auch daran, daß er noch heute so lebendig unter den Menschen ist."

Michel: „Schade, daß es nichts zum Fotografieren dazu gibt, sonst hätten wir die schönste Legende für das *Journal de Paris*, die ich mir denken könnte..."

Leger (lächelnd): „Da kann ich Ihnen helfen. In der Stadt gibt es ein Denkmal von Jacques, dem Dieb. Außerdem kann Ihnen jedes Kind das Haus zeigen, in dem er gelebt hat..."

Michel: „Dann muß aber das Haus sehr alt sein..."

Leger: „O ja... Die Stadtväter haben vor fünfzehn Jahren sogar einmal tief in den Beutel greifen müssen, damit das Haus vor dem Verfall bewahrt werden konnte... Rechts neben der Kirche in einem kleinen Hain können Sie einen Findling sehen. Auf dem soll Jacques gesessen haben, wenn er den Kindern beim Spiel zuschaute... Ja, und wenn es Ihnen recht ist, zeigt Ihnen meine Frau jetzt Ihr Zimmer..."

Sie machten am anderen Tag die Aufnahmen. Sie fotografierten auch Menschen in dieser merkwürdigen Stadt, und irgendwie kamen ihnen diese Menschen glücklich und zufrieden vor... Vielleicht war es auch nur Einbildung... Aber nirgendwo fanden sie ein mürrisches Gesicht. Und alle Leute waren sehr hilfsbereit... Für André Labin und Michel Poire war es fast wie ein Besuch in einer guten, aber fremden Welt...

Krimirätsel

??????????????????????????????????????

Max und Moritz

??????????????????????????????????????

Seit vier Monaten saßen sie zusammen in einer Zelle:

Max Knistel, 40 Jahre, von Beruf Kraftfahrer, und Moritz Moff, von Beruf (wie er behauptete) Artist.

Max hatte noch vier Jahre zu verbüßen, bei Moritz standen noch drei Jahre offen.

Es war gegen 11 Uhr, als Max den Stuhl unter das Zellenfenster stellte und hinaufstieg. „'s regnet!" freute er sich, denn nichts ärgerte ihn mehr als schönes Wetter.

„Der dicke Schlenker macht Hofdienst!"

Moritz sagte nichts. Er saß auf seinem Stuhl und starrte vor sich hin. Plötzlich rief er entschlossen: „Ich mach' mich dünne, Max!"

Knistel stieg von seinem Stuhl und grinste.

„Du willst türmen? Ich lach' mir fünf Falten ins Gesicht!"

Und er lachte wirklich laut und lange.

Moritz wartete das Ende der Heiterkeit ab. Er schien weder beleidigt noch gekränkt.

„Ich habe einen Plan", sagte er ungerührt.

„Da bin ich aber gespannt."

„Jeden Dienstag und Freitag holt die Schweinemästerei die Tonnen mit den Küchenresten. Ich werde mich in so einer Tonne verstecken."

Max Knistel riß die Augen auf. „In den stinkigen Essensresten?"

Moritz nickte.

„Igittigitt!" rief sein Zellengenosse und schüttelte sich. „Und damit ich nicht ersticke, baue ich mir einen Schnorchel!"

„Hehe, wie sieht dieses Wunderwerk denn aus?"

„Ein Stück Rohr", Moritz deutete mit den Händen 25 Zentimeter an, „an dem ich oben ein ausgeblasenes Ei mit einem großen Loch befestige. Das sieht dann aus, als würde ein kaputtes Ei auf der Oberfläche liegen. Wenn die Tonnen dann auf dem Auto sind, kann ich den Kopf ja rausstrecken!"

Max schüttelte sich erneut. „Ich sehe dich schon stinken. Allein bei der Vorstellung vergeht mir der Appetit fürs Mittagessen."

Moritz kicherte. „Mir nicht!" Dann boxte er sich in die Seite, schob zuerst den Tisch unter das Fenster, stellte den Stuhl auf den Tisch und begann leise pfeifend das Bauwerk zu erklimmen.

„Der dicke Schlenker kehrt immer noch!" meldete er nach einem Blick in den Hof.

„Soll ich dir was sagen, Moritz", spann Max Knistel den Fluchtfaden weiter. „Selbst wenn dein genial-stinkiger Plan klappen würde, kämst du nicht weit!"

„Und warum nicht?"

„So, wie du aussiehst, erkennt man dich doch gleich!" Moritz keifte wütend herunter:

„Das werden wir ja sehen. Ich bewege mich in den ersten Monaten eben nur nachts. Und außerdem gehe ich sowieso nach Frankreich. Da kenne ich einen Laden, in dem ich auftreten kann und wo keiner nach Papieren fragt."

Max winkte ab. „Erst mußt du mal bis zur Grenze kommen. Und erkennen tut man dich so oder so. Ob Tag oder Nacht, was ändert das schon?"

Moritz kletterte zurück, warf sich aufs Bett und spielte den Beleidigten. Innerlich mußte er Max ja recht geben. Seine Chancen, nicht erwischt zu werden, waren wirklich äußerst gering...

Und trotzdem – er würde es probieren!

Und sollte es ihm gelingen, würde er Max eine Karte ins Gefängnis schicken. Jawohl, das würde er tun!

Warum glaubte Max, daß man Moritz bald wieder einfangen würde? Oder, anders gefragt: Worin unterschied sich Moritz so offensichtlich von den meisten anderen Menschen?

Auflösung Seite 452

Krimirätsel

????????????????????????????????????

Der Phantomdieb

????????????????????????????????????

Armand Sutter überlegte lange, ob er diese mehr als unangenehme Nachricht weitergeben sollte. Doch am anderen Morgen, man schrieb den 7. Juli, entschied er sich für ein begrenztes Informieren.

Bereits um 9.30 Uhr wußten – außer dem Direktor – sieben Leute des Zürcher Luxushotels Bescheid. Als kurz nach 12 Uhr auch Direktor Dr. Urs Bachteil im Hotel eintraf, ließ sich der Hausdetektiv sofort bei ihm melden.

Dr. Bachteil sah ihm mit einer steilen Falte zwischen den Augen entgegen.

„Ihr Auftauchen, lieber Herr Sutter, verheißt in der Regel nicht viel Gutes."

Sutter lächelte gequält.

„Der Beruf eines Glücksgottes", erwiderte er, „wäre mir auch lieber, Herr Direktor. Darf ich gleich zur Sache kommen?"

„Bitte!"

„Der Phantomdieb ist im Anmarsch. Vielleicht auch schon im Haus. Seine Reiseroute führte bisher von Hamburg über Hannover und Frankfurt nach Konstanz. In allen vier Häusern hat er überdurchschnittlich hohe Beute gemacht. Wir könnten die fünfte Station sein."

Direktor Bachteil hielt es plötzlich nicht mehr in seinem feudalen Lederfauteuil. Erregt begann er auf und ab zu gehen... Seit Jahren, genauer gesagt: seit vier Jahren schon spukte dieser Mensch unerkannt durch die ersten Häuser Europas.

Armand Sutter zog einen Zettel aus der Tasche.

„In Hamburg war nach dem Diebstahl plötzlich ein französischer Weinhändler namens Peretier verschwunden. In Hannover forschte man vergeblich nach einem Oxford-Professor namens Burt Philips, in Frankfurt war es ein Programmdirektor der BBC namens Henry Wade, und in Konstanz hat sich vor vier Tagen ein inkognito reisender texanischer Millionär in Luft aufgelöst. Gesamtschaden in den vier Fällen über eine halbe Million Franken. Nicht eingerechnet die unbezahlt gebliebenen Hotelrechnungen."

Bachteil blieb vor seinem Hausdetektiv stehen.

„Das ist, gelinde gesagt, entsetzlich. Was sollen wir tun?"

„Ich habe, Ihr Einverständnis voraussetzend, bereits den Chefportier, den Empfangschef, den Oberkellner des Restaurants, den Barkeeper sowie die Etagenchefs informiert und sie gebeten, die Augen offenzuhalten."

Dr. Bachteil hob hilflos die Schultern.

„Auf wen sollen sie denn achten? Haben Sie auch bedacht, daß wir ab morgen die acht arabischen Scheiks zu Gast haben. Und daß seit gestern diese affektierte Filmdiva bei uns wohnt, die glaubt, ihren vergilbten Ruhm mit Edelsteinen zudecken zu müssen?"

Armand Sutter versuchte es mit Optimismus: „Wir sollten nicht jetzt schon vor der unbekannten Größe kapitulieren. Das hieße ihm die Arbeit erleichtern. Immerhin haben wir einen Anhaltspunkt, das ist die Körpergröße. Alle Aussagen laufen auf eines hinaus: Der Phantomdieb mißt zwischen einssechzig und einsfünfundsechzig. Also ein ziemlich kleiner Mann."

Bachteil war überrascht.

„Das ist doch wenigstens etwas“, sagte er und dachte sofort weiter: „Wie sieht es bei den Neuanmeldungen aus?“

Diesmal zog Sutter einen Zettel aus der anderen Tasche. Fast monoton las er vor:

„Von den männlichen, alleinreisenden Gästen der letzten drei Tage sind insgesamt 39 schon wieder abgereist, 14 haben für länger, zwei für unbestimmte Zeit gebucht. Von diesem Personenkreis würden insgesamt vier die körperlichen Voraussetzungen für den Phantomdieb erfüllen. Ein gewisser Schmul Stettiner aus Haifa, seines Zeichens Zitrusgroßhändler. Ein gewisser Jerryl Blaker aus London, Privatgelehrter. Der dritte ist ein Josef Perlemann aus Köln, Kaufmann. Was und womit er handelt, weiß ich nicht. Und dann noch ein Portugiese namens Manuel Gueiros.“

„Und – könnte einer dieser vier...?“ Bachteil verschluckte den Rest des Satzes, als er Sutter nicken sah. Dann zuckte der Detektiv mit den Schultern.

„Es ist schwierig, Rückschlüsse zu ziehen. Schon deshalb, weil wir gar nicht wissen, ob der Dieb vorhat, uns – nun ja, heimzusuchen. Zu den genannten vier Herren ist folgendes zu sagen: Herr Stettiner läßt sich jeden Morgen zwei hebräische Zeitungen besorgen, die er dann ausführlich in der Vorhalle liest. Und zwar mit einem Vergrößerungsglas. Mister Blaker verschwindet jeden Morgen um 10 Uhr mit diversen Kameras aus dem Hotel und kommt gegen 17 Uhr zurück. Man könnte die Uhr nach ihm stellen. Der Herr vom Rhein beginnt den Tag mit Ei und Kaviar und lauter Jovialität. Und er erkundigt sich grundsätzlich dann nach seiner Post, wenn an der Rezeption Hochbetrieb herrscht. Tja, und was diesen Portugiesen anbetrifft, so ist mir bisher nur aufgefallen, daß er Linkshänder ist und mindestens sechs Sprachen spricht.“

Dr. Bachteil nickte anerkennend. „Sie waren ja bereits ungeheuer fleißig."

„Routine." Armand Sutter winkte ab. „Routine und ein einigermaßen intaktes Gedächtnis. Nur, helfen tut uns im Augenblick weder das eine noch das andere. Auf alle Fälle werde ich mich bemühen, Schlimmes zu vermeiden beziehungsweise zu verhüten..."

Doch es sollte alles ganz anders kommen.

Man schrieb den 9. Juli.

Seit 24 Stunden logierten im dritten Stockwerk acht arabische Würdenträger samt umfangreichem Gefolge...

Es war kurz vor 10 Uhr...

Armand Sutter hielt sich seit einigen Minuten in der Nähe der Rezeption auf und versuchte krampfhaft, ein immer stärker werdendes Gefühl des Unbehagens zu unterdrücken.

Er beobachtete Schmul Stettiner, den Zitrushändler aus Israel, der wie immer seine Zeitung las, und er dachte an Blaker und Gueiros, die kurz hintereinander das Hotel verlassen hatten.

Um 10.10 Uhr platzte die Bombe!

Mrs. M. R., die Filmdiva, rief den Geschäftsführer, dieser den Direktor, und der Direktor rief Armand Sutter...

Die Lady, zu nächtlicher Stunde von einem Ausflug nach Luzern zurückgekehrt, hatte beim späten Erwachen das Verschwinden ihres gesamten Schmuckes festgestellt.

Während Sutter die Polizei verständigte, kreisten seine Gedanken um die vier Männer: den Mann aus Köln, Gueiros und Blaker, die bereits außer Haus waren, und Stettiner, der in der Halle saß und las. Komisch, wie einer lesen konnte, indem er ein Vergrößerungsglas über die Zeilen gleiten ließ...

Und da fiel es Armand Sutter wie Schuppen von den Augen: Der Phantomdieb war kein anderer als Schmul Stettiner.

Er hastete in die Halle zurück.

Stettiners Stuhl war leer. Nur zwei hebräische Zeitungen lagen achtlos hingeworfen auf dem Tisch davor...

Es war purer Zufall, daß die Zürcher Polizei Stettiner aus einem Taxi heraus – er war auf dem Weg zum Flughafen Kloten – verhaften konnte.

Er trug bereits einen Bart, eine Goldrandbrille und hatte einen Paß auf den Namen Sven Erikson aus Malmö bei sich. Das Flugticket lautete auf den gleichen Namen. Ziel: Milano!

Trotz aller Raffinesse war dem angeblichen Schmul Stettiner ein Fehler unterlaufen. Ein Fehler, über den der Hoteldetektiv Armand Sutter stolperte, als ihm – fast zu spät – einfiel, wie Stettiner seine Zeitung las.

Um welchen Fehler hat es sich hier gehandelt?

Auflösung Seite 453

Aus Balduin Pfiffs privater Kochrezepte-Sammlung:

++++++++++++++++++++++++++++++++++++

Mexikanisches Indianerfeuer

++++++++++++++++++++++++++++++++++++

Zutaten:
3 mittelgroße, schnittfeste (aber trotzdem reife) Tomaten
3 Eier
Chilipfeffer
Salz
Paprika (süß)
Geriebene Muskatnuß
Pflanzenfett

Zubereitung:
Die gewaschenen Tomaten werden in (je 4) gleichgroße Scheiben geschnitten und mit Muskat bestäubt.

Die 3 Eier werden mit einer reichlichen Prise Chilipfeffer und einer Messerspitze Salz so lange gequirlt, bis sich Eiweiß und Eigelb zu einer Einheit verbunden haben.

Sobald das Pflanzenfett in der Pfanne heiß ist, werden die Tomatenscheiben hineingelegt und 2 Minuten lang gebraten, sodann vorsichtig gewendet. Gleich nach dem Wenden wird das zerquirlte Ei gleichmäßig über die Tomaten gegossen. Noch vor dem ersten Gerinnen stäubt man über alles süßen Paprika.

Das *Mexikanische Indianerfeuer* ist fertig, wenn sich das Ei in der Pfanne mit den Tomaten zu einer festen Masse vereinigt hat.

Ein Künstler ist, wer beides unbeschädigt auf den Teller bringt.

Ein pfiffiger Pfiff-Tip: Das *Indianerfeuer* löscht man am besten mit eisgekühlter Buttermilch.

Hinterlistige Geschichte

++

Der Mann mit der Mark

++

Es war ein kühler Herbsttag, als man den alten Tippelbruder zum erstenmal in Ammershausen sah. Mit echtem Interesse ging er durch die gepflegten Gräberwege der 3 000 Seelen zählenden Gemeinde. Kaum jemand nahm Notiz von ihm.

Er steckte in einem dicken, viel zu weiten Mantel und trug unter dem uralten Hut ein Gesicht, wie es verschmitzter nicht sein konnte.

Genau eine Woche später tauchte er zum zweitenmal in Ammershausen auf.

Diesmal führte ihn sein Weg in den *Roten Ochsen*. Es war genau 15 Uhr, als er die um diese Zeit leere Gaststube betrat.

Der Wirt, der gerade neue Biergläser auspackte und auf dem Tresen aufreihte, sah ihm stirnrunzelnd entgegen. Doch ungeachtet seiner mißbilligenden Blicke, schlurfte der alte Mann im viel zu weiten Mantel durch die Gaststube und ließ sich, genüßlich seufzend, an einem großen runden Tisch nieder. Er nahm den ausgebleichten Hut vom Kopf und warf ihn auf den Fußboden neben seinem Stuhl.

„Das ist der Stammtisch!" raunzte der Ochsenwirt und ließ keinen Zweifel daran aufkommen, daß er auf solche Gäste gern verzichtete.

„Macht mir nichts aus!" rief der Alte und klopfte mit den mageren Knöcheln seiner runzligen Hand auf das dicke Holz des Tisches.

„Was wollen Sie hier?“ wollte der Ochsenwirt grollend wissen.

„Na, was will man wohl, wenn man in eine Kneipe geht!“

„Der *Rote Ochse* ist keine Kneipe, sondern eine Gastwirtschaft!“ korrigierte der Mann hinter der Theke; seine Stimme hatte an Feindseligkeit zugenommen. Wütend nahm er das letzte Glas aus dem Karton...

„Wo ist da der Unterschied?“ tat der Alte überrascht und klopfte erneut auf den Tisch. „Ich hätt’ gern einen doppelten Enzian!“

„So, einen doppelten Enzian möchten Sie...“ Der Tonfall des Wirtes ließ den Gast aufsehen.

„Was ist daran so ungewöhnlich? Sie gucken, als hätte ich Rotwein mit gegorener Majonäse bestellt!“

„Sie sehen nicht gerade danach aus, als ob Sie einen doppelten Enzian bezahlen könnten.“

Die Hand des alten Mannes fuhr in die Tasche. Eine Handvoll Münzen klimperten und rollten auf der Tischplatte herum.

„Hier, das wird wohl ausreichen. Kuddel Bolle ist noch niemandem was schuldig geblieben! Also, wie steht’s mit dem Enzian?“

Während der Ochsenwirt nach der Enzianflasche und einem Glas griff und auf den Stammtisch zuging, machte sich ein nachdenklicher Zug auf seinem Gesicht breit. Er schenkte ein und sagte dazu: „Bitte, ein doppelter Enzian, macht zweivierzig!“

„Nur nicht so eilig.“ Der Alte nickte und zwinkerte dem Wirt vielsagend zu. „Vielleicht trinke ich noch einen, wenn ich probiert habe!“ Sprach’s und balancierte das gefüllte Glas vorsichtig an seinen Mund.

Zuerst nippte er, dann schmatzte und kaute er, als gelte

es, einen hartgewordenen Harzer Käse zu zerkleinern. Schließlich gab er ein zufriedenes „Hm“ von sich. Der Wirt, von Mißtrauen erfüllt, erkundigte sich finster: „Was soll das eigentlich?“

„Ich habe nur gekostet, ob der Enzian gespritzt ist!“ entgegnete der Alte. Und in gestelztem Deutsch: „Ob Sie dem edlen Getränk Wasser beigemischt haben, auf daß die Flasche länger lebe.“

Aufbrausend fauchte der Wirt zurück: „Ich habe Ihnen schon vorhin gesagt, daß der *Rote Ochse* keine Kneipe, sondern eine Gastwirtschaft ist!“

Der Alte trank den Rest auf einen Zug aus, nickte, wischte sich mit dem Handrücken über den Mund und demonstrierte Zufriedenheit. „Schmeckt gut. Ich trinke noch einen! Regen Sie sich wieder ab!“

Unwillkürlich begann sich der Ochsenwirt wieder einmal über sich selbst zu ärgern. Bereitwillig schenkte er nach, wobei er etwas Unverständliches brummte. Dann laut und verständlich: „Sagen Sie mal, kann es sein, daß ich Sie vorige Woche auf unserem Friedhof gesehen habe?“

„Könnte sein“, gab der Alte zurück. „Immer wenn ich zum erstenmal in eine Stadt oder auf ein Dorf komme, sehe ich mir als erstes den Friedhof an.“

„Was Sie nicht sagen.“

„Bei einem ungepflegten, unsympathischen Friedhof setze ich meinen Weg unverzüglich fort.“

„Und warum?“

„In meinem Alter muß man schließlich jeden Tag mit einem kleinen Schlag rechnen. Und auf einem ungepflegten, unsympathischen Friedhof zu liegen, das würde mir keinen Spaß machen.“

Obwohl der alte Mann das alles in völliger Unbekümmertheit sagte, fühlte der Ochsenwirt eine eigenartige Beklemmung. Rasch trat er an die Theke, langte nach einem Glas und schenkte sich ebenfalls einen Enzian ein. Sein Gast sah ihn verschmitzt lächelnd an. „Prost!!" Doch plötzlich hatte sich seine Stimme verändert. Fast geheimnisvoll klang sie, als er sich erkundigte: „Gibt es hier im Ort auch Hotels und Pensionen, wo man sich ein Zimmer mieten kann?"

„Natürlich. Es gibt ein kleines Hotel und auch zwei Gasthöfe mit Fremdenzimmern. Einer davon sind wir. Wollen Sie sich etwa einmieten?"

Der Alte kicherte leise in sich hinein. „Dafür habe ich kein Geld übrig."

„Warum fragen Sie dann?"

Leise und voll gespannter Erwartung kam die Gegenfrage: „Sie wissen nicht zufällig, ob in diesem Hotel oder in dem anderen Gasthof ein gewisser Herr Ofenmann abgestiegen ist?"

„Ofenmann?" Schulterzucken. „Keine Ahnung!"

„Vielleicht nennt er sich auch anders." Der alte Mann deutete mit Daumen und Zeigefinger den Abstand von fünf Zentimetern an. „Er ist ungefähr so viel größer als ich, hat schneeweiße Haare und hier", seine Hand fuhr an die linke Wange, „eine Narbe. Ja, und das linke Bein zieht er etwas nach."

„Tut mir leid, von so einer Type ist mir nichts bekannt." Und da schien sich der Ochsenwirt sicher. Der Alte dagegen krämerte weiter geheimnisvoll: „Type... Type, wenn Sie wüßten."

„Wenn ich *was* wüßte?" Nichts haßte der Ochsenwirt mehr als Unausgesprochenes.

„Es steckt ein Geheimnis dahinter!"

„Ach nein..."

„Ich sollte wohl nicht darüber reden!"

Der Wirt blickte grimmig und zugleich ironisch drein. Ebenso klang seine Stimme: „Ach, der Herr will sich interessant machen. Um was geht's denn?"

Die verschmitzt dreinschauenden Augen des Nachmittagsgastes ruhten einige Augenblicke lang nachdenklich auf dem Gesicht des Gastwirtes. Dann machte er eine einladende Handbewegung: „Sie waren zwar nicht sonderlich freundlich zu mir, aber ich will nicht nachtragend sein. Nehmen Sie Platz!"

Der Wirt setzte sich. Dabei erfüllten ihn äußerst zwiespältige Gefühle.

„Gesetzt den Fall", begann der alte Mann im viel zu weiten Mantel leise, „ich würde Ihnen zu einem großen Geschäft verhelfen, bei dem Sie gar nichts riskieren müßten, würden Sie mir dann zehn Prozent vom Gewinn abgeben?"

„Geschäfte, bei denen man nichts riskiert, gibt es nicht!"

„Bei mir schon... Obwohl ich mir nicht sonderlich fein dabei vorkomme. Hätte mein Gewissen nicht so rumort, wäre ich nämlich schon vorige Woche hereingekommen. Also was ist? Zehn Prozent, ja oder nein?"

„Heißt das, daß ich in Ihr seltsames Geschäft vorher kein Geld hineinstecken muß?"

„Keinen Pfennig Bargeld." Der Alte nickte. „Weder vorher noch nachher!"

„Na gut", stimmte der Wirt zu.

„Was heißt ‚na gut'?"

„Das heißt, daß ich bereit bin, Ihnen zehn Prozent Provision von dem Erlös des von Ihnen vermittelten Geschäftes zu bezahlen. Vorausgesetzt, daß ich weder vor noch nach dem Zustandekommen jenes Geschäftes etwas bezahlen muß!" formulierte der Ochsenwirt bedächtig und jedes Wort genau abwägend.

„Einverstanden!" Der Alte rutschte mit seinem Stuhl noch

näher an den Wirt heran, und seine Stimme klang noch eine Spur geheimnisvoller: „Bis vorige Woche hatte ich keine Ahnung, daß es diesen Ort Ammershausen überhaupt gibt, hehe. In der Stadt mache ich ab und zu Botengänge für einen Rechtsanwalt."

„Tippelbruder mit eigenem Rechtsanwalt, hahaha..." Der Wirt lachte leise. In den eben noch verschwörerisch blickenden Augen des alten Mannes blitzte es böse auf.

„Wollen Sie mir zuhören oder nicht?"

„Ist ja schon gut, Herr!"

„Also, wenn ich komme, und es ist ein Klient da, muß ich immer in einem kleinen Nebenraum warten. So auch das letztemal. Aber die Tür war nicht richtig eingeklinkt. Und da habe ich was gehört!" Der Alte rollte die Augen. „Mann, o Mann, da habe ich was gehört, das hat mich fast aus der Hose geschossen! Der Klient hieß Ofenmann, und sie sprachen von einem aus Ammershausen."

„Und von wem?" wollte der Wirt wissen, ohne dabei seine Neugier zu unterdrücken.

„Von einem gewissen Köhler, der längst verstorben sein soll."

„Köhler?" stutzte der Ochsenwirt, „Köhler gibt's hier eine ganze Menge. Ich selbst heiße auch so."

„Wäre ich sonst hier?" zwinkerte der Alte verschmitzt. „Von welchem genau wußte dieser Ofenmann auch nicht. Auf jeden Fall aber wußte er, daß es in Ammershausen viele Leute mit diesem Namen gibt. Ich habe gehört, wie er erzählte, daß ihm vor über vierzig Jahren ein gewisser Köhler aus Ammershausen irgendwo im Ausland einen Gefallen getan oder ihm sogar das Leben gerettet hat, genau habe ich es nicht verstanden. Und nun will der Herr Ofenmann nach Ammershausen reisen, um seine Schuld abzutragen."

Der alte Mann nickte vielsagend, während der Wirt verständnislos wiederholte: „Was soll das heißen, ‚seine Schuld abtragen'?"

„Herr Ofenmann will unerkannt in Ammershausen nach den zehn hilfsbereitesten Köhlers suchen!"

„Ach... und wozu?"

Der Alte beugte sich vor und tuschelte dem Schankwirt voller Ergriffenheit ins Ohr: „Um ihnen die Hälfte seines Vermögens zu vermachen. Eine Million!"

„Ah... Oh... Das..." stammelte der Wirt.

„Jeder soll hunderttausend kriegen!"

„Nein..."

„Doch! Das heißt", schränkte der Alte mit bedeutsamem Blick ein, „bei Ihnen wären es nur neunzigtausend, wegen der zehn Prozent für mich."

Köhler starrte den Sprecher an wie weiland Dornröschen den Prinzen. Noch einmal regten sich in ihm Zweifel an der Glaubwürdigkeit des eben Gehörten.

„Und das soll ich Ihnen abnehmen, Herr... Herr... wie war gleich Ihr Name?"

„Kuddel Bolle!!"

„Also, Herr Bolle, so was gibt's doch sonst nur in Märchen."

Der alte Mann schüttelte unwirsch den ergrauten Kopf.

„Märchen hin, Märchen her, wollen Sie mir nun zehn Prozent zahlen oder nicht?"

„Ich hoffe, Sie verlangen keinen Vorschuß!"

Kuddel Bolle richtete sich auf und blickte drein wie ein afrikanischer Stammesfürst. „Ich bin zwar nur ein, wie Sie sagen, Tippelbruder, aber kein Gauner!"

„Und wie soll dieser Herr Ofenmann aussehen?"

„Noch einmal: Er hat schneeweißes Haar, zieht das linke Bein nach und hat hier an der Backe eine Narbe."

„Gut..."

Der Alte streckte dem Wirt namens Köhler seine runzlige Hand entgegen. „Schlagen Sie ein, damit ich weiß, daß Sie ein ehrlicher Mensch sind!"

„Hier meine Hand!" erwiderte der Wirt und schlug ein.

Kuddel Bolle fischte seinen Hut vom Fußboden und erhob sich. „Dann werd' ich mich mal wieder auf die Beine machen. Wenn mich dieser Ofenmann hier sieht, ist das schöne Geschäft zum Teufel."

„Noch einen Enzian mit auf den Weg? Sozusagen auf Kosten des Hauses..."

„Nein, danke. Ich lass' mir ungern etwas schenken!" entgegnete der Alte, tippte sich kurz und hoheitsvoll an die zerknautschte Hutkrempe und stapfte zur Tür. Dort wandte er sich noch einmal um. „Werd' mich zu gegebener Zeit wieder melden!"

Arno Köhler trat an eines der Gaststubenfenster und sah dem Davongehenden nach.

War dieser Kuddel Bolle nun ein Spinner?

Oder eine Art Eulenspiegel?

Oder war wirklich was dran an dieser Sache...?

Hunderttausend Mark... Einige Atemzüge lang schlug sein Herz schneller.

Neunzehn Familien mit dem Namen Köhler gab es in Ammershausen. Und wenn er recht überlegte, so war eigentlich keine darunter, die man als arm bezeichnen konnte. Trotzdem – freiwillig würde wohl niemand auf hunderttausend Mark verzichten, wenn er dafür nichts weiter tun mußte, als hilfsbereit zu sein.

Bei diesem Teil seiner Überlegungen angekommen, beschloß Arno Köhler, die ganze Angelegenheit für sich zu behalten. Nur seine Frau Margarete wollte er einweihen.

Jeden Tag nun tauchte der Ochsenwirt mit fadenscheinigen Begründungen zweimal im Hotel *Schönblick* und im Gasthof *Tanne* auf.

Das war so ungewöhnlich, daß man bald darüber zu tuscheln begann. Doch sosehr sich Arno Köhler auch die Augen aus dem Kopf sah, von einem Herrn Ofenmann war weit und breit nichts zu sehen.

Nach vierzehn Tagen glaubte er sicher zu sein, daß ihm der Tippelbruder einen dicken, fetten Bären aufgebunden hatte. Und da er Humor besaß und auch in keiner Weise geschädigt worden war, erzählte er die ganze Geschichte am Stammtisch.

Ganz Ammershausen lachte über ihn.

Die Tage gingen ins Land.

Bald waren vier Wochen seit dem Besuch des Tippelbruders, der sich Kuddel Bolle nannte, vergangen, und der Ochsenwirt dachte nur noch selten an ihn und den geheimnisvollen Herrn Ofenmann. Bis zu jenem Donnerstag, der mit dem ersten Frost darauf aufmerksam machte, daß der neue Winter vor der Tür stand. Vom Turm der Kirche schlug es vier Uhr nachmittags. Wieder war die Gaststube leer und Arno Köhler dabei, einem wackligen Tisch mit Hilfe eines Bierdeckels das Wackeln abzugewöhnen, als sich die Tür öffnete. Der Ochsenwirt schaute auf und – erstarrte.

Wie hypnotisiert sah er auf das sich nähernde Beinepaar, das in ausgefransten dunkelgrauen Hosen steckte.

Der frühe Gast blieb vor ihm stehen und sah ängstlich auf ihn herunter.

„Warum gucken Sie mich so böse an?“ fragte er beklommen. Der Ochsenwirt rappelte sich keuchend auf und murmelte dann mit vor Aufregung bebender Stimme: „Ach, das... das ist nur so eine dumme Angewohnheit von mir.“

„Grüß Gott!“ sagte der Gast.

„Grüß G–Gott!“ stotterte Arno zurück. „Womit kann ich Ihnen dienen?“

„Ich wollte Sie nur was fragen...“

„Ja, bitte?“

Die Miene des anderen verzog sich wehleidig, und mit Tränen in der Stimme (so kam es jedenfalls dem Ochsenwirt vor) klagte er: „Ich habe ziemlich großen Hunger, aber nur noch eine Mark in der Tasche... Hätten Sie vielleicht was zu essen für eine Mark?“

Köhler deutete auf einen Stuhl am Stammtisch und erwiderte atemlos:

„Bitte, mein Herr, nehmen Sie Platz, ich will in der Küche nachfragen, was es zu essen gibt für...“ er verschluckte sich vor Aufregung „...für eine Mark!“

Der seltsame Gast mit der Mark schlappte auf den angegebenen Tisch zu, während Arno Köhler mit der Behendigkeit eines flüchtenden Fassadenkletterers zuerst hinter der Theke und dann in der Küche verschwand.

Schweratmend sank er dort auf den Stuhl neben dem Hackbrett.

„Mein Gott, Arno, du siehst ja ganz käsig aus, was ist denn passiert?“ fragte Frau Köhler, aufs äußerste beunruhigt.

„Er ist da, Mäggi!“

„Wer ist da?“ wollte Margarete Köhler, genannt Mäggi, wissen und fühlte plötzlich einen dicken Kloß im Hals.

„Der mit den weißen Haaren, der Narbe und dem Hinkefuß!“ flüsterte der Ochsenwirt.

„Der Millionär? Der Ofenmann?“ hauchte Frau Köhler.

Der Wirt nickte.

Seine Frau trat ganz nah an ihn heran. Ihre Stimme war nur noch ein Tuscheln.

„Wie sieht er aus?“

„Wie ein Landstreicher! Wie einer, der seine Sachen einer Vogelscheuche gestohlen hat..."

„Wirklich??"

„Dieser Herr Bolle war gegen den wie ein Fürst gekleidet."

„Das ist alles Tarnung!" vermutete Frau Köhler und konnte es nicht vermeiden, daß ihr gleichzeitig eine Zahl durch den Kopf schoß. Gleichzeitig spürte sie, wie ihre Handflächen vor Aufregung feucht wurden. Sie rieb sie an der Schürze ab. „Was hat er gesagt?"

„Gesagt?" Köhlers Pupillen glänzten wie im Fieber. „Er hat gefragt, ob wir etwas für eine Mark zu essen hätten."

Mäggi Köhler fielen fast die Augen aus dem Kopf. Und lauter als beabsichtigt wiederholte sie: „Für *eine Mark*??"

Der Ochsenwirt legte erschrocken einen Finger über die Lippen. „Pssst! Mehr hätte er nicht..." Der Finger, eben noch über dem Mund, fuhr nach oben und zog den unteren Teil des Auges herab. „Aufgepaßt, Mäggi! Er will uns auf die Probe stellen!"

Frau Köhler nickte stumm. Vor großen Ereignissen wurden ihr immer die Worte knapp. Ihr Mann jedoch forderte sie mit Verschwörermiene auf: „Los, Mäggi, mach eine schöne deftige Platte zurecht. Ich werde ihm inzwischen ein Bier servieren. Der Herr Ofenmann soll nicht sagen können, wir wären ungefällige, wenig hilfsbereite Leute..."

Während sich die Ochsenwirtin voller Hektik an die Zubereitung einer Platte mit Käse, Butter sowie verschiedenen Wurst- und Fleischsorten machte, schoß Arno Köhler in die Gaststube zurück, wo besagter Herr Ofenmann bescheiden und mit züchtig gefalteten Händen am Stammtisch saß und wartete.

Arno winkte seinem Gast kurz zu, fischte nach einem Bierglas und hielt es unter den Zapfhahn. Wenig später kredenzte er es, schaumgekrönt, dem überrascht dreinschauenden Weißhaarigen.

„Wohl bekomm's, mein Herr!"

„Oh, wenn ich ehrlich sein darf... ich meine, ich hätt' doch lieber was zum Essen."

Köhler winkte beschwichtigend ab. „Keine Sorge, kommt auch. Meine Frau bereitet Ihnen eine gemischte Platte vor."

Der Mann in den abgerissenen Kleidern sah erschrocken auf. Mühsam formte er die Worte nach: „... eine gemischte Platte??" Und hastig: „Aber entschuldigen Sie, ich habe doch nur eine einzige Mark in der Tasche. Hören Sie, nur eine Mark!"

Arno Köhler lächelte ein Lächeln des Verständnisses und der Sanftmut. „Ich habe es nicht vergessen. Aber Sie haben Hunger, so ist es doch?!"

Der Weißhaarige mit der Narbe nickte.

„Na also. Wir laden Sie sozusagen zu einer Kostprobe ein. Schließlich sind wir keine Unmenschen, die einen Hungrigen von der Tür weisen. Also Herr... Herr..."

„Kowalski. Emil Kowalski!"

Köhler zwinkerte Ofenmann, der sich Kowalski nannte, kurz zu und tat jovial: „Also, Herr *(Atempause)* Kowalski, nun trinken Sie mal einen Schluck!"

Emil Kowalski kam der Aufforderung überdeutlich nach und trank das Glas in einem Zug aus. Dann wischte er sich mit dem Handrücken über den Mund und gestand: „Danke, das tat gut!"

„Na, das ist die Hauptsache."

Kowalski schickte einen forschenden Blick auf den Gastwirt. „Sie wollen mich also wirklich einladen?"

„Ja..."

„So was ist mir auch noch nicht passiert..." Herr Kowalski

gähnte herzhaft. „Man trifft nicht oft so hilfsbereite Menschen auf der Welt.“ Er unterstrich diese Feststellung mit einem nachdrücklichen Kopfnicken.

„Sie sind wohl schon lange unterwegs?“

„O ja, o ja... Aber das merkt man ja meiner Kleidung an.“ Es folgte ein abgrundtiefer Seufzer und ein erneutes Gähnen. „Das Schicksal geht mitunter recht böse mit einem um.“

„Ja, ja, es ist unberechenbar!“ pflichtete Arno Köhler bei, und versuchte es mit einem leidgeprüften Gesichtsausdruck, während ihm eine unsichtbare Stimme ein „Du scheinheiliger Schurke!“ ins Ohr zischte.

„Eine gemischte Platte für eine Mark!“ erklang es in diesem Augenblick überlaut. Mäggi Köhler war aus der Küche getreten und balancierte ein randvolles Tablett zur Theke. Dabei fraßen ihre Augen Emil Kowalski auf, und ihr Gesicht verzog sich zu einer freundlichen Grimasse. Der Ochsenwirt holte das Tablett von der Theke und stellte es vor Kowalski auf den Tisch. Dazu sagte er: „Jetzt essen Sie erst einmal, und dann werden wir weitersehen!“

Es bedurfte keiner zweiten Aufforderung.

Mit dem Appetit eines Wanderers, der seit zwei Tagen nur gegangen, jedoch nichts gegessen hatte, stürzte sich der „Mann mit der Mark“ über die reichlich garnierte 20-Mark-Platte, zu der es außer Brot noch knusprige Brötchen und eine große Tasse dampfender Hühnerbouillon gab.

Arno Köhler zog sich diskret hinter die Theke zurück und versuchte den Anschein zu erwecken, als habe er Schriftliches zu erledigen. In Wirklichkeit befaßte er sich mit einem Kreuzworträtsel, was ihn jedoch nicht daran hinderte, Kowalski im Auge zu behalten.

Dieser schickte sich gerade an, das letzte Brötchen zu verzehren, als sich die Tür öffnete und der Gemeindediener

Willi Putzek die Gaststube betrat. „Servus, Arno!“ rief er laut und winkte diesem zu. „Ich brauche nur ein Päckchen Zigaretten. Der gute Theo raucht sich noch...“ Der Zigarettenautomat befand sich neben der Tür, die zu den Toiletten führte. Putzek hatte den Weg dorthin auch bereits eingeschlagen, als er Emil Kowalski erspähte. Es ging wie ein Ruck durch ihn. Schlagartig fiel ihm alles ein, was er über den Weißhaarigen gehört hatte. Und ein breites, verschmitztes Grinsen überzog sein rotbäckiges Gesicht. Er machte kehrt und verließ die Gaststube eilig – ohne Zigaretten.

Arno Köhler wußte, was das zu bedeuten hatte: In spätestens zwei Stunden würde der letzte Köhler von Ammershausen wissen, welches „Goldschiff" im *Roten Ochsen* vor Anker gegangen war.

Jetzt hieß es handeln. Handeln bedeutete in diesem Fall, das Eisen nicht nur zu schmieden, sondern es in erster Linie zunächst einmal in Sicherheit zu bringen.

Mit den Händen in den Taschen schlenderte der Wirt auf Kowalski zu, dem es tatsächlich gelungen war, sämtliche Teller und Behältnisse zu leeren.

„Hat es Ihnen geschmeckt?"

„Und wie!" Der Weißhaarige strahlte. „Das werde ich Ihnen nie vergessen."

„Aber, aber", wehrte der Ochsenwirt ab. „Über Selbstverständliches sollte man nicht zu viele Worte machen..." Da setzte er auch schon zum entscheidenden Schachzug an: „Und damit Sie sehen, lieber Herr Kowalski, daß wir wirklich hilfsbereite Leute sind, mache ich Ihnen einen Vorschlag: Sie gehen jetzt in Zimmer 6, nehmen ein schönes heißes Bad und schlafen sich mal richtig aus..."

Herr Kowalski rülpste vor Aufregung leise. Und mit fassungslosem Staunen in den Augen stammelte er: „Das... das wollen Sie für mich tun? Wo ich doch nur eine Mark in der Tasche habe?"

„Warum nicht? Wer weiß, vielleicht komme ich auch einmal in eine Situation, wo ich nur noch eine Mark in der Tasche habe."

„Sie nehmen also wirklich keinen Anstoß daran, daß ich ein armer Schlucker bin?"

„Nicht den mindesten!"

„Und Sie helfen mir, ohne eine Gegenleistung zu erwarten?"

Arno Köhler zögerte keine Sekunde mit der Antwort.

Theatralisch warf er sich in Positur und tönte im Brustton tiefster Überzeugung: „Wer hilft, soll es gern tun und nicht immer mit einer Gegenleistung rechnen."

Und Herr Kowalski gab im gleichen Tonfall zurück: „Sie sind ein guter Mensch!"

„Kommen Sie, Herr Kowalski, ich will Ihnen das Zimmer zeigen..."

„Aber es ist doch noch so früh am Tage." Emil Kowalski wunderte sich.

„Sind Sie denn nicht müde?"

Ein kurzes Zögern, ein Nachdenken, ein feines Lächeln, dann: „Doch, todmüde!"

„Na also. Morgen früh reden wir dann weiter..."

Als Emil Kowalski am nächsten Morgen die Gaststube betrat, gab es keinen freien Stuhl mehr. Arno Köhler, der mit sich, der Welt und der Entwicklung der Dinge zufrieden war und der den gepfropft vollen Schankraum als willkommenes Zubrot ansah, hatte, während er Kaffee, Tee, Bier und Wein servierte, gezählt, daß unter seinen Vormittagsgästen allein siebenunddreißig saßen, die den Namen Köhler trugen.

Kowalski, dem die Masse der Gäste augenscheinlich einen gehörigen Schreck versetzt hatte, mußte vom Ochsenwirt geradezu zum Frühstück überredet werden. Doch es währte nicht lange, und der weißhaarige Alte schien sich mit dem ihm geltenden Interesse abgefunden zu haben. Ja, mehr noch, fast sah es aus, als genieße er es.

Bald sprach er mit diesem und jenem.

Er nahm Einladungen an, und er schüttelte Hände.

Und als ihn der massige Metzgermeister Benedikt Köhler draußen auf der Toilette mit dröhnender Stimme fragte:

„Mein lieber Herr *(Atempause)* Kowalski, wenn Sie sich was wünschen könnten, was würden Sie sich dann wünschen?"

Da antwortete Emil Kowalski in feierlichem Tonfall: „Da würde ich mir einen fabrikneuen Tausendmarkschein wünschen..."

Vier Tage blieb der alte Mann mit den weißen Haaren, der Narbe und dem Hinkefuß in Ammershausen. Am Vormittag des fünften Tages winkten ihm mindestens hundert Hände nach, als er mit dem Omnibus in Richtung Stadt davonfuhr.

Es herrschte Mittagsverkehr.

Wie üblich und typisch für diese Tageszeit, ging es nur schleppend vorwärts. Der Taxifahrer, daran gewöhnt, widersprach seinem Fahrgast auch nicht, als dieser ungeduldig auf seinem Sitz hin- und herzurutschen begann und schließlich gallig bemerkte:

„Sie sollten Ihre Kunden zum Ziel hin*tragen*. Fahren kann man das ja nicht nennen..."

Als Kuddel Bolle endlich am Pariser Platz das Taxi verließ, schlug es bereits 13.15 Uhr.

Eilig strebte er dem Café Ziegelmeier zu; dort gab es eine Nische, die er als seine „Stammnische" bezeichnete. Er erkannte einen vornehmen dunkelblauen Rücken mit weißen Nadelstreifen und oben am Hals ein Stück blütenweißen Kragen, der gut mit dem weißen Kopfhaar harmonierte.

„He, Emil!!"

Emil Kowalski fuhr herum. Strahlend und voll Freude erhob er sich. Sie umarmten sich und klopften sich gegenseitig die Rücken ab. Dann packte Kuddel Bolle seinen Zimmergenossen bei den Armen, schob ihn einen halben Schritt zurück und sagte staunend:

„Donner und Doria, Emil. Du bist ja ein verdammt feiner Pinkel geworden. Um ein Haar hätt' ich dich nicht wiedererkannt..." Kowalski strich sich über das vornehme Blau und nickte. „Den hab' ich vom Ochsenwirt. Komm, setz dich, ich habe eine Menge zu erzählen..."

Sie setzten sich. Zuerst bestellte sich Kuddel noch bei der dicken Martha – sie war seit 27 Jahren Bedienung hier – ein Kännchen Kaffee und zwei Stück Apfelkuchen.

„Schieß los!"

„Also ehrlich, Kuddel, zuerst hat mir das Herz ganz ordentlich geschlagen. Ich hatte richtig Schiß. Viel mehr als in Klaxbach. Aber dann... Also deine Vorarbeit war wieder einmalig. Verwöhnt haben die mich, verwöhnt..."

„Wie ich es vorher gesagt habe!" Bolle nickte zufrieden und selbstbewußt. Schließlich wußte er selbst, was seine Phantasie wert war.

„Herr Kowalski hinten, Herr Kowalski vorn..." Kowalski kicherte leise, „und immer haben sie meinen Namen mit Augenzwinkern ausgesprochen." Er griff in die Tasche und legte ein Geldstück auf den Tisch. „Hier, die Mark habe ich immer noch. Soll mir noch einmal einer sagen, es gäbe nur Glückspfennige." Wieder kicherte er leise in sich hinein.

„Ich hoffe, sie hat sich wieder vermehrt, die Mark!" forschte Kuddel Bolle. Kowalski senkte die Stimme, und seine Augen glänzten.

„Also den Anzug, die Schuhe, Hemd, Krawatte und den Hut habe ich vom Ochsenwirt..."

„Das hast du schon gesagt."

„Der Bürgermeister hat mir ein silbernes Zigarettenetui geschenkt, und der Metzger hat mich gefragt, wenn ich mir was wünschen könnte, was ich mir dann wünschen würde."

„Und was hast du geantwortet?" fragte Kuddel gespannt.

„Ich habe ihm eingestanden, daß ich mir nichts sehnlicher wünschte als einen fabrikneuen Tausendmarkschein."

„Heiliger Fabrizius", staunte Bolle, „du bist ja noch raffinierter als ich. Hat er dir deinen sehnlichsten Wunsch erfüllt?"

„Kuddel, halt die Hand auf!" befahl Kowalski mit vor Erregung heiserer Stimme, und Bolle streckte ihm erwartungsvoll seine runzlige Hand entgegen.

„Tausend vom Metzger, Tausend vom Pfarrer, Tausend vom Schuhmacher, Tausend vom Drogisten, Tausend vom Schlosser und Tausend von der Witwe des Gärtners. Und alle hießen sie Köhler!"

Kuddel Bolle kniff die Augen zusammen und riß sie wieder auf. Aber es war kein Traum. In seiner zitternden Hand lagen tatsächlich sechs ungebrauchte Tausendmarkscheine Ernst sah er Kowalski an. „Und du hast nie vergessen zu sagen, daß du ein armer Teufel mit nur einer einzigen Mark in der Tasche bist?"

„Ich habe es nie vergessen!" beteuerte Kowalski. „Alle haben mir auch immer wieder versichert, daß sie mit keiner Gegenleistung rechnen. Und alle haben mir nachgewinkt..."

Kuddel Bolle lachte.

„Und alle warten sie nun darauf, daß du als Herr Ofenmann zurückkehrst und ihnen die Hälfte deines Vermögens vermachst!" Kuddel freute sich und begann die Geldscheine zu falten.

„Du bist wirklich ein Genie, Kuddel. Ich hätte nie gedacht, daß die Geldgierigen so leichtgläubig sind... Was gibt's Neues im Altersheim?"

„Der alte Nathan hat sich den Zeigefinger beim Klavierspielen gebrochen, und unser Zimmer soll gleich nach Weihnachten frisch tapeziert werden."

„Ach, das wird ja ungemütlich."

Kuddel Bolle sah seinen Partner geheimnisvoll an.

„Wir merken davon nichts, Emil!"

„Nichts?" Emil Kowalski verstand kein Wort. „Wieso nicht?"

„Weil wir uns um diese Zeit auf hoher See befinden Wir machen eine Kreuzfahrt."

Der Mann mit den weißen Haaren, der Narbe und dem Hinkebein saß da und brachte den Mund nicht mehr zu. Nur sein Verstand arbeitete. „Warum nur", fragte er, „habe ich diesen Teufelskerl Kuddel Bolle nicht schon fünfzig Jahre früher kennengelernt?"

„Als ich das mit der Kreuzfahrt dem Heimleiter sagte, ist der vor Neid nur knapp am Herzschlag vorbeigeschlittert. Ach ja, noch was Neues: Sobald wir wieder zurück sind, machen wir weiter!"

Emil Kowalski schluckte. „Das mit der Hilfsbereitschaft, dem halben Vermögen und dem Ofenmann??"

„Ja. Ich war gestern in Klammertal an der Luche. Es gibt dort vierzehn Familien mit dem Namen Mergenthaler..."

„Ein Kännchen Kaffee und zwei Apfelkuchen!" röhrte die dicke Martha, und Emil Kowalski war froh, daß sie nicht Köhler hieß...

Großvatersprüche 3. Teil:

Wer nie sagt, hat schon gelogen, denn nie ist so gut wie selten, und selten ist mehr als nie.

*

Das Puzzeln gehört zum Kriminalisten wie der Geruch zum Käse.

*

Fehler zu machen ist kein Vorrecht der Dummen.

Noch ein paar Großvatersprüche Seite 261

Mini-Krimi

++++++++++++++++++++++++++++++++++++++

Fünf mal fünf

++++++++++++++++++++++++++++++++++++++

Fünf Freunde,
fünf Verdächtige,
fünf Telefongespräche,
fünf Fragen und
fünf Antworten.

So könnte man die Situation umschreiben, die sich ergab, nachdem Kriminalinspektor Böse den „Fall Clausitzer“ abgeschlossen hatte. Aus Leo Clausitzers Schlafzimmer war eine sehr wertvolle Statuette entwendet worden.

Das für ihn Ungeheuerliche sah Leo Clausitzer in der Tatsache, daß als Dieb nur einer der fünf Freunde in Frage kommen konnte, die er zu einem „Herrenessen“ zu sich eingeladen hatte, während gleichzeitig die sechs Ehefrauen den Abend gemeinsam bei einem Klatsch- und Tratschtreff in der Weinschenke von Ettore Elvistaro verbrachten. Leo Clausitzer selbst entdeckte den Diebstahl erst lange nach Heimkehr seiner Frau und dem Aufbruch der fünf Freunde, von denen einer ein Dieb sein mußte.

Neun Stunden später saß Böse an Clausitzers Schreibtisch und führte fünf Telefongespräche. Gespräch Nr. 1 mit Herrn Kobl:

„Herr Kobl, mein Name ist Böse, ich untersuche einen Diebstahl, der sich gestern abend bei Herrn Clausitzer ereignet hat.

Aus seinem Schlafzimmer wurde eine goldene Statuette gestohlen. Als Dieb kommt nur einer seiner Gäste in Frage. Haben Sie etwas bemerkt?"

„Das ist ja entsetzlich. Du lieber Himmel, ich habe nichts bemerkt. Ich war auch zu keiner Sekunde im Schlafzimmer."

Dieses Gespräch dauerte noch drei Minuten. Drei Minuten, in denen Herr Kobl seinem Entsetzen über den Vorfall in fassungsloser Atemlosigkeit Ausdruck verlieh.

Gespräch Nr. 2 mit Arnold von Gelltal:

„Herr von Gelltal, hier spricht Kriminalinspektor Böse. Ihrem Freund, Herrn Clausitzer, wurde gestern aus dem Schlafzimmer eine Statuette entwendet. Als Dieb kommt, das ist eine äußerst bedauerliche Erkenntnis, nur einer seiner Gäste vom gleichen Abend in Frage. Haben Sie etwas bemerkt?"

„Unerhört! Erstens ist es eine Unverschämtheit, uns zu verdächtigen, und zweitens habe ich Leos Schlafzimmer nicht ein einziges Mal betreten. Und gesehen habe ich ebenfalls nichts!"

Dieses Gespräch wurde von Herrn von Gelltal in diesem Augenblick beendet.

Gespräch Nr. 3 mit Herrn E. C. Bossel:

„Herr Bossel, hier spricht Inspektor Böse. Ich hätte eine Frage an Sie: Bei der gestrigen Feier bei Herrn Clausitzer wurde von einem der Anwesenden ein Diebstahl begangen. Sie waren einer der Gäste, wenn ich richtig informiert bin!"

„Das sind Sie, aber das, was Sie da sagen, glaube ich nie

Kobl
von Gelltal
Bossel
Starkowitz
Dr. Stern

und nimmer. Ich kann mir nicht vorstellen, daß einer von uns Leo Clausitzer bestehlen könnte. Nein, das ist unmöglich!"

„Es handelt sich um eine goldene Figur aus dem Schlafzimmer."

„Ich habe das Schlafzimmer nicht betreten... Du lieber Gott, ich muß auf der Stelle Leo anrufen! Bitte, entschuldigen Sie!"

Noch bevor Inspektor Böse etwas sagen konnte, hatte E. C. Bossel aufgelegt. Böse wählte sofort die nächste Nummer.

Gespräch Nr. 4 mit Herrn Friedrich Starkowitz:

„Herr Starkowitz, es tut mir leid, wenn ich Sie stören muß. Hier spricht Kriminalinspektor Böse. Ich bin beauftragt, einen Diebstahl aufzuklären, der sich gestern abend während des Herrenessens bei Herrn Clausitzer ereignete!"

„Was wurde denn gestohlen?"

„Eine goldene Statuette."

„Unfaßbar. Nun sagen Sie mir um alles in der Welt, wer von uns sollte eine goldene Statuette stehlen. Und dazu noch bei einem Freund?"

„Haben Sie auch keine verdächtigen Wahrnehmungen gemacht?"

– Pause –

„Nichts. Ich habe nicht das geringste bemerkt. Aber wirklich nicht das geringste."

Dieses Gespräch dauerte noch vier Minuten.

Gespräch Nr. 5 mit Herrn Dr. Stern, Zahnarzt:

„Ich will mich kurz fassen, Herr Doktor Stern. Bei dem Essen, das Ihr Freund, Herr Clausitzer, für Sie und vier andere Herren gab, wurde aus dem Schlafzimmer eine goldene Figur gestohlen. Leider lassen die Umstände keinen anderen Schluß zu als den, daß der Dieb einer der Besucher gewesen sein muß. Ha –"

„Aber das ist ja furchtbar", unterbrach Dr. Stern. „Weiß man schon, wer der Dieb gewesen ist?"

„Nein. Ich wollte von Ihnen gern wissen, ob Ihnen zufällig etwas aufgefallen ist. Haben Sie zum Beispiel jemand in das Schlafzimmer gehen sehen?"

„Ich müßte lügen, wenn... Nein, ich glaube nicht, daß ich jemanden dabei beobachtet habe..."

Dieses Gespräch dauerte noch zwei Minuten.

Leo Clausitzer, der während der fünf Gespräche seinem früheren Schulfreund Arthur Böse stumm gegenübergesessen hatte, erhob sich nun, trat zum Schreibtisch und schaltete das Telefon auf Anrufbeantworter. Seine Stimme klang erregt:

„Verdammt, Arti, ich habe das ungute Gefühl, daß ich jetzt fünf Freunde verloren habe."

Böse schüttelte den Kopf. „Ich glaube kaum, daß sich vier kluge Männer auf die Seite eines Diebes stellen, der sich nicht scheute, einen Freund zu bestehlen."

In Clausitzers Blick war Unbehagen, als er Böse musterte. Stockend fragte er: „Glaubst du, daß du diesen einen findest?"

„Ich habe ihn schon gefunden!"

Leo Clausitzer, der ans Fenster getreten war, fuhr herum. „Mein Gott", jammerte er, „das regt mich ja noch mehr auf... Wer ist es, Arti?"

„Es ist dein Freund Bossel!"

Clausitzer schluckte, sein Mund war wie ausgetrocknet. Man hörte das sogar seiner Stimme an. „Und wie hast du das herausgefunden?"

Der Inspektor lächelte, und schulterzuckend gestand er: „Ich muß zugeben, daß der Groschen bei mir mit Spätzündung fiel, aber immerhin – er fiel. Ich sagte doch zu Bossel, daß bei der gestrigen Feier bei dir von einem der Anwesenden ein Diebstahl begangen worden sei. Und spontan erwiderte dein Freund Bossel, daß er sich nicht vorstellen könne, daß *dich* einer bestehlen könne."

Bei Clausitzer war besagter Groschen noch nicht gefallen.

„Na und?" fragte er verständnislos. „Was daran ist für ihn belastend?"

„Leo, ihr wart doch zu sechst! Wie konnte da Bossel auf Anhieb wissen, daß *du* das Opfer warst? Ebenso hätten es von Gelltal, Starkowitz, Kobl oder Doktor Stern sein können. Na, jetzt kapiert?"

Clausitzer nickte.

Ja, jetzt hatte auch er kapiert.

Inspektor Böse erhob sich nun ebenfalls. Er streckte Leo Clausitzer die Hand hin. „Kopf hoch, Leo. Gauner gibt's in allen Schichten unserer ehrenwerten Bevölkerung. Und du bist nicht der erste Freund, der von einem Freund bestohlen wurde. Wenn du Anzeige erstatten willst, dann verständige mich. Ich sage dann als Zeuge aus. Und jetzt muß ich mich beeilen. Auf mich wartet ein Pärchen, dem ich dreiundvierzig Einbrüche nachweisen will!"

Leo Clausitzer sah vom Fenster aus seinen ehemaligen Schulfreund Arthur Böse davonfahren, und er kam sich plötzlich unglaublich verloren vor.

Was sollte er tun?

Mini-Krimi

+++++++++++++++++++++++++++++++++++++

Fußspuren im Schnee

+++++++++++++++++++++++++++++++++++++

Kommissar Eeno Hakäänen von der Kriminalpolizei Helsinki sah die sieben jungen Männer – sie kamen frisch von der Polizeischule in Turku – nachdenklich an und begann seinen üblichen Begrüßungsvortrag.

„Polizei ist noch lange nicht Polizei“, schnurrte er in monotonem Tonfall runter, „und noch weniger ist Kriminalpolizei nur Kriminalpolizei. Laut Ihren Zeugnissen, meine Herren, haben Sie sich zunächst einmal für den kriminalpolizeilichen Ermittlungsdienst qualifiziert. Das bedeutet aber nicht, daß Sie sich schon als Kriminalbeamte bezeichnen können. Noch sind Sie Lehrlinge und somit von einem Kriminalbeamten, wie ich ihn verstehe, so weit entfernt wie ein Forellenangler von einem Walfänger...“ Usw., usw.

Diesen Ton behielt Kommissar Hakäänen insgesamt eine halbe Stunde bei, und die sieben Aspiranten schrumpften immer mehr in sich zusammen.

Wenn man dem Kommissar glauben durfte, dann war der Dienst hier schlimmer, gefährlicher und aussichtsloser als das Balancieren auf einem Zahnstocher. Doch dann schöpften sie Hoffnung, die sieben Neuankömmlinge.

Der Kommissar machte nämlich plötzlich ein freundliches Gesicht, und seine bislang unpersönliche Stimme klang wohlwollend.

„Aber vielleicht gibt es den einen oder anderen unter Ihnen, der durch besonderen Geist besticht. Um das herauszufinden, habe ich eine Frage parat!“

Sieben junge Körper strafften sich,

sieben junge Männer drückten ihre Brustkästen heraus und hielten den Atem an.

Wer wollte schon nicht durch und mit besonderem Geist bestechen.

Hakäänen begann:

„Der Einbrecherkönig Matti Pudireenta wurde von einem zufälligen Augenzeugen dabei beobachtet, wie er in ein alleinstehendes Haus einbrach, dessen Bewohner zu der Zeit ver-

reist waren. Der Augenzeuge marschierte zum nächsten Telefon, das zwanzig Minuten entfernt war und verständigte den Polizeiposten, der auch sofort ein Kommando losschickte. Dieses umstellte das Haus.

Rund um das Haus gab es nur unberührten Schnee, bis auf eine einzelne Fußspur, die zur Haustür hinführte. Die Polizeibeamten rückten nun vor, vier Männer drangen in das Haus ein und durchsuchten es vom Boden bis zum Keller. Sie ließen keinen Winkel aus, und doch stand nach einer halben Stunde unumstößlich fest: Der Einbrecher war verschwunden! Aber – es gab nur *eine* Spur in Richtung Haus!"

Der Kommissar hob die Stimme, und mit unüberhörbarer Theatralik in der Stimme rief er:

„Wo war Matti Pudireenta geblieben?"

„Vielleicht gab es einen unterirdischen Gang?!" rief ein Übereifriger – er hieß Cristo Mantiilla und kam aus Lathi.

Der Kommissar musterte ihn. Mitleid und Ärger sprachen aus seinen Blicken. „Melden Sie sich in der Küche, und sagen Sie dem Koch, er möge Sie bis auf weiteres beim Kartoffelschälen so einsetzen, daß Sie keinen Schaden anrichten können!"

Während die übrigen sechs die Köpfe einzogen, wiederholte Hakäänen seine Frage:

„Wo war Pudireenta geblieben?"

Eine Minute verging,

eine zweite,

eine dritte.

Der Kommissar, mit einer steilen Falte zwischen den grimmig dreinschauenden Augen, wippte bereits ungeduldig auf den Zehen, als sich Cristo Mantiilla noch einmal zu Wort meldete: „Darf ich mich korrigieren, Herr Kommissar?" fragte er schüchtern.

„Was haben Sie gegen die Küche?" polterte der Gefragte. „Na los, mal sehen, ob Sie jetzt schlauer sind!"

„Wenn ich es mir recht überlege, gibt es in diesem Fall, sollte Pudireenta nicht von einem Hubschrauber abgeholt worden sein, nur noch eine Möglichkeit. Er hat das Haus, während der Augenzeuge zum Telefon ging, rückwärtsgehend in der eigenen Spur verlassen!"

„Bravo!" rief der Kommissar. „Die Küche bleibt Ihnen erlassen, und außerdem bekommen Sie zehn Pluspunkte! Aber es sollte doch mit dem Teufel zugehen, wenn ich nicht doch noch jemand für die Küche finden sollte..."

Ja, und dann lachte der Kommissar sogar...

Hörspiel

?????????????????????????????????????

Zwei Pläne nach Maß

?????????????????????????????????????

Die Personen:

Winston McKennie *Berry Priscott* *Paul Burghman* *Bill Parker* *Arthur Roos*	die Bande

Mrs. Hopkins, Kassiererin
Sir Banslock, Bankdirektor
Cilly, seine Sekretärin
Batton, Polizeiinspektor
Hastings, Sicherheitsbeamter
Williams, ebenfalls
Stimme, die noch einem Gauner gehört
Frauenstimme

Die Schauplätze:

Eine Bank
Ein Kabinenkreuzer
Viele Straßen

29. Mai.

Es war ein freundlicher, warmer Frühlingstag. Ein Tag, der auch den eingefleischtesten Wetterpessimisten ein fröhliches „Na also“ abnötigte.

12.30 Uhr.

Zu diesem Zeitpunkt rutschte Mrs. Beverly in der Bolton Street auf einer Bananenschale aus und brach sich den rechten Arm.

In Pippers Drugstore gewann Jim Donnegan eine Wette, weil er achtzehn Hamburger hintereinander gegessen hatte. In einem Bürohaus in der Watson Road küßte Elvis Stattoway die pummelige Miß Margret und erhielt dafür eine schallende Ohrfeige.

Und in der Cross Street betrat ein Mann die Schalterhalle der *Manchester City Bank*. Diese Begebenheiten hatten, bis auf zwei Details, nichts miteinander zu tun. Die Details: Sie geschahen sämtlich in Manchester, und sie ereigneten sich um 12.30 Uhr. Der Mann, der die Bank betrat, begab sich ohne Zögern an den Kassenschalter...

Bill (höflich): „Bitte, würden Sie mir diese hundert Pfund wechseln?“

Hopkins: „Aber gern, Sir. Wie möchten Sie es?“

Bill: „Am liebsten wären mir Zehnpfundnoten.“

Hopkins: „Wie Sie wünschen, Sir... Bitte...“ (zählt 1 bis 10)

Bill: „Vielen Dank, Missis – Hopkins... Sie sind doch Missis Hopkins?“

Hopkins (lächelt): „Wie es auf dem Schild steht, Sir!“

Bill (lacht): „Eine feine Einrichtung, das mit den Schildern. Man weiß dann gleich, mit wem man es zu tun hat. Also, auf Wiedersehen!“

Hopkins: „Auf Wiedersehen, Sir...“

Frau (schüchtern): Kann ich das hier kriegen, Miß?"
Hopkins (freundlich belehrend): „Nein, da müssen Sie erst zum Schalter vier gehen..."

Unter den Tausenden von Kunden der *Manchester City Bank* befanden sich mehrere industrielle Großbetriebe sowie eine Anzahl namhafter Firmen der Textilbranche. Trotzdem gehörte die *MCB* nur zu den mittelgroßen Banken der Stadt. Doch der Unterschied bestand nicht nur in der Anzahl der Kunden und der Höhe der Einlagen, sondern ergab sich auch optisch: Die Fassade wies weder Chrom noch viel Glas auf, und die Einrichtung der Schalterhalle stammte fast ausnahmslos aus der Viktorianischen Zeit. Nur dem Druck zweier Versicherungsgesellschaften war es zu danken, daß die *Manchester City Bank* eine vollautomatische Türschließanlage und die Kasse ein Rundschild aus Panzerglas erhalten hatte. Und trotz dieser augenscheinlichen Rückständigkeit war bis zum heutigen Tag noch kein Überfall auf die Bank verübt worden.

Für den alten Sir Anthony Banslock, Direktor und gleichzeitig Präsident der Bank, war das eine Bestätigung seiner Meinung, daß die Ausstattung einer Bank nicht unbedingt eine Rolle spielte, ob sie überfallen wurde oder nicht.

Daß sich das bald ändern sollte, ahnten weder Sir Anthony noch seine Angestellten.

Auch in Liverpool, kaum dreißig Meilen von Manchester entfernt, war der Himmel an diesem Tag blau und wolkenlos gewesen. Inzwischen stand die Sonne tief und warf lange Schatten. Am Weststeg des alten Jachthafens inmitten einer Vielzahl von Booten jeglicher Bauart lag der Kabinenkreuzer *Molly*. Seine großen Tage gehörten längst der Vergangenheit an. Dort, wo die Zeit mit scharfen Zähnen an Stahl, Messing und Holz genagt hatte, waren die ärgsten Spuren des Alterns mit dicker Farbe vertuscht worden.

In der gedrängten Enge der Kabine befanden sich vier Männer. Drei von ihnen pokerten. Der vierte starrte mit unbeweglichem Gesicht durch das gardinenverhangene Kabinenfenster hinüber zum Gebäude des ehemaligen Klubhauses. Dieser Mann nannte sich Winston McKennie, hieß in Wirklichkeit aber Selwyn Sayers.

Und auch seine sogenannte „Mannschaft“ hatte Decknamen. Keiner kannte den tatsächlichen Namen des anderen. Da waren Paul Burghman, etwa 35 Jahre alt, mit dem wettergebräunten Gesicht eines Mannes, der oft im Freien war. Berry

Priscott aus London, ein wieselflinker Endzwanziger mit dem Aussehen eines Hauptbuchhalters, und da war der spindeldürre Arthur Roos, ein siebenmal vorbestrafter ehemaliger Taschendieb, dem die frühe Gicht in den Fingern saß. Der Handwerker der Bande hörte zur Zeit auf den Namen Bill Parker. Plötzlich kam Bewegung in Winston McKennie...

McKennie: „Packt die Karten ein, Bill Parker kommt!"

Die drei packten teils froh, teils mürrisch die Karten zusammen. Gemeinsam registrierten sie die hastigen Schritte auf dem Steg, spürten, wie sich das Boot nach steuerbord neigte, als Parker an Deck sprang, und sahen ihm fragend entgegen, als er sich, leicht gebückt, durch die Kabinentür schob.

Bill (aufgeräumt): „Hallo, Boß... Hallo, Jungs, da bin ich!"

McKennie (kalt): „Du hast eine Stunde Verspätung, Bill!"

Bill: „Tut mir leid, aber mit dem Polizeiwagen hat es länger gedauert. Die Rauchbombenbehälter waren zu dick."

McKennie (erstaunt): „Zu dick?"

Bill: „Ja. Ich mußte eine zusätzliche Halterung anschweißen. Als ich dann zum Bahnhof kam, fuhr mir der Zug vor der Nase weg."

McKennie: „Hast du den Wagen zum Schluß noch mal kontrolliert? Ist die Sirene in Ordnung?"

Bill: „Alles okay! Von den Flaschen ist nichts zu sehen. Nicht mal der Polizeipräsident würde was merken."

McKennie (ironisch): „Ich bezweifle, daß der schon jemals in einem Streifenwagen gesessen hat..."

Bill: „He, Berry Priscott, oder wie du sonst heißen magst, schenk mir einen ein, ich hab' ihn verdient."

Priscott: „Wie du meinst..."
(Geräusch)

McKennie: „Und was ist mit der Bank?"

Bill: „Alles, wie du es gesagt hast. Die Sicherheitsbeamten sitzen beide rechts und links neben dem Eingang in Glaskabinen."

McKennie: „Und an der Hauptkasse?"

Bill: „Saß wieder eine Frau. Hopkins heißt die Lady. Macht den Eindruck, als ob sie ganz gute Nerven hätte. Prost!! (trinkt) Ah, das tut gut... Übrigens, ich habe sicherheitshalber den Bentley noch einmal mit Vollgas über die Hangerly Road gejagt. Er läuft wie ein Uhrwerk."

McKennie: „Das war gut so... Macht den Tisch frei, wir wollen den Plan noch einmal durchsprechen."

Roos (stößt etwas mit der Zunge an): „Was denn, schon wieder? Ich kenne den Scheißplan doch schon auswendig."

Priscott (äfft nach): „Ich kenne den Scheißplan doch schon auswendig. Du bist viel zu dämlich, um dir mehr als zehn Wörter auf einmal merken zu können. Also halt gefälligst die Klappe!"

Roos (störrisch): „Mir gehört schließlich der Kahn, was?"

Priscott: „Ja, aber nur, weil dir McKennie das Geld dazu gegeben hat."

Roos (dümmlich und stolz): „Für den Hafenverwalter bin *ich* der Kapitän!"

Priscott (stöhnt): „Mensch, ist der doof..."

McKennie (eisig): „Es ist gut, Berry..."

Roos (jammert): „Immer muß er auf mir herumhacken, Winston. Und vorhin beim Pokern hat er auch geschummelt... Ich kenn' doch den Plan wirklich!"

McKennie (wie zu einem Kind): „Man muß einen solchen Plan doch auswendig kennen, Arthur... Punkt für Punkt.

Die Sicherheit eines jeden einzelnen von uns hängt von der präzisen Durchführung ab. Begreifst du das, Arthur?"

Roos (eifrig): „Natürlich!"

McKennie: „Dich habe ich zum Beispiel engagiert, weil du mit einem solchen Kahn umgehen kannst. Und dabei sind wir bereits beim Thema beziehungsweise bei deinem Arbeitsanteil. Wann verläßt du morgen früh den Hafen?"

Roos: „Ich laufe pünktlich um 9 Uhr aus."

McKennie: „Okay. Aber fahr nicht so schnell, damit du nicht zu lange vor der verabredeten Zeit am Treffpunkt bist, kapiert?"

Roos: „Kapiert!"

McKennie: „Es könnte sonst auffallen, wenn du an einer so unwirtlichen Stelle so lange vor Anker gehst."

Roos: „Du kannst dich auf mich verlassen. Ich mach' eine richtige Spazierfahrt, hehehehe, immer gemütlich den Fluß rauf..."

McKennie: „Und nun zu dir, Bill!"

Bill: „Ich stelle um sieben den Bentley vor der Bank ab und bringe dir und Paul Burghman um 10.15 Uhr den Polizeiwagen zu Treffpunkt zwei. Dann begebe ich mich zu Fuß zu Punkt vier und warte, bis Priscott Planteil B beginnt. Anschließend rufe ich dich..."

Vierzig Minuten lang nahm McKennie noch einmal Teil für Teil seines Planes durch. Kalkulierte Unvorhergesehenes ein und wischte unsachliche Einwände vom Tisch. Zum Schluß examinierte er Berry Priscott, Bill Parker und Paul Burghman noch einmal mit allen Planteilen, geografischen Punkten und Zeitangaben.

20.20 Uhr verließ er als erster das Boot. Zehn Minuten später folgten Berry Priscott und Paul Burghman. Als letzter verabschiedete sich Bill Parker von Arthur Roos, der plötzlich ziemlich aufgeregt schien.

Eine Stunde später saßen alle vier Männer, wenn auch in verschiedenen Waggons, in dem Zug, der Liverpool in Richtung Manchester verließ. Dort angekommen, verließ jeder den Bahnhof mit einem anderen Ziel.

Manchester, 30. Mai.

10.35 Uhr.

In der Schalterhalle der *Manchester City Bank* herrschte typischer Monatsendebetrieb. Ständig befanden sich zwischen zwanzig und dreißig Personen in der weitläufigen Halle.

10.39 Uhr.

Zwei Männer verließen auf dem Parkplatz der Bank ein Polizeiauto und strebten dem Hauptportal zu. Sie durchquerten eilig die Schalterhalle in Richtung der teppichbelegten Treppe zum ersten Stock. Vorbei an zwei Dutzend flankierenden Topfpflanzen hasteten sie die Stufen hinauf.

10.43 Uhr.

(Eine Tür wird aufgerissen)

Cilly (erschrocken/empört): „Gentleman, können Sie nicht anklopfen?"

McKennie (unpersönlich/in Eile): „Entschuldigung, Miß. Bitte, melden Sie uns sofort bei Sir Banslock an."

Cilly (von oben herab): „Tut mir leid. Sir Banslock befindet sich in einer wichtigen Sitzung mit einigen Herren der Direktion."

McKennie (heftig): „Tun Sie, was ich Ihnen sage... Ich bin Inspektor McKennie vom Scotland Yard in London. Melden Sie uns... Nein, machen wir es anders. Rufen Sie ihn an, das andere mache ich. Können Sie das?"

Cilly (durcheinander): „Iiii... ich ... ja ... ja ... natürlich, Sir."

(Nimmt Hörer/ wählt eine Nummer)

Banslock (ärgerlich) „Was gibt's denn?“

Cilly (schluckt): „Bitte, Sir... Da ist jemand...“

McKennie: „Verzeihung, Sir, lassen Sie sich jetzt nicht anmerken, daß Sie nicht mehr mit Ihrer Sekretärin sprechen. Hier spricht Detektivinspektor McKennie vom Scotland Yard... Lösen Sie Ihre Sitzung sofort auf. Einen Vorwand werden Sie wohl finden. Es ist wichtig und sehr eilig. Rufen Sie uns bitte herein, sobald Sie allein sind...“

Banslock (steif/gefaßt): „Wie Sie wünschen!“

Es vergingen genau vier Minuten, dann erschien Sir Banslock in der Tür. Man merkte ihm an, daß er stark beunruhigt war. Mit einer steifen Geste bat er die beiden angeblichen Beamten in sein Büro.

Banslock: „Sie haben mich richtig erschreckt... Was hat das zu bedeuten?“

McKennie: „Darf ich Ihnen zunächst Inspektor Burghman von der hiesigen Polizei vorstellen... Es tut mir leid, Sir, aber ich muß Sie davon in Kenntnis setzen, daß auf Ihre Bank in wenigen Minuten ein Anschlag verübt werden soll.“

Banslock (fassungslos): „Aber... Das ist ja entsetzlich...“

McKennie: „Bevor Sie weitersprechen, Sir, rufen Sie bitte sofort und ohne Aufsehen Ihre beiden Sicherheitsbeamten und den Kassierer der Hauptkasse hierher.“

Banslock: „Die Hauptkasse wird von Missis Hopkins geleitet...“

McKennie: „Dann also Missis Hopkins. Bitte, Sir, es ist höchste Eile geboten.“

Banslock (nimmt Telefonhörer/Miß Cilly meldet sich): „Mister

Hastings und Mister Williams sowie Missis Hopkins möchten auf der Stelle zu mir kommen."

Cilly: „Ja, Sir..."

McKennie: „Danke, Sir... Inspektor, rufen Sie Sergeant Parker!"

Paul Burghman öffnete die mitgebrachte Tasche und entnahm ihr ein Walkie-Talkie (Gegensprechgerät). Er zog die Antenne heraus und drückte das Rufzeichen. Gleich darauf meldete sich eine Stimme...

Bill: „Hier Parker, bitte kommen!"

Burghman: „Hier Burghman, wie steht's, Sergeant, schon was zu sehen? Kommen!"

Bill: „Nein, Sir! Kommen!"

Burghman: „Wir bleiben bis auf weiteres im Direktionsbüro, Sergeant. Bitte rufen Sie durch, sobald Sie Einzelheiten wissen. Ende!"

Banslock: „Sie machen mich wirklich besorgt..." (Klopfen) „Herein!" (Tür/Schritte/Tür)

„Das ist Missis Hopkins, und das sind Mister Hastings und Mister Williams."

McKennie: „Danke, machen wir es kurz. Hier sehen Sie Inspektor Burghman vom Sonderdezernat Bankraub, und ich bin Detektivinspektor McKennie vom Scotland Yard. Die Zeit drängt, und Sie erlauben mir, mich kurz zu fassen. Auf die Bank ist ein Überfall geplant..."

Hopkins (erschrocken): „Oh..."

McKennie: „Wir sind der Bande seit sechs Monaten hart auf den Fersen, und vor vier Wochen ist es uns gelungen, einen unserer Leute einzuschmuggeln. Von ihm wissen wir, daß der Überfall für 11 Uhr geplant ist."

Hopkins: „Das ist es ja bald..."

McKennie: „Und wir wissen, daß sich seit 10.30 Uhr drei schwerbewaffnete Bandenmitglieder im Bankgebäude aufhalten."

Hastings (eifrig): „Aber wir haben doch die automatische Türschließanlage, Sir. Die ist mit der Alarmsirene gekoppelt."

Burghman: „Wollen Sie ein Blutbad unter den Kunden und Angestellten in der Schalterhalle riskieren, Mister Hastings?"

Banslock (erschrocken abwehrend): „Um Gottes willen, nein. Das würde uns unsere Kundschaft nie verzeihen."

McKennie (ungeduldig): „Missis Hopkins, wieviel Geld befindet sich zur Zeit in der Hauptkasse?"

Hopkins: „Ungefähr hunderttausend Pfund, Sir. Einen Tag vor Monatsende brauchen wir immer besonders viel Bargeld."

McKennie: „Tun Sie auf alle Fälle, was die Täter von Ihnen verlangen, Missis Hopkins, und gehen Sie keinerlei Risiko ein. Die Bank ist von insgesamt 24 Beamten umstellt. Wir wollen diesmal die ganze Bande fassen, auch den Kopf, der hinter allem steckt. Es handelt sich dabei um einen gewissen Robert Arningham. Auf sein Konto gehen bereits 31 Banküberfälle... Bitte, Missis Hopkins, begeben Sie sich jetzt an Ihre Kasse zurück... Trauen Sie sich zu, unbefangen zu bleiben?"

Hopkins (schluckt): „Ja, Sir, ich will es versuchen."

McKennie: „Sobald Sie hinunterkommen, nehmen Sie den Telefonhörer ab, wählen die Nummer dieses Apparates hier und legen den Telefonhörer *neben*, hören Sie, neben den Apparat. In dem Augenblick, wo sich die Täter zu erkennen geben, sagen Sie laut und deutlich: ‚Denken Sie an meine

Familie!‘ Und sobald sich die Täter entfernen, sagen Sie: ‚Sie kommen sowieso nicht weit...‘ Würden Sie bitte wiederholen, Missis Hopkins.“

Hopkins: „Zuerst sage ich: ‚Denken Sie an meine Familie...‘ und dann: ‚Sie kommen sowieso nicht weit.‘“

McKennie: „Okay, bitte gehen Sie jetzt.“

Banslock (versucht zu beruhigen): „Es wird schon alles gutgehen, Missis Hopkins.“

Hopkins (bedrückt): „Ja, Sir...“

(Tür)

In diesem Augenblick summte das Sprechfunkgerät in Burghmans Hand. Er ging sofort auf Empfang...

Burghman: „Bitte kommen!“

Bill: „Sie rollen an, Sir! In einem hellgrauen Kleintransporter. Kommen!“

Burghman: „Der augenblickliche Standort? Kommen!“

Bill: „Kreuzung Billright – Baker Street. Kommen!“

Burghman: „Laut Einsatzplan erst eingreifen, nachdem die Räuber die Bank verlassen haben. Schärfen Sie das allen Leuten noch einmal ein. Und von der Schußwaffe nur Gebrauch machen, wenn keine Passanten gefährdet werden.“

McKennie (flüstert schnell): „Fragen Sie nach den Straßensperren!“

Burghman: „Sind die Meldungen von den Straßensperren komplett? Kommen!“

Bill: „Alles bereit, Sir. Kommen!“

Burghman: „Inspektor McKennie und ich verlassen die Bank nach den Tätern. Bitte sorgen Sie dafür, daß der Wagen nicht blockiert wird! Ende!!“

(Telefonklingeln)

McKennie: „Sie sind jetzt für niemanden zu sprechen, Sir. Sagen Sie das dem Anrufer."

(Abheben)

Banslock: „Hallo?... Ja, gut... (zu McKennie) Es ist Missis Hopkins!"

McKennie: „Okay, geben Sir mir den Hörer!"

Hastings: „Und was sollen wir tun, Sir?"

McKennie: „Sie, Mister Hastings, übernehmen das Sprechgerät in dem Augenblick, wo sich Inspektor Burghman und ich in die Verfolgung einschalten. Lassen Sie sich per Telefon von Missis Hopkins eine genaue Personenbeschreibung der oder des Täters geben, und wenn Sergeant Parker Verbindung mit Ihnen aufnimmt, übermitteln Sie ihm die Daten."

Hastings: „Okay, Sir!"

McKennie: „Und Sie, Mister Williams, gehen in Ihre Kabine zurück. Lassen Sie sich nichts anmerken. Es ist unbedingt wichtig, daß die Gauner glauben, ihr Coup ginge reibungslos über die Bühne. Beobachten Sie nur!"

Williams: „Mach' ich, Sir!"

In der Schalterhalle waren jetzt zirka vierzig Personen anwesend. Berry Priscott betrat, in der Hand eine große, lederne Tasche, die Halle. Hinter ihm folgte Bill Parker mit einem Geigenkasten unter dem Arm. Er enthielt das Sprechfunkgerät, mit dem er von der gegenüberliegenden Straßenseite den angeblichen Inspektor McKennie angefunkt hatte. Mit finsterer Miene schritt er mit drei Metern Abstand hinter seinem Komplicen her.

Priscott wartete ab, bis für einen Augenblick kein Kunde an der Hauptkasse stand. Dann trat er schnell heran und schob Mrs. Hopkins ein scheckähnliches Papier hin.

Und mit rasendem Herzen las Eileen Hopkins: „Wir haben nichts zu verlieren. Schieben Sie nacheinander das Papiergeld durch. Beim geringsten Versuch, uns aufzuhalten, den anderen Zeichen zu geben oder Alarm zu schlagen, werden wir rücksichtslos von unseren Schußwaffen Gebrauch machen. In diesem Augenblick richten sich fünf Waffen auf fünf Ihrer Kollegen!"

Hopkins (stöhnt): „Ich habe Familie, Sir..., zwei Töchter..."
Priscott (ungerührt): „Wie schön für Sie, Missis Hopkins... Fangen Sie endlich an, das Geld herauszuschieben..."

Bündel um Bündel schob Mrs. Hopkins durch die Ausgabeöffnung. Und Bündel um Bündel schichtete Priscott das Geld in aller Ruhe und Gelassenheit in die mitgebrachte Tasche. Es schien ihn auch nicht im geringsten zu stören, daß sich hinter ihm inzwischen eine Schlange bildete. Männer und Frauen, die ohne jeglichen Argwohn zusahen, wie Priscotts Tasche dicker und dicker wurde. Vielleicht glaubten sie, daß Priscott das viele Geld zum Auszahlen in irgendeiner Fabrik hole.

11.05 Uhr.

Die Tasche war zum Platzen voll.

Priscott (laut): „Okay, Missis Hopkins, das wär's. Grüßen Sie Ihren Mann und die beiden Mädchen."
Hopkins (flüstert): „Sie kommen nicht weit, Mister... (lauter) Sie kommen nicht weit..."

McKennie und Burghman stürmten durch die Halle. Vorbei an dem ratlos dreinschauenden Joe Williams.

Als Bill Parker den Streifenwagen startete, war es 11.07 Uhr,

als McKennie und Burghman zustiegen, 11.08 Uhr,

als Parker auf die Straße bog und die Polizeisirene einschaltete, 11.09 Uhr.

Priscott hatte zu diesem Zeitpunkt mit dem Bentley eine halbe Meile Vorsprung. Bereits vor dem Wellington Square schaltete Bill Parker die Sirene wieder ab. Unbehelligt erreichten sie die Straße nach Liverpool!

Banslock (nervös): „Hören Sie auf, wie ein wildes Tier hin und her zu laufen, Hastings ... Ich denke, dieser Sergeant wollte sich melden ... Es ist – es ist schon halb zwölf ..."

Hastings (schweratmend): „Verzeihung, Sir ..., mir ist da ein abenteuerlicher Verdacht gekommen... Ich wage ihn kaum auszusprechen ..."

Banslock: „Welcher Verdacht?"

Hastings: „Daß wir reingelegt worden sind."

Banslock: „Reingelegt?"

Hastings: „Ja, Sir..."

Banslock: „Sie meinen, daß der Überfall fingiert war? Aber die Polizei wird doch nicht..."

Hastings (unbehaglich): „Das ist es ja. Wenn das nun gar keine Polizisten waren? Haben Sie sich einen Ausweis zeigen lassen?"

Banslock: „Nein, natürlich nicht... Nein, nein, Hastings, diese Vorstellung ist wirklich zu abenteuerlich ... Wir haben doch beide gesehen, daß der Polizeiwagen von unserem Parkplatz weggefahren ist."

Hastings: „Das schon, Sir ... Aber der Wagen wurde von keinem Polizisten gelenkt ... Und da ist noch etwas, was mir durch den Kopf geht ..."

Banslock (unwirsch/beunruhigt): „Was denn noch?"

Hastings: „Wir haben heute den 30. Mai, und draußen scheint die Sonne. Es sind 19 Grad Celsius, Sir..."

Banslock (gereizt): „Was hat das mit unserem Fall zu tun?"

Hastings: „Beide Inspektoren haben nicht eine Sekunde lang ihre Handschuhe ausgezogen ... Ist das nicht ungewöhnlich zu dieser Jahreszeit und bei diesen Temperaturen?"

Banslock (stutzt): Handschuhe? ... Ja, Sie haben recht. Jetzt, wo Sie es sagen, fällt es mir auch ein ... (atemlos) Aber – aber Hastings, das – das – das wäre ja ... Rufen Sie die Polizei an ... Nicht auszudenken ... Das wäre ja noch schlimmer als ein normaler Bankraub..."

Der Bentley und der Streifenwagen hatten die Bahnstrecke Warrington–Blackburg passiert und bogen in die alte Straße nach Lonsdale ein. Über einen Feldweg ging es auf eine Feldscheune zu. Beide Fahrzeuge stoppten.

Während Priscott das Steuer des Bentley freimachte, schob sich McKennie dahinter. Parker und Burghman sprangen in den Fond. Zurück blieb ein Polizeiwagen mit zwei eingebauten Rauchbomben unter dem Kofferraum.

McKennie: „Wo ist das Geld, Priscott?"

Priscott: „Unter deinem Sitz ... Es sind mindestens achtzigtausend Pfund..."

Bill und *Burghman* (brechen in lauten Jubel aus).

Priscott: „Mehr ging leider nicht in die Tasche ... Es war wirklich ein Plan nach Maß ... Alle Achtung, McKennie!"

Viele Meilen von dem Ort dieses Gespräches entfernt, fand ein anderes Gespräch statt, das das gleiche Thema zum Inhalt hatte ...

Batton: „Ich bin Inspektor Batton ... Wenn das stimmt, was Sie mir am Telefon gesagt haben, dann ist das der tollste Plan, nach dem jemals eine Bank ausgenommen wurde."

Banslock (bissig): „Nur hilft mir diese Einmaligkeit nichts. Gibt es überhaupt eine Chance, das Geld wiederzubekommen?"

Batton: „Wir haben alle Überlandstraßen, Häfen und Flugplätze alarmiert ... Dazu Straßensperren nach bewährtem Muster."

Banslock: „Das klingt nicht gerade optimistisch, Inspektor..."

Batton: „Es ist eine Menge Zeit inzwischen vergangen, Sir. Wir müssen sogar die Möglichkeit einkalkulieren, daß die Burschen die Stadt gar nicht verlassen haben. Vielleicht stecken sie sogar hier in der Nähe in einem Unterschlupf und zählen in aller Gemütlichkeit ihren Raub..."

Banslock (aggressiv): „Es ist mir unverständlich, daß die Polizei nicht mal merkt, wenn man ihr einen Streifenwagen vor der Nase wegstiehlt."

Batton: „Wir rangieren jedes Jahr eine Anzahl Fahrzeuge aus. Die wandern entweder auf den Schrottplatz oder zu Gebrauchtwagenhändlern. Es dürfte nicht allzu schwierig sein, so einen alten Kasten noch einmal für ein Unternehmen flottzumachen ... Ich fahre jetzt zur Einsatzzentrale, Sir. Sobald ich Neuigkeiten weiß, werde ich Sie anrufen."

Banslock (zaghaft): „Und was ist mit der Presse?"

Batton: „Tut mir leid, Sir, aber in diesen sauren Apfel werden wir wohl beißen müssen."

Banslock (seufzt): „Mir bleibt auf meine alten Tage aber auch nichts erspart..."

Während McKennie mit wachen Augen auf Straße und Umgebung achtete, schmiedeten seine Genossen bereits Zukunftspläne. Sie gaben das Geld, das noch nicht einmal verteilt worden war, bereits aus...

Bill: „...vielleicht gehe ich auch gar nicht nach Kanada. So drei, vier Monate Urlaub in den Schweizer Bergen könnte meinem strapazierten Gerippe auch ganz gut tun, hehehehe ... Und was hast du vor, Priscott?"

Priscott: „Ich ziehe mich fürs erste aus dem Geschäft zurück. Eventuell kaufe ich mir in Edinburgh eine kleine Kneipe..."

Bill (entschieden): „Eine Kneipe wäre das letzte für mich. Ich muß nachts schlafen...“

Priscott (ironisch): „So hat eben jeder seine Angewohnheiten. Ich zum Beispiel lebe nachts viel besser als am Tage...“

Burghman: „Warum ausgerechnet nach Edinburgh, Priscott?“

Priscott: „Weil ich dort jemanden kenne, der eine Kneipe zu verkaufen hat. Zufrieden?“

Burghman (schwärmerisch): „Und ich werde mir einen schnellen Flitzer anschaffen. Einen Zweisitzer mit 200 PS oder noch was darüber...“

Bill: „Warum kaufst du dir dann nicht gleich ein Flugzeug?“

Burghman (entrüstet): „Ich fliege nie! Mich würden keine zehn Pferde in ein Flugzeug bringen.“

Bill: „Und was macht unser Regisseur mit seinem Anteil?“

McKennie: „Ich werde damit einen noch größeren Coup vorbereiten!“

Priscott (pfeift): „Das ist das Allerneueste... Darf man fragen, wo dieser Coup geplant ist, McKennie?“

McKennie: „Man darf fragen, aber man wird keine Antwort darauf bekommen... (sachlich) Sobald wir den Hafen von Liverpool erreichen, werden wir teilen, und jeder wird seine eigenen Wege gehen. So war es ausgemacht, und dabei wollen wir es auch belassen.“

Burghman: „Warum eigentlich? Wir waren doch ein ganz gut eingespieltes Team?“

McKennie: „Ich habe eben andere Pläne, Paul Burghman. Du kaufst dir deinen schnellen Renner, Priscott eine Kneipe, und Bill Parker fährt in die Schweiz. Ich mache mir inzwischen Gedanken darüber, wie ich die Bank von England um ein paar Millionen erleichtern kann.“

Burghman (ungläubig): „Die Bank von England? Das ist ja wohl ein Witz, oder?“

Priscott: „Natürlich war das ein Witz, du Schnelldenker. Eher kannst du den Buckingham-Palast samt Königin Stein um Stein mit einem Handwagen wegfahren, bevor du die Bank von England auch nur um einen einzigen Penny prellst."

McKennie: „In fünf Minuten haben wir es geschafft... Hoffentlich ist Roos an der verabredeten Stelle..."

Gordon McKennie steuerte den Bentley sicher und routiniert durch kleine Ortschaften, über Felder und Ebenen. 12.45 Uhr erreichten sie den Hof des stillgelegten Sägewerks von Hanshire. Von hier aus waren es nur noch knappe zehn Minuten Fußmarsch zur Anlegestelle, wo Arthur Roos auf sie warten sollte. McKennie nahm das Gas weg und bog langsam in die zerfurchte Zufahrt zum Sägewerk ein.

Er lenkte den Wagen um den großen Holzlagerplatz, auf dem nur noch ein paar verwitterte Bretter lagen, und hielt vor dem ehemaligen Bürogebäude. Was dann geschah, ging blitzschnell...

Aus der Tür stürmte ein maskierter Mann mit einer Maschinenpistole im Anschlag...

Stimme: „Mach den Motor aus, McKennie!"
(Motor aus)
„Und nun greif ganz langsam unter deinen Sitz und wirf die Tasche heraus ... Ganz langsam, wenn ich bitten darf. Bei der ersten komischen Bewegung gibt's ein Feuerwerk..."

McKennie rührte sich nicht. Erst als sich der Lauf der Waffe gefährlich hob, bückte er sich wie unter einer schweren Last und zog mit steinerner Miene die prallgefüllte Tasche hervor...

In diesem Augenblick schoß ein Sportwagen mit Londoner Nummer um die Ecke, bremste, und ein zweiter Mann sprang heraus. Es dauerte nur Sekunden, bis er die Ventile an den beiden Vorderreifen des Bentley geöffnet hatte und zischend die Luft entwich.

Augenblicke später verschwand der Wagen hinter einer mächtigen Staubwolke...

Priscott: „Diese Schweine ... Sie haben auf uns gewartet..

Burghman: „Jemand muß uns verraten haben..."

Bill: „Aber ... das ... das könnte doch nur Arthur Roos gewesen sein ... Dieser alte Trottel ... Das hätte ich dem nie zugetraut..."

McKennie (leise/gefährlich): „Es war nicht Arthur Roos..."

Burghman (verdutzt): „Es war nicht Arthur Roos?"

McKennie: „Nein. Der Verräter sitzt hier im Wagen ... Es ist einer von euch..."

Bill (verständnislos): „Einer von uns?"

McKennie: „Ja... (Wagentür wird aufgerissen). Da läuft er ... Wartet hier, ich bringe ihn zurück ... Es wird sicher kein Freudentag für ihn..."

Einige Stunden später.

Cilly: „Hallo?"

Batton: „Ja, hier spricht Inspektor Batton. Bitte, verbinden Sie mich mit Sir Anthony, Miß Cilly!"

Cilly: „Sofort, Inspektor..."

Banslock: „Ja, was gibt's?"

Cilly: „Inspektor Batton ist in der Leitung, Sir..."

Banslock: „Oh, stellen Sie durch ... Hallo, Inspektor?"

Batton: „Ja, Sir, ich habe Neuigkeiten für Sie!"

Banslock (holt tief Luft): „Neuigkeiten? Angenehme?"

Batton: „Ich glaube schon ... Wir haben das Geld – und einen der Diebe..."

Banslock: „Gratuliere ... Ich schwöre Ihnen, daß ich nie wieder auf die Polizei schimpfen werde..."

Batton. „Um der Wahrheit die Ehre zu geben, Sir, das Verdienst liegt mehr auf seiten des falschen Inspektors. McKennie nannte er sich wohl..."

Banslock (ratlos): „Ich verstehe kein Wort..."

Batton: „Die Bande, die Ihre Bank heimgesucht hat, bestand aus vier Männern. Einer dieser vier allerdings steckte noch mit zwei anderen Gaunern unter einer Decke. Diese beiden nahmen McKennie das Geld ab, um es später mit dem sogenannten ‚dritten Mann' zu teilen. McKennie hat uns angerufen und mitgeteilt, daß sich das Geld in einem Sportwagen mit Londoner Kennzeichen befindet. Außerdem nannte er uns den Platz, wo wir den dritten Mann gefesselt vorfinden würden."

Banslock: „Und was ist mit McKennie und den anderen?"

Batton: „Die werden wir sicher auch noch erwischen ... Ich bin in zwei Stunden mit dem Geld bei Ihnen. Bis nachher!"

Banslock (nachdenklich): „Bis nachher, Inspektor..."

Welcher der drei Gauner war der Verräter?

???????????????
? ?
? Paul Burghman? ?
? Berry Priscott? ?
? oder ?
? Bill Parker? ?
? ?
? ?
???????????????

Auflösung Seite 452

Aus Balduin Pfiffs privater Kochrezepte-Sammlung:

++++++++++++++++++++++++++++++++++++

Königlich-Sächsische Kartoffelsuppe

++++++++++++++++++++++++++++++++++++

Zutaten:

3 Pfund Kartoffeln
3 große Möhren
1 Stange Lauch
1 Zwiebel (mittelgroß)
1 Blatt Sellerie
Petersilie oder Majoran
Geschroteten Pfeffer
Salz
1 Speckschwarte
100 Gramm durchwachsenen Bauchspeck
2 Paar Wiener Würstchen (oder 2 Bockwürste)

Zubereitung:

Die Kartoffeln werden geschält, gewürfelt und reichlich mit Wasser bedeckt. Hinzu kommen die geputzten Möhren (nur einmal längs halbiert), die Zwiebel, der kleingeschnittene Lauch, Sellerie, Salz, Pfeffer, die Speckschwarte. Alles zusammen wird zum Kochen gebracht.

In der Zwischenzeit werden die Würstchen gewärmt, und der Bauchspeck wird gewürfelt und ausgelassen.

Sobald Kartoffeln und Möhren butterweich gekocht sind, nimmt man die Möhren heraus, zerdrückt sie mit einer Gabel zu Brei und vermischt sie mit der bereits kleingehackten Petersilie.

Das Kartoffelwasser wird abgegossen, die Speckschwarte wird herausgenommen, und die Kartoffeln werden püriert.

Dabei gießt man nach und nach das Kartoffelwasser zurück, bis das Ganze eine dicksämige Suppe ist. Da hinein kommen nun die zerdrückten Möhren samt Petersilie sowie der ausgelassene Bauchspeck samt Grieben.

Man legt sich dann ein Pärchen Wiener in den Teller und gießt die Kartoffelsuppe darüber.

Balduin Pfiff meint, daß zum Essen einer *Königlich-Sächsischen Kartoffelsuppe* ein Egoist gehört, der so lange ißt, bis er satt ist. Nur was übrigbleibt, soll er weiterreichen.

Tip 2: Besonders große Feinschmecker nehmen statt Petersilie Majoran.

Tip 3: Besonders guten Geschmack erzielt man beim zweiten Aufwärmen!

Schmunzelkrimi

+++++++++++++++++++++++++++++++++++

Die Schatzgräber

+++++++++++++++++++++++++++++++++++

Jochen Zimpels Lebensalter belief sich bis zu jenem bewußten Ereignis auf 21 Jahre, sieben Monate, zwei Wochen, einen Tag und neun Stunden. Jochen hatte den Versuch, ein Einzelhandelskaufmann zu werden, aufgegeben und war ins Brauereigewerbe umgestiegen. Präziser: Er fuhr Bier aus.

Aber auch hierbei war er von „Zufriedenheit" meilenweit entfernt, und manchmal entdeckte er sich sogar dabei, wie er mit einer gewissen Sehnsucht an die Zeit bei Schrapp & Wurzel, jener angesehenen Textilfirma, zurückdachte.

Alles in allem fand er, daß der Weg, auf dem er langlebte, nicht ins Land des Reichtums führte.

Und wie viele vor ihm beging er einen Denkfehler...

Der andere beging *nur* einen Fehler, und das lag in erster Linie daran, daß er mit der Denkerei ein bißchen auf dem Kriegsfuß stand. Damit soll ihm jedoch diese Fähigkeit nicht in Bausch und Bogen abgesprochen werden; vielleicht lag es an seiner Trägheit, an seiner Bequemlichkeit.

Mecki war einfach zu faul zum Denken.

Natürlich hieß Mecki nicht einfach Mecki. Daß man ihn so rief, verdankte er seinem, wie er sich ausdrückte, saudoofen Familiennamen. Stand doch in seinem Ausweis Manfred Paulus Meckstreck.

Meckis Geburtstag lag fast auf den Tag genau 20 Jahre zurück. Mecki war nicht sonderlich groß, nur 1,68 Meter, dafür besaß er wunderschöne, große blaue Augen und zwei Musterexemplare von abstehenden Ohren.

Mecki war nicht einen Tag länger, als das Gesetz es vorschrieb, zur Schule gegangen und hatte anschließend mit Geschick bewiesen, daß er zu nichts Geschick besaß. Sein erster Lehrherr ärgerte sich ein Geschwür in den Magen, der zweite bedrohte ihn mit einem Schraubenschlüssel, und der dritte behauptete schlicht und ohne Pathos, daß Mecki höchstens zum Stapeln von Briketts geeignet sei. Für Mecki kein Grund zum Widerspruch. Er schnürte sein Ränzlein und begann seine Karriere als Hilfsarbeiter.

Und hierbei lernte er Jochen Zimpel kennen. Das war, als er ohne jeglichen Eifer Leergut von dem Bierwagen lud, in dem Zimpel als Beifahrer fuhr...

Damit waren die Weichen gestellt: Auch Manfred Paulus Meckstreck steuerte in gerader Linie auf jenes bewußte Ereignis zu.

Es war Freitag, der 17. Oktober 1975.

Es *war* der Tag jenes Ereignisses!

Gegen 22.45 Uhr passierte ein hellblauer VW die Höhe von Beklum.

Am Steuer des gestohlenen Wagens saß Mecki, neben ihm Jochen. Beide pafften nervös eine Zigarette nach der anderen. Angestrengt starrten sie dabei in das Dunkel des späten Abends, und immer, wenn ihnen ein Fahrzeug entgegenkam, zogen sie die Köpfe ein. So, als befürchteten sie, von den Insassen der vorbeiflitzenden Pkw erkannt zu werden.

Plötzlich beugte sich Jochen vor und schaltete das Radio

aus. Mecki nahm die Zigarette aus dem Mund, warf einen raschen Blick nach rechts und maulte: „Was iss'n los? Warum machste denn die Musik aus?"

„Macht mich nervös, ich muß denken!"

„Denken??"

„Ja, denken, Mecki. Schließlich begeht man nicht jeden Tag einen Einbruch. Und ich denke schon die ganze Zeit darüber nach, was ist, wenn sich dein früherer Kumpel Peter geirrt hat." Jochen boxte Mecki leicht in die Seite. „Fahr langsamer, es muß gleich rechts abgehen."

„Weiß ich selbst!" gab Mecki zurück und ging dabei automatisch vom Gaspedal, während Jochen den Faden weiterspann. „Er kann sich zum Beispiel dabei geirrt haben, daß der alte Mann allein im Haus ist."

„Quatsch, Mensch", widersprach Mecki. „Wenn der Peter sagt, daß der Professor mit seiner Familie verreist ist, dann isser verreist. Und was der sagt über die Räume und Türen, da kann der sich ja gar nicht irren, wenn er ein halbes Jahr Gärtner dort war."

„Trotzdem... Eins will mir nicht in den Kopf rein: daß der Professor verreist und zum Schutz einer so kostbaren Goldmünzensammlung nur einen pensionierten Schauspieler zurückläßt."

„Der denkt eben, daß das Zeug in dem Dingsda, in dem... Na, wie heißt das gleich, der Tresor?"

„Safe!"

„Ja, in dem Safe sicher ist..."

Jochen deutete nach vorn. „Das Schild, gleich kommt die Abzweigung."

Mecki schaltete herunter und bog in die schmale Abzweigung ein. Doch schon nach wenigen hundert Metern trat er voll auf die Bremse und hielt.

„Was soll das?“ rief Jochen Zimpel erschrocken.

Mecki schlug mit der Hand auf das Lenkrad und fragte:

„Was machen wir, wenn's klingelt?“

„Wenn was klingelt?“

„Na, das Telefon. Wenn wir gerade dabei sind, das Dingsda aus der Wand zu hauen, klingelt das Telefon. Es könnte doch sein, daß der Professor den alten Bäumchen anrufen will!“

Jochen erkannte sofort, daß Meckis Frage gar nicht so ohne war. „Hm...“ machte er, und dann: „Scheißproblem. Daran habe ich noch gar nicht gedacht...“

Mecki schlug erneut aufs Lenkrad.

„Ich hab's. Wir reißen das Telefon *sofort* aus der Dose!“

„Genau das dürfen wir nicht!“

„Und warum nicht?“

„Nimm einmal an, der Professor würde wirklich den Alten anrufen wollen, und die Leitung wäre dann tot oder ständig besetzt. Mensch, da würde der sich doch was denken.“

„Was?“

„Na irgendwas. Du stellst vielleicht blöde Fragen... Nein, wir lassen es einfach klingeln. Da denkt er vielleicht, daß dieser Bäumchen einen Spaziergang macht oder auf dem Klo sitzt.“

„Und wenn er nach einer halben Stunde wieder anruft? In der Nacht sitzt doch keiner eine halbe Stunde lang auf dem Klo...“

Jochen Zimpel glaubte, endgültig die richtige Version gefunden zu haben: „Alles falsch! Wir werden den Alten zwingen, das Telefon abzunehmen und zu sagen, daß alles in Ordnung ist!“

„Gute Idee!“ stimmte Mecki zu und beschloß, über diese Frage nicht mehr nachzudenken. Er wollte schon wieder den Gang einlegen, als sein Komplize fortfuhr:

„Gehen wir unseren Plan noch einmal durch. Besser ist besser, Mecki! Ich steige also hundert Meter vor dem Haus aus. Du wartest fünf Minuten und fährst dann direkt vors Haus, drehst die Scheibe runter und das Radio auf volle Pulle. Sobald der Alte seine Rübe aus dem Fenster streckt, drückst du einmal kurz auf die Hupe. Das ist für mich das Zeichen, die rückwärtige Tür aufzubrechen und den Alten zu überraschen. Du bleibst mit Musik und laufendem Motor so lange vor dem Haus stehen, bis ich dir vom Fenster aus ein Zeichen gebe. Dann..."

Mecki winkte ärgerlich ab. „Kenn' ich schon auswendig. Dann fahre ich in den Hof und komme mit den Klamotten ins Haus. Das haben wir doch schon zwanzigmal durchgekaut."

„Dann also los jetzt. Bis zu dem Haus kann es höchstens noch ein Kilometer sein. Hoffentlich stimmt das auch, daß das nächste Haus fünfhundert Meter weit weg ist."

„Wenn's der Peter doch gesagt hat..."

Wer Ewald Bäumchen zum erstenmal begegnete oder ihn nicht näher kannte, würde ihn höchstens auf fünfzig Jahre schätzen. Dabei hatte er seit zwei Monaten bereits die Einundsechzig passiert.

Jetzt lag Ewald Bäumchen auf der Couch und genoß mit sichtbarem Wohlbehagen diese späte Stunde.

Er schmauchte ein Pfeifchen, nippte hin und wieder an einem Glas, gefüllt mit süffigem Mosel, und lauschte genüßlich und zufrieden dem „Radio-Nachtkonzert", das heute Werke von Tschaikowsky ausstrahlte. Ganz nebenbei warf er einen Blick auf die Uhr über der Anrichte. Noch vier Minuten bis 23 Uhr... Doch dann stutzte er, sah mißmutig auf das Radiogerät, da war doch... Aber nein, das kam ja nicht aus dem Radio, das kam von der Straße. Laute, lärmende Beatmusik...

„Armer Herr Tschaikowsky", murmelte Herr Bäumchen und erhob sich langsam. Er schaltete den Apparat aus, ging zum Fenster und öffnete es. Im schwachen Licht erkannte er einen VW vor dem Haus, ein heruntergedrehtes Fenster und einen Kopf, der im Rhythmus der Musik wie aufgezogen nickte.

„He, Sie da!!" rief Herr Bäumchen, so laut er konnte.

Der Kopf wandte sich ihm zu, ein Hupton erklang, und der Kopf schob sich aus dem Fenster.

„Iss was?" brüllte eine Stimme.

„Prima Musik! Welcher Sender?" brüllte Ewald Bäumchen zurück und schnitt eine schmerzerfüllte Grimasse.

„Versteh' kein Wort, die Musik ist so laut!"

Herr Bäumchen formte mit seinen Händen einen Trichter. „Hier ist Lärm-schutz-gebiet!!"

Eine Hand winkte herauf. „Das ist Beat! Dufte Beatmusik!"

Bäumchen: „Vielleicht geht's noch ein bißchen lauter!?"

„Geht nicht!"

„Schade!"

„Warum schade?"

Ewald Bäumchen zeigte mit dem Daumen hinter sich. „Ich habe einen schwerhörigen Schimpansen, der ist ganz verrückt nach Beat!" Er knallte das Fenster zu, murmelte ein „Unverschämter Trottel!", wandte sich um und – erstarrte mitten in der Bewegung. Einige Sekunden lang empfand er nackte Furcht beim Anblick des jungen Mannes mit dem gespannten Gesichtsausdruck und der auf ihn gerichteten Pistole.

„Wer ist ein unverschämter Trottel, Opa?" fragte eine junge, etwas belegt klingende Stimme.

Ewald Bäumchen atmete tief durch, dann stellte er fest: „Du lieber Himmel, jetzt bin ich aber wirklich echt erschrokken.“ Er wollte einen Schritt nach vorn machen . . .

„Stopp!!“

„Was soll das?“ fragte Bäumchen und tat überrascht.

„Na los schon, Opa, stell dich nicht so an. Streck die Pfötchen schön in die Höhe, sonst macht es piff-paff-puff, und du bist ein mausetoter Opa!“

Die Überraschung auf Bäumchens Gesicht ging über in Erstaunen, und dieses wiederum verwandelte sich in Zorn. Seine Stimme klang plötzlich laut und wütend: „Hör mal zu, du kleiner Stinker, wenn du noch einmal ‚du‘ oder ‚Opa‘ zu mir sagst, breche ich dich in der Mitte durch, verstanden?!!“

„Stehenbleiben oder ich drücke ab...!“ rief Jochen Zimpel beunruhigt. Ewald Bäumchen schüttelte den Kopf. Jetzt klang seine Stimme fast mitleidig: „Ich glaube wirklich, daß du lebensmüde bist. Kommt dieser Babystinker hierher und hält mir sein Blasrohr unter die Nase...“

Ihm schien ein Verdacht zu kommen. „Kleiner, hast du überhaupt eine Ahnung, wer ich bin?“

Zimpel, dem kein Muskelzucken im Gesicht des Mannes vor ihm entging, reagierte sofort. Mit Panik in der Stimme drohte er: „Halt, oder ich muß schießen!“

Ewald Bäumchen, noch einen Meter von seinem ungebetenen Gast entfernt, blieb stehen. Er starrte diesen an, und wieder begann sich seine Miene merkwürdig zu verändern. Aus dem Erschrecken wurde Nachdenken, aus dem Nachdenken ein Grübeln und aus diesem schließlich vermeintliches Wissen. Seine Augen begannen zu strahlen, und sein Mund verzog sich zu einem breiten Grinsen. Von einem glücklichen Grunzlaut begleitet, schlug seine Hand gegen die Stirn. „Mann, was bin ich für ein Hansel. Der General hat dich geschickt...“

„General? Was für ein General?" Jochen Zimpel verspürte mit einem Mal ein ungutes Gefühl. Irgendwo hatte der sauber ausgeklügelte Plan eine Knitterfalte.

„Frag nicht so albern", hörte er den Alten fauchen, „du weißt doch genau, daß ich Otto Petersen meine." Doch schon wieder war jenes glückliche Glimmen in Bäumchens Augen. „Klar, der ist ja seit einer Woche wieder aus dem Knast..." Er nickte und rieb sich die Hände.

„Das finde ich nett, daß er gleich an mich gedacht hat."

Und dann schien Herrn Bäumchen noch eine Idee zu kommen.

„He, Kleiner, sag die Wahrheit, hast du meinen Freund Otto vielleicht mitgebracht? Steht dieser alte Gauner gar hinter der Tür und lacht sich ins Fäustchen? Na warte, Otto..."

Es ging alles so übergangslos und kam so überraschend, daß Zimpel nur noch Zeit blieb, „Au!!!" zu schreien. Ewald Bäumchen hatte ihm die beiden ausgestreckten Finger der linken Hand blitzschnell in die Magengrube gestoßen und gleichzeitig mit der rechten die Waffe aus der Faust gerissen.

Jetzt stand der alte Mann mit eisiger Miene vor dem jungen und sagte kalt: „Das war Jiu-Jitsu! Aber davon hat der kleine Stinker, der ein Stümper ist, natürlich keine Ahnung. Na, los schon, Jüngelchen, streck die Pfötchen mal schön in die Höhe, sonst macht es piff-paff-puff, und du bist ein mausetoter Stümper!"

Da Jochen Zimpel wußte, daß die Pistole geladen war, kam er der Aufforderung ohne Verzug nach.

„Bitte vorsichtig", bat er mit angstvollem Blick, „die ist wirklich geladen."

„Wie ich, Jüngelchen. Jetzt hast du wohl die Hose voll, was?" meinte Ewald Bäumchen hohnvoll. „Der wievielte Überfall ist das denn?"

Jochen Zimpel schluckte, und es rutschte sichtlich schwer hinunter. „Der erste, Ehrenwort!"

Bäumchen schüttelte ungläubig den Kopf. „Und dazu sucht ihr euch ausgerechnet ‚Walli, den Bohrer' aus?"

Zimpel blickte drein wie einer, der zum erstenmal unter dem Schiefen Turm von Pisa stand und nicht genau wußte, ob der Turm stehenblieb oder fallen würde.

„Wer ist das, Walli, der Bohrer?"

Herr Bäumchen tippte sich mit dem Lauf der Pistole kurz gegen die Brust. „Na, wer schon, ich natürlich!"

„Aber ich denke, Sie sind Herr Bäumchen?"

Ewald Bäumchen zwinkerte mit dem linken Auge. „Das bin ich jetzt..." Das klang durchaus freundlich, und Jochen Zimpel schöpfte Hoffnung, doch schon änderte sich die Stimme seines Bezwingers wieder, klang kalt und gefährlich: „Aber reden wir nicht von mir. Los, wie sollte der Film weiterlaufen?"

Zimpel schwieg. Hundert Gedanken wirbelten durch seinen Kopf. Aber ihm blieb nicht viel Zeit zum Überlegen. Der Lauf der Waffe deutete auf seine Füße, und der Mann, der sie hielt sagte: „Rede, oder ich schieße dir ein kreisrundes Loch in die große Zehe!"

„Halt, was meinen Sie mit Film?"

„Ich meine den Musikfan da unten. Auf was wartet der?"

„Auf ein Zeichen von mir", gab Zimpel ängstlich zu. „Wenn ich Sie in meiner Gewalt habe, sollte ich ihm vom Fenster aus ein Zeichen geben."

„Also los, Jüngelchen, gib ihm das Zeichen. Aber bei einem Zeichen zuviel macht's bumm!"

Der verhinderte Einzelhandelskaufmann schlich mit gesenktem Kopf zum Fenster. Fast schmerzhaft spürte er das Laufende der Pistole an der Stelle, auf der er üblicherweise saß.

Er öffnete den Fensterflügel und winkte seinem wartenden Kumpan zu.

„So, und nun schließ das Fenster wieder, und mach es dir bequem. Setz dich auf die Couch!"

Zimpel tat, wie ihm befohlen. Und dann lauschten sie beide den Geräuschen nach, die von draußen zu ihnen drangen. Zimpel beklommen, Herr Bäumchen, alias „Walli, der Bohrer", mit sichtlichem Vergnügen.

Sie hörten, wie der VW zurückgesetzt wurde und in der Hofeinfahrt verschwand. Ungefähr zwei Minuten dauerte es, bis eine Tür zufiel und polternde Schritte die Stufen zum Obergeschoß hochstampften.

„Wo steckst du, Jochen?" drang es von außen zu ihnen. Herr Bäumchen ging zur Tür und öffnete sie, ohne sich selbst sehen zu lassen.

Schwerbepackt und schnaufend trat Mecki herein. Noch schien es ihm scheinbar völlig normal, daß sein Komplize bewegungslos auf der Couch saß und ihm entgegenstarrte. „Mensch", schimpfte er schweratmend, „das hat ja eine Ewigkeit gedauert. Hat der alte Esel vielleicht..." Er verstummte. Verdutzt folgten seine Blicke denen Zimpels.

Herr Bäumchen gab der Tür einen so kräftigen Tritt, daß sie krachend ins Schloß fiel. Er nickte Mecki zu und sagte: „Du bist also der zweite Stinker. Wie kann man mit solchen Ohren nur so schwerhörig sein? Stell deine Spielsachen schön ab, und setz dich neben deinen Freund! Aber ein bißchen rasch!!"

Obwohl Mecki die Welt nicht mehr verstand, kam er der Aufforderung unverzüglich nach. Während er Spitzhacken, Vorschlaghammer, Stemmeisen und Bohrer auf den Fußboden fallen ließ, zischte ihm Zimpel wütend zu: „Er ist ein Profi, Mecki... Ein Scheißkumpel, dein Peter!"

Mecki taumelte auf die Couch zu und ließ sich, noch immer

voller Verständnislosigkeit, neben seinem Partner nieder. Herr Bäumchen zog sich einen Stuhl heran, setzte sich und zielte mit der erbeuteten Waffe spielerisch zuerst auf Zimpel und dann auf Meckstreck.

„Also, was wollt ihr hier? Was sollen die Hacken, Hämmer und Bohrer? Auf was habt ihr es abgesehen?"

„Wir sagen nichts!" Mecki versuchte es mit Trotz. Jochen stieß ihn in die Seite. „Er ist ein Profi, Mecki!" flüsterte er.

Herr Bäumchen nickte. „Ganz recht, ich bin ein Profi! Zur Zeit außer Dienst, aber das gilt nur für bestimmte Leute. Und nun raus mit der Sprache, ihr Stinker!"

„Wir wollten das Safe aus der Wand holen!" gab Jochen widerstrebend zu.

„Safe? Aber wozu, zum Teufel??"

„Wegen der Goldmünzensammlung!"

Herr Bäumchen streckte überrascht den Kopf vor und machte einen langen Hals, als habe er sich verhört. Dann aber begann er zu lachen.

„Hahahaha... hahahaha", lachte er, „Mensch, seid ihr köstlich. Wer hat euch denn dieses Lied gezwitschert?"

„Wir haben den Tip von einem Betrunkenen!" rief Mecki rasch und mit Nachdruck.

„Verstehe, von einem Betrunkenen, der Peter heißt, was? Da gab es doch mal so ein Bürschlein hier im Haus, hieß Peter Machlowitz..."

„Der war es nicht!" protestierte Mecki, doch es klang ziemlich matt.

„Was du nicht sagst, ein Witzchen für Doofe, was?" spöttelte Herr Bäumchen. „Dieser Betrunkene hat euch wohl auch erzählt, daß der Professor samt Familie verreist ist und daß das Haus nur von einem alten, vertrottelten Schauspieler geschützt wird, was?"

Die beiden nickten.

„Ihr habt Glück gehabt, ihr beiden Bettnässer. Ihr habt sogar verdammtes Glück gehabt, daß ihr an Walli, den Bohrer, geraten seid. Eine Stunde früher, und ihr wäret dem Professor samt Familie in die Hände gefallen."

„Vor einer – einer Stunde?" fragte Mecki, und sein Kumpan giftete: „Ich sag's ja, einen feinen Kumpel hast du!"

Herr Bäumchen räkelte sich auf seinem Stuhl, und um seinen Mund spielte ein verschmitztes Lächeln. „Hört zu, ihr beiden Stinker, es gibt drei Möglichkeiten. Möglichkeit eins: Ich rufe die Polizei! Das hätte eine Menge für sich. Solche Stümper wie euch sollte man rechtzeitig aus dem Verkehr ziehen. Rechtzeitig bedeutet, daß man es tut, bevor ihr größeren Schaden anrichten könnt. Verdammt, das wäre wirklich eine gute Überlegung, was?"

Der Gedanke an die Polizei und die damit verbundenen Folgen ließ die beiden Jungganoven noch mehr erblassen.

„Aber wir haben Ihnen doch nichts getan..." Jochen Zimpel versuchte es mit Treuherzigkeit, während Mecki, dabei über seine Hosentasche streichelnd, Herrn Bäumchen ein geschäftliches Angebot machte: „Ich hab' siebzig Mark in der Tasche. Wenn Sie uns laufenlassen, gebe ich sie Ihnen."

Walli, der Bohrer, überhörte den Bestechungsversuch geflissentlich und fuhr ungerührt fort: „Möglichkeit zwei wäre, ich rufe Otto Petersen, den General, an. Otto ist seit dreißig Jahren mit mir befreundet und mir zu Dank verpflichtet. Wenn ich ihm sage, daß mich zwei grüne Jungs Opa und alten Esel genannt haben, schickt er mir postwendend die Roten Rächer. Schon mal was von den Roten Rächern gehört?"

Jochen und Mecki schüttelten wie auf Kommando die Köpfe. Ihr Unbehagen war nicht zu übersehen.

Herr Bäumchen schnalzte mit der Zunge, reckte seinen linken Arm kerzengerade hoch und klappte die Hand im rechten Winkel ab. „Das sind solche Kleiderschränke! Keiner unter zweieinhalb Zentner Gewicht. Wenn die euch in die Mache nehmen, bleiben nur noch ein paar Häute übrig."

Mecki, in dessen Augen nackte Furcht stand, tastete jetzt zu der anderen Tasche. „Ich glaube, ich habe hier auch noch einen Fünfziger."

„Dann rufen Sie doch lieber die Polizei!" sagte Jochen Zimpel, sich innerlich selbst mit Vorwürfen überschüttend.

„Hundertzwanzig bringe ich zusammen!" wiederholte Mecki sein Angebot. Ihm schienen weder die Roten Rächer noch die Polizei diskutabel, solange die eventuelle Chance bestand, sich freizukaufen. Seine Hoffnung wurde jedoch abrupt zunichte gemacht.

„Hundertzwanzig Mark... Sag mal, du Stinker, hältst du mich für einen Groschenkrämer, der mit vertrockneten Salatköpfen handelt? Wie heißt du überhaupt?"

„Mecki."

„Mecki ist doch höchstens dein Spitzname. Was steht in deinem Ausweis?"

„Manfred Meckstreck..." Mecki erwartete, daß Herr Bäumchen nun einen Witz über seinen Namen loslassen würde, doch Herrn Bäumchens Gedanken gingen in diesem Augenblick andere Wege. „Du solltest mal zu Doktor Rapinsky gehen, der bessert solche furchtbaren Horchgeräte ganz prima aus!" sagte er wohlwollend.

„Ich – ich weiß nicht, was Sie meinen!" Mecki wußte es wirklich nicht.

„Ich meine deine abstehenden Ohren. So was muß man doch reparieren lassen... Ach was, was gehen mich deine Löffel an. Kommen wir zu den Tatsachen zurück. Möglichkeit eins also die Polizei, Möglichkeit zwei die Roten Rächer. Bliebe noch Nummer drei!"

Es ging wie ein Ruck durch die zwei auf der Couch. Neue Hoffnung belebte sie.

„Ich schlage euch ein Geschäft vor."

„Ein Geschäft??" Sie sagten es zugleich, und es klang wie aus einem Mund.

„Ein richtiges Geschäft?" fragte Jochen noch einmal und konnte nicht verhindern, daß ein wenig Mißtrauen mitschwang.

„Ein richtiges Geschäft!" bestätigte Herr Bäumchen.

Jochen und Mecki sahen zuerst sich, dann Herrn Bäumchen an. Sie nickten. Und Mecki ließ sogar eine Spur neuen Mutes erkennen, als er sich erkundigte: „Ein Geschäft, bei dem man etwas verdienen kann?"

„Ich mache nur Geschäfte, die mir einen Vorteil bringen... Also, ihr kleinen Stinker, entspannt euch, und hört mir zu. Walli, der Bohrer, wird euch jetzt eine kleine, aber höchst interessante und aufregende Geschichte erzählen."

Die beiden verharrten in ihrer angespannten Haltung. Sie glaubten noch nicht an den Silberstreif am Horizont.

„Ihr sollt euch entspannen, habe ich gesagt, nun tut es gefälligst auch!" schnauzte Herr Bäumchen, steckte sich mit einem Grinsen die Pistole hinter den Hosenbund und kreuzte demonstrativ die Arme über der Brust. Erst jetzt atmeten seine ungebetenen Besucher auf und lehnten sich in leiser Zuversicht zurück.

Herr Bäumchen begann mit funkelnden Augen und bewegter Gestik seine aufregende Geschichte zu erzählen.

„Vor einem Dreivierteljahr kam ich zum erstenmal in dieses Haus. Sozusagen als Urlaubswache. Habe es gründlich auf den Kopf gestellt, das könnt ihr mir glauben. Damals hatte ich noch keine Ahnung von dem Goldschatz. Klar, ich hätte eine Menge teures Zeug hier wegschleppen können, aber der ganz große Coup wäre es nicht gewesen. Am Tag der Rückkehr des Professors hörte ich zum erstenmal von den Goldmünzen. Könnt ihr euch vorstellen, wie ich mich geärgert habe, daß ich umsonst gesucht habe? Aber dann passierte etwas Unwahrscheinliches..." Herr Bäumchen kicherte leise in sich hinein...

„Fragte mich der Professor doch tatsächlich, ob ich nicht als eine Art Hausmeister bei ihm bleiben wolle..."

Herr Bäumchen sah die beiden jungen Männer auf der Couch, deren Blicke wie gebannt an seinen Lippen hingen, vielsagend an. „Ist doch klar, daß ich das Angebot angenommen habe. Dabei zahlt der Professor hundsmiserabel und ist geizig wie ein dänischer Eierhändler... Ja, ihr kleinen Stinker, die Goldmünzen haben es in sich. Die bringen glatt eine Dreiviertelmillion!" Herr Bäumchen rollte mit den Augen.

Während Jochen der Atem in der Luftröhre hängenblieb, stammelte Mecki zuerst ehrfurchtsvoll: „Ei-ei-eine Dreiviertel-mil-mil-million?" Anschließend röchelte er: „Ich werd' verrückt. Mensch, Jochen, haste gehört?" Am liebsten hätte er noch gefragt, wie viele Nullen eine Dreiviertelmillion hat.

Jochen Zimpel, den die Höhe der Summe regelrecht erschreckt hatte, flüsterte jetzt: „Ein Haufen Geld..."

„Genau das habe ich auch gedacht, als ich das erste Mal davon gehört habe. Aber dann machte ich diesen..." – Herr Bäumchen rieb sich die Hände – „...und sagte zu mir: Walli, hier bleibst du und bohrst! Ich war überzeugt, daß ich vor dem Geschäft meines Lebens stand. Ich hatte sogar schon einen Plan, wie ich das Zeug aus dem Safe holen würde. Aber dann..." Ein bedauerndes Schulterzucken schloß sich dem Unausgesprochenen an.

„Aber dann?“ fragte Mecki außer Atem. Und Jochen: „Aber was dann?“

„Dann machte mir der Professor einen Strich durch die Rechnung... Es ist ungefähr drei Monate her. Ich befand mich unten im Geräteschuppen und bastelte an dem Rasenmäher herum, als der Professor mit seinem Sohn kam. Die beiden hatten keine Ahnung, daß ich im Schuppen war. Bei dem Wort Gold wurde ich mucksmäuschenstill und rührte mich nicht mehr. Ich glaube, ich habe sogar das Luftholen eingestellt. Und was sagte da der gelehrte Herr zu seinem Sohn Christian? ‚Christian‘, sagte er, ‚ich möchte die Goldmünzen aus dem Safe nehmen und zu den anderen im Erdtresor tun!“

Mecki riß die Augen auf. „Erdtresor, was ist denn das?“

„Na, ganz einfach, ein Tresor unter der Erde!“ belehrte ihn sein Kumpan.

„Richtig!“ Herr Bäumchen lächelte. „Und was sagte der Sohn, dieser hinterlistige Schurke? ‚Okay, Pop‘...“ Diesmal verzog Herr Bäumchen seinen Mund zu einer höhnischen Grimasse. „Wenn einer schon zu seinem Papa Pop sagt. Also, der Christian sagte: ‚Okay, Pop, morgen nacht ist Vollmond, da erledigen wir das. Vergiß aber nicht, den alten Ewald wegzuschicken. Am besten wird es sein, wenn er für zwei Tage nach Schummelburg zu Tante Amalie fährt. Er soll ihr bei der Obsternte helfen.‘“

„Gemeinheit!“ zischte Mecki und ballte die Fäuste.

„Zwei Stunden später sagte es mir der Professor.“ In steifem Hochdeutsch imitierte Herr Bäumchen seinen Arbeitgeber: „Ewald, würde es Ihnen was ausmachen, morgen mittag für zwei Tage zu meiner Schwester zu fahren? Sie hat dringend zwei Hände bei der Obsternte nötig. Na, und wer könnte ihr da lieber sein als Sie...“

„Scheinheiliger Knilch!“ ärgerte sich Mecki wieder laut.

„Und was haben Sie geantwortet?“ wollte Jochen wissen.

„‚Aber klar, Herr Professor‘, hat Walli, der Bohrer, gesagt, ‚mache ich doch, ist doch selbstverständlich.‘ Am Nachmittag bin ich dann mit meinem Motorrad losgefahren. Aber nicht nach Schummelburg, sondern nach Klexen! War zweimal im Kino, und als es dunkel wurde, lag Walli, der Bohrer, unter dem großen Fliederbusch hinten im Garten. Fünf Minuten nach Mitternacht kamen sie aus dem Haus, gingen in den Geräteschuppen und holten zwei Spaten, Schaufeln und die Schubkarre. In einer ziemlichen Kreisfläche hoben sie die Grasnarbe fein säuberlich ab und schichteten die ausgestochenen Stücke wie Streuselkuchen übereinander. Die ausgegrabene Erde karrten sie zehn Meter weit weg auf einen Haufen.“

„Und wie tief gruben sie?“ erkundigte sich Mecki, und seine Ohren begannen zu glühen.

„Ungefähr einen Meter. Dann hörte ich, wie sie auf Eisen trafen. Der Professor holte einen Besen und kehrte was ab...“

„Den Tresor natürlich!“ vermutete Jochen, ebenfalls von der Aufregung angesteckt.

„Und der Sohn brachte aus dem Haus sieben dicke Beutel, die sie verschwinden ließen. Das alles dauerte zusammen ungefähr drei Stunden. Als sie wieder im Haus waren, machte ich mich auf den Weg nach Schummelburg. Hab’ der guten Frau erzählt, daß ich unterwegs drei Pannen zu beheben hatte... Ja, ihr kleinen Stinker, und jetzt stellt mir mal eine schlaue Frage.“

Bei Mecki reichte es nicht mal zu einem schlauen Gesicht. Jochen rettete sich fürs erste in eine Wiederholung: „Wir sollen Ihnen eine schlaue Frage stellen?“

„Ganz recht!“ Herr Bäumchen nickte.

„Und in welcher Richtung?“

„In Richtung des Erdtresors!!“

Jochen versuchte der schlauen Frage auf die Spur zu kommen, während ihn Mecki dabei gespannt beobachtete. Doch Bierfahrer Jochen mußte passen.

„Es hängt damit zusammen, wie wir an das Gold kommen!“ sagte Herr Bäumchen, und da endlich fiel der Groschen. „Wie kommen wir in den Erdtresor hinein? Hat er eine Kombination?“

Herr Bäumchen klatschte beifällig in die Hände. „Noch ist Hoffnung, mein Söhnchen. Genau das ist die richtige Frage. Und hier ist die Antwort: Der Erdtresor besitzt eine Zahlenkombination. Und der lausige Christian hat sie ganz laut vor sich her gesagt, als er sie einstellte. Walli, der Bohrer, hatte schon immer ein erstklassiges Gedächtnis, doch in diesem Fall hätte er sogar ein ganz mieses haben können. Es ist die ulkigste Kombination, von der ich je Kenntnis erhalten habe, hehehe. Eins bis sieben in schöner phantasieloser Reihenfolge. Also gibt es für uns keinerlei Probleme.“

Für Jochen allerdings schien es eines zu geben. „Konnten Sie denn den Platz, wo der Tresor vergraben ist, genau erkennen?“

Herr Bäumchen schüttelte ärgerlich das Haupt. „Wenn ich euch schon an einem solch gewaltigen Geheimnis teilnehmen lasse, dann stellt mir gefälligst nicht so dämliche Fragen. Natürlich kann ich den Fleck nicht auf den Zentimeter genau wissen, trotzdem habe ich genügend Orientierungspunkte. Und hier ist mein Vorschlag: Ich mache euch die Markierung, ihr grabt das Loch, wir holen das Gold heraus, machen alles wieder zu und teilen durch drei! Ihr verschwindet und laßt euch niemals wieder sehen!“

„Und Sie?" fragte Jochen.

„Ich bleibe noch. Ich türme erst, wenn die das nächste Mal ans Graben gehen. Einverstanden?"

„Einverstanden!"

„Das Werkzeug könnt ihr bis nachher hier liegen lassen. Moment, ich hole nur die Taschenlampe..."

Eine Minute später war Ewald Bäumchen wieder zur Stelle, mit einer Stablampe in der Hand. Die Pistole dagegen hatte er unter seinen Kleiderschrank befördert.

„Gehen wir!" sagte er zu seinen neuen Geschäftspartnern. Aufgeregt folgten ihm diese, benommen von der Vorstellung, in wenigen Stunden einen Goldschatz erbeutet zu haben. Bäumchen dirigierte sie zum Geräteschuppen, ließ sie Spaten, Schaufeln und Schubkarre nehmen und führte sie in den rechten Teil des großen gepflegten Gartens. Mit einem Strick markierte er eine Kreisfläche von 4.20 Meter Durchmesser.

„So", sagte er dann, „irgendwo darunter muß es sein. Wenn ihr die Grasnarbe abgehoben habt, schafft ihr die ausgehobene Erde dort drüben neben die Regentonne. Einen Meter tief und keinen unnötigen Lärm, wenn ich bitten darf. Denkt daran, was für uns auf dem Spiel steht!"

„Und was machen Sie?" fragte Jochen leise.

„Ich gehe ins Haus. Der Professor will jeden Abend anrufen. Heute hat er noch nicht. Ich muß also am Telefon bleiben."

„Und wenn er schon angerufen hat?" Mecki fiel die Unterhaltung ein, die er mit Jochen vor nicht allzu langer Zeit geführt hatte.

„Ich habe den Hörer abgenommen, bevor wir heruntergingen, hehehe..."

Während nun die beiden Schatzgräber mit der Buddelei begannen, kehrte Ewald Bäumchen dorthin zurück, wo ihn der nicht erwartete Besuch überrascht hatte: auf die Couch. Er trank mit leichtem Widerwillen den inzwischen um einige Grade zu warm gewordenen Wein zu Ende und schmauchte danach noch ein Pfeifchen.

Ja, ja, die Goldmünzen, wer hätte das gedacht, daß er da noch einmal eine so große Rolle spielen würde.

Ab und zu erhob er sich und warf einen prüfenden Blick auf seine „Erdarbeiter“, die nicht nur wie wild schaufelten, sondern die auch ganz gut vorankamen.

Der Professor würde Augen machen...

Na eben...

Herr Bäumchen betrachtete nachdenklich das Telefon. Der Professor hatte ja noch immer nicht angerufen...

Ein Sprichwort fiel ihm ein: „Morgenstund hat Gold im Mund.“ Wie wär's in diesem Fall mit: „Um Mitternacht ums Gold gebracht!“?

Ob er sich noch eine Flasche dieser Supersorte *Monzeler Kätzchen* aus dem Keller holen sollte?

0.58 Uhr.

Wachtmeister Steven vom Landespolizeiposten Kellmünster, gerade dabei, ein Gähnen zu unterdrücken, fuhr leicht irritiert zusammen, als das Telefon klingelte. Es schien also nichts mit einer geruhsamen Nacht zu werden. Er meldete sich, lauschte 60 Sekunden lang mit zunehmendem Interesse in die schwarze Muschel, nickte mehrere Male und sagte zum Schluß: „Vielen Dank, ich werde es sofort veranlassen!“

Fünf Atemzüge später hatte Steven bereits Verbindung zu Jens Jansen im Streifenwagen *Tiede II.*

Olaf Grömwold war am Apparat.

„Wo seid ihr im Augenblick, Olaf?“

„Auf der Klexener Landstraße!“

„Fahrt sofort nach Pintorf in den Heidemarschenweg 1. Das Grundstück gehört einem gewissen Professor Vondembrinck. Ich habe soeben Meldung erhalten, daß dort Unbekannte im Garten graben. Am besten, ihr steigt schon vorher aus!“

„Besteht die Gefahr, daß es sich um bewaffnete Täter handelt?“

Wachtmeister Steven gab alles durch, was ihm an Einzelheiten bekannt war.

„Alles klar, wir haben bereits gewendet. Fahren in Richtung Pintorf!“

1.26 Uhr.

Herr Bäumchen trat aus dem Haus, überquerte den Kiesweg und ging auf die Schatzgräber zu, die bereits bis zu den Oberschenkeln in dem ausgeschachteten Loch standen.

Beide atmeten schwer.

Im schwachen Mondlicht konnte Ewald Bäumchen den Schweiß auf ihren Gesichtern erkennen.

„Na, wie läuft's?“ fragte er, und es klang gleichermaßen gespannt wie gemütlich.

„Ganz gut!“ keuchte Mecki und fuhr sich über die Stirn.

„Schätze, daß ihr schon einen Dreiviertelmeter geschafft habt. Und so schön rund.“

„Wir haben uns genau an die Markierung gehalten!“ bestätigte Jochen ebenso atemlos und fragte nach der Uhrzeit.

„Gleich halb zwei…“

„Meine Uhr ist stehengeblieben. Ein Dreiviertelmeter könnte es sein. Der Boden ist ziemlich fest.“

„Was du nicht sagst!" Walli, der Bohrer, wunderte sich. Mecki deutete auf die Schubkarre und schlug vor: „Wenn Sie den Dreck wegfahren würden und wir nur noch zu schaufeln brauchten, ging's viel schneller."

„Bist du verrückt", entrüstete sich Herr Bäumchen, „in meinem Alter?" Und zur Verblüffung der beiden fügte er hinzu: „Wegen mir könnt ihr die Graberei auch sein lassen."

„Ich hab's ja nicht ernst gemeint", knurrte Mecki und wuchtete den Spaten mit Vehemenz in das Erdreich.

„Aber *ich* habe es ernst gemeint!" Herr Bäumchen strahlte abwärts in die Grube. „Das reicht!"

„Wieso denn?" Jochen Zimpel starrte verständnislos nach oben. „Wieso aufhören, wo doch noch nichts von dem Tresor zu sehen ist?"

„Tresor?" Herr Bäumchen wunderte sich in vollkommener Unschuld. „Von welchem Tresor??"

In Zimpels Kopf schnappte ein Relais. Wortlos ließ er die Schaufel fallen und setzte zu einem Satz nach oben an, als Mecki entsetzt rief: „Mensch, Jochen, Polizei!"

„Ich empfehle euch, keine hastigen Bewegungen zu machen!" rief Hauptwachtmeister Grömwold, der von links kam, während Wachtmeister Andresen von jenseits des Fliederstrauches auftauchte.

Meckstreck stand wie versteinert da, als er mit heiserer Stimme vermutete: „Einer hat uns verpfiffen!"

Jochen Zimpel fauchte ihn wütend an: „Du blöder, schlappohriger Idiot, hast du es noch nicht begriffen, der Alte hat uns reingelegt!"

„Walli, der Boh-Boh-Bohrer??" Meckis Kinnlade klappte nach unten, und sein Atemholen erinnerte an das eines Fisches. Verständnislos stierte er Ewald Bäumchen an, der dastand, als habe er soeben einen Preis verliehen bekommen.

„Er ist gar kein Profi", tönte Jochen Zimpel mit sich überschlagender Stimme, „er ist wirklich nur ein Schauspieler!"

Ewald Bäumchen machte eine Verbeugung, als müsse er sich vor einem beifallspendenden Publikum bedanken. Und seine Stimme klang seltsam bewegt, als er sagte: „Ganz recht, ich bin *nur* ein Schauspieler. Aber eines weiß ich ganz gewiß: Es war die größte Rolle, die ich in den letzten zehn Jahren spielen durfte..."

„Und warum haben Sie uns das Riesenloch buddeln lassen, wenn Sie uns doch der Polizei übergeben wollten?"

Mecki nickte zur Frage seines Komplizen und echote: „Ja, warum so 'n Loch?"

„Erstens als Strafe für den Überfall, den Opa und den alten Esel – und zweitens zu meiner eigenen Erleichterung. Genau an dieser Stelle möchte der Professor nämlich einen Springbrunnen haben. Und hättet *ihr* das Loch nicht gegraben, hätte *ich* es schaufeln müssen... Was nun, Herr Wachtmeister?"

„Am besten, wir gehen ins Haus und nehmen gleich hier das Protokoll auf!"

„He, Sie!" rief Mecki mit noch immer schweißnassem Gesicht. „Und was ist mit dem General?"

„Dem General??"

„Natürlich 'ne Erfindung!" zischte Jochen Zimpel und spuckte voller Abscheu in das Loch, das er gegraben hatte.

„Aber eine feine und äußerst wirksame Erfindung, ihr kleinen Stinker, das müßt ihr doch zugeben, wenn ihr ehrlich seid."

In diesem Augenblick schlug es 1.30 Uhr. Das bewußte Ereignis neigte sich seinem Ende zu...

Großvatersprüche 4. Teil:

Ein neuer Anzug bringt nur dann Glück, wenn man ihn beim ersten Tragen bekleckert.

*

Abstehende Ohren sind eine Auszeichnung der Natur, denn diese Leute hören mehr. An den enganliegenden Ohren rauschen die wichtigsten Dinge vorbei.

Krimirätsel

????????????????????????????????????

Kofferdiebe

????????????????????????????????????

„Mittwoch geschlossen“ – „Gutbürgerlicher Mittagstisch“ – „Hier kocht der Chef selbst“. Diese drei Schilder hingen übereinander in der Tür des Lokals *Burgschenke*. Niemand wußte, warum die *Burgschenke* Burgschenke hieß, denn von einer Burg war weit und breit nichts zu sehen.

Man schrieb den 11. August, und es war ein Montag. Zu denen, die zwischen 12 und 13 Uhr ihren „gutbürgerlichen Mittagstisch“ in der *Burgschenke* einnahmen, gehörten auch die beiden Berufsdiebe Uli Pech und Ehrenbert Pawlecek.

Sie lebten seit einem Monat in der Stadt, nachdem ihnen in Berlin das Pflaster so heiß geworden war, daß sie ohne Angabe von Gründen die Geografie gewechselt hatten.

Die beiden Männer waren auf Hauptbahnhöfe spezialisiert – und hier wiederum auf Koffer der teuersten Machart.

Diese stahlen sie entweder den Besitzern vor der Nase weg, oder sie hievten sie unauffällig von Elektrokarren; wenn es sein mußte, auch von den Schubkarren der Gepäckträger.

Selten blieben sie länger als zwei Monate in einer Stadt. Und zwischen zwei „Arbeitstage“ legten sie mindestens einen Ruhetag. Sie traten niemals hintereinander in der gleichen Maske auf. Mit einem Wort: Sie waren Meister ihres Fachs.

Dann kam der 12. August.

9 Uhr, Bahnsteig 16.

Opfer: eine elegante Dame (Ehefrau eines bayerischen

BURGSCHENKE

Bundestagsabgeordneten), die von zwei Schweinslederkoffern eingerahmt wurde.

Rechts von ihr stand Pawlecek als Priester verkleidet, links harrte der vornehme Pech auf den D-Zug nach Bonn.

Da startete Pawlecek Trick Nr. 7. Er hielt der Eleganten, blinzelnd wie ein Kurzsichtiger, einen Stadtplan unter die Nase und bat:

„Verzeihen Sie, ich habe meine Brille vergessen, könnten Sie bitte mal sehen, ob Sie in Quadrat 14/L eine Franz-Schubert-Straße finden?"

Da die Dame eine höfliche Dame war, versuchte sie zu finden. Als sie die Suche aufgab, weil die Stimme im Lautsprecher das Einlaufen des Zuges ankündigte, waren Uli Pech und der linke Koffer verschwunden.

Auch Pawlecek entrüstete sich und versprach, auf der Stelle die Polizei zu holen.

Für die Experten von der städtischen Kripo gab es keine Sekunde des Nachdenkens: Pech und Pawlecek waren in der Stadt.

Großalarm!

Am 15. glückte der große Fang.

P+P (ihr Spitzname und kriminelles „Gütezeichen") verspeisten gerade einträchtig nebeneinander im Schnellimbiß der Bahnhofshalle heiße Würstchen.

Natürlich bestritten sie jegliche Schuld. So sagten sie unter anderem aus, daß sie zur fraglichen Zeit in der *Burgschenke* beim Frühstück saßen,

daß sie, seit sie in der Stadt waren, den Hauptbahnhof zum erstenmal betreten hätten,

daß sie auf der Suche nach einem ehrlichen Job seien,

daß sie aus Ersparnisgründen in ihrem Kombi übernachteten,

daß sie nichts von einem Stadtplan wüßten und

daß sich in ihrem Besitz weder Priesterkleidung noch andere Verkleidungsgegenstände befänden.

Natürlich blieben sie in Polizeigewahrsam, denn ihnen war, wie sich bei der Überprüfung ihrer Alibis herausstellte, eine folgenschwere Bemerkung unterlaufen.

Unter all den lügenhaften Behauptungen der beiden Täter war jene, die sie einer entscheidenden Lüge überführte. Um welche handelte es sich?

Auflösung Seite 453

Krimirätsel

??????????????????????????????????????

Auge in Auge

??????????????????????????????????????

In der kleinen Schalterhalle der *Bank für Handel und Wirtschaft* befanden sich zum Zeitpunkt des Überfalls, außer den beiden Bankangestellten, drei Kunden:

ein Schneidermeister aus Neustadt,
eine Gastwirtsfrau, ebenfalls aus Neustadt,
und eine Kioskinhaberin aus Lönsingen.

Nach den Augenzeugenberichten ergab sich folgendes Bild:

Kurz vor 16 Uhr betraten zwei Männer die Bankfiliale und riefen sofort: „Keine Bewegung – das ist ein Überfall!"

Während sich dann einer der beiden Männer mit einem furchteinflößenden Schießeisen neben der Tür aufstellte, trat der zweite an den Schalter, schob dem Kassierer Gotthold Mayer eine hellbraune Aktenmappe hin und herrschte ihn dabei mit dem Wort „Vollmachen!" an.

Übereinstimmend berichteten die Augenzeugen, daß beide Bankräuber in einem weiten Lodenmantel steckten, daß beide einen Hut, eine Sonnenbrille und einen Vollbart trugen.

Ergänzt wurden diese Aussagen durch die Angaben des Kassierers, der für das Protokoll zu berichten wußte: „Da stand ich dem Gauner Auge in Auge gegenüber, und ich sage Ihnen, die hätten kurzen Prozeß mit mir gemacht, wenn ich mich geweigert hätte, Geld in die Tasche zu packen."

Auf die Frage Inspektor Goldners, ob er den Mann mit der Tasche wiedererkennen würde, wartete Gotthold Mayer mit einem wichtigen Detail auf: „Stünde er mir in der gleichen Aufmachung gegenüber, würde ich ihn sicher sofort wiedererkennen. Aber auch so sollte man ihn finden, denn an der rechten Hand fehlten ihm Zeige- und Mittelfinger.“

Als die Bankräuber um 16.02 Uhr die Bank verlassen hatten, befanden sich in ihrem Besitz 74 000 D-Mark in Papiergeld sowie eine Handvoll Goldmünzen im Wert von rund 12 000 D-Mark.

Soweit also die Fakten.

Vier Stunden später sagte Inspektor Goldner nachdenklich zu seinem Mitarbeiter Köster:

„Ich werde das verdammte Gefühl nicht los, daß an diesem Bankraub etwas faul ist. 15.59 Uhr haben die Gangster die Bank betreten, und bereits drei Minuten später waren sie wieder draußen. Durch einen zweiten Ausgang...“

„Was schließen Sie daraus?“

„Es sieht doch so aus, als hätte der Kassierer das Geld schon bereitgehalten.“

Köster zuckte mit den Schultern. „Das wäre schön, wenn wir den Fall auf so schnelle und elegante Weise zu den Akten legen könnten. Nur – können wir das beweisen?“

„Ja“, der Inspektor nickte, „mit Gefühl allein ist da nichts zu machen.“ Er erhob sich. „Ich werde mich noch einmal mit ihm unterhalten… Auge in Auge, wie er sich ausdrückte…“

Wie sich später zeigen sollte, war Inspektor Goldners „gutes Gefühl“ Gold wert. Es gelang ihm zu beweisen, daß der Kassierer in der Tat als Komplize der beiden Bankräuber fungiert hatte.

Wie und *womit* versuchte Herr Mayer die Polizei auf eine falsche Spur zu bringen? Um diese Frage präzise beantworten zu können, muß man sich unsere Zeichnung vom Tathergang genau betrachten.

Auflösung Seite 453

Hinterlistige Geschichte

+++++++++++++++++++++++++++++++++++

Die Zwerg-Zirbel-Zypresse

+++++++++++++++++++++++++++++++++++

Nikolaus Rummel, 29 Jahre alt, war eine Mischung aus Spinner, Idealist, Hochstapler, Träumer, Tüftler und Geschäftsmann. Manche bezeichneten ihn auch als eine Art Eulenspiegel. Jegliche Arbeit empfand er als notwendiges Übel, dem man, so gut es ging, aus dem Weg gehen mußte. Nur – immer konnte er sich dem Geldverdienenmüssen nicht entziehen.

Da er jedoch bei der Arbeit oft träumte und seine verständnislosen Chefs diesen Hang zu schönen Visionen für Faulheit hielten, mußte er oft die Stellung wechseln. Eine Tatsache, die Nikolaus jedoch stets mit Gelassenheit, ja fast mit entspannter Fröhlichkeit hinnahm. Oft erholte er sich nach Beendigung einer Tätigkeit erst einmal gründlich in seiner ererbten Zweizimmer-Eigentumswohnung, noch öfter allerdings in der strahlenden Sonne irgendeines Reiseziels.

Erst wenn die letzte Mark verbraucht war, wurde Niki (wie er von seinen Freunden und einigen Neidern genannt wurde) wieder aktiv. Er begann zu tüfteln. Meist war das Ergebnis phantasievoller Tüftelarbeit eine umwerfende Idee, mit deren Hilfe sich ein „grandioses Geschäft" verwirklichen ließ.

Blenden wir uns ein in den Lebenskreislauf des Nikolaus Ferdinand Rummel, Sohn eines braven Schornsteinfegermeisters und einer liebevollen Mutter namens Erdlinde...

Die Zeiger der Uhr auf dem Schreibtisch von Dr. Donner, dem Personalchef der Klein-Beutel AG, stehen auf 11.45 Uhr.

Dr. Donner, ein mittelgroßer, praller Mann mit einer preiswürdigen Glatze, wieselflinken Augen und hektischem Getue, sieht auf.

Es hat geklopft.

Er knüllt sich Personalcheffalten ins dicke Gesicht und ruft. „Herein!" Die Falten vertiefen sich, als er seines Besuchers ansichtig wird. Doch der strahlt ihn ungehemmt an, eine theatralische Armbewegung, und ruft:

„Einen wunderschönen guten Morgen, mein lieber Herr Doktor Donner!"

Viktor Donner zwingt sich zur Beherrschung. „Nur nicht provozieren lassen", denkt er, während er auf den Stuhl vor seinem Schreibtisch deutet. Leise und bedeutsam stellt er fest: „Erstens bin ich nicht ‚Ihr Lieber', und zweitens gehen unsere Auffassungen über den Begriff ‚Morgen' sehr auseinander, Herr Rummel!"

„Oh, der Herr Doktor haben schlecht geschlafen und sind nun schlecht gelaunt?"

Dr. Donner räuspert sich.

„Und wenn, wäre es kein Wunder!! Ich beobachte Sie seit Wochen, Herr Rummel!"

Nikolaus Rummel verbeugt sich höflich im Sitzen.

„Wie liebenswürdig von Ihnen. Womit habe ich Ihre geschätzte Aufmerksamkeit verdient?"

Dr. Donner schiebt sich einen Finger zwischen Hals und blütenweißen Kragen. Das unentwegte Grinsen seines Gegenübers läßt sein Blut langsam, aber unaufhaltsam in Wallung geraten.

„Während Ihre Kollegen hundert Rechnungen schreiben, begnügen Sie sich mit höchstens fünf!"

Nikolaus zieht erstaunt die rechte Augenbraue nach oben. „Wie ist das möglich??"

„Bei unserer großen Versandaktion im letzten Monat bearbeiteten Ihre Kollegen viertausend Adressen pro Woche, Sie dagegen... na, was glauben Sie, wie viele haben Sie geschafft?"

Nikolaus Rummel schüttelt den Kopf und antwortet liebenswürdig: „Ich habe sie nicht gezählt!"

Dr. Donners Worte triefen vor Hohn: „Dabei wäre das so einfach gewesen. Ganze einhundert Adressen waren es, hahaha. Viertausend zu einhundert. Das ist ein Unterschied, was?"

„Wahrhaft erstaunlich!" In Rummels Augen blitzt der Schalk. Oder empfindet es nur der Personalchef so? Seine Stimme jedenfalls klingt um einige Phon lauter und eine halbe Oktave höher, als er sich hörbar erkundigt:

„Sie wollen mich wohl auf den Arm nehmen? Aber das wird Ihnen nicht gelingen. Nie, Herr... Herr Rummel! Wir werden uns nämlich trennen. Die Klein-Beutel AG kann es sich nicht leisten, Gehälter an Faulenzer zu zahlen."

„Sie gehen zu weit, lieber Doktor!" erwidert Nikolaus, zwar mit einem strahlenden Lächeln, aber doch leicht rügend.

„Ach, wie soll ich denn sonst einen Mann nennen, der fast den ganzen Tag am Schreibtisch sitzt und Löcher in die Luft starrt?"

„*Ich* würde ihn einen Denker nennen. Vielleicht auch einen Nachdenker!"

„Unser Personaletat sieht weder Gehälter für Denker noch für Nachdenker vor!" giftet Dr. Donner.

„Das ist ein Fehler!" korrigiert Nikolaus. „Ich leiste selbst dann noch mehr für die Klein-Beutel AG, wenn ich in der Nase bohre, als jene mit den hundert Rechnungen und viertausend Adressen."

Dr. Donner schluckt schwer. Die Farbe seines prallen Gesichtes hat sich von Hellrot auf Weiß mit roten Flecken gewandelt. „Entweder Sie sind krank oder größenwahnsinnig", keucht er.

„Sie verkennen die Situation, lieber Doktor. Ich denke nur pausenlos darüber nach, wo und wie man einsparen könnte."

„Nun, nachdem Sie fast vier Monate mit dieser Tätigkeit zugebracht haben, können Sie mir ja das Ergebnis Ihrer Denkarbeit mitteilen – oder??"

„Es könnte Sie kränken und aufregen..."

Dr. Donner reißt die Augen auf. „O nein, mich kann nichts mehr aufregen."

„Meinetwegen. Ich bin also zu dem Schluß gekommen, daß die Klein-Beutel AG auf einen Personalchef verzichten könnte und daß..."

Dr. Donner ist hochgeschossen. „Genug!! Gehen Sie zur Kasse, Ihr Restgehalt und Ihre Papiere liegen bereit..."

Nikolaus Rummel erhebt sich ebenfalls. Höflich verbeugt er sich. „Sehen Sie, schon deshalb wird aus der Klein-Beutel AG nie eine Groß-Beutel AG werden. Was hier fehlt, ist ein Personalchef mit Phantasie."

Viele Wochen waren inzwischen seit diesem Ereignis vergangen. Sebastian Schneider war fleißig, gewissenhaft, verläßlich, ehrgeizig und ein Realist. Sein Verhältnis zur Arbeit konnte man als ungetrübt bezeichnen.

Er stellte also genau das Gegenteil von Nikolaus Rummel dar. Und vielleicht lag in dieser Gegensätzlichkeit das Geheimnis ihrer tiefen und aufrichtigen Freundschaft, die während der gemeinsamen Schulzeit begonnen hatte und nie eingeschlummert war. Trotz der unterschiedlichen Auffassung zu Beruf und Arbeit.

Jetzt stand Sebastian neben seinem Schreibtisch und starrte freudig überrascht auf Nikolaus Rummel, der sich (typisch!!) ohne anzuklopfen ins Zimmer geschoben hatte.

„Niki... mein Gott, ich befürchtete schon, du wärst Kidnappern in die Hände gefallen. Wo hast du nur gesteckt?"

Noch bevor Nikolaus antwortete, schüttelten sie sich die Hände und klopften einander voller Zuneigung und Freude auf die Schultern. Dann jedoch wunderte sich Rummel:

„War diese Frage eben eine schauspielerische Einlage? Ich habe dir doch aus Luzern einen sechs Seiten langen Brief geschrieben."

Sie setzten sich.

Sebastian streckte seine rechte Hand in die Höhe.

„Ich schwöre dir, ich habe keinen Brief bekommen. Was hast du in Luzern gemacht?"

„Das übliche: Ferien. Es war wunderschön. Wäre mir das Geld nicht ausgegangen, läge ich noch jetzt an den Gestaden des Vierwaldstätter Sees."

Sebastian schüttelte den Kopf. „Du wirst dich wohl nie ändern... Vor vier Wochen habe ich bei der Klein-Beutel AG angerufen und dabei erfahren, daß es dich dort nicht mehr gibt."

Niki nickte und sagte leichthin: „Eine völlig begreifliche Entlassung. Es stand alles ausführlich in meinem Brief. Reden wir also nicht mehr darüber, es lohnt nicht."

„Und jetzt?"

„Jetzt bin ich erst einmal pleite..." Nikolaus Rummel streckte sich und seufzte dann wohlig: „Ich sage dir, Sebastian, nichts ist fruchtbarer als Pleitesein. Ideen kriegt man da ... Ideen..."

Sebastian Schneider streckte beschwörend seine Arme aus. „Ich will den Dingen gleich vorbeugen, Niki. Wenn du glaubst, ich würde dir wieder bei irgendeinem kauzigen Unternehmen helfen, dann irrst du dich. Außerdem..." Sebastian suchte nach den entsprechenden Worten.

„Was ist außerdem?"

„Außerdem bewegen sich deine Einfälle immer hart an der Grenze der Legalität. Und ich habe, im Gegensatz zu dir, keine Lust, meine Stelle zu verlieren. Klar?"

Nikolaus Rummel schüttelte sich.

„Wie kann man nur neun Jahre hintereinander für den gleichen Herrn arbeiten..."

„Vorige Woche waren es zehn Jahre!" verbesserte Sebastian.

„Eine Ewigkeit!"

„Dafür bin ich auch Abteilungsleiter. Und was für dich eine Neuigkeit sein wird – ich werde im Herbst heiraten."

Nikolaus war wirklich überrascht, ja direkt sprachlos, denn ihm fiel ein, was Sebastian immer wieder behauptet hatte: Wenn ich einmal heirate, dann mit vierzig!

„Wen denn?"

„Polly Peters!"

Nikolaus lehnte sich in seinem Stuhl zurück, schloß die Augen und legte den ausgestreckten Zeigefinger neben die Nase. So konnte er, wie er vorgab, am besten nachdenken.

„Polly Peters... Polly Peters..." murmelte er leise. Dann zeigte der ausgestreckte Zeigefinger, der eben noch neben der Nase lag, auf Sebastian.

„Es hat geklingelt. Ist das nicht die Kleine aus dem Osterkonzert? Der Zwerg mit den Sommersprossen?"

Sebastian tat gekränkt: „Du übertreibst wieder einmal schändlich. Immerhin ist sie 1,58 Meter groß."

„Mir geht da so einiges durch den Kopf, Sebastian." Nikolaus grinste anzüglich. „Zum Beispiel, daß du 1,90 groß bist. Das macht 32 Zentimeter Luftlinie von Mund zu Mund. Wenn sie dich küssen will, braucht sie entweder ein Trampolin oder eine Leiter."

„Du bist ein Ekel!" Sebastian lachte.

„Du hast recht, lassen wir also die Unwichtigkeiten und kommen wir zu den wirklich amüsanten Dingen..."

„Verschone mich mit deinen Einfällen!" wehrte Sebastian ab.

„Anhören schadet doch nicht", warf Nikolaus unschuldig ein. „Wenn wir den Streich hinter uns haben, kannst du meinetwegen heiraten."

„Nein!!"

„Sei nicht kindisch, Abteilungsleiter!"

„Mir schwant Schreckliches. Wenn du diesen Zug um den Mund hast, bist du immer besonders hinterlistig."

Nikolaus Rummel sah seinen Freund mit einem verklärten Blick an. Und er nickte. „Hast recht. Und nun sag, wo wohnen in unserer hübschen und sehr großen Stadt die Reichen und die Gierigen?"

„In Kaiserforst, sagt man."

„Man sagt sicher Richtiges. Und wo gibt es in unserer hübschen und sehr großen Stadt die schönsten, protzigsten und gepflegtesten Vorgärten? Ich antworte selbst: ebenfalls dort! Also werden wir unsere kleine Komödie auch in dieser Kulisse spielen."

„Ohne mich!"

„Erstens bist du mein ältester, einziger und bester Freund, und zweitens wirst du es dir wohl noch zutrauen, einen durchreisenden Gartenfachmann zu spielen, dessen Leidenschaft asiatische Zwerg-Zirbel-Zypressen sind!?!"

„Asiatische was?"

„Zwerg-Zirbel-Zypressen."

„Gibt's die wirklich?" wollte Sebastian verwirrt wissen.

Nikolaus Rummel hielt den Kopf schräg und sah seinen Freund vielsagend an. „Glaubst du an Wunder?“ fragte er.

„Was soll diese alberne Frage, Niki?“

„Sag ja!“

„Warum sollte ich ja sagen?“

„Wenn du ja sagst, glaubst du an Wunder, und wenn du an Wunder glaubst, gibt’s vielleicht auch asiatische Zwerg-Zirbel-Zypressen!“ Nikolaus Rummel lächelte, während Sebastian eine resignierende Handbewegung machte.

„Also fängt das ganze Geschäft schon wieder mit einem Schwindel an...“

„Setz ein freundliches Gesicht auf und hör mir zu, Sebastian. Es gibt strafbaren Schwindel und solchen, der zwar nicht fein, dafür aber auch nicht strafbar ist. Mein Superplänchen sieht folgendermaßen aus...“

Und dann schilderte Nikolaus Rummel wort- und gestenreich seinem gequält und zugleich fasziniert zuhörenden Freund Sebastian Schneider den Plan seines hinterlistigen Vorhabens, den er mit der Überschrift versah: „Eigennutz geht vor schnöder Gewinnsucht.“

Frau Kaufmann, die in diesem Augenblick aus dem Haus trat, glaubte ihren Augen nicht zu trauen. Ja, sie erstarrte geradewegs vor Entrüstung. Hatte sich da nicht ein Fremder einfach über den niedrigen Zaun zur Straße geschwungen und stand nun mitten in ihrem Garten?!

Resolut überquerte sie den kurzgeschnittenen englischen Rasen.

„He, Sie, was erlauben Sie sich? Was tun Sie in unserem Garten?“ schimpfte sie empört und stemmte die Arme in die Seiten.

Der Fremde schlug die Hacken seiner Lackschuhe zusammen und verbeugte sich wie ein französischer Diplomat. Dann breitete er die Arme aus und rief theatralisch: „Verzeihen Sie einem alten Gartennarren, daß die Begeisterung mit ihm durchgegangen ist. Ich *mußte* mir diese Zypresse aus der Nähe betrachten."

„Aber so einfach über den Zaun zu steigen..." Frau Kaufmanns Stimme klang schon ein wenig versöhnlicher.

„Ich weiß, ich weiß, gnädige Frau, aber Sie können ganz beruhigt sein. Ich bin weder ein Straßenräuber noch ein Baumdieb. Bitte erlauben Sie mir, daß ich mich vorstelle. Nikolaus Rummel!" Erneut folgte eine vollendete Verbeugung. „Hier meine Karte, gnädige Frau!"

Nun schien Frau Kaufmann endgültig beschwichtigt. Nein, wie ein Straßenräuber sah dieser Herr Rummel wirklich nicht aus! Eher wie ein braungebrannter eleganter Weltenbummler, der geradewegs aus der Sonne kam. Und mit welch seltsamen Blicken er die Zypresse begutachtete...

„Danke", sagte Frau Kaufmann und ließ die Visitenkarte in der Tasche ihrer maßgeschneiderten Kittelschürze verschwinden. „Was interessiert Sie denn so brennend an der Zypresse?"

„Alles!!" Es klang schnell, scharf und laut wie ein Schuß.

„Oh..."

„Ja, ich bin ein Zypressennarr. Erlauben Sie mir, daß ich einmal drumherum gehe, gnädige Frau? Verzeihung, ich habe in der Aufregung ganz vergessen, auf das Namensschild zu achten."

„Kaufmann!" Frau Kaufmann ging bereitwillig auf die unausgesprochene Frage nach ihrem Namen ein. „Mein Mann ist Regierungsdirektor im Ministerium für Umweltschutz."

Erneute Verbeugung. „Fühle mich sehr geehrt!" Nikolaus Rummel strahlte die Ehefrau des Regierungsdirektors aus

dem Umweltministerium an. Er umrundete die Zypresse, schüttelte ein ums andere Mal den Kopf und stieß dabei abgrundtiefe Seufzer hervor, und nach einem umfassenden Blick über den restlichen Garten lobte er: „Also wirklich, gnädige Frau, ein märchenhafter Garten."

„Habe ich persönlich angelegt", gab Frau Kaufmann geschmeichelt zu und fühlte dabei ein wenig Röte in ihren Wangen aufsteigen.

„Sie sind eine Künstlerin!" Nikolaus Rummel übertrieb, und wieder blieben seine Blicke an der Zypresse hängen. Lange!! Endlich wandte er sich erneut Frau Kaufmann zu. Sich verlegen die Hände reibend, ließ er die Worte klümpchenweise fallen:

„Gnädige Frau, das ist ... also ehrlich gesagt ... also ehrlich gesagt, ich geniere mich! Ehrlich, Frau Kaufmann! Ich geniere mich ... und trotzdem ...!"

Frau Kaufmann sah ihren ungebetenen Gartenbesucher ratlos an. „Was meinen Sie mit trotzdem?"

„Ich ... gnädige Frau, ich möchte Ihnen ein Geschäft vorschlagen." Rummel holte tief Luft und seufzte erleichtert auf. „Ja, ein Geschäft, jetzt ist es raus. Hoffentlich halten Sie mich nicht für unverschämt ..."

Wofür die Regierungsdirektorsgattin ihn halten sollte, wußte sie im Augenblick wohl selbst nicht. Voller Verwirrung musterte sie ihn zunächst einmal. „Ich verstehe nicht, was Sie mit Geschäft meinen."

Nikolaus Rummel richtete sich steif auf, wippte zwei-, dreimal auf den Zehenspitzen und sah Frau Kaufmann mit durchdringendem Blick an. „Ich möchte Ihnen die Zypresse abkaufen!"

Einen Augenblick lang blieb Frau Kaufmanns Mund offenstehen, und der Gedanke, sie könnte es mit einem Verrückten zu tun haben, durchzuckte sie blitzartig. Doch als sie merkte, mit welcher Verzückung der Fremde bereits wieder die Zypresse betrachtete, an der sie selbst überhaupt nichts Ungewöhnliches finden konnte, verwarf sie diesen Gedanken.

„Aber nein“, sagte sie leise, „das ist doch nicht Ihr Ernst...“

„Meine Zypressenleidenschaft bringt mich immer wieder in solche Situationen. Bitte, üben Sie Nachsicht, gnädige Frau! Ich biete Ihnen 500 Mark!“

„Fünf ... fünfhundert Mark?“ wiederholte Frau Kaufmann und sah Nikolaus Rummel an, als habe er „eine Million“ gesagt. Dabei erinnerte sie sich noch genau an den Preis, den sie im vergangenen Jahr für das Bäumchen bezahlt hatte: 45 Mark.

„Na gut“, Nikolaus seufzte und spielte überzeugend den Leidgeprüften. „Ich bin selbst schuld, wenn ich alles haben muß. Ich erhöhe auf 600!“

„Du lieber Himmel!“ Frau Kaufmann fiel aus allen Wolken. „Aber wo denken Sie denn hin!??“

Der Zypressenliebhaber tat, als habe er soeben einen breiten Schatten übersprungen. „Mein letztes Wort und Angebot“, rief er, „800!“

Der Frau verschlug es den Atem. Sie hatte plötzlich einen trockenen Mund. „800 Mark für dieses kleine Bäumchen?“

„Bar auf die Hand!“ Nikolaus nickte und zog eine Grimasse, als hinge sein weiteres Wohlergehen von dem Erwerb ab. „Allerdings könnte ich die Zypresse erst in etwa 14 Tagen abholen. Eher ist mein Gärtner nicht da. Und mit solchen Kostbarkeiten muß man sorgfältig umgehen.“

Frau Kaufmann starrte auf Nikolaus Rummels elegantes Einstecktuch, ohne es zu sehen, während die Gedanken in ihrem Kopf kunterbunt durcheinanderkugelten. War es recht, daß man einem Fremden etwas für 800 Mark verkaufte, wofür man selbst nur 45 bezahlt hatte? Nein, recht war das auf keinen Fall! Auf der anderen Seite fiel ihr ein, was Egon Kaufmann, der Regierungsdirektor, immer wieder von ihrem kaufmännischen Geschick behauptete: sie sei geschäftstüchtig wie eine an Gelbsucht leidende Hausmaus! Ja, und das gab schließlich den Ausschlag! Sie würde es ihm beweisen – das Gegenteil. Mit angehaltenem Atem rieb sie ihre gepflegte rechte Hand an der maßgeschneiderten Kittelschürze und streckte sie dann Nikolaus Rummel entgegen. „Also gut, machen wir das Geschäft!“ rief sie eine Spur zu laut mit bebender Stimme. Und leiser: „Ich werde meinem Mann vorerst nichts verraten.“

„Fein“, Nikolaus strahlte, „dann gebe ich Ihnen jetzt 800 Mark, und Sie bestätigen mir, daß ich bezahlt habe und die Zypresse ab sofort mir gehört.“

„Einverstanden. Darf ich Sie ins Haus bitten, Herr Rummel...“

„Aber gern! Ich mache ohnehin ungern Geschäfte unter freiem Himmel!“ sagte er und warf dabei einen raschen dankbaren Blick nach oben...

Egon Kaufmann stand inmitten seines Gartens und paffte unlustig an einer Zigarre. Viel lieber täte er das in seinem gediegen und teuer eingerichteten Wohnzimmer, aber seine Frau bestand darauf, daß er, wenn er schon die Umwelt verschmutzte, die äußere dazu nähme.

Auch wenn er sich für den nachgebenden Klügeren hielt (haha!!), so mußte er sich jedoch eingestehen, daß es ihm hier draußen nur den halben Spaß machte. Und weil ihm der wahre Genuß verleidet war, reagierte er auch sofort, als das „Hallo!“ in seinen Ohren klang.

Er drehte sich um und musterte den großgewachsenen jungen Mann im hellbraunen Glencheckanzug.

Obwohl ihm dieser freundlich zuwinkte, fragte er überflüssigerweise: „Meinen Sie mich?"

Der Große zeigte zur Gartentür: „Dort steht Kaufmann. Sind Sie Herr Kaufmann?"

„Der bin ich!" Der Regierungsdirektor nickte. „Was gibt's denn?"

„Würden Sie mir erlauben, Ihren Garten zu betreten?"

„Könnte auch ein Beamter sein", überlegte Herr Kaufmann und fühlte Wohlwollen. Oder ein Vertreter vielleicht? Das Wohlwollen schwand, und Unwillen setzte sich an dessen Stelle. Er fand die Vorstellung, sich nach Dienstschluß noch mit irgendwelchen einfallsreichen Vertretern auseinandersetzen zu müssen, wenig sympathisch. Aber wieso *müssen*? Er mußte ja gar nicht. Er konnte doch einfach hochmütig mit seiner Zweimarkzigarre winken und sagen: Scheren Sie sich zum – na ja, Teufel wäre wohl ein bißchen zu hart.

„Um was geht's denn?"

Der Lange von jenseits des Gartenzaunes zuckte mit den Schultern, schien eigenartig aufgeregt und starrte an Herrn Kaufmann vorbei. Dieser folgte dem Blick – und was sah er: ein Bäumchen. Der Name war ihm schon wieder entfallen.

„Ich weiß nicht, ob ich mich irre... Dazu müßte ich etwas näher herangehen..."

„Also meinetwegen, kommen Sie herein!" rief Herr Kaufmann jovial. Neugier hatte ihn gepackt.

Fünf Sekunden später stand der Fremde neben ihm.

„Vielen Dank!" sagte er, ohne den Haus- und Gartenbesitzer anzusehen. Dagegen verschlang er besagte Pflanze mit den Augen.

Der Regierungsdirektor kam sich plötzlich überflüssig vor. Das änderte sich jedoch, als der eigenartige Mensch da neben ihm heiser flüsterte:

„Tatsächlich, eine echte asiatische ZZZ."

„ZZZ??" wiederholte Egon Kaufmann. „Was ist denn das?"

Der Kopf des Betrachters fuhr herum, zwei glencheckbewehrte Arme wirbelten wild durch die Gegend.

„Wollen Sie damit sagen, daß Sie nicht wissen, was das hier" – ein ausgestreckter Zeigefinger stieß ein Loch in die Luft – „ist? Das da?"

„Irgendein komisches Bäumchen, nehme ich an", erwiderte Herr Kaufmann und fühlte ein wenig Verwirrung. Ihm fiel doch im Augenblick tatsächlich nicht ein, wie das Bäumchen hieß. Das war Sache seiner Frau. Er wußte nur eines: Sie hatte es aus der Baumschule mitgebracht!

„Bäumchen..." stieß der Fremde hervor, und er tat, als hätte ihn Kaufmann mit einem Schimpfwort belegt. „Bäumchen... Herr!!"

„Kaufmann!" sagte Kaufmann in der Annahme, der andere hätte seinen Namen vergessen.

„Angenehm!" sagte der und verbeugte sich kurz und hastig. „Sebastian Schneider! Herr Kaufmann, Sie besitzen eine der seltenen asiatischen Zwerg-Zirbel-Zypressen und wissen es nicht!?"

„Ach..."

„Sie müssen ja ein Vermögen dafür bezahlt haben."

Herr Kaufmann schüttelte den Kopf. Oder hätte er vielleicht nicken sollen??

„Also, das Ding da hat meine Frau vor zwei Jahren aus einer ganz normalen Baumschule mitgebracht... Ein Vermögen hat das sicher nicht gekostet."

„Baumschule?" Der Fremde, der Schneider hieß, rollte ungläubig mit den Augen. „Unfaßbar... So einen Schatz."

„Heißt das, daß das Bäumchen nie größer wird?"

„Das heißt es. Diese Zwerg-Zirbel-Zypresse hat ihr Wachstum bereits beendet. Das tut sie immer, sobald sie 90 Zentimeter hoch ist. Jetzt geht es nur noch darum, ob sie überlebt."

Herr Kaufmann schluckte, und es schmeckte nach Zigarre, was er schluckte. „Überlebt??"

Herr Schneider dagegen schnitt eine bekümmerte Grimasse. „Leider, leider. 80 Prozent aller ZZZs im Freien überleben das dritte Lebensjahr nicht."

„Na ja, dann setzen wir eben einen Birnbaum hin."

„Herr K-K-Kaufmann... Wie können Sie nur so reden!" Der Mann im Glencheck entrüstete sich, dann packte er Kaufmann am Arm und flüsterte atemlos: „Bitte, verkaufen Sie mir diese Zypresse."

Egon Kaufmann mußte, ganz gegen seinen Willen, lachen. „Da müssen Sie schon mit meiner Frau sprechen. Was ist Ihnen dieses kleine Krüppelbäumchen denn wert?"

Der Interessent blickte finster drein. „Ich habe noch nie jemandes Unwissenheit ausgenutzt", entgegnete er. „Ich biete Ihnen 6 000 Mark!"

Durch den Regierungsdirektor ging ein Ruck. Er suchte im Gesicht seines Gegenübers nach einem versteckten oder offenen spöttischen Lächeln, nach irgendeinem Zeichen von... Aber nein, der sah so verdammt ernst drein, daß Kaufmann vergeblich suchte. Und um einen Traum handelte es sich ebenfalls nicht, denn gerade war er in seiner Verwirrung mit der linken Hand an die Zigarre gestoßen und hatte die Glut gefühlt.

„Auf 7 000 würde ich noch gehen, Herr Kaufmann!" Der Ministerialbeamte schaute drein wie eine vom Schlag getroffene Graugans. Und eifrig fuhr der andere fort: „Bitte vergessen Sie nicht, daß für mich ein großes Risiko damit verbunden ist. Wie ich Ihnen bereits sagte, kommen nur 20 Prozent über das dritte Jahr."

„7 000 …" murmelte Herr Kaufmann leise, und er dachte: „Wenn ich das im Ministerium erzähle – das glaubt mir kein Mensch." Er musterte fast ehrfurchtsvoll die kleine mickrige Zypresse, die auf ihn nie einen sonderlichen Eindruck gemacht hatte. „Bitte, wollen Sie nicht mit Ihrer Frau sprechen, Herr Kaufmann!" drängte der Herr namens Schneider, und der hohe Beamte wurde von einem Teufelchen geritten. Er sah

Herrn Schneider an, ließ die rechte Augenbraue nach oben rutschen und wiederholte fragend: „7 000?“

„Mein letztes Wort – 8 000!“

„8 000... Einverstanden!“ Egon Kaufmann merkte, wie sein Kopf nickte, wie sein Gesicht lächelte und sein Mund sprach: „Ich will meine Frau holen, bitte gedulden Sie sich einen Augenblick, Herr Schneider!“

„Aber gern, Herr Kaufmann...“

Agnes Kaufmann beschäftigte sich gerade mit einem Stapel Geschirrtücher, als ihr Mann ins Zimmer trat.

„Aber Egon!“ tadelte sie vorwurfsvoll, als sie die Zigarre in seiner Hand entdeckte. Es ist anzunehmen, daß Herr Kaufmann dieses gar nicht wahrnahm. „Agnes“, rief er, „komm mit in den Garten, ich habe soeben die Zypresse, die in Wirklichkeit eine asiatische Dingsbums-Zypresse ist, für 8 000 Mark an einen Verrückten verkauft.“

Mit einem Dutzend frischgebügelter Geschirrtücher im Arm taumelte Frau Kaufmann rückwärts und sank mit blassen Lippen auf einen Stuhl.

„Was sagst du da, Egon?“ stammelte sie geisterbleich.

„Nun hab dich nicht so, freu dich doch!“ Der Regierungsdirektor versuchte seiner Ehefrau Begeisterung einzuhauchen. Als er jedoch das Ausmaß ihrer Fassungslosigkeit sah, kam ihm der Verdacht, daß hier etwas nicht stimmen könne.

„Was ist los, Agnes?“ wollte er wissen. Es klang ärgerlich. Nichts war ihm verhaßter als Unübersichtliches. Warum zitterte sie?

„Agnes“, wiederholte er noch einmal unruhig, „hast du mich auch richtig verstanden? Für 8 000 Mark!“

Ihre Arme mit den Geschirrtüchern sanken herab. „Aber

ich habe die Zypresse doch auch schon verkauft. Für *800* Mark!"

Diesmal war es an Herrn Kaufmann, die Welt nicht mehr zu verstehen. Erregt paffte er dicke Wolken... Zwei Minuten lang stand er so da und starrte sein bebendes Weib an. Dann stürmte er hinaus...

Seine Sorge, der Interessent könnte inzwischen das Weite gesucht haben, erwies sich als unbegründet. Nach wie vor stand der Glencheckanzug wie eingepflanzt neben der asiatischen Zwerg-Zirbel-Zypresse.

„Meine Frau läßt sich entschuldigen, aber sie fühlt sich nicht wohl!" schwindelte der Regierungsdirektor mit gequältem Lächeln und fuhr hastig fort: „Sie ist im Grunde mit unserem Geschäft einverstanden, aber sie erbittet sich noch 24 Stunden Bedenkzeit."

Egon Kaufmann sah sich zwei ausgestreckten Händen gegenüber. „Ich bin sehr glücklich, Herr Kaufmann... Morgen kann ich leider nicht kommen, aber wie wäre es mit übermorgen um diese Zeit?"

Kaufmann faßte die beiden Hände und schüttelte sie erleichtert. „Würde mir ausgezeichnet passen!"

„Gut, ich bringe dann das Geld mit, 8 000 wie ausgemacht. Gartengerät zum Ausgraben haben Sie ja sicher da."

„Ist alles vorhanden!"

180 Sekunden später standen sie einander wieder gegenüber, Agnes und Egon Kaufmann.

Sie besorgt, er auf Rache sinnend.

„Nun mach doch nicht so ein Gesicht, Egon. Konnte ich denn wissen, daß dieser Strauch so viel wert ist, wenn es nicht mal die Baumschule gewußt hat?"

„Aber er hat es gewußt, dieser – dieser Nikolaus Rummel. Und er hat deine Unwissenheit schamlos ausgenutzt. Mit einem Wort: Er hat dich betrogen!" Herr Kaufmann stieß ein wildes Lachen aus und schüttelte die Fäuste.

„Nun ist es zu spät!" stellte Agnes, seine Gemahlin, fest. Sie hatte sich innerlich bereits mit den Tatsachen abgefunden.

„Nichts ist zu spät!" dröhnte es ihr entgegen. „Ich werde von diesem Herrn... Herrn Rummel den Baum wieder zurückkaufen! Jawohl!!"

„Er wird ihn nicht mehr hergeben!"

„Das laß nur meine Sorge sein. Schließlich gab es in meiner Familie einige großartige Kaufleute!" Mit einer theatralischen Geste tippte er sich vor die Brust. „Und heiße ich nicht Kaufmann? 8 000 Mark... Zum Teufel, doch nicht mit mir!"

Die Tür öffnete sich, und Herr Kaufmann sah sich einem fröhlich dreinschauenden jungen Mann gegenüber, der in einem japanischen Seidenkimono steckte.

„Mein Name ist Kaufmann. Sind Sie Herr Rummel?"

„Bin ich. Was kann ich für Sie tun?" Nikolaus Rummel hob abwehrend die Hand. „Wenn Sie allerdings vom Verein notleidender Imker kommen – ich habe heute schon gespendet."

„Nein, nein... Aber ich hätte Sie gern gesprochen. Es handelt sich um das Geschäft, das Sie mit meiner Frau gemacht haben. Sie erinnern sich doch, die Zypresse."

Nikolaus Rummel schlug sich vor die Stirn und schmolz dahin vor Liebenswürdigkeit: „Natürlich, natürlich, der Herr Regierungsdirektor. Was ist nur mit meinem Gedächtnis. Bitte treten Sie ein, mein Haus sei Ihr Haus!"

Herr Kaufmann nahm den teuren Hut vom Kopf und trat ein. Nikolaus Rummel dirigierte ihn in das Wohnzimmer, und zwar just zu jenem Sessel, dem man nicht ansah, daß er erstens ein Fernsehsessel und zweitens kaputt war. Und kaum, daß der Herr Regierungsdirektor Kontakt mit der Sitzfläche genommen hatte, wurde er ruckartig nach hinten geschleudert.

Nikolaus Rummel nickte dazu ungerührt und sagte noch immer fröhlich: „So ist's recht, machen Sie es sich nur bequem!"

Als er jedoch sah, wie Herr Kaufmann vergeblich versuchte, seine unwürdige Lage zu verändern, streckte er diesem die Hand entgegen und zog ihn hoch.

„Ich nehme doch lieber den Stuhl!" schnaufte der Regierungsdirektor und zwang sich zu einem Lächeln.

„Kaffee, Selters, Kognak oder Whisky?" fragte Nikolaus Rummel.

„Nein, danke!" Herr Kaufmann atmete kurz und entschlossen tief durch und kam zum Grund seines Besuchs: „Ich bin gekommen, um das Geschäft rückgängig zu machen."

Nikolaus Rummel riß erstaunt die Augen auf. „Um das Geschäft *rückgängig* zu machen? Aber Herr Kaufmann, ich habe *bezahlt*!"

„Ich zahle Ihnen die 800 zurück!"

„Aber nein, wo denken Sie hin" Nikolaus wehrte ab. „Nie, niemals. Ich bin glücklich, daß ich das Bäumchen habe!"

Herr Kaufmann versuchte es mit einem vorwurfsvollen, nein, schon mehr mit einem strafenden Blick. Und seine Stimme klang grollend:

„Herr Rummel, Sie haben es unter falschen Voraussetzungen gekauft. Sie haben meiner unwissenden Frau nicht gesagt, daß es sich um eine asiatische Zwerg-Zwiebel-Zypresse handelt!"

„Zwerg-*Zirbel*-Zypresse, Herr Kaufmann, wenn ich bitten darf!" warf Nikolaus Rummel streng ein.

„Meinetwegen!“ Herr Kaufmann winkte ab. „Jetzt weint meine Frau Tag und Nacht ihrem Bäumchen nach... Ich kann das nicht mehr mit ansehen! Haben Sie ein Herz!“

„Geschäft ist Geschäft!“ erwiderte Rummel.

„Aber ich kann meine Agnes nicht mehr schluchzen sehen!“

„Dann sehen Sie doch einfach weg!“

„Bitte scherzen Sie nicht, Herr Rummel. Haben Sie denn überhaupt kein Mitleid?“

„Nein!“

„Ich zahle Ihnen Ihre 800 zurück und dazu noch einmal dasselbe für den Verzicht und als Schmerzensgeld – einverstanden?“

Mürrisch schüttelte Nikolaus Rummel den Kopf. „Ich sagte es schon: Geschäft ist Geschäft! Und außerdem habe ich es schwarz auf weiß, daß die Zwerg-Zirbel-Zypresse jetzt mir gehört!“

„Ihre 800 und dazu noch 1 000!“

„Nein! Sie haben mich einen Betrüger genannt!“

„Habe ich nicht!“ Herr Kaufmann tat entrüstet.

„Doch, Sie haben behauptet, ich hätte die Zypresse unter falschen Voraussetzungen gekauft!“

„Nun gut“, Herr Kaufmann wand sich, „ich habe mich wohl falsch ausgedrückt. Ich nehme es zurück! Ihre 800 und dazu noch 2 000!“

„Ich bin unnachgiebig!“

„Aber nicht doch!“

„Bin ich!“

„Ihre 800 und dazu noch 3 000!“

Nikolaus Rummel hielt sich die Nase zu und nuschelte: „Ich höre einfach nicht mehr hin!“

„Haben Sie doch Mitleid.“ Herr Kaufmann, der Kaufmann, stöhnte und dachte an eine einzige Zahl: 8 000.

„Ihre 800 und dazu noch 3 500!“

Nikolaus ließ seine Nase wieder los, rieb sie und lamentierte: „Sie sind nur hergekommen, um mir den Abend zu verderben. Sie sollten sich was schämen, Herr Regierungsdirektor.“

„Ihre 800 und 4 000!“

„Meine schöne Zwerg-Zirbel-Zypresse...“

„5 000!!“

„Ich weiß nicht...“ Nikolaus zog einen Flunsch.

„5 000!!“ sagte Herr Kaufmann noch einmal. Lauter, eindringlicher, betonter. Ja, er dehnte die Zahl wie einen Hosenträger.

„Hm“, brummte Rummel und legte den Zeigefinger neben die Nase.

„*5 000* ??“

„5 000!“

„Und meine 800!“

Herr Kaufmann nickte strahlend und sagte: „Und Ihre 800. Ich habe das Geld mitgebracht, damit wir die Sache auf der Stelle aus der Welt schaffen können.“

Nikolaus Rummel schlurfte wie ein trauernder Hinterbliebener durch das Zimmer und blieb dann vor Herrn Kaufmann stehen.

„Sie brechen ein Zypressenherz! Das sage ich Ihnen! Nur Ihrer Frau zuliebe lass’ ich mich breitschlagen... Also meinetwegen – 5 800!“

Herr Kaufmann, Regierungsdirektor im Ministerium für Umweltschutz, hatte bereits ein Bündel Geldscheine aus der Tasche gezogen. Und mit triumphierender Stimme begann er zu zählen:

„1 000... 2 000... 3 000...“

10 Uhr vormittags. Nikolaus Rummel lag auf seiner Couch und preßte den Telefonhörer gegen das Ohr. Zweimal hatte es bereits geläutet. Da, endlich...

„Ja, bitte, hier Schneider!"

„Ich bin's, Sebastian... Das Geschäft ist gelaufen. Komm heute mittag vorbei und hol dir deinen Anteil ab. Aber beeil dich!"

„Warum soll ich mich beeilen?"

„Ganz einfach, weil ich heute abend für ein paar Wochen nach Sizilien fahre... Ausspannen, weißt du?" Nikolaus grinste seinem unsichtbaren Gesprächspartner zu, der in diesem Augenblick sehr viel weniger fröhlich feststellte: „Während du verreist, wird mich mein schlechtes Gewissen um den Schlaf bringen!"

Nikolaus lachte. „Dafür hast du das Vergnügen, dich an dem entsetzten Gesicht des Herrn Kaufmann zu erfreuen. Ja, ja, die Geldgier... Und nicht nur das, außer diesem Vergnügen wartet auf dich noch ein zweites."

„Und welches ist das?"

„Du kriegst etwas, was ich nicht kriege!" Nikolaus kicherte leise. „Post aus Sizilien!"

„Ungefähr wie die Post, die ich vom Vierwaldstätter See bekommen habe", höhnte Sebastian, doch Nikolaus winkte ab: „Kein Grund zur Aufregung. Den Schweizer Brief kannst du heute mittag mit dem Geld mitnehmen. Ich habe ihn vorhin in der Tasche meines Bademantels gefunden!"

„Du bist ein Halunke, Niki. Ein ausgemachter Halunke..."

Egon Kaufmann kam Sebastian Schneider strahlend entgegen. Aber es war nicht nur reine Freude, die aus seiner Miene sprach, in erster Linie war es Erleichterung.

„Da sind Sie ja, Herr Schneider. Ich habe Spaten und Schaufel schon zurechtgelegt... Auch einen Plastiksack für den Erdballen habe ich besorgt..."

In dieser Sekunde schwor sich Sebastian hoch und heilig, daß er sich nie wieder an einer von Nikis hinterlistigen Geschichten beteiligen würde.

Äußerlich dagegen zwang er sich zu einem zerknirschten Gesichtsausdruck, und seine Stimme vibrierte, als er dem Regierungsdirektor den entscheidenden Stoß versetzte: „Es tut mir ja sehr leid, Herr Kaufmann. Aber es ist mir was dazwischengekommen. Nun werde ich die einmalig schöne Zwerg-Zirbel-Zypresse doch nicht kaufen können..."

Herrn Kaufmanns Mund bewegte sich wie der eines Spiegelkarpfens, den man statt ins Wasser in eine Ackerfurche gelegt

hatte. Noch bevor er einen Ton herausbrachte, fuhr Sebastian in seinem traurigen Monolog fort:

„Ich bin selbst äußerst unglücklich über diese Umstände. Aber wissen Sie was, Sie sollten das von der besten Seite sehen. Nun braucht sich Ihre Frau nicht mehr zu grämen, daß man ihr das Bäumchen wegnimmt. Es wäre doch sehr egoistisch von mir gewesen, wenn... Na ja, Sie wissen schon, was ich meine... Trotzdem, es hat mich sehr gefreut, Ihre Bekanntschaft gemacht zu haben... Und grüßen Sie Ihre Frau Gemahlin unbekannterweise von mir... Und vielen Dank noch..."

„Oh ... ich... das ... das..." stammelte Herr Kaufmann zusammenhanglos. Sebastian nickte und tat glücklich. „Ich wußte doch, daß Sie sich darüber freuen... Also – auf Wiedersehen, Herr Regierungsdirektor..."

++

Handschellen-Witz

++

„Bitte", sagte der verhaftete Taschendieb zu Inspektor Mümmelgruber, von dem jeder wußte, daß er ein großer Tierfreund war, „greifen Sie mal in meine Tasche und lassen Sie die Maus wieder frei!"

Der Inspektor griff mit grimmigen Blicken in besagte Tasche. „Au!!!" schrie er. Als er die Hand zurückzog, schaukelte eine zugeschnappte Mausefalle an seinem Mittelfinger.

„Ich sah Sie kommen!" kicherte der Brieftaschenzieher. „Jetzt steht's zwischen uns 1 : 1!"

Ein Fall für Perry Clifton

????????????????????????????????????

Kirchendiebe

????????????????????????????????????

In der Mittagsausgabe des *First Observer* vom Montag konnte man folgende Notiz lesen:

In der Nacht vom Sonntag zum Montag stahlen unbekannte Täter aus der St.-Patricks-Kirche zwei Heiligenfiguren aus dem 14. Jahrhundert.

Es handelt sich dabei um Kunstwerke von unschätzbarem Wert.

Die Kirchendiebe wurden von einer alten Frau dabei beobachtet, wie sie durch ein kleines Fenster an der nur schwach beleuchteten Ostseite die Kirche verließen und mit einem bereitstehenden Auto davonfuhren. Die Frau, die selbst kein Telefon besitzt, lief im Bademantel zur fünf Minuten entfernten Telefonzelle Ecke Marvel und Dolin Street und verständigte die Polizei. Durch ein Versehen blieb die Meldung jedoch liegen, so daß Inspektor Mulligan mit seinen Beamten erst um 4.30 Uhr, also zwei Stunden nach dem Anruf, bei der Kirche am White Square eintraf.

Von den Dieben fehlt bis jetzt jede Spur. Da es sich bei den geraubten Figuren um unverkäufliche Stücke handelt, vermutet die Polizei, daß der kirchenschänderische Akt im Auftrag eines privaten Sammlers geschah.

Soweit also die Meldung des *First Observer*. Drei Stunden nach Erscheinen der Zeitung klingelte auf Perry Cliftons Schreibtisch das Telefon. Am Apparat war John Mander, Lokalredakteur des *Observer*.

„Perry, hast du unsere Geschichte über den Kircheneinbruch gelesen?“

„Meinst du die Sache in der St.-Patricks-Kirche?“

„Natürlich meine ich die!“ erwiderte Mander ungeduldig.

„Okay, ich habe sie gelesen, aber nicht im *Observer*, sondern in der *Times*!“ entgegnete Perry Clifton und konnte dabei ein Grinsen nicht unterdrücken. Doch Mander schien es äußerst eilig zu haben, denn er ging nicht auf Cliftons anzüglichen Tonfall ein.

„Hör zu, Perry, in meinem Büro sitzt ein komischer Vogel, der behauptet, was mit der Sache zu tun zu haben. Ich wollte erst die Polizei rufen, doch der Chef meint, es wäre das beste, wenn du ihn erst einmal unter die Lupe nimmst. Er hat wohl Angst, daß sich der *Observer* blamieren könnte. Könntest du mal rüberkommen?“

„Okay. Wo finde ich dich?“

„Ich erwarte dich in meinem Büro. Dem Besucher werde ich sagen, daß die Sache vom Chef entschieden werden und er sich etwas gedulden muß.“

Perry Clifton nickte ins Telefon. „Ich spiele also deinen Chef. In zehn Minuten bin ich da. Überleg dir inzwischen, wieviel dir meine Mitarbeit wert ist!“

Der Detektiv schaffte es sogar in neun Minuten.

Zwei Köpfe fuhren herum, als er Manders Zimmer betrat. Einer davon gehörte einem schmächtigen kleinen Mann mit einem listigen Gesicht und einem grauen Augenpaar, das von Hunderten von kleinen und kleinsten Fältchen umgeben war und das Perry Clifton neugierig entgegensah.

Der Lokalredakteur Mander erhob sich und stellte seinen Besucher mit ernster Miene vor: „Das, Sir, ist Mister Lionel

Hamilton. Er hat eine ungewöhnliche Information für uns!"

Perry Clifton streckte dem Männchen seine Hand entgegen, in die Hamilton zögernd einschlug. Mander forderte ihn auf: „Bitte, Mister Hamilton, berichten Sie selbst!"

„Okay!" Der kleine Mann, der sich Lionel Hamilton nannte, setzte sich zurecht und begann mit einer hellen, krächzenden Stimme:

„Machen wir es kurz. Ich bin im Besitz der beiden gestohlenen Heiligen, und ich möchte sie gern verkaufen... Natürlich können Sie mich jetzt der Polizei übergeben, aber dann kommen die Figuren nicht so ohne weiteres wieder zum Vorschein. Ich habe sie zu gut versteckt!" Er kicherte krächzend und schien sich köstlich zu amüsieren, und es machte ihm scheinbar überhaupt nichts aus, daß die ihm gegenübersitzenden Gentlemen reserviert und ernst blieben. Fast fröhlich fuhr er fort:

„Ich schätze den Wert der Heiligen auf eine halbe Million Pfund. Setzen Sie in Ihre Zeitung, daß ich mich mit fünfzigtausend Pfund zufriedengebe. Tja..." Nach einer Atempause fügte er hart hinzu: „Ich möchte grundsätzlich nur mit Ihnen verhandeln. Fünfzigtausend – keinen Penny mehr und keinen weniger!"

Hamilton sah gespannt auf Perry Clifton. Der nickte mit unbewegtem Gesicht.

„Gut, das ist Ihre Version. Woher soll ich wissen, daß Sie auch wirklich der Dieb sind, Mister Hamilton?"

Hamilton schüttelte nachdrücklich den Kopf.

„Ich bin nicht der Dieb, ich bin nur der Auftraggeber und jetzige Besitzer, Sir. Meine Männer haben sich gestern in die Kirche einschließen lassen, um die Figuren in aller Ruhe abmontieren zu können. Ich selbst bin erst seit genau 1.30 Uhr heute nacht im Besitz der wunderschönen Heiligen. Und falls es mit den fünfzigtausend nicht klappt, werde ich auch der Besitzer bleiben!“ Wieder jenes eigenartige Krächzen, das ein Lachen darstellen sollte.

Perry Clifton ging ein paarmal im Zimmer auf und ab. Dann blieb er vor Hamilton stehen und sagte:

„Es wäre zu überlegen, ob wir, die Zeitung, nicht selbst das Geschäft machen sollten...“

„Ach...“ sagte Hamilton überrascht.

„Hm...“ machte John Mander und schickte einen unauffälligen Blick zu Perry Clifton hinüber, der seinen Faden bereits weiterspann:

„So was steht einer Zeitung ja immer gut zu Gesicht. Schlagzeile etwa: *First Observer* kauft Heilige für Kirche zurück...“

Perry Clifton nickte dem kleinen Mann zu und sagte:

„Sie haben doch nichts dagegen, Mister Hamilton, wenn ich diese Überlegung einmal kurz mit meinem Redakteur unter vier Augen bespreche...“

„Bitte...!“ Natürlich hatte Mister Hamilton nichts dagegen.

„Was soll das alles?“ fragte John Mander verwundert, als er zusammen mit Perry Clifton das Zimmer verlassen hatte.

„Du solltest einen Fotografen kommen lassen, der ein paar hübsche Bilder von diesem Spaßvogel Hamilton macht, bevor du die Polizei rufst!“

„Du glaubst...?“ begann Mander. Clifton vollendete: „Ja, dieser Mann ist ebensowenig im Besitz der Heiligenfiguren wie du und ich. Er ist ein Schwindler.“

„Er will also auf so eine dumme Art versuchen, zu Geld zu kommen? Wirklich??“

Perry Clifton nickte. „Daran kann es keinen Zweifel geben. Daß er die Figuren gar nicht haben kann, hat er selbst verraten...“

John Mander schüttelte den Kopf und starrte Perry verständnislos an.

„Ich verstehe kein Wort. Wann und womit hat er das verraten?“

Perry Clifton boxte Mander freundschaftlich in die Seite und erwiderte: „Ein Kriminalist wird aus dir nie! Die Lösung werde ich dir verraten, wenn du mich zu einem großen... was sage ich, wenn du mich zum größten Steak, das in London aufzutreiben ist, eingeladen hast!“

„Okay“, Mander nickte eilig, „fühle dich hiermit dazu eingeladen. Und nun raus mit der Sprache!“

„Ganz einfach...“

Wie einfach es ist, soll an dieser Stelle nicht verraten werden. Eine kleine Hilfestellung zu diesem Fall sei jedoch gegeben: Man lese noch einmal die Zeitungsmeldung und vergleiche diese dann mit den Äußerungen Mister Hamiltons.

Auflösung Seite 453

Schmunzelkrimi

++++++++++++++++++++++++++++++++++++

Zellengespräche

++++++++++++++++++++++++++++++++++++

Otto: „Ei, sieh nur, Bruno, wir bekommen Zuwachs!"

Hansi (schüchtern): „Guten Tag, ich bin neu hier. Ich soll mit Ihnen für drei Tage die Zelle teilen."

Otto: „Hörst du, Bruno, das ist einer, der auf Höflichkeit macht..."

Bruno (tut höflich): „Hat der eben was von Teilen gesagt?"

Otto: „Ja. Das Männchen möchte mit uns die Zelle teilen..."

Hansi (räuspert sich): „Erlauben Sie, daß ich Sie berichtige, meine Herren. Ich habe nicht gesagt, daß ich möchte, ich habe gesagt, daß ich soll!"

Otto: „Iiiii, das ist ein Wortklauber, Bruno... Und er hat ‚Herr' zu mir gesagt."

Bruno: „Zu mir auch?"

Otto: „Zu dir auch!"

Bruno: „Dann wollen auch wir höflich sein. Das Männchen soll sich setzen, damit wir ihn besser beschnuppern können."

Hansi: „Erlauben die Herren, daß ich mich vorstelle: Hans-Georg Schütze... (geziert) Gute Freunde nennen mich Hansi."

Otto (trocken): „Setz dich!"

Hansi: „Wie bitte?"

Otto: „Du sollst dich setzen!!"

Hansi (versucht zu protestieren): „Erlauben Sie, wie reden

Sie denn mit mir? Sie können mich doch nicht einfach duzen!"

Otto (heftig): „Hinsetzen!!!"

Hansi (setzt sich): „Ich bin solches nicht gewöhnt, meine Herren, ich..."

Otto: „Klappe!!! Du redest nur, wenn du gefragt wirst!"

Bruno (träge): „Er hat sich vorgestellt, Otto, stell uns auch vor!"

Otto: „Meinetwegen. Das ist Bruno, ich bin Otto..."

Bruno: „Frag das Männchen, warum es hier ist!"

Otto: „Männchen, warum bist du hier?"

Hansi (eingeschüchtert): „Ich – ich – ich bin unschuldig. Ich bin sozusagen ein Justizirrtum, aber meine Unschuld wird sich bald herausstellen... Ich bin, das heißt, ich war Buchhalter und Kassierer bei Mückemann & Co., einer Holzgroßhandlung in Bachenweiler am Lech. Irgend jemand hat mir heimlich fünfzig Mark in die Tasche gesteckt, die dann in der Kasse gefehlt haben... So war das!"

Otto: „Hast du es gehört, Bruno, das Männchen hat Geld gestohlen... (theatralisch) Er hat geklaut, ohne sich dabei Arbeit zu machen."

Bruno: „Pfui!!"

Hansi: „Aber ich bin doch unschuldig. Das Ganze war ein hundsgemeiner Trick. Ich bin davon überzeugt, daß die Putzfrau mir eins auswischen wollte."

Otto: „Du sollst doch nur reden, wenn du gefragt wirst. Ich glaube, Bruno, das Männchen hat ein poröses Gedächtnis."

Bruno: „Erklär ihm die Zellenordnung, Otto!"

Otto: „Steh auf, Männchen!" (Hansi steht auf.)
„Setz dich, Männchen!" (Hansi setzt sich.)
„Steh auf, Männchen!" (Hansi steht auf.)

Hansi (schluckt): „Aber was soll denn das?"

Otto: „Hinsetzen! (Hansi setzt sich.) Das soll dir sagen, wer hier das Sagen hat! Bruno ist die Nummer eins hier, und ich bin sein Stellvertreter, kapiert?"

Hansi: „Wie Sie meinen!"

Otto: „Was Bruno sagt, wird gemacht, kapiert?"

Hansi (gequält): „Bitte..."

Otto: „Und jetzt werd' ich mal aufzählen, was Bruno sagt..."

Bruno: „Aber sag es dem Männchen höflich!"

Otto: „Also, Bruno sagt, daß du unsere Betten machen wirst! Daß du täglich um fünf die Zelle auskehrst und putzt. Daß du das Geschirr in Ordnung hältst..."

Hansi (protestiert): „Aber ich bitte Sie, meine Herren, ich bin doch nicht Ihr Sklave!"

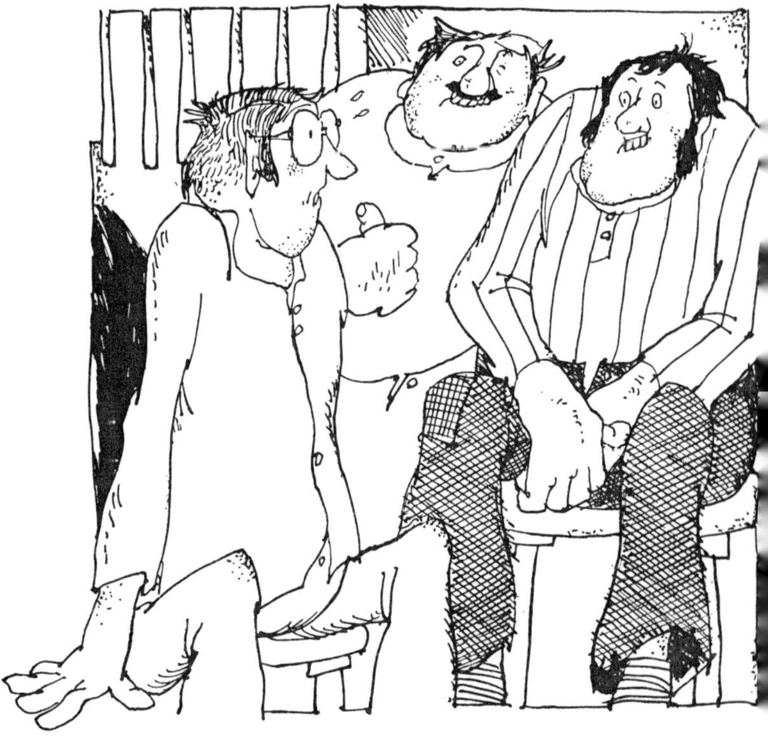

Bruno (knallt Faust auf den Tisch): „Wir sind eine saubere Belegschaft."

Hansi: „Aber i–i–ich habe ja nichts gegen Sauberkeit, nur..."

Otto: „Ach so, er will nicht nur putzen, Bruno."

Bruno: „Hm, gut, aber nur ausnahmsweise!"

Hansi (mißtrauisch): „Ausnahmsweise? Was meinen Sie mit ‚nur ausnahmsweise'?"

Otto: „Bruno gestattet, daß du uns jeden Freitag ausnahmsweise die Zehennägel feilen und aus der Zeitung vorlesen darfst."

Hansi: „Ich... Ich werde mich beschweren!!"

Otto (leise): „Er will sich beschweren, Bruno!"

Bruno (ebenso): „Hör zu, Männchen. Wir sind die Liebenswürdigkeit selbst. Aber wenn du uns schikanieren willst, dann werden wir dich zusammendrücken, bis du in einer Konservendose Walzer tanzen kannst!"

Otto: „Bruno ist sehr stark, mußt du wissen, Männchen."

Hansi (bebend): „Ich habe ja gar nichts gesagt."

Otto (erstaunt): „Hast du gehört, Bruno, er hat gar nichts gesagt, sagt er. Dabei redet er ununterbrochen..."

Hansi: „Ich meine – wir sind – ich meine, wir sind ja aufeinander angewiesen... (lacht gequält) Hahaha, Sie sind wohl rechte Spaßvögel..."

(Stille)

Otto (leise): „Männchen, Männchen, wie kannst du uns nur für Spaßvögel halten?"

Hansi: „Aber das ist mir nur so rausgerutscht... Vielleicht darf ich mal fragen, warum Sie hier sind?"

Otto: „Hast du gehört, Bruno, das Männchen ist neugierig."

Bruno: „Ich meine, das ist sein gutes Recht. Wenn er für uns putzen und lesen darf, dann darf er auch neugierig sein."

Otto: „Du willst also wissen, warum wir hier sind..."

Hansi: „Nun, ich meine, das würde dem allgemeinen Verständnis untereinander nur dienlich sein. Es könnte ja sein, daß Sie auch Justizirrtümer sind – oder?“ (Otto und Bruno beginnen zuerst leise, dann laut und herzhaft zu lachen / Lachen reißt plötzlich ab.)

Hansi (beunruhigt, unbehaglich): „Es freut mich, wenn Sie sich freuen... Ja, wirklich...“

Otto (stolz): „Ich bin hier, weil ich einen Tresor aufgeschweißt habe, Männchen.“

Hansi: „Oh – einen Tresor – in einer Bank?“

Otto: „Nein, in einer Baufirma. Rate mal, Männchen, was in dem Tresor drin war.“

Hansi: „Viel Geld?“

Otto (wütend): „Viel Geld, viel Geld... Ganze fünf Mark. Und dazu noch drei Kaugummis.“

Hansi (erstaunt): „Und deswegen schweißen Sie einen Tresor auf?“

Otto: „Man hatte mir gesagt, da stecke eine halbe Million drin. Fünf Stunden hab’ ich gebraucht, um das Schränkchen zu knacken, und dann ganze fünf Mark. Kannst du dir meine Wut vorstellen, Männchen?“

Hansi: „Ich kann mir...“

Otto (unterbricht ihn): „Nichts kannst du! Ich habe das gesamte Büro kurz und klein geschlagen. Den Lärm hat man bis zur Polizei gehört!“

Hansi: „Das war natürlich ein Fehler.“

Otto: „Das war Wut, Männchen. Nackte, kalte Wut!“

Hansi: „Verstehe... Ihr Kollege Bruno – war der auch dabei?“

Otto (entrüstet): „Hast du es vernommen, Bruno, der hält dich für einen Tresorknacker!“

Bruno: „Sag ihm, daß er dafür sein Abendessen an mich abtreten muß.“

Otto: „Hast du es gehört, Männchen? Pech gehabt... Heute abend gibt's nämlich Fisch!"

Hansi: „Ach..."

Otto: „Was ach?"

Hansi (verschmitzt): „Ich mach' mir überhaupt nichts aus Fisch."

Bruno: „Erzähl's ihm, Otto!"

Otto (feierlich): „Bruno ist was Besseres, mußt du wissen. Der macht so..." (Geräusch des Halsabschneidens)

Hansi (springt entsetzt auf): „Ein Mörder? Er ist ein Mörder? Ich werde sofort um Hilfe rufen..."

Bruno (knallt Faust auf den Tisch): „Hinsetzen!!!"

Otto (sanft): „Ich glaube wirklich, Männchen, bei dir laufen ein paar Rädchen rückwärts... Bruno hat zwei Schweine geschlachtet!"

Hansi (erleichtert): „Ach so... Und ich hab' schon gedacht... (stutzt) Aber wieso ist er dann hier? Schweineschlachten ist doch nicht strafbar..."

Otto: „Wenn er seine eigenen Schweine geschlachtet hätte, hätte ja auch niemand was gesagt..."

Hansi : „Ach, es waren gar nicht seine Schweine..."

Otto: „Nein, sie gehörten zufällig dem Bürgermeister."

Hansi: „Ach... (lacht) Jetzt versteh' ich. Der Bürgermeister wußte gar nichts von diesem Schlachtfest, was?"

Otto (ernst): „Warum lachst du, Männchen?"

Hansi (erschrocken): „Ich – ich – ich habe mir nur gerade das Gesicht des Bürgermeisters vorgestellt."

Otto: „Bruno ist ein sogenannter Großschlachter. Der macht pro Woche mindestens zehn Kühe und fünf Schweine."

Hansi: „Aha... Und die gehören alle nicht ihm?!"

Otto: „Natürlich nicht. Säße er sonst hier?"

Bruno: „Frag ihn, ob er singen kann, Otto!"

Otto: „Kannst du singen, Männchen?"

Hansi: „Wozu singen? Sie meinen richtig singen?"

Otto: „Ja, so wie do re mi fa so la... und so weiter!"

Hansi: „Ich kann höchstens ‚Fuchs, du hast die Gans gestohlen...' singen. Aber warum fragen Sie das?"

Otto: „Soll ich es ihm sagen, Bruno?"

Bruno: „Sag es ihm!"

Otto: „Du wirst singen, während wir sägen!"

Hansi: „Sägen???"

Otto: „Ja, die Gitterstäbe durchsägen!"

Hansi (erschrocken): „Oh, Sie wollen ausreißen?"

Otto (äfft nach): „Oh, Sie wollen ausreißen? Natürlich wollen wir. Oder denkst du, daß wir warten, bis uns hier die Bärte durch den Fußboden wachsen? Spätestens am Mittwoch türmen wir! Drei Stäbe haben wir schon durch."

Bruno (breit): „Ich hätt' eine Idee, Otto."

Otto: „Hast du gehört, Männchen, Bruno hat schon wieder eine Idee."

Bruno: „Wir werden singen, und das Männchen wird die restlichen vier Stäbe in Angriff nehmen."

Hansi (protestiert lebhaft): „Aber ich habe in meinem ganzen Leben noch keine Gitterstäbe durchgesägt. Nein, da mache ich nicht mit..."

Bruno (leise): „Otto, hol das große Messer!"

Hansi (heftig): „Halt, nicht... Ich meine – ein Eisenstäbchen könnt' ich ja riskieren, aber mehr..."

Otto (drohend): „Männchen, Männchen..."

Hansi: „Na ja, vielleicht zwei. Aber mehr bestimmt nicht. (resolut) Und wenn Sie mich schlachten! Außerdem bin ich kein guter Säger. Zu Hause in meinem Garten liegt ein Birkenstamm, an dem säge ich schon seit zwei Jahren und hab' ihn immer noch nicht klein."

Otto (mißtrauisch): „Ich weiß nicht, Bruno... Stellt der sich nur so, oder ist der wirklich ein bißchen feucht am Scheitel?"

Bruno (klagend): „Er kann nicht singen, er kann nicht sägen, und Fisch will er auch nicht..."

Otto: „Das ist bedenklich, was?"

Bruno: „Daß sich die Gerichte nicht schämen, so was einzusperren."

Hansi (steht auf): „Wissen Sie was, meine Herren, ich werde dem Wärter klingeln... Er soll mich doch lieber gleich in eine andere Zelle verlegen. Dann haben Sie Ruhe und müssen sich nicht mit mir rumärgern. Vielleicht findet sich für Sie ein kleiner ehrlicher Taschendieb."

Otto: „Hast du gehört, Bruno, das Männchen will uns verlassen. Wollen wir ihn ziehen lassen?"

Bruno (elegisch): „Laß ihn sausen, mir hat sein Gesicht von Anfang an nicht gefallen."

Otto: „Und was sagen wir dem Wärter? Du weißt, der schöne Alois hat heute Dienst."

Bruno: „Wir sagen dem schönen Alois, tja, was sagen wir ihm. Natürlich, ganz einfach. Wir sagen ihm, daß das Männchen drei Gitterstäbe durchgesägt hat und wir dagegen sind."

Otto (freut sich): „Das ist wieder eine geniale Idee... Na los, Männchen, nun klingle schon..."

Hansi (geht zum Stuhl, läßt sich fallen, stöhnt): „Dann säge ich doch lieber . . ."

Otto: „Bravo, Männchen, bravo. Zum Dank darfst du heute abend nicht nur deinen, sondern auch noch unseren Fisch essen..."

Ein Fall für Perry Clifton

++++++++++++++++++++++++++++++++++++

Die Dame mit dem schwarzen Dackel

++++++++++++++++++++++++++++++++++++

Die Versetzung

Sir Adam Walker, leitender Direktor des großen Londoner Kaufhauses Johnson & Johnson, streicht sich mit gemessenen Bewegungen über seinen fast weißen Scheitel.

Vorsichtig läßt er seine massige Gestalt samt Schreibtischsessel einmal um die eigene Achse drehen, wobei er mit zufriedenem Grunzen die behagliche Eleganz seines Direktionszimmers in sich aufnimmt. Vornehm und zweckmäßig. Und für Außenstehende Abstand gebietend.

Sir Adam Walker ist mit der Musterung zufrieden. Mit dem Gesicht eines Mannes, der vor der Erledigung einer angenehmen Aufgabe steht, beugt er sich nach vorn. Sein Zeigefinger drückt auf die Taste der Sprechanlage.

„Miß Bebs, schicken Sie mir sofort Mister Clifton!"

Ohne auf eine Erwiderung zu warten, lehnt er sich zurück und faltet die Hände über seiner Weste.

Genau nach sechs Minuten blinkt das Lämpchen der Sprechanlage auf. Wieder drückt Sir Adam auf die Taste:

„Ja?"

„Mister Clifton ist da, Herr Direktor", meldet Miß Bebs, Walkers langjährige Sekretärin.

„Ich lasse bitten!"

Obgleich sich Walker eines guten Gedächtnisses erfreuen kann, ist es ihm doch unmöglich, sich an die einzelnen Gesichter der nach Hunderten zählenden Belegschaft zu erinnern. Er selbst hat Perry Clifton nur einmal gesehen, und auch das ist viele Jahre her. Doch an eines kann er sich gut erinnern. Es handelt sich um eine Reihe von Eingaben, die Clifton der Direktion zugestellt hatte und die er, Sir Adam Walker, abschlägig bescheiden ließ.

„Bitte einzutreten!" ruft Sir Walker.

Wenn Perry auch nicht die leiseste Ahnung vom Grund seines Hierseins hat, verrät keine Muskel seines Gesichtes die innere Spannung.

Direktor Walker winkt ihn heran, wobei seine Blicke mit Wohlgefallen auf seinem Gast ruhen.

„Bitte, Mister Clifton, nehmen Sie doch Platz."

Perry macht eine leichte Verbeugung, bevor er sich mit einem „Besten Dank, Sir" setzt.

Sir Adam hat die Fingerspitzen beider Hände aufeinandergelegt. Fast im Plauderton beginnt er:

„Eigentlich ist dies eine Angelegenheit der Personalabteilung..." Perry wird nun doch ein wenig unruhig. „Will man mich entlassen?" durchfährt es ihn. Doch sofort weiß er, daß er dann nicht hier wäre.

„Wenn ich Sie trotzdem zu mir bitten ließ", fährt Walker fort, „so deshalb, weil ich Sie einmal näher kennenlernen möchte."

Perry schluckt, während es in seinem Kopf fieberhaft arbeitet.

„Wie lange sind Sie eigentlich schon bei uns?"

„Neun Jahre, Sir", antwortet Perry Clifton und findet respektlos, daß das schließlich in den Akten stünde.

„Und wie gefällt es Ihnen bei uns?"

Perry zögert ein wenig mit der Antwort. Als er jedoch das leise Lächeln sieht, das sich sofort in Walkers Mundwinkeln ausbreitet, sagt er schnell:

„Ganz gut, Sir."

„So, ganz gut? Mit anderen Worten, Ihre Tätigkeit in der Werbeabteilung befriedigt Sie nicht hundertprozentig?"

Als Perry zur Erwiderung ansetzen will, winkt Walker ab.

„Ich weiß, Sie haben sich schon des öfteren um eine Versetzung in die Detektivabteilung bemüht."

Perry nickt zustimmend.

„Bisher sah ich keine besondere Notwendigkeit, diesem Antrag stattzugeben..."

Perry Clifton sieht überrascht auf.

„Soll das heißen, Sir, daß Sie Ihre Ansicht geändert haben?" fragt er hoffnungsvoll.

Diesmal ist es an Walker zu nicken. Er tut es langsam und gemessen.

„Ich erhielt heute ein Schreiben vom Scotland Yard. Man bescheinigt Ihnen darin außerordentliche Verdienste, speziell in einem Fall."

„Nicht der Rede wert, Sir", wehrt Perry bescheiden ab und kann es nicht verhindern, daß ihm die Röte ins Gesicht steigt.

Walker beugt sich interessiert nach vorn.

„Was war das eigentlich für ein Fall? Oder dürfen Sie darüber nicht sprechen, Mister Clifton?"

Perry zuckt bedauernd mit den Schultern.

„Verzeihung, Sir, über Einzelheiten zu sprechen ist mir untersagt. Ich kann Ihnen lediglich verraten, und auch in diesem Fall bitte ich um Ihre Diskretion, daß es sich um die Kandarsky-Diamanten* handelte."

* Siehe: Ecke, Der Herr in den grauen Beinkleidern.

Sofort erinnert sich Direktor Walker. Die Geschichte hatte ja damals eine Menge Staub aufgewirbelt. Und als er jetzt fortfährt, hört man die Anerkennung heraus, die er der unbekannten Tätigkeit Perry Cliftons bei diesem Fall zukommen läßt.

„In diesem Schreiben werde ich unter anderem auch gebeten, festzustellen, inwieweit die Möglichkeit einer Versetzung Ihrerseits in die Detektivabteilung gegeben ist..." Er macht eine Atempause ... „Nun, die Möglichkeiten sind da, und ich möchte Sie, lieber Mister Clifton, davon in Kenntnis setzen, daß Sie ab sofort dieser Abteilung angehören. Am besten wird es wohl sein, wenn Sie sich gleich mit Mister Conolly in Verbindung setzen. Wie Sie wissen, ist er Chef der Detektivabteilung... Im übrigen weiß er schon Bescheid..."

Perry Clifton hat sich erhoben. Man sieht es ihm an, wie diese Nachricht auf ihn wirkt. Fast bringt er mit seinen strahlenden Augen den alten Walker in Verlegenheit. Und als er ihm die Hand hinstreckt, schlägt Adam Walker sofort ein.

„Ich danke Ihnen, Sir. Ich werde versuchen, mich Ihres Vertrauens würdig zu erweisen."

Zirkusbesuch

Das Haus Starplace Nr. 14 befindet sich im Stadtteil Norwood. Es ist ein alter, grauer Steinklotz mit vier Etagen. Eine Menge dunkler Stellen zeigt, wo der Außenputz schon abgebröckelt ist. Es ist alles andere als ein schönes Haus. Und doch hat es auch seine Vorteile.

Sieht man vom obersten Stock in südlicher Richtung, fällt

der Blick bis auf die breite Asphaltstraße, die nach Croydon zum Flugplatz führt. Der vierte Stock umfaßt drei Wohnungen. Die kleinste davon bewohnt der Junggeselle Perry Clifton.

Perry mißt vom Fuß bis zum Scheitel stattliche einhundertzweiundachtzig Zentimeter. Er ist schlank, immer gut rasiert und wirft den Schlagball einhundertundzwölf Meter weit. Eine Tatsache, die bei Dicki Miller allergrößte Bewunderung findet. Aber nicht nur das allein ist es, was ihm Begeisterung abnötigt. Für ihn ist Perry Clifton der größte aller Detektive.

Eine Überzeugung, die Dicki bei jeder passenden Gelegenheit mit Nachdruck zum besten gibt. Und er muß es schließlich wissen.

Ist er nicht Perrys bester Freund? Jawohl, das ist er. Trotz seiner zwölf Jahre und der neunundzwanzig Sommersprossen über der Stupsnase.

Da Dicki mit seinen Eltern sozusagen Tür an Tür mit Perry Clifton wohnt, vergeht wohl kaum ein Tag, an dem er nicht seinem Freund einen Besuch abstattet.

So auch an diesem Freitag.

Es ist kurz nach 7 Uhr abends, als Dicki an Perrys Tür klopft.

„Herein, Dicki!" hört er Perry mit fröhlicher Stimme rufen, und überrascht schiebt er sich ins Zimmer.

„Woher wußten Sie denn, daß ich es bin?" fragt Dicki und mustert seinen Freund, der gerade beim Schälen von Pellkartoffeln ist.

Perry Clifton zeigt eine gemacht vorwurfsvolle Grimasse, als er antwortet:

„Hast du vergessen, daß ich Londons größter Detektiv bin?"

Dicki versucht den Gekränkten zu spielen, doch es mißlingt. Zufrieden stellt er fest, daß Perry anscheinend eine besonders gute Laune hat. Ohne viel Umstände zu machen, zieht er sich einen Stuhl heran und setzt sich darauf.

„Wissen Sie, wo ich heute nachmittag gewesen bin, Mister Clifton?"

Perry legt einen Augenblick Messer und Kartoffel beiseite und tut, als müsse er angestrengt nachdenken. Dabei starrt er mit gefurchter Stirn die Decke an.

„Hm, ich weiß es", brummt er dann zufrieden und beißt in die eben geschälte Kartoffel. „Du warst zum Geburtstag bei Tante Millie in Chelsea."

Sekundenlang blickt Dicki fassungslos auf seinen Freund, doch dann überzieht ein verständnisvolles Grinsen sein Gesicht, und fast ein wenig erleichtert stellt er fest:

„Sie haben es von Mutter!"

„Stimmt, Dicki!" gibt Clifton zu. „Wie war es denn?"

Dicki gibt sich gelangweilt, während seine Hand eine wegwerfende Bewegung vollführt.

„Es war, wie immer, zum Einschlafen."

„Du solltest ein wenig respektvoller von deiner Tante sprechen. Hat sie dir nicht erst kürzlich einen Fußball geschenkt?"

„Na und?" erwidert Dicki trotzig. „Habe ich ihr dafür nicht auch einen Raummeter Holz spalten müssen? Den ganzen Keller voll."

Perry lacht und hält Dicki eine trockene Kartoffel hin. Doch der schüttelt nur den Kopf und fährt fort:

„Den ganzen Nachmittag hat sie pausenlos von ihren sechs Kaninchen geredet... Onkel Charles ist sogar dabei eingeschlafen... Und als wir gehen wollten, hat sie uns in den Hinterhof geschleppt, und wir mußten uns alle sechse ansehen. Das eine Karnickel heißt Jonathan und ein anderes Billie. Und eins mit einem schwarzen Fleck über der Nase heißt Schuschu... Ist das nicht blöd...?"

„Dicki!“ Perry droht mit dem Finger.

„Na ja… Ich meine ja nur so“, versucht sich Dicki zu rechtfertigen. „Sonst mag ich sie ja auch. Sie kann nämlich einen prima Pudding kochen…‘

Perry Clifton scheint der Ansicht zu sein, daß man das Thema „Tante Millie“ beenden könne. Und als er sich jetzt Dicki zuwendet, ist eine Idee von Feierlichkeit in seiner Stimme.

„Übrigens, Dicki – du kannst mir gratulieren!“

„Gratulieren?“ Auf Dickis Gesicht malen sich zuerst Überraschung, dann Verständnislosigkeit. „Aber Sie haben doch erst im Dezember Geburtstag“, stammelt er.

„Stimmt!“ lächelt Perry und ergänzt: „Aber schließlich gibt es außer Geburtstagen noch andere Gelegenheiten zum Gratulieren – oder?“

Perrys kleiner Freund nickt.

„Sieh mich doch einmal genau an! Merkst du nichts?“

Dicki Miller gibt sich alle Mühe, etwas zu entdecken. Er steht sogar auf, um Perry einmal zu umrunden. Doch trotz genauester Musterung kann er nichts feststellen. Verlegen zuckt er mit den Schultern und sagt leise:

„Ich kann nichts sehen, Mister Clifton… Eigentlich sehen Sie aus wie immer…“

„So?“ In Perrys Augen sitzen Schalk und Stolz dicht nebeneinander, als er seinen Freund aufklärt.

„Ich dachte, du würdest es sehen, daß ich seit heute ein richtiger Detektiv bin.“

Es dauert einige Atemzüge, bis Dicki die ganze Tragweite dieser Äußerung begriffen hat. Doch dann springt er auf.

Seine Augen strahlen wie Christbaumkerzen, als er fragend wiederholt:

„Ein richtiger Detektiv?“

Perry nickt.

„Ja. Man hat mich heute in die Detektivabteilung des Warenhauses versetzt..."

„Dann brauchen Sie jetzt überhaupt keine Werbung mehr zu machen?"

Perry schüttelt den Kopf. „Nein..." Und mit etwas Wehmut in der Stimme setzt er hinzu: „Es hat ja auch lange genug gedauert – neun Jahre..."

Doch Dicki ist mit seinen Gedanken schon einige Meilen weiter.

„Dann werden Sie jetzt immer hinter Dieben und Einbrechern her sein?"

Perry Clifton lächelt nachsichtig.

„Ganz so schlimm wird es nicht sein, Dicki", klärt er auf, „schließlich bin ich ein Warenhausdetektiv. Aber auch da gibt es eine Menge zu tun. Du glaubst gar nicht, wie viele Leute es gibt, die sich auf ungesetzlichem Wege bereichern wollen... Aber das ist jetzt vorbei."

Perry befleißigt sich eines finsteren Gesichtsausdruckes und schiebt grimmig das Kinn vor. Und mit dröhnender Stimme verkündet er: „Perry Clifton wird ihnen den Garaus machen!" Und dann lachten sie beide.

Perry hat inzwischen die letzte Kartoffel von der Pelle befreit und schickt sich an, kleine Würfel zu fabrizieren. Verschmitzt schielt er auf Dicki, als er diesem jetzt eröffnet: „Zur Feier dieses Ereignisses habe ich auch eine Überraschung für dich!"

„Für mich?" Dicki ist wie elektrisiert, und aus seinen Augen sprüht die Neugier.

„Wir gehen morgen abend zusammen aus!"

„Ins Kino?" kommt Dickis Frage wie aus der Pistole geschossen.

„Nein, in den Zirkus Paddlestone“, berichtigt Perry und weidet sich an Dickis Freude.

„In den Zirkus...“ strahlt Dicki und weiß vor Aufregung nicht, wohin mit den Händen. Und da er das Gefühl hat, seinem Freund irgend etwas Großartiges sagen zu müssen, stottert er:

„Sie sind wirklich ein – ein – ein...“ Es ist zum Weinen, aber ihm fällt doch tatsächlich kein brauchbares Prädikat ein... Wütend beißt er sich auf die Zunge.

„Na, was bin ich?“ will Perry scheinheilig wissen.

„Sie sind ein feiner Kerl“, vollendet Dicki, und Perry spürt, daß sein kleiner Freund in diese wenigen Worte seine ganze Zuneigung zu ihm gepackt hat. Um seine Rührung zu verbergen, gibt er ihm einen freundschaftlichen Klaps und erklärt dazu:

„Ich habe natürlich Logenkarten genommen, wie sich das für einen Detektiv und seinen besten Freund gehört...“

„Dann sitzen wir direkt an der Manege – das ist fein... Wissen Sie, was James Roller aus meiner Klasse gesagt hat?“

Perry schüttelt den Kopf, während ein feines Lächeln über seine Züge huscht.

„Ich habe keine Ahnung, was James Roller gesagt hat.“

„Er hat gesagt, daß der Zirkus ein ganz tolles Programm hat...“

„So?“

Während Perrys Kartoffelwürfel langsam zu Bratkartoffeln brutzeln, schwärmt Dicki weiter:

„Zwölf Elefanten sollen sie haben. Und sechs dressierte Robben, die Kopfball spielen.“

„Hm...“ macht Perry.

„Ja, und reiten kann man auf einem Esel. Wer nicht herunterfällt, erhält fünf Pfund Belohnung.“

„Ist nicht möglich", grinst Perry Clifton und fragt: „Du wirst doch hoffentlich nicht versuchen, die fünf Pfund zu verdienen...?"

Dicki macht eine Handbewegung, dazu verzieht er naseweis den Mund:

„Ich reite doch nicht auf einem Esel..." Und schon hat er den Esel wieder vergessen. Aufgeregt sprudelt es aus ihm heraus:

„Und wissen Sie, was das Tollste sein soll?"

Wieder schüttelt Perry den Kopf.

„Ich bin leider nicht so gut informiert wie du."

„Ein Dackel..." fährt Dicki schwärmerisch fort. „Ein lebendiger Dackel..." wiederholt er und blickt dann selbstvergessen vor sich hin.

Die Bänke und Stühle in dem einspitzigen Zelt des Zirkus Paddlestone sind dicht besetzt. Über sechshundert Besucher haben sich zur 8-Uhr-Vorstellung im weiten Rund auf dem Festplatz in Mitcham niedergelassen.

Bei dem Zirkus Paddlestone handelt es sich nur um ein mittelgroßes Zirkusunternehmen; um so mehr erstaunt es, daß die Vorstellung ausverkauft ist. Aber wie man sagt, soll das Programm ausgewählt sein und auch höheren Ansprüchen gerecht werden.

Perry Clifton und Dicki Miller sitzen in Loge sechs, direkt an der Manege.

Dickis Augen glänzen fast fiebrig, während er aufgeregt die Zirkusluft einatmet. Diese eigenartige Geruchsmischung aus Sägemehl und Tierausdünstungen.

Pünktlich um acht Uhr eröffnet Direktor Paddlestone das Programm mit einer Dressurvorführung von zwölf herrlichen

Araberhengsten. Danach folgen Schlag auf Schlag weitere Darbietungen. Trapezakte wechseln mit Jongleurkunststükken, diese wiederum werden von acht Elefanten abgelöst.

Es ist kurz vor 9 Uhr.

Wieder verlöschen die Lampen über dem Publikum.

Die zahlreichen Scheinwerfer flammen auf und überstrahlen die Manege mit ihrem gleißenden Licht.

Ein leiser Trommelwirbel ertönt – er steigert sich vom Pianissimo bis zum dröhnenden Forte.

Sechshundert Augenpaare hängen gebannt an dem Mann im roten Frack, der jetzt die Arena betritt. Als er seinen Zylinder durch die Luft schwenkt, reißt der Trommelwirbel ab.

„Ladies and Gentlemen“, ruft er mit heller Stimme. „Der Zirkus Paddlestone präsentiert Ihnen jetzt eine Nummer, die Sie nicht alle Tage zu sehen bekommen. Es ist – Madame Porelli mit ihrem Wunderdackel Jocky!“

Lauter, begeisterter Beifall vermischt sich mit dem Tönen eines Tusches.

Jetzt betritt Madame Porelli den Schauplatz.

Noch einmal steigert sich der Beifall.

Die Artistin hebt die Hand, und langsam verebbt der Lärm...

Madame Porelli ist etwa fünfzig Jahre alt und trägt ein dunkelblaues Phantasiekostüm, auf dem unzählige Steine funkeln und blitzen. Auf ihrem Kopf sitzt eine kleine Kappe aus rotem Samt mit einer Anzahl wippender Reiherfedern.

Ihr zur Rechten hockt Jocky, der Wunderdackel.

Als Stille eingetreten ist, läßt Madame den Arm wieder sinken, während sie mit einer lauten, unwahrscheinlichen Baßstimme zu sprechen beginnt:

„Ladies and Gentlemen! Was Sie hier an meiner Seite sehen, ist ein Dackel.“

Einige Zuschauer beginnen zu kichern. Und ein ganz Vorlauter ruft: „Was Sie nicht sagen. Ich glaubte, es sei ein Krokodil!"

Doch unbeirrt fährt Madame Porelli fort

„Ja, aber er ist kein gewöhnlicher Dackel. Jocky ist der klügste Dackel, den die Welt je gekannt hat. Seine Vorfahren haben nur an den Höfen der größten Herrscher gelebt."

Durch den Zuschauerraum wogt die Heiterkeit. Von allem jedoch völlig unbeeindruckt ist die Hauptperson – Jocky, der Dackel.

„Jocky, stell dich den Herrschaften vor!" ruft ihm in diesem Augenblick sein Frauchen zu, und Jocky gibt zwei kräftige Beller von sich.

„Für diejenigen, die sich in der Dackelsprache nicht so recht auskennen, will ich gern übersetzen. Es hieß: Jacomo Taddäus, genannt Jocky!"

Wieder geht eine Welle der Heiterkeit durch die dichtbesetzten Reihen.

Mit einer Handbewegung zur Kapelle ruft Madame mit dröhnendem Baß: „Ich bitte um Musik."

Gedämpft beginnt die Kapelle einen Walzer zu spielen. Jockys Vorstellung beginnt.

Madame Porelli hat einen Schirm aufgespannt und spaziert gemächlichen Schrittes durch die Manege. Dabei wirft sie immer wieder kleine Würfel wahllos in das den Boden bedeckende Sägemehl. Zu guter Letzt tritt sie die Würfel noch mit dem Schuh fest, so daß sie nicht mehr zu sehen sind.

Jocky dagegen stolziert nur auf den Hinterbeinen Madame Porelli nach, gräbt die Würfel wieder aus und trägt sie in der Schnauze zu einer Holzkiste mit Deckel. Während er mit einer Vorderpfote den Deckel hebt, läßt er den Würfel hineinfallen. Und schon macht er sich wieder auf die Suche nach dem nächsten Würfel. Das wiederholt sich genau zehnmal, dann hat er alle zusammen. Madame Porelli ist zur Mitte der Manege zurückgekehrt und macht eine kurze Verbeugung.

Dröhnender Applaus füllt das Zelt. Das Klatschen und Johlen will gar kein Ende nehmen.

Auf ein Zeichen von Madame richtet sich Jocky auf den Hinterpfoten auf und läßt wieder ein kräftiges Bellen hören. Mit einem leisen Streicheln entfernt Madame Porelli etwas Sägemehl von seinem glänzenden braunen Fell.

Und dann hebt sie wieder die Hand. Es ist fast eine herrische Bewegung, mit der sie die Zuschauer zum Schweigen bringt.

„Wenn Sie glauben, meine Herrschaften, daß das alles ist, so muß ich Sie überraschen. Jockys größte Leistung kommt erst“, verkündet sie und genießt die neugierigen Blicke auf den Rängen.

„Jeder Würfel ist numeriert. Von eins bis zehn. Ihre Aufgabe ist es jetzt, Jocky zu sagen, welche Zahl er aus der Kiste herausholen soll... Na, junger Mann, nenn mir eine Zahl...“

Madame Porelli ist vor Dicki hingetreten und blickt ihn an. Dicki, so plötzlich in den Mittelpunkt des allgemeinen Interesses gerückt, schrumpft förmlich in sich zusammen... Sein Hals ist wie zugeschnürt.

„Ich?“ bringt er gerade noch heiser heraus.

„Ja, du!“ erwidert Madame Porelli mit spöttischer Stimme und will sich schon wieder von Dicki abwenden. Doch der hat inzwischen einen Blick mit Perry Clifton getauscht, und als ihm Perry aufmunternd zunickt, ruft er laut und vernehmlich: „Sechs, bitte...“

„Na also“, schnarrt Madame Porellis Baß. „Ich dachte schon, du könntest noch nicht bis zehn zählen.“

Mit einigen schnellen Schritten ist sie in die Mitte der Manege zurückgekehrt. Totenstille ist ringsum, als sie jetzt ihrem Dackel zuruft:

„Hast du es gehört, Jocky – der junge Mann wünscht den Würfel mit der Nummer sechs.“

Jocky läßt ein kurzes Bellen hören, bevor er zur Kiste springt. Es dauert nur Sekunden, bis er einen der Würfel mit der Schnauze herausgefischt hat.

Madame Porelli hat ihm den Würfel aus der Schnauze genommen und tritt nun vor einige Zuschauer hin.

„Bitte, überzeugen Sie sich“, fordert sie die Besucher auf, und das heftige Nicken der Befragten zeigt an, daß Jocky den richtigen Würfel herausgeholt zu haben scheint.

Aufs neue brandet der Beifall auf.

Dieses Schauspiel wiederholt sich genau fünfmal. Und immer ist es das gleiche. Jocky irrt sich kein einziges Mal.

Als Madame Porelli abtritt, gleicht das Zelt einem Hexenkessel. Man klatscht, tobt und schreit sich heiser. Mit einem Wort: Die Dackelnummer war ein voller Erfolg.

Nach der Pause kommt das beliebte Eselreiten. Doch keinem der zahlreichen Besucher gelingt es, sich länger als ein paar Sekunden auf dem Eselrücken zu halten. Und groß ist die Schadenfreude, wenn wieder einer mit dem Gesicht zuerst in dem Sägemehl gelandet ist.

Und weiter geht das Programm. Als zum Schluß das große Finale mit dem Aufmarsch aller Tiere und Artisten beginnt, sieht man allenthalben nur zufriedene Gesichter. Es hat ihnen gefallen. Und sie werden es weitererzählen. Vielleicht ist die Vorstellung morgen auch wieder ausverkauft.

Wenig später sitzen Perry Clifton und Dicki Miller im Omnibus, der sie nach Norwood zurückbringen soll. Versonnen blickt Dicki vor sich hin. Er scheint mit seinen Gedanken weit weg zu sein, denn als ihn Perry in diesem Augenblick leicht anstößt, zuckt er zusammen.

„He, Dicki, was ist los mit dir? Worüber denkst du so scharf nach?"

„Glauben Sie, Mister Clifton, daß es lange dauert, bis man einem Dackel so etwas beigebracht hat?"

Perry muß lachen. Und als er Dickis vorwurfsvollen Blick sieht, verstärkt sich sein Lachen noch.

„Du bist doch ein Kindskopf, Dicki. Kaum hast du was gesehen, schon reizt es dich... Ich glaube kaum, daß du die Geduld aufbringen würdest. Es dauert Monate, bis ein Tier soweit ist."

„Es ist eben schade, daß mir Dad keinen Hund kaufen will", erwidert er gekränkt, ohne weiter auf Perrys Worte einzugehen.

„Hast du ihn denn schon gefragt?" will Perry wissen.

„Na klar!" Trotz ist in seiner Stimme. „Er hat mir geantwortet, ich solle mir eine Schildkröte zulegen; mit der müsse man nicht auf die Straße zum Bäumesuchen."

Perry muß schon wieder grinsen. Begütigend klopft er Dicki auf die Schulter.

„Als ob ich eine Schildkröte zum Spielen mitnehmen könnte."

„Und außerdem ließe sie sich wohl kaum für deine Zwecke abrichten", ergänzt Perry. „Sie kann weder neben einem Fahrrad herlaufen, noch hebt sie jemals einen Würfel aus der Kiste." Dicki schweigt.

Was soll er auch sagen, wenn nicht mal sein bester Freund Verständnis für ihn zeigt. Das hat man nun davon. Man sollte sich nie mit Erwachsenen abgeben. Und als ihm Perry in diesem Augenblick zuruft: „Komm, wir müssen aussteigen", da bliebe er am liebsten sitzen.

Die Verlustanzeige

Vier Tage sind seit Perrys und Dickis Zirkusbesuch vergangen.

Es ist Mittwoch, lange nach 23 Uhr. Genauer gesagt: dreiunddreißig Minuten vor Mitternacht.

Hastende Schritte eilen klappernd die Dannister Street in Richtung Bogert-Hall hinunter.

Ohne nach rechts und links zu sehen, eilt die Gestalt mit flatterndem Mantel an dunklen Torbögen und erleuchteten Hausgängen vorbei. Es ist eine Frau.

Ihr Atem geht stoßweise, während ihre Schuhe im gleichmäßigen Rhythmus über den Asphalt hämmern.

Endlich scheint sie ihr Ziel erreicht zu haben. Erschöpft lehnt sie sich für einen Augenblick an die Hauswand und läßt ihren Blick auf dem erleuchteten Schild ruhen:

35. Polizeistation, Mitcham.

Sekundenlang schließt sie die Augen, doch mit einem entschlossenen Ruck stößt sie sich von der Mauer ab und springt die vier Stufen hinauf.

Geräuschvoll reißt sie die Tür auf.

Sergeant Popper läßt vor Schreck seine Pfeife fallen, bevor er mit Stentorstimme ruft:

„Donner und Doria, Madam – wollen Sie die gesamte Polizeistation demolieren?!“

Doch die Frau kümmert sich wenig um seine Worte. Im Gegenteil, fast hat es den Anschein, als wolle sie den Sergeanten mit einer herrischen Handbewegung zum Schweigen bringen.

„Ich möchte eine Verlustanzeige erstatten“, verkündet ihre Stimme. Eine Stimme, die dem Polizisten ungewöhnlich erscheint, denn sie ist tief und voll. Und wenn er nicht wüßte, daß es eine Frau ist, die da vor ihm steht, würde er behaupten, die Stimme gehöre einem Mann.

„Aha...“ erwidert er wenig geistreich und starrt noch immer auf die späte Besucherin, die schweratmend an der Barriere Halt sucht und deren funkelnde Augen nichts Gutes erwarten lassen.

„Sie wollen also eine Verlustanzeige erstatten“, wiederholt

er deshalb einen Ton freundlicher und eifriger. „Was ist Ihnen denn abhanden gekommen?“

„Mir ist nichts abhanden gekommen, mir ist etwas gestohlen worden. Sie müssen die gesamte Polizei alarmieren!“ dröhnt es Popper entgegen. Und sofort läuft es ihm kalt über den Rücken, wenn er daran denkt, was es bedeuten würde, jetzt einen Großalarm auslösen zu müssen. Doch plötzlich kommt ihm eine Idee: „Sie sollten morgen zum Diebstahlsdezernat gehen, Madam.“

„Schweigen Sie“, faucht ihn die Frau an, und Sergeant Popper weicht erschrocken einen Schritt zurück.

„Es handelt sich um Jocky. Irgend jemand muß ihn entführt haben. Aber der oder die Diebe halten sich bestimmt noch in London auf.“

Der Beamte hat sich jetzt gefaßt. Er verzieht sein Gesicht in grimmige dienstliche Falten und fragt sachlich:

„Sie müssen schon etwas deutlicher werden. Wer ist Jocky? Ihr Sohn? Ihre Tochter?“

Sergeant Popper unterstreicht jede Frage mit einem Pochen auf seine Schreibtischplatte. Und dann seufzt er erleichtert auf, als er sieht, wie sich die Tür öffnet und sein Kollege Frank Oster eintritt.

„Ja, kennen Sie mich denn nicht?“ ruft die Frau in diesem Augenblick und starrt ungläubig auf Sergeant Popper. Doch der schüttelt nur den Kopf.

Da reckt sich die Frau auf und klärt ihn mit theatralischer Geste auf: „Ich bin Madame Geraldine Porelli vom Zirkus Paddlestone.“

„Ah, die Dame mit dem Dackel“, erinnert sich Popper eifrig... Auch Frank Oster tritt jetzt zu den beiden.

„Ich war gestern abend in der Vorstellung“, wirft er ein. „Es hat mir ganz gut gefallen...“

„Madame will eine Verlustanzeige erstatten“, unterrichtet Popper seinen Kollegen.

„Mein Dackel Jocky ist heute nacht gestohlen worden!“

„Ihr Dackel Jocky ist gestohlen worden?“ kommt es aus beider Mund zugleich. Und es wäre glatt gelogen, wolle man behaupten, daß die beiden Polizisten besonders intelligent auf Madame blickten.

Es dauert eine Weile, bis bei Sergeant Popper der Penny gefallen ist und er seine Fassung wiedergewonnen hat.

„Aber liebe Frau, wir können doch nicht wegen jedes x-beliebigen Dackels oder Hundes eine Großfahndung vom Stapel lassen...“

Vielleicht wäre Sergeant Poppers Erwiderung etwas vorsichtiger gewesen, hätte er die Reaktion der Zirkusdame vorausgesehen.

Wie eine Furie schnellt sie auf ihn zu und hebt drohend die Fäuste. Dazu bellt ihre Baßstimme zornig:

„Mein Jocky ist kein x-beliebiger Dackel, Sie... Sie... Sie komischer Inspektor... Mein Dackel ist die Attraktion von Paddlestone!“ Dazu stampft sie zornig mit dem Fuß auf.

Poppers Kollege schiebt sich behutsam an die explosive Lady heran, während er aus den Augenwinkeln nach einem eventuell notwendigen Rückzugsweg ausspäht. Man weiß schließlich nie, was bei solchen Leuten im nächsten Augenblick passiert. Vielleicht werfen sie plötzlich mit ihren Schuhen um sich oder versuchen, einem das Gesicht zu zerkratzen. Sich zu einem freundlichen Lächeln zwingend, rückt er Madame Porelli einen Stuhl zurecht. Er tut es mit der Schnelligkeit eines Jongleurs, um sich sofort wieder auf sicheren Abstand zurückzuziehen.

„Bitte, nehmen Sie doch Platz, wir wollen die Angelegenheit in aller Ruhe besprechen.“

Mit einem tief aus der Brust kommenden Knurren setzt sich Madame Porelli.

„Sie müssen doch einsehen, liebe Madam, daß es unmöglich ist, wegen eines Hundes den ganzen Polizeiapparat zu alarmieren", versucht Frank Oster seinen Standpunkt beweiskräftig darzulegen. Als er sieht, wie Madame Porelli aufbegehren will, hebt er beschwörend die Hände „... ich weiß, Madam. Auch wegen eines so profilierten Dackels, wie es der Ihre ist, scheidet eine Großfahndung aus."

Sich vorsichtig heranpirschend, kommt Sergeant Popper seinem Amtskollegen zu Hilfe.

„In London werden jeden Tag fast zwei Dutzend Tiere als verloren erklärt. Stellen Sie sich vor, wir müßten jedesmal eine Großfahndung einleiten. Die gesamte Polizei wäre nur noch hinter Hunden, Katzen, Schildkröten und Kanarienvögeln her."

Fast scheint es, als wolle sich Madame den Gegebenheiten beugen. Resigniert und müde lehnt sie sich in ihrem Stuhl zurück.

„Aber mein Hund ist nicht entlaufen. Er wurde gestohlen."

„Na schön", seufzt Popper, „dann mal der Reihe nach. Was haben Sie heute abend nach Ihrem Auftritt gemacht?... Einen Augenblick noch, Madam... Frank, spanne einen Bogen Papier ein, und schreibe mit..."

Frank Oster begibt sich zu der altersschwachen Schreibmaschine in der Ecke des Reviers und spannt mit spöttischer Miene ein Blatt Papier ein. „Okay, Gary!" ruft er danach Popper zu.

„Also, Madam – wie war das heute abend?"

Madame Porelli hat die Hand über die Augen gelegt und beginnt mit stockender Stimme zu berichten...

„Gleich nach dem Auftritt bin ich mit Jocky in meinen

Wohnwagen gegangen. Ich habe mich umgezogen und dann Jockys Fleisch aus dem Küchenwagen geholt."

„Und wo steckte Jocky in dieser Zeit?"

„In meinem Wohnwagen natürlich!"

„Weiter..."

„Was weiter? Als ich zurückkam, war Jocky verschwunden... Spurlos verschwunden."

Gary Popper räuspert sich vernehmlich, da Madame keine Anstalten macht, ihre Hand von den Augen zu nehmen...

„Hm..." brummt er dann. „Hatten Sie die Tür des Wohnwagens offengelassen, als Sie nach dem Fleisch gingen?"

Überrascht sieht Madame Porelli auf. „Was soll diese Frage?" könnte ihr Blick heißen...

„Ich fragte, ob die Tür Ihres Wohnwagens während Ihrer Abwesenheit geöffnet war", wiederholte Popper seine Frage.

„Ich weiß es nicht mehr. Vielleicht – vielleicht auch nicht. Aber das hat überhaupt nichts zu bedeuten. Jocky würde niemals allein weglaufen – wenn Sie darauf hinauswollen."

„Schon gut!" brummt der Sergeant ungeduldig, „ich wollte nur feststellen, daß der Dackel rein theoretisch gesehen die Möglichkeit zum Fortlaufen hatte."

Popper geht mehrere Male im Raum auf und ab.

„Beschreiben Sie mir den Dackel", forderte er dann auf.

„Jockys Fell war von einem herrlichen Mittelbraun. Über der Nase hatte er eine kleine schwarze Maske."

„War er langhaarig?"

„Nein, kurzhaarig!"

„Hast du alles, Frank?" wendet sich der Sergeant seinem tippenden Kollegen zu. „Ja."

„Ich kann jetzt lediglich eine Beschreibung mit der Bitte um Beachtung eines herrenlosen Dackels an die anderen Polizeistationen durchgeben. Mehr kann ich leider nicht für Sie tun."

Madame Porelli hat sich erhoben. Ihre Augen blitzen schon wieder zornig.

„Ich möchte wissen, wozu man eine Polizei unterhält. Da kann man ja mehr Vertrauen zur Feuerwehr haben..."

Mit einem dröhnenden Knall fällt die Tür hinter ihr zu. Da Popper und Oster damit gerechnet haben, zucken sie nicht mal zusammen.

Als Frank Oster die nachdenkliche Miene Poppers sieht, fragt er:

„Denkst du über den sagenhaften Dackel nach?"

„Nein", schüttelte Popper den Kopf. „Ich überlege gerade, wie ich in einer Feuerwehruniform aussehen würde..."

Die Zeitungsannonce

Sieben Tage sind seit diesem Vorfall vergangen.

Sieben Tage und sieben Nächte.

Perry Clifton hat den Zirkusbesuch wohl längst vergessen. Und auch Dickis Interesse ist inzwischen von anderen Ereignissen gefesselt worden.

Doch ganz plötzlich kommt der Augenblick, da beide noch einmal an den Abend im Zirkus erinnert werden sollen.

Wieder ist es ein Sonnabend.

Perry hat gerade Hut und Mantel abgelegt, als es stürmisch an seine Tür hämmert. Bevor er „Herein" sagen kann, steht Dicki im Zimmer.

Seine Wangen sind gerötet, und seine strahlenden Augen verkünden in beredter Sprache die Aufregung, in der er sich befindet.

„Guten Tag, Mister Clifton! Haben Sie schon die heutige

Zeitung gelesen?“ sprudelt es aus ihm heraus, und krampfhaft versucht er, eine Zeitung hinter seinem Rücken zu verbergen.

„Nein, Dicki, ich habe noch keine Zeitung gelesen“, gibt Perry Bescheid und fragt dann mit einem beziehungsvollen Lächeln:

„Gibt es irgendwo irgendwas umsonst?“

„Sie werden Augen machen!“ versucht Dicki seines Freundes Neugier zu wecken. „Am besten, wenn Sie sich dazu hinsetzen.“

„Nach deinen Vorbereitungen zu schließen, scheint es ja tatsächlich etwas ungeheuer Wichtiges zu sein. Na, schieß los!“ Perry Clifton hat es sich in einem Sessel bequem gemacht und tut sehr gespannt.

Dicki baut sich vor ihm auf und beginnt umständlich, die Zeitung zu entfalten. Dabei macht er ein Gesicht, als wolle er Perry verkünden, daß in Zukunft nur noch mittwochs gearbeitet würde.

„Es geht los!“ beginnt er überflüssigerweise und fährt fort: „Überschrift – Wer sah Jocky? Hundert Pfund Belohnung!“

Atemlos sieht er auf Perry. Als er jedoch bei seinem Freund nur ein anerkennendes Nicken feststellen kann, malt sich Enttäuschung auf seinem Gesicht.

Perry nutzt die Pause zu einer Frage:

„Und wer ist dieser Jocky? Ein entflogener Kanarienvogel?“

In Dickis Stimme ist tiefe Entrüstung, als er vorwurfsvoll fragt:

„Ja, Mister Clifton, erinnern Sie sich denn nicht mehr? Vorige Woche im Zirkus...?“

Na endlich. Perrys Erinnerungsvermögen, derartig unter Druck gesetzt, beginnt zu funktionieren.

„Stimmt – der Dackel dieser Madame Pom – Pom – Pomelli oder so ähnlich.“

„Porelli!" verbessert Dicki und liest vor:

„Ich biete demjenigen hundert Pfund Belohnung, der mir meinen Dackel Jocky wieder zuführt oder Angaben machen kann, die zur Wiedererlangung des Tieres führen. Jocky ist seit dem 12. Juni spurlos verschwunden.

Jocky hat ein mittelbraunes, gepflegtes Fell und an der Schnauze eine kleine schwarze Maske. Ein besonderes Kennzeichen ist ein schwarzer Fleck an der rechten Vorderpfote. Mitteilungen erbittet: Madame Geraldine Porelli, Zirkus Paddlestone, zur Zeit London-Mitcham... Na, was sagen Sie jetzt, Mister Clifton?"

Erwartungsvoll blickt Dicki auf seinen großen Freund.

„Hm – diese Madame Porelli tut mir aufrichtig leid."

„Stellen Sie sich vor, Mister Clifton, hundert Pfund Belohnung!" schwärmt Dicki unbeeindruckt weiter. „Was man sich da alles kaufen könnte. Einen neuen..."

Als er Perrys Blick sieht, bricht er ab... „Warum sehen Sie mich denn so an?"

„Besonders tierlieb scheinst du ja nicht zu sein, mein Sohn."

Dicki senkt beschämt den Kopf.

„Es ist mir nur so herausgerutscht... Der Dackel tut mir auch leid."

„Soo?" fragt Perry gedehnt.

„Ja, vielleicht irrt er irgendwo herum und hat Hunger..." Sein schlechtes Gewissen treibt ihn zu den gewagtesten Mutmaßungen.

„Oder er ist eingesperrt und findet nicht mehr heraus?"

„Hm..." macht Perry Clifton.

„Es könnte ihn natürlich auch jemand eingefangen haben."

„Das könnte sein", gibt Clifton zu und lächelt verstohlen über Dickis plötzlichen Eifer.

„Auf alle Fälle werde ich morgen mittag nach der Schule mit dem Fahrrad in Richtung Mitcham fahren. Es könnte ja sein, daß ich ihn sehe – nicht?"

Als Perry den um Anerkennung bittenden Blick Dickis sieht, nickt er ernsthaft.

„Tue das, Dicki. Vielleicht hast du Glück und findest diesen Jocky."

Glücklich strahlen Dickis Augen wieder, und mit einer Geste, die so aussieht, als wolle er damit ein Königreich verschenken, sagt er:

„Und die Belohnung, die kann Madame Porelli behalten..."

„Na, das würde ich mir dann doch noch überlegen."

Einen Augenblick lang stutzt Dicki und schielt verblüfft auf seinen großen Freund. Als er jedoch dessen breites Lächeln sieht, versteht er, daß Perrys Rüge von vorhin gar nicht so ernst gemeint war.

Zwischenfall im Warenhaus

Vier Nachmittage lang radelte Dicki Miller mit seinem Fahrrad umher.

Über Hauptstraßen, durch schmale Gassen und stille Seitenwege führte ihn die Suche nach dem verschwundenen Dackel.

Doch es war vergeblich. Von Jocky fand er keine Spur.

Viele Monate sind seit dieser Suche vergangen. Es ist mittlerweile November geworden. Ein Monat, der wegen seiner Nebel und feuchten Niederschläge von fast allen Londoner Bewohnern gefürchtet wird.

Doch diesmal ist es nicht nur die Witterung, die diesen Monat für viele Leute dieser Stadt unvergessen macht.

Er bringt außer Nebel auch eine Reihe unheimlicher Ereignisse.

Man schreibt den 11. November.

Die Uhr über dem Hauptportal zeigt sieben Minuten vor 16 Uhr, als eine ganz in Schwarz gekleidete Dame mit einem ebensolchen Gesichtsschleier die Verkaufsräume des großen Warenhauses Cook & Small in der King George Street betritt.

Ohne Aufenthalt steuert sie geradewegs auf die Schmuckabteilung zu, deren Vitrinen gegenüber dem Haupteingang stehen.

Vor einer mit Panzerglas gesicherten Vitrine verhält sie den Schritt und läßt, sorgsam prüfend, ihre Blicke über die zur Schau gestellten Schmuckstücke gleiten.

„Bitte, Mylady, was darf es sein?"

Freundlich lächelt die junge, adrett gekleidete Verkäuferin. „Höflichkeit und Freundlichkeit ist der Anfang des Geschäfts", war ihr immer gesagt worden. Und eingedenk dieser Weisheit lächelt sie auch noch, als die Lady, ohne ihr Beachtung zu schenken, weiterhin die Auslagen betrachtet.

„Vielleicht darf ich Ihnen etwas Besonderes zeigen?" flötet Miß Carner, die Verkäuferin, und beschließt, der Dame im Geiste kräftig auf die Zehen zu treten.

Und dann ist sie erstaunt, daß sie es anscheinend doch nicht mit einer Stummen zu tun hat.

„Ich suche ein Hochzeitsgeschenk. Es soll etwas Wertbeständiges sein!" äußert die Kundin mit einer tiefen, männlich wirkenden Stimme.

Diensteifrig rollt Miß Carner den grünen Filz auf der

Scheibe aus und nimmt im Geiste den Fußtritt von vorhin wieder zurück.

„Dachten Sie dabei an ein bestimmtes Schmuckstück? Eine Brosche zum Beispiel – oder ein Ring vielleicht?"

„Ich glaube, eine Brosche ist neutraler. Können Sie mir ein paar Sachen zur Auswahl vorlegen?"

„Aber gern!" erwidert die Verkäuferin und taucht nach unten weg. Für einige Augenblicke hört man nur das Rascheln von Papier und das Geräusch von auf- und zuschnappenden Etuis. Als Miß Carner endlich wieder mit rotem Kopf auftaucht, balanciert sie eine Anzahl Etuis auf ihren Händen.

„Hier, wie gefällt Ihnen dieses Stück, Mylady? Sehr attraktiv. Brillantsplitter mit einem herrlichen Rubin..."

Sie hält der Schwarzgekleideten das Schmuckstück hin, doch die Dame hat sich offensichtlich etwas anderes vorgestellt. Ablehnend schüttelt sie den Kopf.

„Das ist doch nicht das Richtige..."

Miß Carner legt ihr ein weiteres Schmuckstück vor. Es ist eine als Spinne gearbeitete Brosche.

Der Körper der Spinne, die auf einem wunderbaren Filigranuntergrund sitzt, ist ein kostbarer Brillant. Interessiert beugt sich die Lady über das kostbare Schmuckstück.

„Sehr schön", flüstert ihre tiefe Stimme. „Wieviel kostet die Brosche?"

„Einhundertfünfundsechzig Pfund, Mylady", antwortet die Verkäuferin und kann kaum ihre Verwunderung darüber verbergen, daß die Kundin nicht einmal zur Begutachtung den Gesichtsschleier zurückschlägt.

In diesem Augenblick nimmt die Lady das Schmuckstück von der Platte und hält es gegen das Licht. Einige Atemzüge lang scheint sie sich an dem Feuer des Steines zu erfreuen... Und dann geschieht es... Mit einem „Oh, wie ungeschickt!"

tritt sie einen halben Schritt zurück, während ihre Augen den Boden abzusuchen scheinen...

„Bitte, treten Sie nicht darauf, Mylady!“ ruft die Verkäuferin erschrocken und ängstlich zugleich. Mit hastigen Schritten eilt sie dann um den Verkaufstisch herum.

„Das ist aber sonderbar“, vernimmt sie die Stimme der Kundin und weiß zuerst nicht, was diese damit meint.

„Haben Sie sie schon?“ fragt Miß Carner.

„Nein, ich kann sie nicht finden. Die Brosche kann doch nicht verschwunden sein...“ Die Stimme der Kundin klingt erregt und fassungslos.

Miß Carner, die Verkäuferin, ist kreidebleich. Sie spürt, wie ein Zittern in ihren Beinen hochzukrauchen beginnt. Und wie ihr Mund plötzlich ausgetrocknet ist.

Blitzschnell läßt sie sich auf die Knie nieder. Keine Ecke, kein Vorsprung und keine Nische entgehen ihren Nachforschungen.

Als sie sich vor Aufregung keuchend und voller Angst wieder aufrichtet, steht ein schrecklicher Verdacht in ihren Augen.

Die Brosche ist verschwunden; daran kann nicht gezweifelt werden. Eine Brosche für einhundertfünfundsechzig Pfund Sterling. Und für einhundertfünfundsechzig Pfund muß Miß Carner über vier Monate arbeiten. Bei dieser Überlegung angekommen, werden ihre Augen schmal.

Ein Schmuckstück kann sich schließlich nicht in Luft auflösen.

„Was sehen Sie mich so an?“ fragt die schwarzgekleidete Lady aggressiv, als sie den scharfen Blick der Verkäuferin auf sich ruhen sieht. „Glauben Sie, ich habe die Brosche verschluckt?“

„Diese Bemerkung paßt nicht zu einer vornehmen Dame“, durchfährt es Miß Carner blitzschnell, bevor sie laut nach Mister Sounders, dem Abteilungs ei er, ruft.

Fünfundvierzig Minuten nach 16 Uhr verläßt die Schwarzgekleidete tief beleidigt die Verkaufsräume von Cook & Small. Zurück bleiben eine völlig aufgelöste Verkäuferin, ein verzweifelter Abteilungsleiter und zwei händeringende Hausdetektive. Zu acht hatten sie die gesamte Schmuckabteilung auf den Kopf gestellt. Nicht den kleinsten Winkel hatte man vergessen.

Auch Lady Matcroft, als die sich die schwarze Dame auswies, mußte sich eine Leibesvisitation gefallen lassen.

Umsonst – vergeblich...

Die Brosche blieb verschwunden.

Nebel . . .

Drei Tage später.

Um 10.20 Uhr unterbricht Studio London der BBC sein Musikprogramm.

„Liebe Zuhörer“, meldet sich die Stimme von Daniel Kilg, dem Nachrichtensprecher. „Wir unterbrechen für einen Augenblick unser Musikprogramm für eine wichtige Durchsage:

Der Nebel in den Straßen unserer Stadt hat in den letzten beiden Stunden so stark zugenommen, daß er eine akute Gefahr für Verkehr und Gesundheit darstellt. Verlassen Sie Ihre Häuser nur noch, wenn Sie Unaufschiebbares vorhaben. Eine besondere Warnung den Kraftfahrern: Wie uns die Polizei soeben meldet, beträgt die Sichtweite in der Innenstadt nur noch drei Meter.“

Diese Durchsage erfolgte um 10.20 Uhr. Genau acht Minuten später betritt eine schon ältere Krankenschwester die Verkaufsräume des renommierten Waren- und Versandhauses „Exquisit“ in der Tanton Street.

Trotz des gefährlichen Nebels ist die untere Verkaufsetage gut besucht.

Knappe dreißig Meter neben dem Hauptportal aus Glas und Messing befindet sich die Schmuckabteilung.

Billy Higgins ist nicht nur Chefverkäufer in der Schmuckabteilung, sondern auch ein eitler Geck.

Immer nach der letzten Mode gekleidet und immer mit pomadeglänzendem Haar wird er im Haus nur „Mister Mannequin“ genannt. Seine Eitelkeit ist legendär. Dazu kommt, daß er sich für Englands begabtesten Verkäufer hält.

Billy Higgins ist gerade dabei, sich ein nicht vorhandenes Stäubchen vom Revers seines eleganten Sakkos zu blasen, als sein Blick auf eine ältliche Krankenschwester fällt, die schüchtern, als würde sie selten in die große Stadt kommen, dem Verkaufstisch zustrebt.

Billy stellt sich in Positur, fährt sich schnell noch einmal über den Scheitel und flötet in seiner freundlichsten Tonart:

„Na, Schwester, haben Sie sich verlaufen?"

Da trifft ihn ein schneller, stechender und zugleich forschender Blick aus ihren Augen, und unwillkürlich zieht „Mister Mannequin" etwas die Schultern ein. „Von der möchte ich mir kein Fieber messen lassen", durchzuckt es ihn bei dem Gedanken an einen möglichen Krankenhausaufenthalt auf ihrer Station.

Und etwas reservierter fügt er fragend hinzu: „Oder wollten Sie zu mir?"

„Ich möchte einen Brillantring kaufen!"

Billy Higgins hatte Mühe, seine Verwunderung zu verbergen. „Sie möchten einen Brillantring kaufen?" wiederholt er mechanisch, und es klingt, als sei er der Überzeugung, die Krankenschwester habe sich einen schlechten Scherz erlaubt.

„Ja!"

„Oh, bitte, Schwester..." erinnert sich Higgins plötzlich seines Berufs und ertappt sich gleichzeitig dabei, wie er die Stimme der Schwester mit der seines Hauswirtes vergleicht. Sie ist ebenso tief wie voll.

„Wieviel möchten Sie denn anlegen, Schwester?" fragt er und ist gleichzeitig überzeugt, daß ihre Antwort bei zehn oder zwanzig Pfund liegen wird.

„Auf keinen Fall mehr als zweihundert Pfund", erwidert die Schwester mit einem verschämten Augenaufschlag, zu dem der scharfe stechende Blick im Widerspruch steht.

„Zwei – zwei – zweihundert Pfund?“ stottert der elegante Billy entgeistert und läßt seinen Blick von der gestärkten Haube bis zu den in Wollhandschuhen steckenden Händen gleiten.

„Es wird doch nicht verboten sein, sein sauer verdientes Geld in Schmuckstücken anzulegen – oder?“

„Oh, nein, Schwester“, schluckt Billy und zwingt sich zu einem schmalen Lächeln. „Vielleicht handelt sie heimlich mit herausoperierten Blinddärmen“, überlegt er, während er eifrig nach einigen passenden Ringen sucht. „Blödsinn, Billy“, beantwortet er sich selbst. „Wer kauft schon gebrauchte Blinddärme.“

„Bitte, Schwester, wie gefällt Ihnen dieser hier?“

„Kostenpunkt?“

„Zweihundertvierzig Pfund!“

Erschrocken fährt „Mister Mannequin“ zurück, als ihm die Schwester im gleichen Moment mit ihrer Baßstimme zuzischt:

„Habe ich vorhin chinesisch gesprochen – oder sagte ich klar und deutlich, daß ich höchstens zweihundert Pfund ausgeben wolle?“

„Sie sagten es, Schwester“, beeilt sich Billy zuzugeben und ringt mühsam nach Fassung.

„Na also – was kostet dieser hier?“

„Hundertachtzig Pfund...“

„Hm – sehr schön...“

„Hat er nicht ein prächtiges Feuer?“

„Der gefällt mir. Ich würde mir trotzdem gern noch etwas anderes ansehen...“

Als die Schwester den Ring zurücklegen will und Billy Higgins schon die Hand zum Entgegennehmen aufhält, geschieht es.

Durch eine kleine Ungeschicklichkeit gleitet der Ring aus der Hand der Schwester.

Ein leises helles Klirren ertönt, als er im Fall die Glasscheibe streift. Billy verzieht keine Miene. Noch nicht. So ein Malheur kann schließlich mal passieren. Fast abwesend blickt er auf den Rücken der Schwester, die sich suchend nach unten neigt.

Endlich taucht sie mit rotem Kopf wieder auf. In ihren Augen glimmt ein ängstlicher Schimmer, als sie mit ihrer dunklen Stimme spricht:

„Es tut mir leid, Mister, aber ich kann den Ring nicht sehen."

Billy Higgins vergißt für Sekunden das Atmen. Dann erwidert er heiser: „Machen Sie keine schlechten Witze, Schwester. Hundertachtzig Pfund sind kein Pappenstiel."

„Er muß irgendwo druntergerutscht sein", seufzt die Krankenschwester und neigt sich wieder nach dem Boden.

Mit einer ihm sonst fremden Eile setzt der schöne Billy mit einem Sprung über den Ladentisch und läßt sich auf die Knie nieder. Ungeachtet seiner scharfen Bügelfalten.

Es stört ihn nicht, daß einige Kunden spöttische Bemerkungen machen.

Als kurz darauf der Chef der Etage hinzukommt, beginnt das gleiche Spiel wie drei Tage zuvor bei Cook & Small. Und wie bei Cook & Small die Brosche, bleibt auch der Ring verschwunden.

Oberschwester Josefine Asher vom St.-Christobal-Hospital verläßt kurz nach elf Uhr wutschnaubend und mit einer Anzeige drohend das Warenhaus „Exquisit".

Billy Higgins jedoch ist völlig erledigt. Verzweifelt rauft er sich seinen nach Pomade duftenden Haarschopf und schwört, daß er niemals wieder in seinem Leben eine Krankenschwester bedienen wird.

Die Warnung

Sir Adam Walker, leitender Direktor des Warenhauses Johnson & Johnson, durchquert mit energischen Schritten sein Büro und reißt die Tür zu seinem Sekretariat auf.

„Miß Bebs", bellt er seine erschrockene Sekretärin an, „verständigen Sie sofort Mister Conolly, Mister Clifton, Mister O'Brien und die drei Damen von der Detektivabteilung. Sie sollen sofort in mein Büro kommen."

„Jawohl, Sir", stottert Miß Bebs, die ihren Chef noch nie in solcher Verfassung gesehen hat.

„Sollen sie alle auf einmal kommen?"

Sir Walker, der sich wieder abgewandt hatte, fährt wie von der Tarantel gestochen herum.

„Zum Teufel, Miß Bebs, natürlich alle auf einmal. Bin ich eine Schallplatte, die beliebig oft dasselbe wiederholt?"

„Sehr wohl, Sir", muffelt Miß Bebs tief gekränkt und wendet sich dem Telefon zu.

„Noch etwas", schnauft Walker, „die Schmuckabteilung soll sofort bis auf weiteres den Verkauf einstellen."

Mit lautem Knall fällt die Tür hinter ihm ins Schloß.

Knapp zehn Minuten später sind alle versammelt. Die drei männlichen Hausdetektive Conolly, Clifton und O'Brien und deren zwei weibliche Kolleginnen.

Keiner von ihnen hat die leiseste Ahnung, weshalb man sie in das Allerheiligste beordert hat.

Direktor Walker läßt seinen Blick über die versammelte Mannschaft gleiten. Kein Muskel zuckt dabei in seinem Gesicht. Doch plötzlich stutzt er. Seine Augenbrauen ziehen sich finster zusammen. „Wo ist Mistreß Melby, Conolly?" fragt er den Chef der Detektivabteilung.

„Sie ist seit vierzehn Tagen krank, Sir. Grippe."

Sir Walker geht um den Schreibtisch herum und läßt sich schwer in den Sessel fallen.

Während seine Fingerspitzen ein hartes Stakkato auf ein Schriftstück trommeln, beginnt er zu sprechen:

„Zur Sache: Ich habe heute ein Schreiben von einem Inspektor Skiffer vom Scotland Yard erhalten."

„Kenne ich gut", entfährt es Perry Clifton unvorsichtigerweise, und er muß einen strafenden Blick Walkers einstecken.

„Ich habe Sie hierhergebeten, um Sie über den Inhalt dieses Briefes zu informieren."

Um seinen folgenden Worten größere Bedeutung zu geben, macht Direktor Walker eine Pause. Dann fährt er mit erhöhter Stimme fort:

„Die Londoner Warenhäuser werden zur Zeit von einem Phänomen heimgesucht. Hören Sie zu: Am 11. November wollte eine dunkel gekleidete, sehr elegant und sicher auftretende Dame bei Cook & Small eine Brillantbrosche kaufen. Während des Betrachtens fiel die Brosche herunter und war verschwunden. Am 15. November, also vier Tage später, erscheint bei ‚Exquisit' eine ältliche Krankenschwester und verlangt einen Brillantring. Man legt ihr mehrere Stücke zur Auswahl vor. Und dabei passierte es..."

Walker holt tief Luft und fährt sich mit dem Taschentuch über die Stirn...

„Ja, dabei passierte es..." wiederholt er. „Ein Ring fällt angeblich durch Ungeschicklichkeit zu Boden und blieb von da an verschwunden. Wert der Brosche: hundertfünfundsechzig Pfund, der des Ringes hundertachtzig Pfund."

Wieder macht er eine kleine Pause.

„Am 16. erscheint bei ‚Beverly' eine Gelähmte, das heißt, sie ging an zwei Stöcken, und versucht wiederum einen Brillantring zu kaufen. Der gleiche Vorgang. Ring fällt herunter und ist unauffindbar. Wert diesmal zweihundertsechsundsiebzig Pfund. Ähnliche Fälle wiederholen sich am 17. zweimal und noch einmal am 18. November."

Sir Adam Walker ist aufgesprungen und auf seine Mitarbeiter zugegangen. Vor Conolly bleibt er stehen.

„Na, Conolly", fragt er mit vor Erregung heiserer Stimme, „was sagen Sie dazu?"

Als Conolly nicht gleich antwortet, wendet er sich an Perry Clifton: „Und Sie – haben Sie dazu eine Meinung?"

„Hat man die angeblichen Käuferinnen keiner Leibesvisitation unterzogen?"

„Sehr schlau, unser Meisterdetektiv", entfährt es Walker spöttisch. „Natürlich hat man. Nur gefunden hat man nichts. Es gibt aller Wahrscheinlichkeit nach auch keine Komplizen, denn in den drei Fällen waren die Gänge an den Verkaufstischen der Schmuckabteilungen leer."

„Ich nehme an, daß Scotland Yard inzwischen die Adressen der Damen aufgesucht hat?" meldet sich Conolly zu Wort.

„Ja. Wie erwartet sind sie allesamt falsch. Nicht eine existiert. Scotland Yard ist der Ansicht, daß es sich um die raffiniertesten Trickdiebstähle der letzten fünfundzwanzig Jahre handelt."

„Gibt es denn keine Anhaltspunkte, Sir? Irgendwelche Körpermerkmale?" will Perry wissen.

„Doch, die gibt es." Walker tritt an seinen Schreibtisch und fischt nach dem Schreiben vom Scotland Yard.

„Hier, man schreibt:, ... eines haben alle Täterinnen gemeinsam: eine tiefe, fast männliche Stimme. Diese Tatsache erhärtet auch die Vermutung, daß es sich in allen Fällen um ein und dieselbe Person handelt. Ihr Alter ist durch die mannigfaltigen Verkleidungen schwer zu bestimmen. Es dürfte jedoch zwischen fünfunddreißig und fünfzig Jahren liegen. Weiterhin wurde einigemal zum Zeitpunkt der Ereignisse ein herrenloser Dackel in der Nähe der Schmuckabteilungen beobachtet.'"

„Das dürfte doch wohl mehr der Phantasie der erschrokkenen Verkäufer entsprungen sein!" lacht O'Brien.

„Ich finde, daß wir keinerlei Grund zur Heiterkeit haben, Mister O'Brien!" weist Sir Adam Walker den kleinen Iren zurecht.

„Entschuldigung, Sir", murmelt O'Brien und versucht krampfhaft, ein ernstes Gesicht zu zeigen.

„Ich habe vorhin den Verkauf in der Schmuckabteilung einstellen lassen. Veranlassen Sie, Conolly, daß ab sofort weiterverkauft wird. Postieren Sie zwei Leute in die Nähe."

„Jawohl, Sir", nickt Bob Conolly, „wir werden auf tiefe Damenstimmen und herrenlose Dackel achten."

Überraschung in Greenwich

Perry Clifton merkt, obgleich er nicht zur Beobachtung in der Schmuckabteilung eingeteilt wurde, wie seine Gedanken immer wieder zu der Unterredung bei Sir Walker zurückkehren.

Irgendwas ist in seinem Unterbewußtsein, das er mit den Ereignissen in Zusammenhang bringen möchte, ohne daß es ihm gelingt.

So ist er auch noch ziemlich nachdenklich, als ihm am Abend sein Freund Dicki wie üblich einen Besuch macht. Und Dicki, der fühlt, daß etwas in der Luft liegt, bohrt so lange, bis ihm Perry die Geschichte mit den Schmuckdiebstählen erzählt.

Und Dicki ist ein aufmerksamer Zuhörer.

„Das einzige, was man mit Bestimmtheit sagen kann, ist, daß die Frau eine tiefe männliche Stimme hatte", schließt Perry Clifton seinen Bericht.

„Die hat meine Tante Millie auch", stellt Dicki trocken fest.

„Ach, noch etwas..." erinnert sich Perry, „bei einigen Fällen will man sogar einen Dackel in der Nähe der Tatorte gesehen haben... Als ob ein Dackel die Schmuckstücke wegtragen könnte..."

„Das könnte nur *ein* Dackel", wirft Dicki seelenruhig ein.

„Wieso? Wie meinst du das, Dicki?" stutzt Perry und spürt, wie in ihm ein seltsames Kribbeln aufsteigt.

„Der Dackel aus dem Zirkus, der könnte das... Wissen Sie noch, damals in Mitcham... Was ist, Mister Clifton?"

Perry Clifton ist aufgesprungen. In seinen Augen lodert es, als er Dicki am Arm packt.

„Du bist doch wahr und wahrhaftig ein Teufelskerl, Dicki... Das ist es... Das ist es, wonach ich den ganzen Tag in meinem Gedächtnis gekramt habe... Das sind die Zusammenhänge."

Langsam beginnt es auch in Dicki zu dämmern.

„Wie hieß sie doch, Dicki? Madame... Madame...?"

„Madame Porelli! Und der Dackel hieß Jocky... Und sie hat auch eine so tiefe Stimme gehabt."

Perry schlägt sich mehrere Male vor die Stirn. „Und ich bin nicht draufgekommen. Dicki, was würde ich ohne dich anfangen..."

Dicki richtet sich geschmeichelt auf. Doch plötzlich fällt ein Schatten über sein Gesicht.

„Es geht doch nicht, Mister Clifton", sagt er enttäuscht.

„Wieso?"

„Madame Porellis Dackel ist doch damals verschwunden

Erinnern Sie sich nicht mehr an die Anzeige mit der Belohnung?"

Perrys Überzeugung und Sicherheit sind durch nichts mehr zu erschüttern. Mit einer heftigen Bewegung wischt er Dickis Einwand weg.

„Seitdem sind Monate vergangen, Dicki. Und wer sagt uns, daß sie ihren Dackel nicht schon lange wiederhat? Und wenn nicht, daß alles nur ein klug eingefädeltes Manöver war? Vielleicht hält sie den Dackel irgendwo versteckt?"

Perry beginnt im Zimmer auf und ab zu gehen. In seinem Kopf purzeln die tollsten Gedanken durcheinander.

„Werden Sie jetzt Scotland Yard Bescheid sagen?"

„Wozu bin ich Detektiv, Dicki? *Das* werde ich allein machen."

„Und ich?" entfährt es Dicki enttäuscht. „Bin nicht ich auf den Gedanken gekommen?"

Über Perrys Lippen huscht ein flüchtiges Lächeln.

„Na schön! *Wir* werden es allein machen."

Dicki strahlt, und voller Zuversicht schlägt er vor.

„Und wenn wir alles genau wissen, holen wir Scotland Yard. Wie damals bei den Kandarsky-Diamanten*."

„Genauso machen wir es", stimmt Perry zu.

„Endlich ist wieder was los", seufzt Dicki geräuschvoll und altklug. Dazu zieht er ein Gesicht, als müßte er den schwierigsten aller Schlachtpläne entwerfen.

„Wir müssen herausfinden, wo der Zirkus – wie hieß er doch?"

„Paddlestone."

„Ja, wo der Zirkus Paddlestone sein Winterquartier aufgeschlagen hat."

* Siehe: Ecke, Der Herr in den grauen Beinkleidern.

„Und dann, Mister Clifton?“

„Dann werde ich Madame Porelli einen liebenswürdigen Besuch abstatten.“

„*Sie?*“

„*Wir*, Dicki.“

„Und wann wird das sein?“

„Vielleicht schon morgen.“

Der neue Tag bringt zum erstenmal in diesem Winter trockene Kälte. Kein Nieselregen – kein Nebel. Und als gegen Mittag auch noch die Sonne ein wenig zum Vorschein kommt, atmen die Londoner auf. Viele fassen die Gelegenheit beim Schopf, um weite oder weniger weite Spaziergänge zu unternehmen.

Den Heimweg zwischen Schule und Wohnung legt Dicki fast ausschließlich im Laufschritt zurück. Er hat Angst, sein Freund Perry könne den Besuch im Zirkus Paddlestone ohne ihn machen.

Als er kurz nach zwölf Uhr vor Anstrengung schnaufend zu Hause ankommt, hat Perry Clifton bereits eine Reihe von Telefongesprächen hinter sich.

Schlag ein Uhr steht Dicki kauend vor Perry.

„Ich bin fertig, Mister Clifton“, meldet er und würgt den anscheinend umfangreichen Rest seines Mittagessens mit einem gewaltigen Schlucker hinunter.

„Du wirst noch ein Magengeschwür bekommen, wenn du weiterhin so schnell und hastig ißt!“

„Großvater ißt noch viel schneller und ist schon vierundsiebzig Jahre“, erwidert Dicki und ergänzt: „Und dabei hat er keinen einzigen Zahn mehr im Mund!“

Gegen diese Logik weiß auch Perry Clifton nichts einzuwenden, und lächelnd verkündet er:

„Dann wollen wir uns mal auf die Strümpfe machen.“

„Wissen Sie schon, wo der Zirkus sein Winterquartier hat?“

„Ja, in Greenwich. Aber zuerst gehen wir in die Hakman Street“, erklärt Perry verschmitzt.

„In die Hakman Street?“ Dickis Gesicht ist ein einziges Fragezeichen.

„Ja. Dort holen wir uns aus den Hills-Garagen ein Auto.“

„Ein Auto?“ Dickis Augen sind mit einem Mal groß wie Mantelknöpfe.

„Ich habe mir einen Wagen gemietet“, sagt Perry leichthin. „Schließlich sind es bis Greenwich eine erkleckliche Anzahl von Kurven und Ecken.“

„Hurra!“ brüllt Dicki und macht einen Luftsprung.

„Darf ich vorn sitzen?“ will er wissen.

„Selbstverständlich!“

Stolz rekelt sich Dicki wenig später neben Perry Clifton in dem fast neuen Morris.

Wenn ein anderer Wagen überholt, wird sein Gesicht finster, und der Fahrer des vorbeifahrenden Wagens erntet einen wütenden Blick. Dazu murmelt er zwischen den Zähnen: „Alter Angeber.“

Perry selbst muß seine Aufmerksamkeit dem starken Verkehr widmen. Um diese Zeit scheint halb London unterwegs zu sein. Vor den Stoppstellen bilden sich mitunter unübersehbare Schlangen. Erst nachdem sie die Lodgen Street hinter sich haben, geht es flüssiger.

„Na, wie gefällt dir die Fahrerei, Dicki?“

„Gut. Schade, daß wir nicht schneller fahren können.“

„Oh, ich habe keine Lust, mir ein Strafmandat einzuhandeln...“

„Haben Sie eigentlich eine Pistole eingesteckt, Mister Clifton?“ will Dicki plötzlich wissen.

„Eine Pistole?“ Perry ist überrascht. „Wozu soll ich denn eine Pistole brauchen?“

„Zum Verhaften. Oder glauben Sie, daß Madame Porelli so einfach mit zur Polizei geht?“

„Sie wird so von unserem Besuch überrascht sein, daß sie kaum an Gegenwehr denken wird.“

„Ob man den Dackel auch ins Gefängnis sperrt?“

„Das glaube ich kaum“, lacht Perry. „Mir ist jedenfalls kein Paragraph bekannt, nach dem Dackel wegen Diebstahls bestraft werden können.“

„Aber was wird dann aus Jocky?“

„Wenn sich niemand findet, der ihn in Pflege nimmt, wird man ihn sicher in einem Tierheim unterbringen. Bist du nun zufrieden?“

„Hm – ich werde eben noch einmal mit Dad reden...“ nimmt sich Dicki laut vor und macht dazu eine energische Miene. „Ich nehme Jocky einfach zu mir.“

Um 16.30 Uhr erreichen Perry und Dicki Greenwich.

Um 16.40 Uhr sehen sie das alte Woarson-Stadion vor sich liegen, auf dessen verwahrlosten Rasenflächen dicht gedrängt sechsundzwanzig Wohnwagen und vierzehn Tier- und Gerätewagen stehen. Einige Seitenwände an den letzteren sind heruntergeklappt, und man kann die stabilen Gitterstäbe von Käfigen erkennen.

Aus den Kaminröhren mehrerer Wohnwagen kräuseln sich dünne Rauchfähnchen empor. Sie sind im Augenblick die einzigen Zeichen dafür, daß in dieser kleinen Zirkusstadt Leben ist, denn nirgendwo sieht man Menschen.

Rundherum ist ein blau-weiß-grüner Gatterzaun aufgerichtet, an dem in regelmäßigen Abständen Schilder hängen, deren Aufschriften besagen, daß das Betreten des Innenraumes verboten sei.

Perry Clifton fährt bis dicht an die Begrenzung heran. Als sie Sekunden später den Wagen verlassen, ist noch immer niemand von den Zirkusleuten zu sehen.

„Gibt es denn hier keine Tür?" fragt Dicki verwundert, dem das Herz plötzlich bis zum Hals hinauf schlägt.

„Anscheinend nicht!" gibt Perry zur Antwort. „Wenn wir uns dünn machen, können wir dort drüben durchkriechen", setzt er nach einem forschenden Rundblick hinzu und weist auf eine Stelle, wo sich zwischen zwei Gattern ein schmaler Durchlaß befindet.

„Oder willst du lieber im Wagen auf mich warten?"

Dicki schüttelt den Kopf, während seine Augen angestrengt auf Perrys Schuhspitzen ruhen.

„Ich gehe schon mit – ich meine, wenn Sie Hilfe brauchen..."

„Hm", macht Perry, und ernsthaft: „Das finde ich anständig von dir..." Und mit einem: „Dann wollen wir mal" marschiert er auf den Durchlaß zu.

Vorsichtig Umschau haltend, trottet Dicki ihm nach.

Der Zwischenraum ist so breit, daß sie ohne Schwierigkeiten hindurchkönnen. Doch kaum haben sie jenseits des Zaunes zehn Schritte gemacht, ruft eine heisere Stimme hinter ihnen:

„He, Sie da – können Sie nicht lesen?"

Erschrocken fahren Perry und Dicki herum.

Auf der Treppe eines Wohnwagens entdecken sie einen finster dreinblickenden Mann, der langsam auf sie zukommt.

„Ich kann sogar gut lesen", erwidert Perry jetzt auf die nicht gerade freundliche Frage.

„Na also", schnarrt der andere, der in einem schmutzigen graugrünen Overall steckt. „Dann werden Sie ja auch gelesen haben, was auf den Schildern steht: ‚Betreten verboten' nämlich!"

„Stimmt, Mister. Aber nachdem wir keine Tür gefunden haben, sahen wir leider keine andere Möglichkeit als die, durch den Zaun zu kriechen... Ich hoffe, daß Sie uns das nicht nachtragen werden."

Als der Mann im Overall den Spott in Perrys Stimme vernimmt, wird er noch unfreundlicher.

„Und was wollen Sie hier?"

„Schlicht und einfach: jemandem einen Besuch machen. Und da Sie sich hier gut auskennen, werden Sie mir sicher verraten können, wo der Wohnwagen von Madame Porelli steht."

Einen Atemzug lang malt sich Verblüffung auf dem Gesicht des Mannes. Doch dann verzieht es sich zu einem breiten Grinsen, und fast fröhlich antwortet er:

„Hören Sie mal, Sie ulkiger Vogel, ich bin hier als Tierpfleger und nicht als Hellseher."

Diesmal ist es an Perry, verblüfft zu sein. Entweder ist der Mann die Unverschämtheit persönlich – oder in seinem Oberstübchen ist etwas durcheinandergeraten.

Und da ihm letzteres wahrscheinlicher erscheint, beschließt er, sich entsprechend zu verhalten. Doch bevor er weiterfragen kann, weist der Tierpfleger auf einen sehr sauber gestrichenen Wohnwagen. Dazu krächzt seine Stimme:

„Sehen Sie dort den Wagen mit der Nummer eins? Das ist die Höhle von Direktor Paddlestone. Fragen Sie dort."

Sagt es, dreht sich um und verschwindet in Richtung der Tierwagen.

„Der ist aber wirklich unfreundlich..." empört sich Dicki. „Ich hätte ihm am liebsten auf die Zehen getreten."

„Vielleicht hat er Ärger gehabt, und wir sind ihm gerade richtig gekommen... Ich möchte nur wissen, was er mit dem ‚Hellsehen' meinte." Perry zieht die Augenbrauen zusammen. Eine Eigenart, die zeigt, daß er scharf nachdenkt.

„Gehen wir nun zum Direktor – oder nicht?" will Dicki wissen und schielt heimlich zum Wagen.

„Natürlich... Komm!"

Aus dem gepflegten Wohnwagen mit der Nummer eins ertönt leise Radiomusik. Perry Clifton geht die vier Stufen hinauf und klopft verhalten an die Tür.

„Herein!" erklingt es freundlich, und Perry öffnet.

Ein älterer grauhaariger Herr sitzt über einer Unmenge von Papieren, die über den ganzen Tisch verstreut liegen. Freundliche graue Augen mustern zuerst Perry, dann Dicki, der sich ebenfalls in den Wohnwagen geschoben hat.

„Entschuldigen Sie, Sir – sind Sie Direktor Paddlestone?"

„Ja, der bin ich höchstpersönlich. Artist?" verbindet Paddlestone die Antwort mit der Gegenfrage.

„Nein, Herr Direktor. Mein Name ist Perry Clifton... Das hier ist mein kleiner Freund Dicki... Ich komme nur, um Sie um eine Auskunft zu bitten."

Direktor Paddlestone macht eine Handbewegung, die soviel heißen soll wie: „Fragen Sie doch."

„Ich suche Madame Porelli. Wenn Sie mir sagen würden, welche Nummer ihr Wohnwagen hat."

Aus Paddlestones Augen spricht Bedauern.

„Da suchen Sie leider an der falschen Stelle."

„Wie soll ich das verstehen?" fragt Perry überrascht und spürt gleichzeitig, daß sich in ihm Enttäuschung ausbreitet.

„So, wie ich sagte, Mister Clifton. Madame Porelli ist nicht mehr bei uns. Leider, muß ich hinzusetzen, denn sie war eine sehr gute Nummer."

Dabei zuckt er mit den Schultern.

„Hm, damit hatte ich eigentlich nicht gerechnet..."

In Perrys Worten schwingt die ganze Enttäuschung mit, die ihn bei dieser Mitteilung befallen hat.

Direktor Paddlestone lehnt sich zurück, während er mit leiser Stimme erzählt.

„Als der Dackel Jocky verschwand, war nicht mehr mit ihr zu sprechen. Wochenlang verkroch sie sich in ihrem Wohnwagen oder an Orten, die ich nicht kenne. Sie sprach mit niemandem, und wer sie besuchen wollte, mußte an ihrer Tür kehrtmachen... Als sie dann nach Wochen wieder zum Vorschein kam, schimpfte sie nur noch. Und sie schimpfte über alles. Am meisten jedoch über die Polizei, die nach ihrer Meinung völlig unfähig sei und außerstande wäre, ihren Hund wieder herbeizuschaffen..."

„Und wann hat sie den Zirkus verlassen?" will Perry wissen.

„Es war irgendwann in der zweiten Septemberhälfte."

„Hat sie denn in London eine Wohnung?"

„Nicht daß ich wüßte. Sie schwor auf das Leben im Wohnwagen. Und ich muß zugeben, daß sie auch ganz passabel eingerichtet war."

„Ah, sie besaß einen eigenen Wohnwagen..." horcht Perry auf.

„O ja..."

Perry Clifton kneift ein wenig die Augen zusammen. Und dann schießt er seine wichtigste Frage ab:

„Wissen Sie, Herr Direktor, wo sich Madame Porelli zur Zeit aufhält?"

Paddlestone denkt einen Augenblick nach. Dann antwortet er:

„Wenn ich mich nicht irre, so soll sie ihren Wohnwagen irgendwo in Chelsea aufgestellt haben. Aber fragen Sie mich nach keiner Adresse – ich wüßte es tatsächlich nicht."

„Bei Tante Millie", entfährt es da Dicki, der die ganze Zeit aufmerksam zugehört hat...

Perry Clifton findet, daß es an der Zeit sei, sich zu verabschieden. Er ist überzeugt, daß der Direktor alles gesagt hat, was er wußte.

„Es tut mir leid, daß ich Sie gestört habe, Herr Direktor. Auf alle Fälle bin ich Ihnen dankbar..."

„Nichts für ungut, junger Mann. Sollten Sie Madame Porelli begegnen, sagen Sie ihr viele Grüße von mir. Und richten Sie ihr aus, daß James Paddlestones Unternehmen ihr stets offenstünde."

„Ich werde es ausrichten, Sir!" erwidert Perry und verabschiedet sich mit einer freundlichen Verbeugung.

Von Greenwich über Newington zum Stadtteil Chelsea sind es runde zwanzig Kilometer. Und da Perry und Dicki dazu noch in eine Verkehrsstauung geraten, ist es bereits stockfinster, als sie endlich in Chelsea eintreffen. Und bald müssen sie die Erfahrung machen, daß es einfacher ist, in einem ausverkauften Fußballstadion einen bestimmten Mann zu finden als im Häusermeer von Chelsea einen einzelnen Wohnwagen...

Nachdem sie ein Dutzend Polizisten vergeblich um Rat gefragt haben, scheint Dicki der rettende Gedanke zu kommen.

„Wissen Sie was, Mister Clifton? Wir gehen einfach zu Tante Millie. Wenn die es nicht weiß, weiß es niemand. Tante Millie hört nämlich das Gras wachsen und die Flöhe niesen..."

„Aber Dicki..."

„Großvater sagt immer, daß Tante Millie den Leuten schon auf hundert Meter ansähe, ob sie noch einen Weisheitszahn hätten oder nicht."

„Was würdest du wohl machen, wenn du keinen Großvater zitieren könntest?" gibt Perry lächelnd zu bedenken.

„Ach, Großmutter ist auch ein ganz fideles Haus... Wenn sie nur nicht so schnarchen würde..."

Während dieser kurzen Unterhaltung sind Perry und sein Freund wieder am Wagen angelangt.

„Wo wohnt denn Tante Millie?" erkundigt sich Perry, während er den Wagen startet.

„Auckland Street."

„Nummer?"

„Siebzehn."

Nach zehn Minuten Fahrzeit stoppt Perry Clifton den Wagen vor der angegebenen Adresse. Tante Millie ist zu Hause.

Nach ihrer überschwenglichen Begrüßungszeremonie, die Dicki kurzerhand abbricht, indem er ihr einen Kuß gibt, müssen die beiden Detektive erfahren, daß die gute Tante Millie nicht die leiseste Ahnung von Madame Porellis Aufenthalt hat.

Aber sie wartet mit einer Idee auf. Sie erinnert sich nämlich des braven Tom Farker, der im gleichen Haus wohnt und den ehrenwerten Beruf eines Briefträgers ausübt.

Mit der philosophischen Feststellung: „Wenn der es nicht weiß, dann weiß es niemand" beschließt Tante Millie ihren grandiosen Einfall.

Und Perry und sein Freund Dicki haben Glück. Unverschämtes Glück sogar. Nachdem der „brave Tom Farker", wie ihn Millie nannte, einige Sekunden krampfhaft auf seinem Daumennagel herumgekaut hat, geht ein Leuchten über sein Gesicht.

„Jetzt ist es mir eingefallen", verkündet er triumphierend und haut sich klatschend auf die Schenkel.

„Sie hat ihren Wagen im Hof eines leerstehenden Hauses in der Wingert Street stehen..."

Glücklich drückt ihm Perry eine Pfundnote in die Hand. Darüber wiederum ist der „brave Tom Farker" so gerührt, daß er die beiden unbedingt hinführen möchte. Perry Clifton muß seine ganzen Überredungskünste aufwenden, um ihn davon abzuhalten.

„Ich finde es schon, Mister Farker", dämpft Perry Farkers Unternehmungslust und wendet sich der Tür zu.

„Na, dann viel Vergnügen!" ruft ihnen der Briefträger noch nach, der natürlich keine Ahnung hat, warum die beiden so hinter dieser Madame Porelli her sind. Wüßte er es, würde er sich wohl schleunigst hinter die warme und schützende Wand seines Kachelofens begeben haben.

Eine knappe halbe Stunde braucht Perry, bis er endlich das Schild mit der Aufschrift „Wingert Street" entdeckt. Langsam fährt er zweimal die Straße in beiden Richtungen auf und ab. Dann ist er ganz sicher, daß er die richtige Stelle gefunden hat.

Er schaltet den Motor ab und läßt den Wagen ausrollen. Das Jagdfieber hat ihn gepackt.

Einen Augenblick denkt er daran, seinen Freund Dicki im Auto zu lassen. „Ist es leichtsinnig, wenn ich ihn mit in die Sache hineinziehe?" überlegt er. Aber schließlich war es ja Dicki, der ihn auf die richtige Spur gebracht hat.

Mechanisch drückt er den Knopf für das Außenlicht hinein und zieht den Zündschlüssel heraus.

„Die Toreinfahrt dort drüben ist die einzige Möglichkeit", sagt er zu Dicki und zeigt auf ein düsteres massiges Gebäude.

„Ob da niemand wohnt?" fragt Dicki gepreßt.

„Anscheinend nicht. Vielleicht soll es abgerissen werden." Und mit einem forschenden Seitenblick erkundigt er sich: „Hast du jetzt etwa Angst, Dicki?"

„Überhaupt nicht, Mister Clifton!" beeilt sich Dicki zu versichern, und er versucht den Kloß in seinem Hals hinunterzuschlucken. „Aber ob es nicht besser gewesen wäre, wenn wir einen Polizisten mitgenommen hätten?"

„Ich glaube, daß das überflüssig ist... Bis jetzt wissen wir weder, ob ihr Wohnwagen noch da ist, und wenn, ob sie überhaupt zu Hause ist."

Die abgelegene Wingert Street wirkt fast ausgestorben. Nur hin und wieder tauchen die Scheinwerfer eines Fahrzeuges auf, die für Bruchteile von Sekunden das matte Licht der Straßenlaternen unterstützen.

Perry Clifton und Dicki Miller wenden sich der dunklen Toreinfahrt zu.

Ihre Schritte hallen ein wenig, als sie darunter durchschreiten.

Es riecht nach Abfall und Moder. Aber noch ein anderer Geruch liegt in der Luft. Es ist der Geruch von Rauch. Schnell haben sie die wenigen Meter der Toreinfahrt durchschritten und starren entgeistert auf das unheimliche Durcheinander von Geröll, alten Ziegelsteinen, Blechbüchsen und sonstigem Gerümpel, das auf dem anschließenden geräumigen Hof zu sehen ist. Es hat ganz den Anschein, als würden die Bewohner der umliegenden Häuser hier eine Art privater Müllhalde unterhalten.

Und noch etwas sehen die beiden. Sie sehen den Wohnwagen, der in der hintersten linken Ecke steht.

Unfaßbar, daß sich Madame Porelli in so eine Umgebung zurückgezogen hat. Oder nicht? Vielleicht gerade, weil es hier alles andere als einladend ist.

Sie entdecken auch die Ursache des Rauchgeruchs von eben. Aus dem winzigen runden Ofenabzug steigt eine helle dünne Rauchfahne auf. Und daß Licht in dem Wagen brennt, erkennen sie an Tür und Fenster, die nicht genügend abgedichtet sind.

Perry Clifton faßt Dicki an der Hand und geht unter Vermeidung aller Geräusche auf den Wohnwagen zu.

Vor der Treppe angekommen, verhalten sie den Schritt, während Perry lauschend den Kopf hebt... Doch kein Laut ist zu hören.

„Dann wollen wir mal schön artig klopfen", flüstert Perry Dicki zu und tastet sich die wenigen Stufen zur Tür hinauf. Dicht auf folgt Dicki.

Perry Clifton hebt die Hand, und dann hämmern seine angewinkelten Finger mehrere Male kurz und hart gegen das Holz der Tür. Sie halten den Atem an... Nichts – keinerlei Reaktion...

Perry hat schon die Hand gehoben, um sein Klopfen zu wiederholen, als er ein Geräusch hört. Es klingt wie das Schlurfen von Schuhen...

„Wer ist draußen?" tönt es plötzlich dicht hinter der Tür auf. Perry fühlt, wie ihm ein Schauer über den Rücken läuft, denn er hat die Stimme erkannt. Es gibt keinen Zweifel: so tief kann nur Madame Porellis Organ sein.

„Mein Name ist Perry Clifton... Ich komme vom Zirkus Paddlestone", antwortet er und spürt, wie sich Dickis Finger bei diesen Worten in seine Jacke krallen.

„Einen Augenblick..."

Ein Schlüssel dreht sich im Schloß. Als sich die Tür öffnet, müssen Perry und Dicki für einen Moment lang geblendet die Augen schließen.

„Da ist noch jemand", ertönt Madame Porellis Stimme wieder. Diesmal sehr mißtrauisch.

„Das ist mein kleiner Freund Dicki", beschwichtigt Perry.

„Treten Sie ein!"

Während Dicki die Tür schließt, wandern Perrys Blicke blitzschnell durch den Wohnwagen. Paddlestone hat tatsächlich nicht zuviel gesagt: Madame Porelli ist für die Verhältnisse eines Wohnwagens vorzüglich eingerichtet.

„Nehmen Sie Platz – du auch…“

Vorsichtig leistet Dicki dieser Aufforderung Folge, indem er sich auf die äußerste Kante eines marokkanischen Sitzkissens hockt.

Perry dagegen läßt sich betont nachlässig in einen Sessel sinken.

Madame Porelli ist mit einer Art Kimono bekleidet, der ihr fast bis an die Zehenspitzen reicht. Im Haar trägt sie eine stattliche Reihe metallener Lockenwickler, die sie mit einem lose geschlungenen Kopftuch zu verbergen sucht.

„Schickt Sie der alte James Paddlestone zu mir?“ fragt sie und mustert Perry intensiv, als wolle sie ergründen, ob sie ihn schon einmal gesehen habe.

„Nicht direkt“, erwidert Perry und setzt ein charmantes Lächeln auf. „Er hat mir nur gesagt, wo ich Sie ungefähr finden kann.“

„Und Sie haben mich gefunden“, stellt Madame Porelli fest. Wieder ist das Mißtrauen in ihren Augen. „Sie haben das Zeug zu einem Detektiv!“

Perry durchfährt es siedend heiß. Während er noch überlegt, ob er sie sofort mit seiner Anschuldigung überrumpeln soll, hat Madame Porelli nach einer Flasche gegriffen.

„Trinken Sie einen Whisky mit mir?“ Perry nickt.

„Milch habe ich leider nicht im Wagen“, fügt Madame Porelli hinzu und wirft dabei einen Blick auf Dicki, der noch immer unbeweglich auf seinem Kissen sitzt.

„Zum Wohl, Mister Gripsten!“

„Clifton, Madame – ganz einfach Clifton“, verbessert Perry freundlich. Er hat sich jetzt wieder völlig in der Hand… Und nach dem ersten Schluck nickt er anerkennend.

„Ausgezeichnet, dieser Tropfen. Schmeckt fast so gut wie geschmuggelter Whisky."

Madame Porelli läßt ein tiefes, dröhnendes Lachen hören. Doch dann richtet sie sich abrupt auf. Alle Freundlichkeit ist mit einem Mal wie fortgewischt.

„Also – was wollen Sie von mir? Daß Sie kein Theater- oder Varietéagent sind, sieht man Ihnen auf hundert Meter an."

„Ich bin Privatdetektiv, Madam", erwidert Perry, als sei das die natürlichste Sache der Welt. Doch so ruhig, wie er nach außen hin erscheint, ist er innerlich nicht. Alles in ihm ist gespannt.

„Privat... Privatdetektiv?" Madame Porelli scheint ehrlich verblüfft zu sein. „Keine Angst – kein Erschrecken", registriert Perry Clifton in einem Hinsehen.

„Privatdetektiv?" fragt die Artistin jetzt noch einmal.

„Ganz recht, Madam."

Und dann geht plötzlich eine seltsame Veränderung mit ihr vor.

Ihr eben noch verkniffener Mund entspannt sich. In den eben noch voller Mißtrauen sprühenden Augen glimmt Hoffnung auf. Und voller Hoffnung ist auch ihre Stimme, die jetzt alle Härte verloren hat.

„Wissen Sie vielleicht etwas über Jocky, Mister Clifton?"

„Einiges, Madam!" antwortet Perry und hat Mühe, seine Verwirrung zu verbergen.

„Erzählen Sie... Nun reden Sie doch schon..."

„Ich weiß nicht, ob Ihnen meine Geschichten sonderlich gut gefallen werden."

„Mir ist alles egal – wenn ich nur die Wahrheit erfahre... Also – was ist mit meinem Hund?"

Perry Clifton, der mit der hundertprozentigen Gewißheit von

Madame Porellis Schuld hierherkam, ist unsicher geworden. Und je größer seine innere Unsicherheit wird, desto stärker fühlt er in sich das Bedürfnis, diese Unsicherheit nicht zu zeigen.

Als er jetzt unverschleiert über seinen Verdacht zu sprechen beginnt, ist seine Stimme voller Kälte.

„Seit einiger Zeit, Madam, werden in Londoner Kaufhäusern raffinierte Trickdiebstähle begangen. Bei der Diebin handelt es sich um eine Frau – eine Frau in Ihrem Alter... Die Frau besitzt eine tiefe, fast männliche Stimme. Eine Stimme – wie Sie! Und wissen Sie, was das Originellste an ihrem Trick ist? Diese Frau benutzt als Komplizen einen Dackel – einen Dackel, wie Sie ihn besitzen..."

Perrys Augen sind zuletzt fast starr auf die Porelli gerichtet, die bewegungslos und zusammengesunken dasitzt. Das einzige Bewegliche an ihr sind die Finger, die pausenlos an den Fransen der Tischdecke zupfen.

Doch nun kommt Leben in sie. Die Hände ballen sich zu Fäusten. Die zusammengesunkene Gestalt richtet sich ruckartig auf, während aus ihren Augen Feuer lodert.

Ihre Lippen bewegen sich kaum, als sie mit dumpfer, bebender Stimme fragt:

„Soll das heißen, daß...?" Sie beendet den Satz nicht.

Perry nickt kurz.

„Genau, Madame Porelli. Ich verdächtige Sie..." Und leise setzt er hinzu: „Bisher bin ich wohl auch der einzige."

Madame Porelli ist aufgesprungen. Fäusteschüttelnd steht sie vor Perry Clifton, und aus ihrem Mund dröhnt es wie Donner:

„Wäre ich ein Mann, Mister Clifton, dann würde ich Ihnen jetzt eine Tracht Prügel verabreichen, daß Sie auf der Nase nach Hause gehen müßten..." Sie holt tief Luft.

„Sehr liebenswürdig“ ist alles, was Perry erwidern kann. „Da ich aber kein Mann bin, werde ich mich eines anderen Mittels bedienen.“

„Und – was haben Sie vor?“ Perry fühlt sich plötzlich gar nicht mehr wohl in seiner Haut. Und irgendeine Stimme in seinem Innern scheint ihm sagen zu wollen, daß er eine große Dummheit begangen hat.

„Ich werde auf der Stelle zur Polizei gehen“, sprudelt es aus Madame Porelli heraus. „Sie kommen hierher... Sie verdächtigen mich, Sie – Sie – Flegel... Und Sie wagen es, mir in meinen eigenen vier Wänden solche Ungeheuerlichkeiten an den Kopf zu werfen...“

Auf ihren Wangen haben sich rote Flecken gebildet.

„Aber, Madame Porelli, Mister Clifton hat es doch gar nicht so gemeint...“

Dickis Stimme ist voller Angst und Entsetzen. Und im Geist sieht er sich von einer langen Reihe von Polizisten abgeführt.

„Nicht so gemeint? Was soll das heißen...?“ Für einen Augenblick hat sich Madame Porelli Dicki zugewandt, der zitternd neben seinem Sitzkissen steht. Jetzt dreht sie sich wieder Perry zu.

„Hören Sie, junger Mann: Ich will Ihnen eine Chance geben. Aber nur diesem kleinen Bengel zuliebe. Sie werden sich auf der Stelle bei mir entschuldigen, und ich will die Angelegenheit vergessen . . .“

Perry wirft rasch einen Blick auf Dicki. Und als er dessen Angst und Hilflosigkeit sieht, beschließt er, auf Madame Porellis Rat und Vorschlag einzugehen. „Die erste Runde geht an sie“, denkt er und knirscht leise mit den Zähnen.

„Also meinetwegen... Es tut mir leid, Madame Porelli...“

„Gut, vergessen, Mister Clifton.“

Ihre Empörung ist verraucht. Und fast liebenswürdig kommt es aus ihr heraus:

„Sehen Sie hier einen Hund, Mister Clifton?"

„Nein, das nicht, aber..."

„Wann fanden die Diebstähle statt?"

„Innerhalb der letzten vierzehn Tage."

„Sie sind ein schlechter Detektiv, Mister Clifton. Bevor Sie jemand verdächtigen, sollten Sie sich ein wenig um sein Alibi kümmern... So nennt man das wohl..." Ihre Stimme ist mit einem Mal voller Spott. Und fast genießerisch läßt sie folgende Erklärung auf ihren Lippen zergehen:

„Begeben Sie sich doch mal in das Krankenhaus in der Baker Street und fragen Sie dort nach, wann Miß Porelli aus dem Krankenhaus entlassen wurde..." Und mit scharfer Stimme: „Und jetzt sehen Sie zu, daß Sie aus meinem Wagen verschwinden, sonst gehe ich wirklich noch zur Polizei, obgleich ich für diese nutzlose Einrichtung nichts übrig habe."

Jan Krenatzki wittert einen guten Kunden

Auf der Fahrt von Chelsea nach Norwood sind Perry Clifton und Dicki Miller ziemlich schweigsam. Während letzterem noch der Schreck in den Gliedern sitzt – schließlich waren sie ja um Haaresbreite am Gefängnis vorbeigekommen, denkt er –, hat Perry Mühe, seine Niedergeschlagenheit zu verbergen.

Sie waren vorhin noch am St.-James-Krankenhaus vorbeigefahren, wo man ihnen bestätigte, daß Miß Porelli nach dreiwöchiger Behandlung vorgestern entlassen worden sei.

Trotz dieser Eindeutigkeit bohrt etwas in Perry Clifton. Er weiß es nicht zu deuten, obwohl er pausenlos versucht dahinterzukommen.

„Ich kann mir nicht helfen. Irgendwo ist da ein Haken..." murmelt er leise vor sich hin. Dicki hat es gehört.

„Aber wenn Madame Porelli doch im Krankenhaus war..." Dicki scheint mit seinem Freund gar nicht mehr einverstanden zu sein. Aber da ist noch eine Frage, die ihn bewegt:

„Warum nennt sie sich eigentlich Madame Porelli, wenn sie doch eine Miß ist?"

„Das gehört zu ihrem Artistennamen, vermutlich", erwidert Perry abwesend und fügt hinzu: „Solche Leute schmücken sich gern mit ausländischen Beinamen. Madame klingt schließlich besser als Miß. Aber glauben wir mal, daß Madame Porellis Dackel wirklich gestohlen wurde", spinnt Perry den Faden weiter, „dann muß es jemand gewesen sein, der den Hund genau kannte und der auch dem Tier vertraut war. Also eine Person aus der unmittelbaren Umgebung der Porelli."

„Einer vom Zirkus?"

„Oder eine vom Zirkus?" verbessert Perry.

„Es tut mir leid, daß wir Madame Porelli unrecht getan haben."

„Viele Menschen irren sich, Dicki. Und oft stellt sich hinterher sogar noch der Irrtum als Irrtum heraus!" antwortet Perry zweideutig.

Doch Dicki hat den Sinn dieser Worte nicht ganz begriffen.

„Was wollen Sie denn nun machen?"

„Ich werde das Geheimnis dieser seltsamen Schmuckdiebstähle aufdecken, koste es, was es wolle..."

Den ganzen Montagvormittag treibt sich Perry Clifton in und bei dem Zirkus Paddlestone herum. Er fragt diesen, fragt jenen. Doch es ist alles umsonst. Niemand kann ihm etwas von Bedeutung sagen, und so kehrt er kurz vor 14 Uhr wieder in seine Wohnung in Norwood zurück. Perry Clifton hat keine Ahnung, daß zu diesem Zeitpunkt irgendwo in London Vorbereitungen für einen neuen dreisten Diebstahl getroffen werden.

Es ist inzwischen fast 16 Uhr geworden. Trotz der an sich noch frühen Stunde brennen schon die Straßenbeleuchtungen in der City, und das unübersehbare Meer der tausendfachen Leuchtreklamen blitzt und schillert in allen Farben.

Vom Turm des Parlamentsgebäudes schlägt Big Ben gerade die vierte Nachmittagsstunde, als eine Taxe, von der Holler Street kommend, in die schmale Wourcester Street einbiegt.

Nach knappen hundert Metern stoppt der Wagen.

Eine halbe Minute vergeht, dann öffnet sich der Fond, und ein kleiner schwarzer Schatten huscht heraus... Es folgt ein schlanker Herr, der jetzt dem Taxichauffeur kurz zunickt. Der Motor heult auf, und mit quietschenden Reifen biegt das Auto um die nächste Straßenecke.

Gemächlich schlendert der Herr über die Straße. Er trägt einen dunklen, nach Maß geschneiderten Anzug. Über dem angewinkelten Arm hängt in vornehmer Manier ein Schirm, und der Kopf wird von einer glänzenden schwarzen Melone bedeckt.

Das Auffälligste jedoch an der Erscheinung des eleganten Gentlemans ist das dichte schneeweiße Haar, das rechts und links unter dem Hut hervorlugt. Gleichermaßen als Bestätigung des Alters ist der dichte, ebenfalls schneeweiße Vollbart zu werten.

Der Weißhaarige hat jetzt die Nummer siebzehn der Wourcester Street erreicht. Er steht vor dem Schaufenster eines kleinen Ladens.

Kritisch mustert er die Auslagen in dem sehr kleinen Schaufenster, auf dessen ungeputzter Scheibe in gelber Farbe geschrieben steht, daß sich der Inhaber mit dem An- und Verkauf von Gold und Edelsteinen befaßt.

Der vornehme alte Herr legt die Hand auf die Klinke...

Jan Krenatzki, der aus Krakau eingewanderte polnische Händler, hat minutenlang das Kommen des alten Gentlemans beobachtet.

Als Krenatzki sicher war, daß der Gentleman zu ihm wollte, rieb er sich in Erwartung eines guten Geschäftes die Hände und eilte in den finsteren hinteren Teil seines Ladens.

Es ist immer gut, wenn man einen vielbeschäftigten Eindruck macht. So etwas erhöht das Renommee und – die Preise...

Ein zufällig in den Laden geratener Kunde würde wohl kaum vermuten, daß bei Jan Krenatzki auch kostbare Dinge zu kaufen oder zu verkaufen sind.

Der Duft von Mottenpulver und Knoblauch vermischt sich mit dem penetranten Geruch, den alter Trödel an sich zu haben pflegt.

Und so gemischt wie der Geruch ist auch das Repertoire der zum Verkauf stehenden, liegenden oder hängenden Sachen.

Aufgereiht an einer Messingstange, hängen Fräcke neben Straßenanzügen, Cutaways neben Maskenballkostümen und Smokings neben Kleidern verschiedener Modeepochen. Es hängen Hieb-, Stich- und Schußwaffen an den Wänden. Alte Petroleumlampen und Ölbilder unbekannter Maler baumeln dazwischen. Dazu eine Unmenge kunstgewerblicher und handwerklicher Gegenstände. Uralte Kochbücher, Seekarten aus der Zeit Napoleons, Vogel- und Papageienkäfige, Gips- und Bronzebüsten und ein wurmzerfressenes Harmonium vervollständigen das Sammelsurium eines unheimlichen Durcheinanders.

Als die Ladenglocke anschlägt, beginnt Jan Krenatzki angeregt in einem Regal zu wühlen.

„Guten Tag“, wünscht der weißhaarige Gentleman mit einer tiefen Stimme.

Langsam wendet sich Krenatzki dem Kunden zu. Ein freundliches Grinsen überzieht sein faltiges Gesicht.

„Guten Abend, Sir“, antwortet er in hartem Englisch.

„Was haben Sie für Wünsche...? Womit kann Ihnen Jan Krenatzki dienen?“

„Sie kaufen und verkaufen Gold und Edelsteine?“ erkundigt sich der Weißhaarige.

„Wie Sie es zu wünschen haben“, nickt Krenatzki. „Möchten Sie verkaufen? Oder möchten Sie kaufen, Sir? Kommen sehr viel oft feine Leute der Gesellschaft zu Jan Krenatzki, weil sie wissen, daß zahlt Jan Krenatzki gute Preise...“

„Ich möchte etwas kaufen...“

Über Krenatzkis Gesicht breitet sich ein zufriedener Ausdruck. Und dann stutzt er doch ein wenig. Nämlich als der Gentleman sagt:

„Mein Freund, der Lord Orturby, hat mir erzählt, daß er bei Ihnen ein paar ausgezeichnete Steine gekauft hat.“

„Lord Orturby...? Ich kann mich gar nicht erinnern an seine Lordschaft... Na“, setzt er dann in freier Selbsterkenntnis hinzu, „Jan Krenatzki wird langsam alt.“

„Das wird wohl daran gelegen haben, daß sich Lord Orturby nicht zu erkennen gab...“ tröstet der Weißhaarige.

„Mag sein... Und Sie, Mylord, was haben Sie für einen Wunsch?"

„Ich suche ein paar schöne große Diamanten für ein Kollier... Und ich muß Ihnen sagen, daß ich schon in einer Reihe von Geschäften war und nirgends das Richtige gefunden habe."

„Werde ich Ihnen vorlegen, Sir, ein paar selten schöne Stücke!" versichert Krenatzki eifrig. „Möchte ich Sie aber bitten, zu haben ein wenig Geduld. Sie werden verstehen, daß ich habe so große Kostbarkeiten nicht hier in Laden..."

„Nehmen Sie sich nur Zeit, Mister Krenatzki... Wenn Sie erlauben, öffne ich inzwischen die Tür einen Spalt... Ich bekomme immer Beklemmungen, wenn ich mich in so kleinen Räumen aufhalten muß."

„Machen Sie nur auf, Mylord... Ich bin gleich zurück..."

Während Jan Krenatzki eilig nach hinten schlurft, geht der Mann zur Tür und öffnet sie... Drei Minuten vergehen.

Ungeduldig wippt der Weißhaarige mit dem Schirm auf und ab. Dabei blickt er immer wieder auf seine Armbanduhr. Eine Armbanduhr, die schon vorhin Jan Krenatzki stutzen ließ. Vier Minuten...

Für die im Laden befindlichen Gegenstände scheint sich der Kunde überhaupt nicht zu interessieren.

Da endlich...

Krenatzkis Schlurfen klingt auf. Eine Viertelminute später steht er wieder im Laden.

Seine Hände umklammern eine eiserne Kassette, die er fest auf den Bauch gepreßt hält.

„So, Jan Krenatzki ist schon zurück", ruft er freundlich grinsend und stellt den Eisenkasten auf die Ladentheke.

„Eine schöne Kassette", bewundert der Kunde und streicht über das kühle Metall.

„Ja, ist alte polnische Schmiedearbeit... Habe ich geerbt von meinem Vater – und der hat sie geerbt von seinem Vater...“

Einen Augenblick verharrt Krenatzki in andächtiger Bewunderung. Das tut er in solchen Fällen immer, denn das macht Eindruck. Wozu soll er sagen, daß er die Kassette für wenige Shillings von einem Alteisenhändler in Soho gekauft hat?

„Nun lassen Sie schon sehen“, fordert die tiefe Stimme des Kunden mürrisch und ungeduldig.

Krenatzki nimmt den Behälter und stellt ihn auf einen Hokker hinter dem Verkaufstisch. Umständlich fingert er anschließend an einem umfangreichen Schlüsselbund herum...

Als er wenig später einen herrlichen Stein vor den Weißhaarigen hinlegt, blitzt es in dessen Augen gierig auf.

„Bitte, Mylord... Wie gefällt Ihnen dieser Diamant? Hat er doch einmaliges Feuer – und gute zwei Karat.“

Selbstvergessen ruhen die begehrlichen Blicke des Kauflustigen auf dem Stein. Es handelt sich wahrhaftig um ein selten schönes Exemplar.

„Ich dachte, daß jeder Stein nicht mehr als ein Karat haben sollte... Dafür brauchte ich zwölf Stück...“ murmeln seine Lippen.

„Zwölf – zwölf Steine?“ stottert Jan Krenatzki ehrfurchtsvoll und rechnet sich aus, was er verdienen würde, wenn er zwölf Einkaräter besäße... Aber die besitzt er tatsächlich nicht. Und um der Wahrheit die Ehre zu geben: der Zweikaräter stellt im Augenblick seinen einzigen Besitz dar.

„Was kostet denn dieser zum Beispiel?“

Krenatzki schöpft neue Hoffnung.

Er verzieht sein Gesicht zu einer Miene, von der er glaubt, daß sie besonders bieder sei.

„Würde ich Ihnen einen schönen Preis machen, Mylord... Dreihundertfünfzig Pfund – bitte sehr, sagen Sie selbst, ist fast geschenkt...“

„Sie haben recht, Mister Krenatzki, fast geschenkt.“

Der Händler schluckt schwer. „Warum habe ich nicht fünfhundert verlangt?“ hadert er und gibt sich im Geist eine fürchterliche Ohrfeige.

Und da geschieht es.

Der Weißhaarige legt den Diamanten auf den Verkaufstisch. Als er die Hand zurückzieht, streift er dabei den Stein herunter...

Es entfährt ihm ein bedauerndes „Oh!“, während er schnell einen Schritt zurücktritt...

„Warten Sie, ich komme...“ ruft Krenatzki und schlappt mit eiligen Schritten herbei. „Hoffentlich ist er nicht...“

Mitten im Satz verstummt er. Seine Augen blicken entgeistert auf etwas zu seinen Füßen.

Doch da hat er seine Sprache schon wiedergefunden.

„He, was ist das für ein Hund...?“ Er macht ein paar eilige Schritte auf die noch offenstehende Tür zu. Aber er kommt zu spät.

Mißmutig wendet er sich seinem Kunden zu.

„Was für Hund?“

„Er stand schon eine Weile hier... Ich dachte, es sei Ihr Hund, Mister Krenatzki“, erwidert der Weißhaarige seelenruhig.

Krenatzkis Stimme ist voller Erregung, denn plötzlich kehrt auch die Erinnerung an den heruntergefallenen Stein wieder.

Während er sich auf dem Fußboden niederläßt, erklärt er:

„Wird sich halten Jan Krenatzki einen Hund, wo er selbst hat kaum genug zu essen... Wo ist der Stein, Sir?“

„Er muß hier liegen. Weit kann er nicht gerollt sein...“

„Ich sehe ihn nicht... Ich sehe ihn nicht – Mylord“, jammert der Händler. Doch da durchzuckt ihn ein fürchterlicher Verdacht. Hastig richtet er sich auf.

„Oh, Mylord, sollte der Köter...“

Der Weißhaarige winkt lässig ab.

„Reden Sie keinen Unsinn, Mister Krenatzki. Seit wann fressen Hunde Edelsteine? Für einen Diebstahl käme da wohl höchstens eine Elster in Frage...“

„Ich bitte Sie, Mylord“, jammert Krenatzki weiter. „Können dem Stein Flügel gewachsen sein...?“

„Sie sollten mal den ganzen Plunder dort zur Seite rücken“, empfiehlt der Weißhaarige wenig freundlich und weist auf das wurmstichige Harmonium.

Jan Krenatzki ist nicht beleidigt. Unermüdlich tasten seine Hände den Boden ab.

„Es tut mir leid, Mister Krenatzki, aber ich werde doch wohl in ein anderes Geschäft gehen müssen...“

Wie von einer Viper gebissen, springt Krenatzki auf.

„Aber Sie können doch nicht einfach gehen, Mylord – und mich allein lassen in meine Not...“

„Glauben Sie denn, Mann, daß ich da unten auf dem Boden herumrutsche?“

Der Weißhaarige macht einen kleinen Sprung zur Seite. Dabei zischt er: „Was soll das Gefummel an meinen Beinen?“

Jan Krenatzki hat sich des einen Beines seines vermeintlichen Kunden bemächtigt und fingert aufgeregt an dessen Hosenbeinen herum.

„Vielleicht ist Stein in Hosenaufschlag...“

„Zum Teufel, da müßte ich ja was gemerkt haben. Sehen Sie lieber unter Ihrem alten Krempel nach...“ Und pikiert ergänzt er: „Lord Orturby muß betrunken gewesen sein, als er mir Ihren Laden empfahl.“

Jan Krenatzki läßt sich nicht stören. Schnaufend untersucht er jetzt den Aufschlag des zweiten Hosenbeines. Als er auch da nichts findet, setzt er sich stöhnend auf den Fußboden und schlägt die Hände vors Gesicht.

„Heilige Mutter von Tschenstochau, was soll ich machen nur?“ Der Weißhaarige stampft kurz mit dem Fuß auf den Boden. Und voller Verachtung ist seine Stimme, als er jetzt mit grimmiger Miene erklärt:

„Jetzt habe ich genug von diesem Theater. Es gibt in der Stadt schließlich noch andere Geschäfte...“

Er geht auf die Tür zu.

„Aber Sie können nicht...“ tönt Krenatzkis weinerliche Stimme auf.

„Auf Wiedersehen!“ Der weißhaarige Gentleman lüpft kurz seine Melone und verläßt kurzerhand den Laden. Krenatzki sieht ihm wie vom Donner gerührt nach... Doch dann wird er lebendig... Er wird etwas unternehmen.

Das Hausboot an der Themse

Die Ereignisse beginnen sich zu überstürzen.

Kurz nach 17.15 Uhr hat Perry Clifton seinen Freund Scotty Skiffer bei Scotland Yard angerufen, um mit diesem über die mysteriösen Schmuckdiebstähle zu sprechen. Aber Scotty ist schon in Hut und Mantel und hat nur eine halbe Minute Zeit. Doch die wenigen Worte, die sie austauschen, reichen, um Perry zum Explodieren zu bringen. Mit einem Schimpfwort stürzt er aus der Telefonzelle und hastet im Hundertmetertempo zu seiner Wohnung, um den Schlüssel des Mietwagens zu holen.

Um ein Haar rennt er dabei Dicki Miller über den Haufen, der just in diesem Augenblick gelangweilt aus der Haustür tritt. „Hoppla“, stammelt Dicki erschrocken.

„Nanu, Dicki, wo willst du denn hin?“ keucht Perry und ringt nach Luft.

„Bei mir ist niemand zu Hause – und Sie waren auch nicht da“, antwortet Dicki. „Warum sind Sie denn so außer Puste?“

Perry hat keine Zeit für langatmige Erklärungen.

Hastig zeigt er zu dem Mietwagen hinüber:

„Du kannst mitfahren, Dicki. Geh immer zum Auto, ich muß nur noch die Schlüssel holen.“ Und mit Riesenschritten eilt er die Treppen zum vierten Stock hinauf.

Dicki schlendert mittlerweile kopfschüttelnd zu der hellblauen Limousine aus den Hills-Garagen.

„Wohin fahren wir eigentlich, Mister Clifton?“ will er Minuten später wissen, während sie mit vierzig Meilen dahinfahren.

„Der Dackel war wieder am Werk. Diesmal soll es ein Herr gewesen sein...“ gibt Perry Auskunft. Und Dicki, wie aus der Pistole geschossen:

„Sehen Sie, Mister Clifton, wie wir Madame Porelli unrecht getan haben.“ Befriedigt lehnt er sich nach dieser Feststellung ins Polster zurück.

Nach einer Weile des Schweigens erkundigt er sich neugierig: „Was ist denn gestohlen worden?“

„Ein Diamant im Wert von annähernd vierhundert Pfund.“

„Donnerwetter!“ staunt Dicki. „Wieder im Kaufhaus?“

„Nein, bei einem kleinen Händler in der Wourcester Street.“

Dicki runzelt die Stirn. Den Namen dieser Straße hat er noch nie gehört. Dabei ist er ja schon immerhin zwölf Jahre in London...

„Wo ist die Wourcester Street?"

„In der Nähe der Themse... Da, jetzt geht es wieder los..."

„Was?" fragt Dicki irritiert.

„Nebel..."

„Hm – fahren wir jetzt in die Wourcester Street?"

„Nein, auf den Mond..." gibt Perry schnippisch zur Antwort, was Dicki veranlaßt, beleidigt die Mundwinkel zu verziehen. „Man wird ja noch fragen dürfen..."

„Darfst du. Aber daß wir keine Vergnügungsfahrt machen, liegt ja wohl klar auf der Hand."

„Großvater sagt immer zu mir: ‚Wenn du was nicht weißt, dann frage.'"

„Ja, ich weiß. Großvater ist ein kluger Mann." Perry ist ein wenig ungeduldig.

„Und deshalb habe ich gefragt..." Dicki ist nicht zu bremsen.

„Also, wir fahren in die Wourcester Street, weil ich mich dort mit Inspektor Skiffer vom Yard treffe."

„Ah, Ihr Freund..." erinnert sich Dicki.

„Genau – nun zufrieden?"

„Hm", macht Dicki. Und dann fällt ihm ein, daß er fragen könnte, warum Perry vorhin gesagt hat, sie würden zum Mond fahren.

„Warum haben Sie vorhin gesagt, daß wir zum Mond fahren?"

Perry Clifton knurrt grimmig vor sich hin.

„Noch eine so dumme Frage, und ich werfe dich aus dem Auto."

Je näher sie der Themse kommen, um so langsamer muß Perry fahren. Feine Nebelschwaden verhindern mitunter für Bruchteile von Sekunden die Sicht. Dazu setzen die Scheiben jedesmal Feuchtigkeit an.

Endlich kann er in die schmale Wourcester Street einbiegen.

Gegenüber Krenatzkis Laden stoppt er ab.

„So, Dicki, dort drüben ist es. Du wartest auf mich, verstanden!“

„Darf ich nicht mit hineingehen?“ mault Dicki und verzieht den Mund zu einer Grimasse.

„Nein, mein Sohn“, gibt Perry entschieden zurück. „Kinder sieht die Polizei nicht gern am Tatort... Also, bis gleich.“

Dicki gibt sich keine große Mühe, seine Enttäuschung zu verbergen. „Da hätte ich ja auch in Norwood bleiben können“, denkt er und versetzt im Geist einer auf dem Gehweg liegenden Zigarettenschachtel einen wütenden Fußtritt. Dabei kommt ihm ein Gedanke. Daß er im Wagen warten soll, hat Mister Clifton eigentlich nicht verlangt. Warum sollte er sich nicht ein wenig die Füße vertreten?

Nach einem schnellen Blick auf Krenatzkis Laden steigt er aus. Er ahnt nicht, daß das Abenteuer schon auf ihn wartet und daß jede seiner Bewegungen von einem Augenpaar verfolgt wird.

Dicki geht langsam die Wourcester Street aufwärts. Magisch angezogen von dem erleuchteten Schaufenster eines Buchladens.

Interessiert betrachtet er die ausgestellten Bücher. Er entziffert die Titel, liest ein paar Zeitungskritiken, die der tüchtige Buchhändler bei einigen Exemplaren dazugelegt hat und – ärgert sich über die Preise der angebotenen Kriminalromane.

Nur im Unterbewußtsein nimmt er die klappernden, sich nähernden Schritte wahr.

Noch zwanzig Meter trennen ihn von der Gestalt, die sich im Halbdunkel der schlechterleuchteten Straße schemenhaft auf ihn zubewegt.

Noch fünfzehn Meter.

Dicki rechnet sich gerade aus, wie viele und welche Bücher er kaufen könnte, wenn er jetzt drei Pfund in der Tasche hätte. Noch fünf Meter.

Dicki entschließt sich für zwei zusammenhängende Bände mit dem Titel „Die Texas-Story“.

Das Klappern ist jetzt direkt hinter ihm.

Dicki hat noch immer keine Veranlassung, sich herumzudrehen...

Die Schritte beginnen sich zu entfernen.

Doch plötzlich verstummen sie...

„Na komm schon, Jocky...“

Dicki hat es gehört. Deutlich. So deutlich, als hätte man ihm die wenigen Worte ins Ohr geschrien.

„Na komm schon, Jocky...“

Das Klappern der Schritte setzt wieder ein.

Dicki steht starr und steif und wagt sich nicht zu rühren. „‚Na komm schon, Jocky...‘ War das nicht Madame Porellis Stimme gewesen? Oder klang sie nur ähnlich? Sie war tief.. Und daß es die Schritte einer Frau waren, hätte selbst ein Blinder gemerkt...“

Und dann reißt es ihn doch herum.

Dicki Miller, ganze zwölf Jahre alt, mit neunundzwanzig Sommersprossen über der Nase, erschauert.

Dreißig Meter Entfernung liegen zwischen ihm und der Frau im langen dunklen Mantel, die jetzt um die Straßenecke biegt und seinen Blicken entschwindet. Sie und der Dackel.

Was soll Dicki tun? Perry Clifton verständigen?

Ein Blick zurück genügt, um zu sehen, daß von Perry Clifton weit und breit nichts zu sehen ist.

Fast automatisch setzt sich Dicki in Bewegung.

„Ich muß ihr nach“, geht es ihm durch den Kopf. „Bevor ich Perry geholt habe, ist sie längst über alle Berge.“

Zu diesem Entschluß gekommen, beschleunigt er seine Schritte. „Ich darf sie nicht aus den Augen verlieren", hämmert es in ihm, während ihm kalte Angstschauer über den Rücken kriechen. Gleichzeitig jedoch durchströmt ihn ein eigenartiges Glücksgefühl. Er, Dicki Miller, ist der Frau mit dem Dackel auf der Spur... Dicki Miller ist zum großen Detektiv geworden.

Und wie er es aus der Lektüre unzähliger Kriminalromane weiß, hält er sich bei seiner Verfolgung immer dicht im Schatten der Hauswände, obgleich ihn besonders die finsteren Eingänge vor Furcht erzittern lassen.

Nachdem Dicki die Straßenecke, hinter der die Dackeldame verschwunden war, passiert hat, sieht er sie wieder vor sich.

Sie scheint keine sonderliche Eile zu haben.

Dicki ist mit seiner Verfolgung so beschäftigt, daß er die sonderbaren Blicke der vorübergehenden Passanten nicht bemerkt.

Es kommt ihm auch nicht zum Bewußtsein, daß er sich immer weiter von der Wourcester Street entfernt. Ebensowenig wie er merkt, daß der Nebel ständig zunimmt. Ein Zeichen, daß er sich der Themse nähert.

Da... Dicki preßt sich erschrocken an eine Hauswand.

Die Frau ist stehengeblieben... Ob sie ihn gesehen hat?

Doch dann atmet er erleichtert auf... Es ist nur der Dackel, der an dem Rest eines alten Gaslaternenpfahles Gefallen gefunden hat.

Um 18.52 Uhr treten Perry Clifton und Scotty Skiffer aus dem Laden des noch immer lamentierenden Jan Krenatzki.

Während Scotty Skiffer in seinen Dienstwagen steigt und davonfährt, wendet sich Perry Clifton nachdenklich seinem Mietwagen zu...

Erst als er die Hand bereits auf den Türgriff gelegt hat,

dringt es in sein Denken, daß Dicki gar nicht im Auto sitzt.

Noch ist er nicht beunruhigt. „Er wird irgendwo vor einem Schaufenster stehen", spricht er zu sich und dreht sich suchend im Kreis.

Von Dicki keine Spur.

In Perry beginnt leichte Unruhe zu nagen.

„Dicki!" schallt seine Stimme auf. Vergeblich lauscht er auf Antwort. Zuerst langsam, dann immer schneller eilt er die Wourcester Street abwärts.

Nichts – nichts...

Perry ruft wieder und wieder. Er fragt Passanten. Doch niemand will einen zwölfjährigen Jungen gesehen haben. Perrys Sorge steigert sich zur Angst...

„Verdammter Bengel, warum hat er nicht im Wagen auf mich gewartet..."

Dicki hat die Frau mit dem Dackel nicht aus den Augen gelassen.

Verloren dagegen hat er jeden Zeitbegriff. Er weiß nicht, daß er schon weit über eine halbe Stunde hinter dem seltsamen Gespann her ist. Und – noch schlimmer – er hat jegliche Orientierung verloren.

Dicki hat keine Ahnung, wo er sich befindet – bis zu dem Augenblick, wo die Straße zu Ende ist.

Dicki spürt mehr, als er sieht, daß da vor ihm das dunkle, unheimliche Band der Themse sein muß. Und es sieht so aus, als wolle die Frau geradewegs in die schwarzen Fluten des Flusses steigen.

Dicki atmet den typischen Geruch des Wassers ein und erschauert. Wie ausgestorben liegt die Gegend da, und Dicki wirft einen ängstlichen Blick um sich.

Sekunden später durchfährt es ihn siedend heiß.

Wo ist die Frau mit dem Dackel?

Dicki beschleunigt seine Schritte. Er kann es nicht vermeiden, daß er dabei Geräusche macht.

Schon hört er das Wasser an die Ufermauern schlagen – dieses satte, schmatzende Klatschen...

Da – beinahe wäre er gestürzt. Der Nebel hat die Straße glitschig werden lassen...

Dicki bleibt stehen.

Vor sich sieht er plötzlich eine Reihe Hausboote liegen. Ihr leichtes und geräuschloses Schaukeln ist kaum wahrnehmbar.

Es sind fünf an der Zahl... In zweien davon brennt Licht.

Und dann sieht er auch die Frau mit dem Dackel...

Ein unbeschreibliches Triumphgefühl steigt in ihm auf, als er beobachten kann, wie sie in diesem Augenblick über die Planken balanciert.

Eine Minute später ist sie im Inneren des Bootes verschwunden. Dicki prägt es sich genau ein: Es handelt sich um das fünfte und letzte Hausboot in der Reihe

Zurück. Er muß Perry holen.

So schnell ihn seine Füße tragen, läuft Dicki den Weg zu rück..

Doch schon bei der zweiten Straße stutzt er.

Kam er von rechts? Oder war es die nach links abgehende Straße gewesen?

Fast wird es ihm schlecht bei dem Gedanken, sich rettungslos verlaufen zu haben.

Atemlos hastet er die Straße nach rechts entlang... Nach zweihundert Metern stoppt er ab... Alles kommt ihm fremd und drohend vor... Er kann sich beim besten Willen nicht erinnern, ob er vorhin hier vorbeigekommen ist.

„Bitte, Sir, wie finde ich zur Wourcester Street?" fragt er

keuchend einen Mann, der ihm leicht schwankend entgegenkommt.

„Wourcester Street?“ fragt der augenscheinlich Beschwipste und beginnt im gleichen Augenblick laut und grölend zu singen:

„Worcestersoße ess’ ich nicht... Worcestersoße ess’ ich nicht...“ Dazu tanzt er, seinen Hut schwingend, um Dicki herum.

Voller Entsetzen hastet Dicki weiter – bis ihm der rettende Einfall kommt: „Ein Taxi brauche ich...“

Und als habe jemand diesen Stoßseufzer gehört, biegt zwei Minuten später ein leeres Taxi in die Straße ein.

Dicki springt beglückt vom Gehsteig hinunter und fuchtelt wie wild mit den Armen...

„Ich möchte in die Wourcester Street“, bittet er höflich, ohne sich weiter um den mißtrauischen Blick des Taxichauffeurs zu kümmern.

„Kannst du denn bezahlen?“

„Ich nicht, aber mein Freund Perry... Der wartet nämlich in der Wourcester Street auf mich.“

Perry Clifton ist in einer Art Panikstimmung. Bereits sechsmal ist er die Wourcester Street in ihrer ganzen Länge abgelaufen.

Eine Minute vor Viertel acht... Die Nebelschwaden sind jetzt so dicht geworden, daß er nur die Hälfte der Straße absehen kann.

Wo mag der Junge nur stecken...

Perry Clifton überlegt ernsthaft, ob er die Polizei benachrichtigen soll. „Was antworte ich Mistreß Miller, wenn sie mich nach Dicki fragt?“

Perry kommt nicht mehr dazu, diese Frage zu Ende zu denken.

Entsetzt springt er zur Seite, als neben ihm ein Wagen mit kreischenden Bremsen zum Stehen kommt.

Er will schon zu einer Schimpfkanonade ansetzen, als ihm Dicki entgegenspringt.

„Ich hatte mich verlaufen, Mister Clifton", ruft er.

„Dicki", würgt Perry heiser heraus, und sämtliche Empfindungen liegen in diesem einen Wort.

„Ich habe sie gefunden... Ich weiß, wo sie wohnt..." überschlägt sich Dickis Stimme.

Perry sieht seinen Freund an, als handle es sich um einen zufällig gelandeten Marsbewohner. Er hat keine Ahnung, wovon Dicki spricht. Das einzige, was er mit aller Deutlichkeit empfindet, ist, daß er wieder da ist. Erst die Worte des Chauffeurs bringen ihn in die Wirklichkeit zurück.

„Bitte, Sir, kann ich mein Geld haben?"

Perry Clifton ist so durcheinander, daß er dem Fahrer eine ganze Pfundnote in die Hand drückt. Letzterer, aus Angst, der spendable Herr könne seinen Irrtum bemerken, klettert schleunigst in sein Gefährt und ist Sekunden später verschwunden.

„Wo hast du gesteckt, verdammter Bengel?" findet Perry endlich die Sprache zurück und packt Dicki schmerzhaft an der Schulter. „Ich bin vor Angst halb gestorben", setzt er hinzu, als er Dickis überraschten Blick sieht. „Ja, haben Sie denn nicht gehört, was ich gesagt habe, Mister Clifton?" Dickis Stimme ist ein einziger Vorwurf. Dazu verzieht er das Gesicht. „Sie tun mir weh..."

Perry lockert seinen Griff.

„Wo du warst, habe ich gefragt!"

„Ich habe doch die Frau mit dem Dackel verfolgt", mault Dicki, der geglaubt hatte, Perry würde ihm anerkennende Worte sagen.

„*Wen* hast du verfolgt?“

„Die Dame mit dem Dackel!“

„Aha...“ In Perry scheint es endlich zu dämmern.

„Die Dame mit dem Dackel... Du hast sie verfolgt?“

„Das sage ich doch die ganze Zeit... Ich stand dort drüben an dem Buchladen, als sie vorbeiging. ‚Jocky‘ hat sie den Hund gerufen, und eine ganz tiefe Stimme hat sie gehabt...“

„Weiter!“ Perry ist jetzt hellwach.

„Na, ich bin ihr nachgegangen. Bis zur Themse... Und dann habe ich nicht mehr zurückgefunden... Deshalb bin ich mit der Taxe gekommen“, ergänzt er leise seine Schilderung und schielt verlegen nach oben.

„Was wollte sie denn an der Themse?“

„Sie wohnt dort auf einem Hausboot.“

In Perry Cliftons Augen spiegeln sich Vorwurf, Anerkennung, Stolz und – ein Rest von Zorn.

„Komm, Dicki – das muß ich mir ansehen...“

Um 19.50 Uhr erreichen Perry Clifton und Dicki Miller das Themseufer.

Fünfzig Meter vor dem Fluß stellt Perry den Wagen ab.

Der Nebel ist in der Zwischenzeit so stark geworden, daß die Sicht nur noch knappe zwanzig Meter beträgt. Langsam gehen sie auf die fünf Hausboote zu...

Leise flüstert Dicki:

„Sehen Sie, Mister Clifton, in dem dort hinten ist sie verschwunden.“

„Irrst du dich auch nicht?“

„Ich weiß es bestimmt...“

„Sieht nicht so aus, als ob alle Boote bewohnt wären.“

„Vorhin hat in den beiden ersten hier Licht gebrannt...“

Perry kneift die Augen zusammen. „Wenn ich mich nicht

irre, brennt in dem letzten Boot auch jetzt Licht... Allerdings scheint es keine Lampe zu sein – oder vor dem Fenster hängt ein dunkler Vorhang..."

Geräuschlos gehen sie auf das letzte Boot in der Reihe zu. Kein Laut ist zu hören. Nur das Plätschern des Wassers – eintönig und gleichmäßig. Selbst der Straßenverkehr in der Ferne dringt nur in mäßiger Lautstärke zu ihnen... Aber da – war da nicht noch ein anderes Geräusch... Perry Clifton verhält den Schritt...

„Hast du nichts gehört, Dicky?"

„Was, Mister Clifton?" gibt Dicki leise zurück.

Beide lauschen sie mit vorgestrecktem Kopf in das Dunkel. Zuerst ist es nur das Tuten einer Schiffssirene...

Aber dann hören sie es ganz deutlich... Hundegebell...

Irgendwo kläfft ein Hund... Es ist ein helles, fast klagendes Bellen.

„Ein Hund..." flüstert Dicki.

„Ich glaube, es kommt von Bord des letzten Hausbootes..."

Noch zehn Meter trennen sie von dem bewußten Boot, als Perry Dicki am Arm faßt.

„Du bleibst hier stehen... Ich geh' allein weiter."

„Schon wieder? Wo ich doch alles entdeckt habe."

„Ich kann dich und darf dich keiner Gefahr aussetzen, Dicki. Ich hoffe, daß du dafür Verständnis hast. Das schmälert jedoch in keinem Fall dein Verdienst..."

Dicki zuckt resigniert mit den Schultern, während Perry Schritt für Schritt auf das Boot zugeht.

Knarrend biegt sich der Bootssteg unter Perry Cliftons Gewicht durch...

Noch vier Meter – noch zwei... Behutsam tastet sich Perry an Deck.

Das Hundegebell ist verstummt. Vor der Tür zur Bootskabine verharrt der Detektiv eine Minute in regungslosem Dastehen. Alle Sinne sind bis zum äußersten gespannt.

Nicht das leiseste Geräusch dringt aus der Kabine.

Perry klopft. Zweimal kurz schlägt er mit den Knöcheln an die Türfüllung.

Fast zusammen mit dem ersten Schlag beginnt im Inneren ein Hund zu bellen...

Perry erwartet, daß sich die Tür öffnet... Doch nichts dergleichen passiert. Selbst das Bellen ist verstummt. Ein leises, erbarmungswürdiges Winseln dringt jetzt zu ihm...

Noch zögert Perry Clifton ein paar Atemzüge lang.

Als er die Klinke nach unten drückt, springt die Tür auf.

Ein brauner Dackel schießt ihm freudig jaulend entgegen. Für Perry hat ein Blick genügt, um festzustellen, daß die vierbeinige Kreatur im Moment die einzige Bewohnerin der Kabine ist.

Schmeichelnd streichelt er dem Tier das seidig glänzende Fell. Eine Geste, die der Dackel mit einem zärtlichen Lecken über Perrys Hand beantwortet...

„Na, wo steckt denn dein Frauchen?"

Der Dackel unterbricht sein andächtiges Lecken und schnüffelt mit erhobener Nase in die Luft...

Plötzlich erinnert sich Perry seines kleinen Freundes, der auf der Ufermauer auf ihn wartet.

Rasch eilt er an Deck und ruft leise nach Dicki.

Wenig später ist Dicki zur Stelle.

„Was ist los, Mister Clifton?" fragt er aufgeregt.

„Komm herein!"

Zögernd betritt Dicki zuerst das Boot und dann die Kabine. Lebhaft schnuppernd untersucht der Vierbeiner den neuen Besucher und läßt sich, zufrieden knurrend, hinter den Ohren kraulen...

„Ist das Jocky?“

„Es ist anzunehmen, Dicki. Genau weiß ich es natürlich auch nicht“, antwortet Perry, während er nachdenklich den Hund betrachtet.

„Und wo ist die Frau?“

Dicki wendet sich suchend um. „Sie ist nicht da!“ beantwortet er seine Frage selbst.

„Nein, sie ist nicht da. Aber wir müssen damit rechnen, daß sie jeden Augenblick erscheint.“

„Vielleicht hat sie uns schon gesehen“, wirft Dicki erschrokken ein.

„Auch diese Möglichkeit müssen wir einkalkulieren. Auf alle Fälle verschwindest du sofort im Wagen.“

Perry Clifton läßt Dicki keine Zeit zu langen Widerreden.

„Hier“, sagt er bestimmt, „hast du den Autoschlüssel. Du setzt dich hinein und verhältst dich mucksmäuschenstill.“

„Und was tun Sie?“

„Ich bleibe hier und werde auf die Dame warten.“

Dicki murmelt etwas Unverständliches, es muß etwas Ähnliches wie „Großvater“ gewesen sein, und verschwindet durch die Tür. Wenig später hört man ihn über den Bootssteg gehen.

Die Minuten schleichen dahin.

Perry Clifton sieht sich in der Kajüte um. Sie hat eine mehr als armselige Einrichtung.

Der Tür gegenüber befindet sich ein uralter, wurmstichiger Kleiderschrank, dem das linke vordere Bein fehlt. Damit er nicht nach vorn kippt, hat man ihm ein Stück Ziegelstein untergeschoben.

In der Ecke daneben stehen an einem kleinen runden Eisentisch, der früher einmal weiß lackiert war, zwei Korbsessel. Die Kissen darin sind grau und verschlissen.

Zur Vervollständigung dieser trostlosen Einrichtung tragen

ein Metallgestell mit Waschschüssel und ein größerer rechteckiger Tisch bei, der an der Fensterseite vor einer Bank steht.

Über allem liegt eine fingerdicke Staubschicht.

Erhellt wird diese gespenstische Szenerie durch einen vor Schmutz starrenden Kerzenstummel, der im Deckel eines Marmeladenglases auf dem Tisch am Fenster steht.

Der braune Dackel liegt zusammengerollt vor Perry und läßt keinen Blick von ihm. Ab und zu stößt er ein leises klagendes Winseln aus; so, als wolle er Perry auf sich aufmerksam machen.

Perry Cliftons Nerven sind zum Zerreißen gespannt.

Er hat sich in die Bank vor dem Kajütenfenster gezwängt und versucht in der draußen herrschenden milchigen Dunkelheit etwas zu erkennen...

Dicki sitzt regungslos im Auto und starrt ebenfalls in den Nebel.

Es ist 20.15 Uhr. Eine reichliche Viertelstunde warten sie schon.

Dicki muß an eine ähnliche Situation denken. Damals im Wald von Hertford, als Perry die Jagdhütte des Barons Kandarsky durchsuchte und er, Dicki, draußen aufpassen mußte*.

Dickis Erinnerungen werden in diesem Augenblick schlagartig unterbrochen.

Das Geräusch von Schritten bringt ihn in die Gegenwart zurück. Es sind schwere Schritte, die sich ihm da von hinten nähern.

Dickis Herz klopft bis zum Hals, als er sich vorsichtig im Sitz umdreht.

* Siehe: Ecke, Der Herr in den grauen Beinkleidern.

Noch ist jedoch nichts zu erkennen. Der Nebel gleicht einem undurchsichtigen Vorhang.

Perrys kleiner Freund ist überzeugt, daß diese Schritte von keiner Frau stammen.

Wuchtig und dumpf hallen sie über das Kopfsteinpflaster des Uferstreifens.

Dicki macht sich ganz klein. Plötzlich ist die Gestalt aufgetaucht.

Es ist die breite, untersetzte Figur eines Mannes, der, ohne jegliches Interesse für seine Umgebung, nur ein Ziel zu kennen scheint.

Unaufhaltsam strebt er dem Steg zu den Hausbooten zu...

Perry Clifton hat den Mann in diesem Augenblick ebenfalls gesehen.

Und es gibt keinen Zweifel daran, daß er zu den Booten will.

Nur noch Sekunden... Die schweren Tritte des Unbekannten poltern über die Planken.

Wieselschnell und geräuschlos ist Perry zur Tür gehuscht. Die Schritte sind verstummt. Der Mann steht von Perry nur noch durch eine Holztür getrennt...

Ein zögerndes Klopfen...

Mit einem Krach hat Perry die Tür aufgerissen. Mit eisernem Griff krallen sich seine Finger in die Joppe des entsetzten Mannes.

„Heiliger Strohsack..." stammelt der Fremde erschrocken und macht eine abwehrende Bewegung. „Müssen Sie mich so erschrecken, Mister... Nun lassen Sie doch schon meine Jacke los!"

„Sie scheinen keine guten Nerven zu haben – hatten wohl nicht mit mir gerechnet, he?" Perrys Stimme ist spöttisch, und doch spürt man die Wachsamkeit in seinen Worten. Er ist seiner Sache so sicher, daß ihn die Enttäuschung um so härter trifft. Nämlich, als der Mann jetzt sagt: „Wieso nicht erwartet? Wäre ich sonst hierhergekommen? Hier – ich soll Ihnen diesen Brief geben."

Perry hat den Mann losgelassen, der in seiner Joppentasche zu nesteln beginnt. Mit wütendem Gesicht hält er Clifton einen zerknitterten Brief hin.

„Brief? Was für einen Brief?" Perry Clifton scheint restlos durcheinander zu sein. Diesmal ist der Spott auf seiten des Mannes.

„Bin ich ein Hellseher? Die Lady hat nur gesagt, daß ich den Brief hier auf dem Boot abgeben soll."

„Das muß ein Irrtum sein, lieber Mann. Ich gehöre nicht auf das Boot."

„Hm..." nuschelt der Fremde, „sie sagte eigentlich noch was von einem Jungen..."

Perrys Verblüffung wächst weiter. „Dicki? Der ist auch hier..."

„Dann wird es schon stimmen... Ach, ich soll Ihnen noch sagen, daß der Hund am liebsten warme Milch trinkt."

Perrys Stimme ist heiser vor Erregung. Unwillkürlich greift er nach dem Arm des anderen. „Wie sah die Lady aus?"

„Lassen Sie mich doch los... Wie soll sie schon ausgesehen haben. Wie 'ne verschleierte Lady eben aussieht. Außerdem hat sie mir ein ganzes Pfund für den Weg gegeben... Kann ich jetzt gehen?"

Clifton scheint die Frage nicht gehört zu haben.

„Würden Sie die Dame wiedererkennen?"

„Kaum. Ich habe Ihnen doch gesagt, daß sie einen Schleier vor der Nase hatte... Aber da fällt mir noch etwas ein: sie hatte eine sehr tiefe Stimme."

Perrys Stimme ist jetzt ruhig und sachlich. Er hat sich wieder in der Gewalt. Und mit leiser Stimme fragt er:

„Wo hat sie Ihnen den Brief gegeben?"

„Am Soloster Square – ungefähr zehn Minuten von hier."

„Hören Sie: Sie gehen jetzt am besten mit mir zum Scotland Yard…"

„Scotland Yard?" Der Fremde ist ehrlich erschrocken. Und bevor Perry noch eine Reaktion zeigen kann, hat ihn der Mann vor die Brust gestoßen, daß er einige Schritte zurücktaumelt. Als er wieder festen Halt hat, hört er, wie sich die hastenden Schritte des Fremden im Nebel verlieren.

Wenige Minuten später erreicht Perry Clifton seinen Wagen. Behutsam setzt er den Dackel auf die Sitzbank im Fond. „Ich habe gesehen, wie der Mann fortgerannt ist… Wollte er stehlen?" In Dickis Stimme schwingen noch die Aufregungen der letzten Minuten nach.

„Nein", antwortet Perry. „Er hat mir nur einen Brief gebracht… Als ich ihn aufforderte, mit zum Scotland Yard zu kommen, suchte er fluchtartig das Weite… Wahrscheinlich ist er dort kein Unbekannter."

„Und von wem ist der Brief?"

„Schalte mal die Innenbeleuchtung ein, dann werden wir es bald wissen."

Perry Clifton kann es nicht verbergen, daß seine Hand ein wenig zittert, als er den Brief jetzt mit dem Finger aufschlitzt…

„Bitte, Mister Clifton, lesen Sie laut…" wünscht Dicki. Und Perry Clifton liest: „‚Lieber Mister! Ich möchte Ihnen dringend raten, Ihre Nase nicht in Dinge zu stecken, die Sie nichts angehen. Fassen Sie das als ernste Warnung auf…' Hm, keine Unterschrift…"

„Vielleicht kann man an der Handschrift…" will Dicki eifrig vorschlagen, doch Perry winkt ab.

„Die Dame war so schlau, mit Druckbuchstaben zu schreiben… Tja, Dicki, die Angelegenheit wird immer verworrener und immer gefährlicher…" Und nachdenklich fügt er zu: „Es steht fest, daß die Dame mit unserem Erscheinen in der Wourcester Street gerechnet hat… Sie muß also wissen, daß ich hinter ihr her bin… Sie lockte dich dann an die Themse, um uns später auf höchst dramatische Art den Hund und – die Warnung in die Hände zu spielen… Unklar ist mir nur, warum sie den Dackel ausgesetzt hat…"

„Und jetzt?"

„Jetzt fahre ich dich erst einmal nach Hause – es ist höchste Zeit. Ich selbst muß dann noch einmal in die Wourcester Street…"

„Zu Mister Krenatzki?"

„Ja, Dicki, zu Mister Krenatzki."

Krenatzkis Schaufenster liegt längst im Dunkeln, als Perry Clifton zum zweitenmal an diesem Tag vor dem Haus des Polen vorfährt.

Nach längerem Suchen findet er einen altmodischen Klingelzug, an dem er kräftig zieht. Ein helles Bimmeln ist zu hören.

Wenig später öffnet sich über ihm ein Fenster.

„Wer ist da?" hört er Mister Krenatzki mißtrauisch fragen.

Perry tritt etwas zur Seite, damit er von der Straßenbeleuchtung besser beschienen wird.

„Erkennen Sie mich wieder, Mister Krenatzki?"

„Ja – sind Sie nicht der Mann, der war vorhin hier mit Inspektor vom Scotland Yard?"

„Stimmt. Ich wäre Ihnen dankbar, wenn Sie mal herunterkommen würden. Ich möchte Ihnen etwas zeigen."

Krenatzki wird freundlicher. „Haben Sie gefangen den Dieb...?"

Perry hat keine Lust, die Diskussion zwischen Fenster und Straße fortzusetzen. Deshalb bittet er noch einmal bestimmt:

„Bitte, Mister Krenatzki, kommen Sie herunter..."

Ein dumpfes Klirren verrät, daß der Händler das Fenster mit ziemlichem Nachdruck geschlossen hat. Noch fünf Minuten dauert es, bis sich die Haustür öffnet.

„Bitte schön, treten Sie ein, Mister..."

„Einen Moment noch", bittet Clifton und eilt zu seinem Wagen. Als er zurückkommt, hält er den Dackel im Arm. Wortlos folgt er Krenatzki in den Laden.

Der Händler schaltet die trübe Oberbeleuchtung ein und blickt dann verständnislos auf den Vierbeiner.

„Was wollen Sie mit Hund, Mister... Habe ich nicht schon genug Ärger gehabt mit Viech?"

Perry Clifton hält dem Zurückweichenden den Dackel entgegen. „Ist das der Hund, der heute abend in Ihrem Laden war, Mister Krenatzki?"

Krenatzki schüttelt lebhaft und pikiert den Kopf.

„War ein schwarzes Dackel heute abend hier, Mister..."

„Ein schwarzer Dackel?" wiederholt Perry fassungslos.

„Ja – schwarz wie Nacht... Ist das alles?"

Perry nickt.

„Und ich habe gedacht, daß Sie mir bringen die Nachricht, daß man hat Dieb gefangen..."

„Es handelt sich um keinen Dieb, Mister Krenatzki, sondern um eine Diebin. Die Dame hat sich lediglich verkleidet."

Zuerst malt sich auf Krenatzkis Gesicht Überraschung. Doch plötzlich geht es wie eine Erleuchtung über seine Miene.

„Was sagen Sie? Sie sagen Diebin? Oh, da fällt mir ein. Stimmt, was Sie sagen. ."

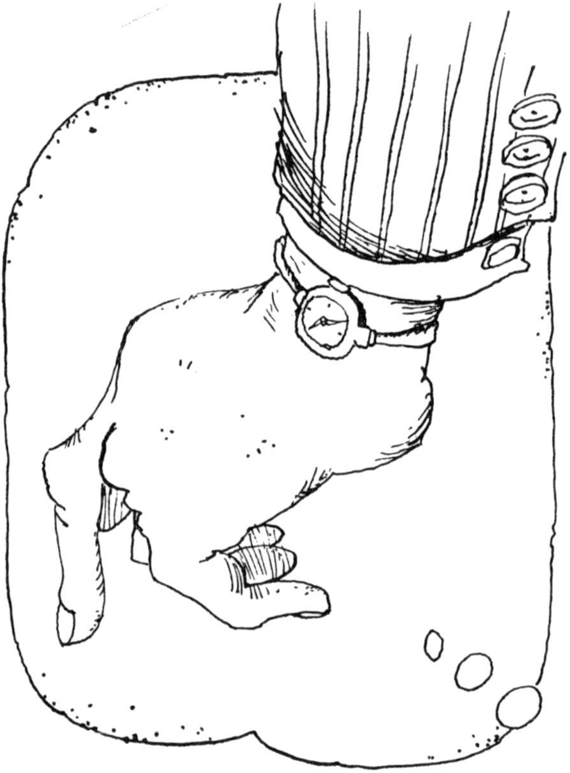

„Wieso...? Haben Sie etwas gemerkt?“

„Ich erinnere mich ganz plötzlich... Hat Jan Krenatzk sich sehr gewundert, daß Mylord am Armgelenk getragen eine Damenuhr.“

„Eine Damenuhr?“ fragt Perry verdutzt.

„Ja“, nickt der Pole eifrig. „Aber dann habe ich gedacht, daß das ist Spleen... Man sagt doch, daß Engländer haben sehr oft einen Spleen...“

Ein Dackel knurrt

Es ist schon reichlich spät, als Perry wieder in Norwood ankommt.

Dicki ist längst bei seinen Träumen, als Perry noch immer in seinem Zimmer auf und ab geht.

Er hat die Empfehlung der Unbekannten befolgt und seinem vierbeinigen Gast eine Schüssel mit warmer Milch hingestellt, die der Dackel, ohne sich lange nötigen zu lassen, auch genießerisch schmatzend geschlabbert hat.

Perry Clifton zermartert sich während seiner ruhelosen Wanderung den Kopf.

Wer ist nun wirklich die Frau mit dem Dackel?

Wieso ist der Dackel plötzlich schwarz statt braun?

Wenn es sich nicht um den Zirkusdackel handelt – welcher ist es dann? Wohin gehört er?

Wie kann es sein, daß die Frau mit einem schwarzen Dackel den Diebstahl bei Krenatzki begeht und wenig später Dicki mit einem braunen zur Themse lockt?

Woher weiß die Frau überhaupt, daß Perry ihr auf den Fersen ist? Wo hat sie ihren Schlupfwinkel?

Eine Unmenge Fragen – und keine vernünftigen Antworten. Perry findet in dem Labyrinth der Möglichkeiten keinen roten Faden.

Das einzige, was er mit Bestimmtheit zu wissen glaubt, ist, daß der braune Dackel, der sich jetzt wohlig am Fußende des Bettes rekelt, Jocky ist. Obgleich es ihm sehr merkwürdig vorkommt, daß er gar nicht auf den Namen reagiert.

Die dritte Morgenstunde ist schon angebrochen, als er endlich müde in sein Bett sinkt und sofort einschläft.

Stunden später.

Die elektrische Autouhr im Wagen zeigt 10.15 Uhr, als Perry Clifton in den Hof des leerstehenden Hauses in der Wingert Street einbiegt.

Der Schmutz und das unheimliche Durcheinander auf dem Hof wirken im Tageslicht noch abstoßender, und Perry würgt den aufsteigenden Ekel hinunter.

Eine Minute später klopft er an die Tür des Wohnwagens.

„Wer ist draußen?" klingt sofort Madame Porellis Stimme auf, und Perry hat den Verdacht, daß sie ihn bereits gesehen hat.

„Ich bin's, Perry Clifton... Ich bringe Jocky zurück!"

Perry hört einen Jubelruf. Die Tür wird aufgerissen, und Madame Porelli steht vor ihm. Sie ist zum Ausgehen gekleidet, und Perry findet, daß ihr das Pepitakostüm ausgezeichnet steht. Langsam betritt er den Wohnwagen.

Vorsichtig läßt er dann den Hund, den er bis jetzt auf dem Arm trug, zu Boden.

Als er dabei zu Madame Porelli aufblickt, gewahrt er ihre grenzenlose Enttäuschung.

Hilflos zuckt sie mit den Schultern.

„Das ist nicht Jocky..." murmelt sie mit zuckenden Lippen... Als sie sich zu dem Dackel hinabbeugt, beginnt der Vierbeiner zurückzuweichen. Dabei sträubt sich sein Fell, während ein grollendes Knurren aus seiner Kehle dringt.

„Was ist los, mein Kleiner..." will Perry beruhigen. Und Madame Porelli stellt mit ihrer tiefen Stimme heiser fest: „Er scheint mich nicht zu mögen..."

Als ob der Hund diese Feststellung bestätigen wolle, wird sein Knurren noch heftiger.

„Nun beruhige dich..." beschwichtigt Perry ihn. „Madame Porelli frißt dich nicht. Sie ist doch eine reizende Dame..."

In Madame Porellis Stimme sitzt der blanke Spott, als sie zu Perry spricht:

„So, bin ich das? Es ist noch nicht lange her, da wollten Sie mich als gefährliche Diebin verhaften... Wo haben Sie denn das Tierchen her?"

Perry Clifton hat keine Lust, sein gestriges Fiasko breitzutreten, und ausweichend erwidert er:

„Das erzähle ich Ihnen gelegentlich einmal..."

Die Porelli nickt.

„Wenn Sie nicht wissen, was Sie mit ihm anfangen sollen, bringen Sie ihn doch in ein Tierheim... Soll ich Ihnen eine Adresse geben?"

„Nein, danke", lehnt Perry kopfschüttelnd ab, „fürs erste habe ich schon einen Betreuer."

Behutsam nimmt er den Hund wieder hoch.

„Auf Wiedersehen, Madame Porelli..." Er hat schon die Klinke in der Hand, als Madame Porelli noch eine Frage stellt: „Was macht denn Ihre geheimnisvolle Diebin?"

Perry schluckt den aufsteigenden Ärger hinunter. Er zwingt sich zu einem freundlichen Grinsen.

„Sagen wir – ich bin ihr auf der Spur."

„Die Ärmste... Hoffentlich erwischen Sie sie bald." Die Ironie in ihrer Stimme ist kaum noch zu überbieten. Und ein wenig heftiger als gewollt fällt die Tür hinter Perry ins Schloß.

Von Madame Porelli fährt Perry Clifton auf dem kürzesten Weg zur Themse. Unverändert findet er den Schauplatz seines gestrigen Abenteuers vor.

Friedlich und vergnügt schaukeln die fünf Hausboote auf der Themse.

Ohne Aufenthalt steuert Perry zuerst dem letzten Boot zu.

Zum erstenmal sieht er auch die schon verblichenen Buchstaben eines Namens, die am Bug des Bootes stehen. „Jane“ entziffert er.

Nichts hat sich im Inneren verändert. Und nichts deutet darauf hin, daß seit gestern abend jemand an Bord gewesen ist.

Als er über den schmalen Pier zurückgeht, sieht er, wie eine Frau an Deck des zweiten Bootes gerade dabei ist, aus einer Schürze Kartoffelschalen über Bord zu werfen...

Perry beschleunigt seine Schritte.

„Hallo, Mistreß...“ ruft er ihr von weitem zu. „Einen Augenblick, bitte!“

Neugierig sieht ihm die Frau entgegen. Ihr Gesicht, von Wind und Wetter gebräunt, macht einen verschmitzten Eindruck.

„Ich habe nur eine Frage an Sie...“ erklärt ihr Perry näherkommend.

„Dann bin ich ja beruhigt“, antwortet die Frau und fügt mit einem lustigen Augenzwinkern hinzu: „Ich glaubte schon, Sie wollten mir etwas vorsingen.“

„Oh, keine Angst. Ich hätte nur gern gewußt, ob Sie mir sagen können, wer der Eigentümer des letzten Bootes ist.“

„Wenn es weiter nichts ist. Das Boot gehört Miß Jane Wimmerford... Wollen Sie es kaufen?“

Als die Frau „Miß“ sagte, ging es wie ein elektrischer Schlag durch Perry Clifton. Doch im gleichen Augenblick überlegt er sich, daß die Dackeldame wohl kaum so dumm sein könne, ihn auf ihr eigenes Boot zu locken.

Die Frau mit der Schürze hat gesehen, wie abwesend Perry eben aussah. Deshalb, und weil sie ihre letzte Frage noch nicht beantwortet bekam, wiederholt sie dieselbe noch einmal:

„Wollen Sie das Boot kaufen, Mister?“

„Hm – vielleicht... Das kommt ganz auf den Preis an“, antwortet Perry. Schließlich kann er ihr ja nicht die ganze Vorgeschichte erzählen.

Die Frau beginnt leise vor sich hin zu kichern.

„Sind Sie wenigstens musikalisch?“

Perry sieht alles andere als intelligent aus...

„Leidlich“, bringt er endlich hervor. „Hat das was mit dem Preis zu tun?“

„Unter Umständen ja... Aber fragen Sie mich nicht. Ich rede ungern über andere Leute.“

„Das ist ein feiner Zug, Mistreß...“ gibt Perry zu und weiß nicht, was er mit dem merkwürdigen Gerede anfangen soll. „Nur das Wichtigste... Wo finde ich Miß Wimmerford?“

„Wenn sie nicht gerade bei Gibbon in der Sackfield Street Schallplatten verkauft, ist sie bestimmt zu Hause. Whitman Street 20.“

„Sie sind ein Engel, Mylady. Eine letzte Frage: Hat sie zufällig einen Hund?“

„Letzte Antwort, Mister: hat sie!“

Perry steht noch immer wie vom Donner gerührt, als die Frau längst im Inneren ihres Bootes verschwunden ist.

Zuerst langsam, dann immer schneller setzt er sich in Bewegung... Als er seinen Wagen erreicht, ist er etwas außer Atem...

Der erste brauchbare Hinweis

Nach langem Suchen findet Perry Clifton den winzigen Plattenladen von Pat Gibbon in der Sackfield Street. Vier wacklige Stufen führen zum Geschäftseingang, und Perry kann sich des Gedankens nicht erwehren, daß hier nur Idealisten kaufen.

Perry Clifton muß unwillkürlich an Jan Krenatzki denken.

Denn gegen die Finsternis, die in Gibbons Laden herrscht, kommen ihm Krenatzkis Geschäftsräume verschwenderisch beleuchtet vor.

Pat Gibbon selbst ist ein rothaariger Ire, der eher in eine Catcherarena gepaßt hätte als hinter die Theke eines Plattenladens. Fast zwei Meter lang und von wahrhaft herkulischen Ausmaßen, steht er plötzlich wie aus dem Boden gewachsen vor Perry Clifton.

„Guten Tag, Sir", wünscht er mit unbeweglichem Gesicht.

„Guten Tag", erwidert Perry und blickt zu Gibbon auf.

„Tja..." sagt er und überlegt, wie er seine Fragen am besten formuliert.

„Tja?"

„Ich kam eigentlich wegen Miß Wimmerford..."

„So?"

„Miß Wimmerford ist wohl nicht da?"

„Sehen Sie sie?"

„Nein... Wenn Sie sie nicht zufällig in einem Regal versteckt haben..." versucht Perry zu scherzen. Es ist ihm nicht entgangen, daß sich Gibbons Miene schlagartig verfinsterte, als er Miß Wimmerfords Namen nannte.

„Wenn ich noch lange herumstehe und Fragen stelle, laufe ich Gefahr, daß mich dieser Riese verprügelt", durchfährt es Perry, und er schielt verstohlen nach der Tür.

Doch da wird Mister Gibbon mit einem Mal gesprächig.

„Sie ist seit zwei Tagen nicht ins Geschäft gekommen... Hören Sie? Seit zwei Tagen, Mister..."

„Geschäft", denkt Perry und schickt einen Blick in die Runde. Doch dann zwingt er sich zu einem empörten Kopfschütteln. „Unerhört", nuschelt er dazu.

Pat Gibbon wedelt wütend mit seinen gewaltigen Armen. Dazu schnauft er aufgebracht:

„Das hat man davon, wenn man Leuten Arbeit und Lohn gibt, die mit den Fingernägeln am Himmel kratzen..."

Perry Clifton versteht kein Wort von alledem. Als er endlich wieder auf der Straße steht, wischt er sich aufatmend den Schweiß von der Stirn.

„Wenn schon – denn schon", denkt er und macht sich auf den Weg zu Miß Wimmerford in die Whitman Street. Gespannt darauf, zu sehen, wie jemand aussieht, der mit den Fingernägeln am Himmel kratzt.

Es ist ein Weg vom Regen in die Traufe.

Das Haus Whitman Street 20 entstammt der Viktorianischen Zeit und hat sicher einst bessere Tage gesehen. Der Putz ist an vielen Stellen abgebröckelt und läßt das dreistöckige Haus unschön erscheinen. Ebenso ist der Anstrich von Fenstern und Türen dringend erneuerungsbedürftig.

Die Innenwände in Hausflur und Treppenaufgang zeigen verblichene Malereien und Risse von beachtlichen Ausmaßen.

Jane Wimmerford wohnt im obersten Stockwerk.

Perry Clifton drückt auf den Klingelknopf über dem riesigen Messingschild mit dem Namen „Wimmerford".

Ein junges Mädchen, ganz in Schwarz mit übergebundenem weißem Schürzchen, öffnet.

Ihr kleines Vollmondgesicht verzieht sich geringschätzig, als sie Perrys ansichtig wird. Und ihre Himmelfahrtsnase rümpfend, näselt sie von oben herab:

„Wir brauchen nichts, Mister..."

Blitzschnell schiebt Perry seinen Fuß zwischen Tür und Pfosten.

„Verzeihung, Miß Wimmerford, ich müßte dringend mit Ihnen sprechen. Zu Ihrer Beruhigung: Es handelt sich weder um Schnürsenkel, Druckknöpfe, Staubsauger und Fensterleder noch um Versicherungen."

Der wütende Ausdruck in den Augen des Mädchens weicht einem neugierigen Interesse.

„Sie halten mich für Miß Wimmerford?" Anscheinend bereitet ihr der Gedanke so viel Vergnügen, daß sie zu kichern beginnt. „Ich bin die Zofe!" verkündet sie dann mit einem gewollt züchtigen Augenaufschlag.

„Ist Miß Wimmerford wenigstens zu Hause?"

Perry Clifton zieht seinen Fuß zurück.

„Ja, Mister, wen darf ich melden?"

„Mein Name ist Clifton..."

Das Mädchen macht eine einladende Handbewegung.

Perry tritt in die Diele. Sofort sticht ihm der Geruch von gebräunten Zwiebeln und gebratenen Kartoffeln in die Nase, und er kann es nicht verhindern, daß es ihn schüttelt.

Das Mädchen hat hinter Perry die Tür geschlossen und sogar die Kette vorgelegt.

Ganz plötzlich tritt sie vor Perry hin und fragt mit todernstem Gesicht:

„Darf ich Sie mal anspucken, Sir?" Gleichzeitig spitzt sie die Lippen. Wahrscheinlich erscheint es ihr ratsamer, eine Antwort nicht abzuwarten.

Perry hat trotz seiner unbeschreiblichen Verblüffung geistesgegenwärtig einen Sprung zur Seite gemacht. Gerade noch rechtzeitig. „Ich bin in einem Irrenhaus“, durchfährt es ihn eiskalt.

„Vielleicht verraten Sie mir mal, Sie – Sie – Sie Zofe, warum ich Ihnen so anspuckenswert erscheine?“ fragt er das Mädchen mit grimmiger Miene.

„Sie sollen der Gnädigen Glück bringen! Ich melde Sie jetzt an...“

Eifrig trippelt sie auf eine Tür zu, hinter der stümperhaftes Violinspiel aufklingt. Sekunden später wird Perry Clifton Ohrenzeuge folgenden Dialoges:

„Miß Wimmerford!“ hört er das Mädchen rufen.

Das Violinspiel reißt ab, und eine Stimme, die Miß Wimmerford zu gehören scheint, schimpft: „Wie oft habe ich dir schon gesagt, du sollst mich während meiner Studien nicht stören...“

Wenn Perry ganz im geheimen noch ein Fünkchen Hoffnung gehabt hatte, die Stimme der Miß Wimmerford sei voll und tief, so war er jetzt um diese Hoffnung ärmer. Miß Wimmerfords Stimme war alles andere als voll und tief. Sie war von einer schrillen Höhe, die selbst die ausladenden Gehörgänge eines Elefanten mit Gänsehaut bezogen hätte.

Das Mädchen jedoch scheint unbeeindruckt.

„Es ist Besuch für Sie da, Miß Jane – ein Herr!“

Perry Clifton zuckt erschrocken zusammen.

„Ein Herr“, hört er Miß Jane verzückt schreien. Ja, schreien. Und auch die nachfolgenden Worte sind alles andere als geflüstert.

„Es ist sicher der Agent eines Musikverlages... Wicky, man hat mich entdeckt...!“

Perry fühlt ein unangenehmes Kribbeln in der Magengrube, dazu spürt er das lebhafte Verlangen nach Flucht in sich aufsteigen...

„Warum führst du ihn nicht herein, Wicky...?“

Und da zuckt Perry zum zweitenmal erschrocken zusammen. Wicky, die Zofe, ist mit der Geschwindigkeit und der Lautstärke einer Rakete durch die Tür geschossen.

„Miß Wimmerford läßt bitten, Sir!“ ruft sie und macht einen tiefen Knicks.

Perry Clifton, auf das Schlimmste gefaßt, betritt zögernd den Raum.

Die erste Empfindung, die er beim Anblick von Jane Wimmerford hat, ist das Bedürfnis, laut zu lachen.

Miß Wimmerford ist lang und dürr. Ihr dunkles Haar ist zu einer Art Krone aufgetürmt und mit einer Unmenge glitzernder Straßsteine besetzt.

Ihre Gestalt steckt in einem giftgrünen Sarong, zu dem sie passende Pantoffeln trägt.

Perry soll die Heiterkeit bald vergehen.

Mit wehendem Gewand kommt Miß Wimmerford auf ihn zu.

„Mein lieber Freund ...!“ ruft sie kreischend. „Ich habe doch recht, daß Sie von einem bedeutenden Musikverlag kommen ...“

Sie packt Perry am Arm und zieht ihn zu einem breiten Sessel. Bevor sich der Detektiv versieht, sitzt er auch schon drin.

„Ich wollte ...“ beginnt er die Situation zu klären, doch Miß Wimmerford läßt ihn nicht zu Wort kommen. Wie ein aufgescheuchtes Huhn springt sie im Zimmer umher.

„Natürlich weiß ich, was Sie wollen“, schneidet sie Perrys Erklärung kurzerhand ab. „Sie haben von mir gehört und wollen sich meine Kompositionen anhören.“

Cliftons Kinnlade klappt nach unten. Für einen Augenblick kneift er die Augen zusammen, während er überlegt, daß er es nur einem Glücksfall zuzuschreiben hat, wenn er hier wieder lebend herauskommt.

„Ich – ich – ich..." beginnt er stotternd, „ich habe eigentlich..."

Jane Wimmerford hat ihre Violine ergriffen und tritt mit verklärtem Gesichtsausdruck vor Perry hin.

„Ich weiß, Sie wollen zuerst den Titel hören... Ich habe mein neues Stück ‚Serenade für vier Ameisen' getauft."

„A – A – Ameisen?" Jetzt ist Perry endgültig überzeugt, daß er in einem Irrenhaus gelandet ist.

„Ist es nicht ein herrlicher Titel? Er soll eine Verbeugung vor dem Fleiß der Ameisen sein. Ich werde Ihnen jetzt den ersten Satz vorspielen..."

Perry zwickt sich ins Bein. Er muß wissen, ob er träumt oder ob sich diese Geschichte wirklich abspielt...

Miß Wimmerford beginnt...

Obgleich der arme Clifton selbst kein Instrument beherrscht, ist er der festen Überzeugung, daß sämtliche Geigenbauer der Welt sofort umsatteln würden, wüßten sie, was hier mit einem ihrer Produkte angestellt wird. Aber da ist noch ein anderer Ton im Zimmer. Ein helles schmerzhaftes Jaulen...

Miß Jane hat die Geige abgesetzt. Wutentbrannt schreit sie in die Ecke hinter Perry:

„Sei still, Nelson..." Und mit einem verzückten Augenaufschlag zu Perry setzt sie die Violine erneut ans Kinn. Vor dem ersten Strich wiederholt sie noch einmal: „Serenade für vier Ameisen, erster Satz."

Perry lächelt krampfhaft zurück. Während die Solistin nun in unwahrscheinlicher Unmusikalität die vier Saiten der Violine traktiert, versucht Perry, einen Blick hinter sich zu werfen. Und bald hat er die Ursache von Miß Wimmerfords Wutausbruch entdeckt.

Ein Hund. Es scheint sich um das Exemplar zu handeln, das die Frau auf dem Hausboot gemeint hat

Der Ärmste ist eine Mischung von Filzpantoffel, Kaffeewärmer und Pudelmütze. In seinen Augen steht unendliche Qual, und sofort wird Perry von Mitleid gepackt. Er ist sicher, daß der Hund viel mehr von Musik versteht als sein Frauchen.

„Nun, wie gefällt Ihnen der erste Satz?“ Perry zuckt schuldbewußt zusammen und wendet sich wieder Miß Wimmerford zu...

„Ausgezeichnet, liebe Miß Jane...“ schmeichelt er und ist fest entschlossen, dem Spuck ein Ende zu bereiten.

„Miß Wimmerford – ich bin Detektiv!“

Miß Jane stößt einen spitzen Schrei aus. „Nein“, flötet sie schrill... „Ich wußte gar nicht, daß die Verlage jetzt schon Detektive auf der Suche nach großen Künstlern verwenden... Mister – wie war doch Ihr Name?“

„Clifton... Perry Clifton, Miß...“ murmelt Perry.

„Mister Clifton, für Sie spiele ich jetzt besonders schön. Serenade für vier Ameisen, zweiter Satz...“

Doch es kommt zu keinem zweiten Satz. Mit lautem Knall ist die mißhandelte E-Saite geplatzt...

Miß Wimmerford schimpft...

Der Hund wimmert...

Perry Clifton springt auf... Er tritt auf die Miß zu, die sich mit der geplatzten Saite abmüht, und legt ihr die Hand auf den Arm.

„Wundervoll, Miß Wimmerford... Sie werden sicher noch Gelegenheit haben, mir mehr vorzuspielen... Da ist aber noch etwas anderes... Sie besitzen doch ein Hausboot...“

Es dauert einige Zeit, bis Miß Wimmerford den Sinn dieser Frage versteht...

„Ein alter morscher Kasten...“ antwortet sie wegwerfend. „Ich habe ihn von einer meiner Tanten geerbt... Der Kahn hat nicht die geringste Akustik... Ich habe ihn vermietet.“

„Vermietet?"

„Ja, an einen alten weißhaarigen Herrn... Mister John Pickles... Ein reizender Mensch. Stellen Sie sich vor, als ich ihm meine letzte Serenade vorspielte, war er so begeistert, daß er Tränen vergoß... Und dann sagte er, daß er Musikprofessor sei."

Perry Clifton muß zweimal schlucken. „Lange halte ich das nicht mehr aus", meint er im stillen. Doch dann kommt ihm die ungeheure Bedeutung von Miß Wimmerfords Worten zum Bewußtsein.

„Interessant. Kennen Sie zufällig die Adresse dieses Musikprofessors?"

Miß Wimmerford kichert plötzlich in sich hinein.

„Er tat damit immer sehr geheimnisvoll... Niemand dürfe wissen, daß er sich zur Zeit in London aufhielte..."

Perrys Enttäuschung wächst.

„Dann hat er Ihnen also nicht gesagt, wo er wohnt..."

„Nein..." Ihr Kichern verstärkt sich. Mit einem Mal scheint sie Violine und Musik, Serenade und Entdeckung vergessen zu haben. Sie beugt sich zu Perry vor und flüstert aufgeregt: „Nein – aber durch einen Zufall habe ich es doch erfahren."

Perry Clifton muß sich Mühe geben, um seine Erregung nicht zu auffällig werden zu lassen. Seine Hände sind ganz feucht... Sollte er am Ende eines Weges angekommen sein?

„Sie haben es erfahren?" Seine Stimme ist belegt vor Spannung.

„Ja. Ich kam aus Gibbons Laden und ging Richtung Canniver Street, als ich ihn plötzlich vor mir auftauchen sah. Er hat mich nicht gesehen... Er verschwand in einem Haus in der Kaefer Street..."

„An die Hausnummer können Sie sich wohl nicht mehr

erinnern?“ Die Spannung in Perry ist fast unerträglich geworden.

„Nein – aber in dem Haus war ein Tabakladen... Dort hole ich manchmal für Mister Gibbon Priem...“

Perry Clifton atmet tief auf... Es stört ihn nicht, daß Miß Jane Wimmerford wieder nach ihrem Instrument greift und sagt:

„So, jetzt werde ich eine neue Saite aufziehen und Ihnen den zweiten Satz vorspielen...“

Perry winkt ab. „Später, liebe Miß Jane, später... Sie können mir dann Ihre ganze Ameisenserenade vorspielen...“

„Und Sie werden Ihrem Verlag von mir berichten?“ verlangt Miß Wimmerford zu wissen.

„Ganz gewiß... Sagen Sie noch, Miß Wimmerford: Besaß Ihr reizender Musikprofessor auch einen Hund?“

„Ja, einen schwarzen Dackel.“ Ihre Stimme wird um eine Nuance kälter. „Er hatte keinen Anstand... Er hat meinen Nelson in den Schwanz gebissen...“

Mit einer tiefen Verbeugung eilt Perry zur Tür. Noch einen letzten Blick, dann ist er draußen. Er ist in Schweiß gebadet, und sein Gaumen ist ausgetrocknet wie nach einer langen Wüstenwanderung. Aber er fühlt sich glücklich. Glücklich und zufrieden. Das Opfer scheint sich gelohnt zu haben.

Ein neuer Diebstahl

Es ist 12.40 Uhr, als Perry Clifton wieder in seiner Wohnung in Norwood eintrifft. Er kocht sich eine Suppe, während er für seinen vierbeinigen Gast wiederum eine Schale Milch wärmt.

Perry pfeift vergnügt vor sich hin, als Dicki zu ihm kommt.

„Tag, Mister Clifton..."

„Tag, Dicki – Na, was gelernt in der Schule?"

„Das meiste habe ich schon gewußt", gibt Dicki großspurig zur Antwort. Da fällt sein Blick auf den Dackel.

„Oh, Jocky ist ja noch da", stellt er glückstrahlend fest.

„Wie du siehst, ja, Dicki. Im übrigen heißt er nicht Jocky... Madame Porelli hat ihn noch nie gesehen."

„Aber..." Dicki kann es nicht fassen. Wo er doch keinen Augenblick daran gezweifelt hatte, daß es nur der Zirkusdackel Jocky sein könne.

Perry pfeift noch immer fröhlich vor sich hin. Als er Dickis verwunderten Blick sieht, lächelt er ihm zu.

„Die Dinge spitzen sich zu, Dicki..."

„Wissen Sie schon, wer die Frau mit dem Dackel ist?" fragt Dicki fassungslos.

„Noch nicht. Aber heute nachmittag werde ich mehr wissen – vielleicht schon alles."

Dicki macht große Augen. Und als Perry ihn jetzt fragt, ob er auch einen Teller Champignonsuppe möchte, schüttelt er den Kopf. Wer kann schließlich essen, wenn so große Ereignisse bevorstehen?

„Kann ich heute nachmittag mitgehen, Mister Clifton?"

Perry sieht nachdenklich auf Dicki.

„Ich weiß es noch nicht..."

Dicki zieht eine beleidigte Schnute, während er mißmutig mault:

„Überall war ich dabei – und entdeckt habe ich sie auch – und jetzt soll ich nicht mitgehen – wo ich heute nicht einmal Schularbeiten aufhabe..."

Perry Clifton kann sich diesen logischen Einwänden kaum verschließen. Und so läßt er Dicki hoffen.

„Wir werden sehen, Dicki.“

Und sein kleiner Freund scheint zufrieden zu sein. Dann erinnert er sich der Geschichte vom vergangenen Abend.

„Waren Sie heute schon auf dem Hausboot?“

Perry nickt.

„War ich. Und noch jemand habe ich kennengelernt. Miß Wimmerford!“ Dazu lächelt er vielsagend.

Man sieht es Dicki an, daß ihm dieser Name nichts sagt.

„Sie ist eine große Violinkünstlerin. Ich hatte sogar das Vergnügen, ihre letzte Komposition anhören zu dürfen...“

„Hat sie was mit dem Dackel zu tun?“

„Nicht direkt. Aber sie hat mich auf eine neue Spur geführt...“

Und dann erzählt Perry seinem Freund Dicki in allen Einzelheiten von seinem Besuch bei Jane Wimmerford. Dicki amüsiert sich königlich, und man sieht es seinem verschmitzten Lausbubengesicht an, wie er es förmlich miterlebt. Am liebsten würde er auch einen Besuch in der Whitman Street machen, und Perry hat Mühe, ihm klarzumachen, daß das nicht geht.

„Ich habe aber eine große Bitte an dich, Dicki“, lenkt er ab.

„Was soll ich machen?“ fragt Dicki mißtrauisch, denn er hat Perry durchschaut und dessen Ablenkungsmanöver erkannt.

„Würdest du dich in den nächsten Stunden einmal meines vierbeinigen Besuchers annehmen?“

„O ja“, strahlt Dicki. Doch plötzlich verfinstert sich seine Miene.

„Sie wollen mich nur nicht mitnehmen – deshalb soll ich mit dem Dackel wandern...“

„Hunde gehen gern spazieren“, gibt Perry lächelnd zu bedenken.

„Ich würde ja auch gern gehen – aber gerade jetzt...“

„Hör zu, Dicki“, erklärt Perry mit ernstem Gesicht. „Ich muß jetzt dringend meinen Freund Scotty Skiffer im Yard sprechen. Er muß nämlich dabeisein, wenn ich heute nachmittag die geheimnisvolle Dame in ihrer Wohnung besuche. Anschließend komme ich her und hole dich ab. Einverstanden?“

„Einverstanden, Mister Clifton“, strahlt Dicki jetzt wieder. Schließlich ist ein Versprechen ein Versprechen.

„Dann bleibe also in der Nähe und laufe nicht wieder hinter allen möglichen Leuten her.“

„Ich werde mich nicht von der Stelle rühren!“

„Bis zu einem Baum sollst du schon gehen. Was soll der Dackel von dir denken...“

Zwei Ereignisse nehmen zum gleichen Zeitpunkt ihren Anfang.

Genau um 13.10 Uhr verläßt Perry Clifton seine Wohnung in Norwood, um seinen Freund Scotty Skiffer aufzusuchen.

Auf 13.10 Uhr stehen auch die Zeiger auf der Uhr an der Baptistenkirche im Vorort Ilford, als ein französischer Personenwagen mit Londoner Nummer an der Rückseite der Kirche zum Stehen kommt.

Die Tür neben dem Volant öffnet sich, und eine Frau klettert heraus.

Eine Frau in der Uniform eines Hauptmanns der Heilsarmee. Sie schlägt die vordere Tür zu und öffnet gleichzeitig die hintere Tür des Fonds. Sie greift in das Innere des Fahrzeugs und befördert eine große Reisetasche ans Tageslicht.

Mit weitausholenden Schritten umrundet sie die Baptistenkirche und steuert einem Geschäft auf der gegenüberliegenden Straßenseite zu.

OLIVER SMITH, GOLD UND EDELSTEINE steht in goldenen Lettern über der Schaufensterfront.

Sekunden später setzt sie die Reisetasche behutsam auf den Veloursläufer in Oliver Smiths gepflegtem Verkaufsraum.

Die Tageszeit ist gut gewählt. Sie ist die einzige Kundin.

Doch Mister Smith scheint von Kunden in Uniformen der Heilsarmee nicht sonderlich erbaut zu sein.

Seine Miene hat sich schlagartig verfinstert. Mit schmal gewordenen Lippen und einem Heben und Senken der Schultern drückt er aus, was er über den Besuch denkt:

„Oh, die Heilsarmee", beginnt er theatralisch. „Die Heilsarmee in meinem Geschäft? Sie bemühen sich umsonst, liebe Dame. Ich gebe jeden Monat einen festen Betrag für die Armen. Und diesen Monat habe ich schon gegeben." Zur Untermalung des letzten Satzes nimmt er seine goldgefaßte Brille von der Nase und beginnt sie mit Nachdruck zu putzen. Durch diese Geste ist ihm das spöttische Aufblitzen in den Augen der Frau entgangen.

Mister Smith ist bereits auf dem Weg zur Tür, denn als guter Geschäftsmann darf er auch in solcher Situation nicht die Regeln der Höflichkeit außer acht lassen, als er eine tiefe grollende Stimme vernimmt:

„Guten Tag", sagt diese Stimme.

Mister Oliver Smith stoppt mitten im Schritt ab und wendet sich der widerspenstigen Spendensammlerin zu.

„Guten Tag", erwidert er verwirrt und weiß für Sekunden nicht, wohin mit den Händen.

„Sie sprechen in grober Unkenntnis der Sachlage, mein Herr", ertönt die tiefe Stimme der Frau, und Smiths Verwirrung steigt noch mehr. „Ich komme nicht als Bittende, sondern..." sie macht eine Atempause, „als Kundin!"

Oliver Smith steigt die Röte der Verlegenheit ins Gesicht,

während er mit staksigen Schritten wieder hinter seinen Ladentisch geht.

„Ich bitte tausendmal um Entschuldigung, Gnädigste", bringt er hervor. Die Frau tut, als würde sie die Verlegenheit nicht bemerken.

„Mister Smith", fragt sie sachlich, „kennen Sie General Cleveland?"

Oliver Smith, seine Unwissenheit verfluchend, schüttelt stumm den Kopf. Dann erkundigt er sich stockend: „Ist der Herr General auch von der Heilsarmee?"

„Er ist der oberste Chef von London, Mister Smith!" kommt der aufklärende Bescheid. Der Händler nimmt die Aufklärung dankend an. Er ist etwas durcheinandergeraten und sucht seine Verlegenheit zu überbrücken, indem er sich des näheren über den General informieren möchte. Doch die Frau läßt sich keine Zeit für lange Ausführungen.

„General Cleveland feiert im nächsten Monat sein fünfzigjähriges Dienstjubiläum. Verstehen Sie? Fünfzig Jahre im Dienst gegen Hunger, Armut und Elend..."

Mister Smith kann nur ehrfurchtsvoll nicken. Was soll er auch sagen? Woher soll er wissen, daß der Chef von London einen völlig anderen Namen hat? Daß er jünger ist und daß ein Mitglied der Heilsarmee nie mit den Verdiensten eines ihrer Mitglieder hausieren geht?

„Er erhält aus diesem Anlaß eine goldene Ehrentafel. Wir – seine Offiziere – haben nun gesammelt und wollen ihm einen großen Diamanten kaufen, der in die Tafel eingelassen werden soll." Und dann dröhnt es Mister Smith in die Ohren: „Sie, Mister Smith, wurden uns als ein ausgezeichneter, zuverlässiger Goldschmied empfohlen. Übernehmen Sie diese Arbeit?"

„Es wird mir eine Ehre sein, Mylady", beteuert Smith, wird jedoch im gleichen Atemzug streng belehrt:

„Ich bin Hauptmann!" Und dann gespannt: „Haben Sie auch einen entsprechenden Stein zur Verfügung?"

„Selbstverständlich, Myla... Verzeihung, Frau Hauptmann... Darf ich Ihnen einige Stücke zur Auswahl vorlegen?"

„Ich bitte darum!"

„Und wie teuer darf der Stein sein?"

„Vierhundert Pfund!"

„Vierhundert Pfund?" wiederholt Oliver Smith, und in seiner Stimme schwingt eine gehörige Portion Hochachtung vor dem begüterten Offizierskorps der Heilsarmee mit.

„Wenn Sie mich bitte für einen Augenblick entschuldigen wollen; ich habe die Steine hinten..."

Behend eilt Oliver Smith in seine hinteren Räume. Der weibliche Hauptmann verliert keine Zeit. Hastig beugt er sich zu seiner Tasche hinunter und zieht den nur zu einem Viertel geöffneten Reißverschluß ganz zurück.

Die spitze Schnauze eines neugierigen Dackels schiebt sich heraus und schnuppert interessiert den Geruch der neuen Umgebung ein.

Blitzschnell fährt die Frau wieder hoch.

Mister Smith ist zurück. Vorsichtig stellt er ein mit blauem Samt ausgeschlagenes Tablett auf den Ladentisch. „Jeder Stein kostet so um die von Ihnen gewünschten vierhundert Pfund. Einige etwas teurer – andere dafür wieder um einiges billiger."

„Wunderschön", sagt die Frau, und Smith lächelt geschmeichelt.

Ohne Zögern hat die Frau nach dem kostbarsten Stein gegriffen und betrachtet ihn andächtig.

„Sie scheinen etwas von Edelsteinen zu verstehen. Er ist der schönste – und der teuerste", setzt er hinzu.

„Und wie teuer?"

„Knapp fünfhundert Pfund.“ Smith entgeht die Erregung in der Stimme der Frau.

„Schade“, sagt die Frau und will den Stein zurücklegen.

Das ist der Augenblick, den Oliver Smith so schnell nicht vergessen wird.

Er sieht, wie der kostbare Diamant einen kleinen Bogen beschreibt und herunterfällt. Die Frau stößt einen kurzen tiefen Laut aus und geht einen Schritt rückwärts. Während ihre Augen suchend den Boden abtasten, fühlt sich Smith befleißigt zu sagen:

„Keine Sorge, der ist nicht weit gefallen...“

Und dann geschieht das Unerwartete. Die Frau geht plötzlich mit raschen Schritten zur Tür und öffnet sie einen Spalt. Dazu sagt sie: „Oh, der will sicher hinaus...“

Oliver Smith, der den hinaushuschenden Dackel nicht gesehen hat, fragt verblüfft:

„Wer möchte hinaus?“

„Na, Ihr kleiner Dackel.“

„Wieso – ich habe keinen Dackel...“ Smith scheint total durcheinander zu sein.

„So? Na, dann muß er vorhin mit mir hereingekommen sein... Aber kommen Sie, wir wollen den Stein suchen.“

Ein vor sich hin redender weiblicher Hauptmann der Heilsarmee und ein immer unruhiger werdender Goldschmied suchen – suchen – suchen – und suchen...

Eine Viertelstunde später verläßt ein tödlich beleidigter Hauptmann der Heilsarmee den Laden des restlos verstörten Gold- und Edelsteinhändlers Oliver Smith.

Ohne sich umzusehen, geht die Frau auf die Baptistenkirche zu. Smith sieht sie durch das Hauptportal ins Innere verschwinden.

Vier Minuten danach tritt aus dem rückwärtigen Ausgang der gleichen Kirche ein alter weißhaariger Gentleman. Sich schwer auf einen Stock stützend, geht er auf einen französischen Personenwagen mit Londoner Nummer zu.

Fast geräuschlos springt der Motor an, und an Oliver Smiths Schaufensterfront vorbei schlägt er den Weg zur Innenstadt ein.

Zum zehntenmal hat sich Dicki bei einem Straßenpassanten nach der Zeit erkundigt. Und zum zwanzigstenmal hat ihn der Dackel an denselben Hydranten gezogen. Wo nur Perry Clifton bleibt, überlegt Dicki und fragt sich ernsthaft, ob ihn sein Freund wohl versetzt habe.

„Verzeihung, Sir, würden Sie mir bitte sagen, wie spät es ist?"

„15.20 Uhr auf die Minute, mein Sohn!"

„Danke..."

Dicki ist so sehr mit seinen Gedanken beschäftigt, daß ihm das Heranfahren eines Wagens völlig entgeht.

„Hallo, Dicki!" Es ist Perry Clifton.

„Na endlich..."

„Komm, steig ein."

„Und der Dackel?" Doch Dickis Frage erledigt sich von selbst. Der Dackel hat Perry erkannt und ist mit einem einzigen Satz in den Wagen gesprungen. Lachend schiebt sich Dicki hinterher.

„Ich hatte schon geglaubt, Sie kämen nicht mehr, Mister Clifton."

Während Perry anfährt und sich in den laufenden Verkehr einreiht, berichtet er:

„Ich habe im Yard so lange auf Mister Skiffer gewartet. Und dann war es doch umsonst. Man sagte mir, daß er in irgendeiner Sache nach Ilford mußte. Aber ich habe ihm eine Nachricht hinterlassen. Er wird anschließend in die Kaefer Street kommen."

Dickis Augen glänzen.

„Mir klopft direkt das Herz, wenn ich daran denke, daß wir gleich die Dame mit dem schwarzen Dackel festnehmen."

„Nun, festnehmen kann sie nur Scotty", dämpft Perry Dickis Unternehmungsgeist, „aber immerhin wird sie uns bis zu seinem Eintreffen Gesellschaft leisten. Und allein das ist schon die Sache wert..."

Eine gute halbe Stunde dauert die Fahrt.

Als Perry in die Kaefer Street einbiegt, spürt er, daß die Spannung in ihm ihren Höhepunkt erreicht hat. Der Gedanke, in Kürze der vielgesuchten und raffiniertesten Trickdiebin der letzten Jahre gegenüberzustehen, löst eine Lawine der verschiedenartigsten Gefühle in ihm aus.

Perry hat den bewußten Tabakladen sofort entdeckt. Es ist ihm gleich, daß weit und breit keine Parkmöglichkeit zu sehen ist und daß er den Wagen direkt unter einem Parkverbotsschild abstellen muß.

„Gehen wir gleich hinein, Mister Clifton?" erkundigt sich Dicki und reibt sich dabei die vor Erregung feuchten Hände an der Hose ab.

„Warte hier, Dicki. Ich werde mich im Tabakladen erkundigen, ob der sagenhafte Mister Pickles zu Hause ist!"

Die Tapetentür

Perry betritt mit einem freundlichen Gruß den kleinen Laden.

Die Frau, bei der es sich offensichtlich um die Inhaberin handelt, ist klein und rundlich. Perry bemerkt sofort den bitteren Zug um ihre Lippen. Da auch aus ihren Augen ein gewisser Kummer spricht, verzeiht es ihr Perry, daß die Erwiderung auf seinen Gruß nicht sehr freundlich ausfällt.

„Bitte, Sir, welche Sorte wünschen Sie?"

„Ich hoffe, daß Sie es mir nicht verübeln, daß ich weder Zigaretten noch Zigarren möchte... Ich nehme doch an, daß Sie ziemlich genau wissen, was hier im Haus vorgeht?"

„Wenn Sie glauben, Mister, daß ich den Leuten hinterherspioniere, so sind Sie im Irrtum", antwortet die Ladeninhaberin gekränkt und hat mit einem Mal ein verschlossenes Gesicht.

„Sie haben mich mißverstanden, Mistreß", versucht Perry zu beschwichtigen. „Mich interessiert weiter nichts als die Auskunft, ob Mister Pickles zu Hause ist."

Jetzt wird es sich zeigen, ob Miß Wimmerford einem Irrtum zum Opfer gefallen ist. Ebenso könnte es sein, daß Mister Pickles sich gar nicht Pickles nennt. Gebannt hängen seine Augen an den Lippen der Frau.

„Da schauen Sie wohl am besten selber nach. Er ist mitunter tagelang nicht zu sehen. Woher soll ich da wissen, ob er *jetzt* da ist. Erster Stock, Gang nach rechts."

„Ich danke Ihnen..."

Perry atmet befreit auf, als er wieder im Freien steht. Die merkwürdig gedrückte Atmosphäre hatte sich ihm auf die Brust gelegt. Oder war es nur die Angst, es könne sich alles als Irrtum erweisen? Perry denkt im Augenblick nicht weiter darüber nach.

Mit einem Handzeichen gibt er Dicki zu verstehen, daß er kommen soll.

„Ist sie da?“ will Dicki wissen, während er krampfhaft versucht, seine Aufregung zu verbergen.

„Keine Ahnung. Ich muß erst nachsehen...“

Kein Wort sprechen sie, als sie die ausgetretenen Stufen zum ersten Stockwerk hinaufgehen. Perry drängen sich dabei unwillkürlich Vergleiche zu dem Treppenaufgang in der Whitman Street auf. Auch hier ist vieles erneuerungsbedürftig. Dazu kommt noch eine miserable Beleuchtung, denn das winzige Hausfenster ist so verschmutzt, daß sich Licht und Sonne vergeblich um ein Eindringen bemühen.

An der Biegung zum Etagengang weist Perry Dicki an zurückzubleiben, während er sich nach rechts wendet.

Die zweite Tür ist die gesuchte. Auf einem kleinen weißen Pappkärtchen steht es: MR. JOHN PICKLES.

Perry lauscht mit angehaltenem Atem. Doch kein Geräusch läßt darauf schließen, daß sich jemand in der Wohnung befindet. Als er klopft, dröhnt es durch das halbe Haus. Die darauffolgende Stille ist fast greifbar.

Perry wiederholt sein Klopfen.

Nichts – doch da – die Haustür wurde geöffnet... Schritte auf der Treppe. Noch bevor Perry seinem Freund Dicki ein Zeichen geben kann, ist dieser an seiner Seite, wobei er unnötigerweise flüstert:

„Es kommt jemand!“

Perry greift Dicki am Arm und zieht ihn in eine Nische schräg gegenüber der Tür.

Jetzt haben die Schritte den obersten Absatz erreicht. Eine Gestalt biegt, nach einem vorsichtigen Blick in den fast dunklen Gang, um die Ecke und nähert sich der bewußten Tür mit dem weißen Kärtchen.

Perry tritt aus der Nische hervor.

„Hallo, Scotty!"

Inspektor Scotty Skiffer reagiert blitzschnell. Einen Sprung zur Seite machen und sich dabei umwenden, das ist eins. Dann entspannt er sich.

„Teufel noch mal, Perry... Du hast mich nicht schlecht erschreckt!" kommt es gedämpft von seinen Lippen. „Was ist eigentlich los? Ich habe deinen Zettel gefunden."

„Hast du den Haussuchungsbefehl mitgebracht?" fragt Perry zurück.

Scotty nickt.

„Es war gar nicht so leicht, in dieser kurzen Zeit ein solches Papier zu beschaffen. Du weißt, Richter Gartny ist in solchen Dingen komisch. Was hat denn dieser Mister Pickles mit der Dackeldame zu tun?"

„Alles wahrscheinlich. Sie sind ein und dieselbe Person..."

Inspektor Skiffer blickt ungläubig auf seinen Freund.

„Du irrst dich nicht?"

„Ich glaube nein..."

„Weißt du, wo ich jetzt herkomme?" Ohne auf Perrys Antwort zu warten, sagt er es: „Aus Ilford. Deine Dackeldame war wieder am Werk. Diesmal hat sie sich einen Diamanten im Wert von annähernd fünfhundert Pfund geangelt. Zur Abwechslung in der Uniform eines Heilsarmeehauptmanns..."

„Deshalb ist sie auch nicht da..." ist alles, was Perry dazu sagt. Er weist auf die Tür: „Wie kommen wir hinein?"

Inspektor Skiffer hat wie unbeabsichtigt seine Hand auf die Klinke der Tür gelegt. Bei Perrys Frage drückt seine Hand automatisch auf die Klinke, und überrascht fährt er zurück. Mit einem leisen Klicken springt die Tür auf...

„Dann wollen wir uns mal ein bißchen umsehen", erfaßt er

die Situation. Das ist der Augenblick, wo Dicki an ihm ins Zimmer vorbeihuschen will. Mister Skiffer faßt ihn an der Schulter.

„Halt, mein Sohn. Du mußt draußen bleiben..."

„Scotty, ich hab's ihm versprochen", vermittelt Perry und zwinkert dabei seinem Freund zu.

„Na, meinetwegen", gibt dieser nach und setzt hinzu: „Aber nichts anfassen!"

„Ich fasse bestimmt nichts an, Herr Inspektor", beteuert Dicki...

Bis zum letzten Nerv gespannt, machen sich Perry Clifton und Scotty Skiffer an die Untersuchung der zwei zusammenhängenden Räume. Alles ist peinlich genau aufgeräumt und sauber, und über allem liegt ein ganz feiner, kaum wahrnehmbarer Parfümgeruch.

Sie lassen keinen Winkel außer acht, doch sie finden nicht den kleinsten Beweis dafür, daß in diesen Räumen eine raffinierte Diebin und Verwandlungskünstlerin wohnt.

Während Scott Skiffer den Wohnraum systematisch von oben nach unten dreht, tut Perry Clifton das gleiche mit dem Schlafraum.

Kein Kleid, keine Haarnadel, nichts, was auf einen weiblichen Bewohner schließen läßt.

Da stößt Perry einen Ruf der Überraschung aus. Als er einen anscheinend leeren Karton unter dem Bett hervorziehen will, merkt er, daß es sich nur um einen Kartondeckel handelt... Er hebt ihn auf, und zwei Dinge kommen zum Vorschein: ein Saufnapf und eine Freßschüssel. In beiden befinden sich noch Reste.

„Nicht schlecht", nickt Inspektor Skiffer, „aber leider noch kein schlagender Beweis."

Eine gute halbe Stunde suchen sie weiter. Der Erfolg ist

niederschmetternd. Doch dann, als Scotty die Untersuchung gerade abbrechen will, kommt Dickis großer Augenblick.

Hatte er sich die erste Zeit zurückgehalten und nur den Nachforschungen der beiden Männer zugesehen, so war er dann doch auch ein wenig herumgelaufen. Hatte dahin gesehen und dorthin; dabei immer eingedenk Mister Skiffers Anordnung, nichts anzufassen.

Plötzlich hatten seine Augen etwas entdeckt. Hinter einem Vorhang, der von Inspektor Skiffer zurückgezogen worden war, hingen zwei Anzüge. Zwischen diesen Anzügen aber konnte man die Tapete der Wand sehen... Und was den scharfen Augen des Polizeibeamten entgangen war – das findet Dicki...

„Mister Skiffer, sehen Sie mal..."

„Was ist denn?" Inspektor Scotty Skiffer ist herangetreten. Aufmerksam folgt sein Blick Dickis ausgestrecktem Zeigefinger. Zuerst ungläubig, dann maßlos überrascht, sieht er ebenfalls den verräterischen dunklen Strich, der sich von oben nach unten durch die Tapete zieht.

Anerkennend klopft er Dicki auf die Schulter.

„Bist ein Prachtkerl, Dicki... He, Perry, komm her!"

Er schiebt die beiden Anzüge ganz nach links und rechts.

„Eine Tapetentür", bemerkt Perry Clifton fassungslos.

„Nur die Frage, wie sie zu öffnen ist", erwidert Scotty, während seine Hände tastend an der kaum wahrnehmbaren Ritze entlangfahren. „Irgendwo muß ein Mechanismus sein..."

Fünf Minuten vergehen, bis Inspektor Skiffer den kleinen Knopf unmittelbar über der Scheuerleiste entdeckt. Mit einem leisen Geräusch springt die Verriegelung der Tapetentür aus der Verankerung... Ein Kämmerchen von etwa ein mal zwei Meter bietet sich ihren Blicken.

Es bedarf einiger Atemzüge, bevor Perry Clifton und Scotty Skiffer ihre Verblüffung überwunden haben.

Das vor ihnen liegende Verlies stellt eine Mischung von Kleiderfundus, Schminkkabine und Requisitenkammer dar.

„Die Krankenschwesterntracht", stöhnt Perry überwältigt.

„Und die Kleider der trauernden Witwe..." ergänzt Scotty.

Es ist wahrhaftig eine Fundgrube.

Krückstöcke, eine Anzahl verschiedenhaariger Perücken, Taschen, Schirme, die komplette Ausrüstung eines Omnibusschaffners, Kopftücher, Hüte für Damen und Herren und ein Koffer. Beim Öffnen finden sie die Uniform eines Marinesoldaten.

„Bessere Beweismittel gibt es auf der ganzen Welt nicht", stellt Scott Skiffer sachlich fest. Er vergißt dabei, daß er schon einen entscheidenden Fehler begangen hat.

Währenddessen betrachtet Perry Clifton angelegentlich eine Flasche. Und er scheint scharf nachzudenken, denn auf seiner Stirn hat sich eine steile Falte gebildet.

„Was ist das?" will Skiffer wissen.

„Eine Riesenflasche mit schwarzem Haarfärbemittel – komisch, nicht...?"

„Wieso braucht sie denn ein Haarfärbemittel, wenn sie so viele Perücken hat?" wirft Dicki sachkundig ein.

„Eben..." Plötzlich kommt es wie eine Erleuchtung über Perry. Er schlägt sich mit der Hand vor die Stirn.

„Scotty, mir kommt da eine ungeheure Idee – weißt du, wofür sie das Haarfärbemittel braucht?"

„Na?"

„Für Madame Porellis Dackel... Sie hat dem Dackel einfach das Fell schwarz gefärbt..."

Einige Minuten zuvor.

Während die drei fassungslos vor dem kleinen Gemach stehen, betritt ein alter weißhaariger Gentleman mit einem schwarzen Dackel an der Leine den Hauseingang. In der Hand trägt er eine große Reisetasche.

Stufe um Stufe steigt er dem ersten Stock zu. Augenblicke später legt er die Hand auf die Klinke einer Tür mit einer weißen Visitenkarte... Da geschieht es...

Der Dackel läßt ein leises warnendes Knurren hören.

„Was ist denn, Jocky?" fragt der alte Herr und beugt sich zu dem Tier hinunter, doch mitten in der Bewegung erstarrt er... Einige Atemzüge lang steht er unbeweglich, doch dann kommt Leben in ihn...

„Komm, Jocky", flüstert er, „es wird höchste Zeit, daß wir von hier verschwinden."

Auf Zehenspitzen eilt er denselben Weg zurück.

„Ah, Mister Pickles – ein Päckchen Goldflake, wie immer?"

„Ja, bitte", antwortet der Weißhaarige. „Sagen Sie, Mistreß Ward, hat jemand nach mir gefragt?"

Die Frau nickt eifrig.

„Stimmt, ja... Das hätte ich bald vergessen. Vorhin fragte ein Herr nach Ihnen. Und wenig später kam noch ein Mann vom Scotland Yard und wollte ebenfalls wissen, wo Sie wohnen... Und ich dachte schon, er käme wegen Sascha..."

Der Weißhaarige zahlt.

„Dann will ich mal schnell nach oben gehen. Ich habe die Herren nämlich schon erwartet."

Mistreß Ward macht einen Versuch zu scherzen, indem sie bestürzt mit dem Finger winkt:

„Sie werden doch hoffentlich nichts ausgefressen haben?"

Mister Pickles beugt sich geheimnisvoll zu ihr hinüber und flüstert:

„Doch, Mistreß Ward, ich habe eine ganze Menge Diamanten gestohlen... Aber nicht weitersagen." Das letzte sagte er mit einem Augenzwinkern.

Mistreß Ward lacht, während Mister Pickles nach einem letzten Winken durch die Tür verschwindet.

„Ein reizender Mensch", meint die Händlerin im stillen und verfällt dann wieder in dumpfes Brüten.

Der weißhaarige Gentleman, dieser reizende Mensch mit dem schwarzen Dackel und der großen Reisetasche, hat es plötzlich sehr eilig. Und nach wenigen Minuten hat ihn der Verkehr verschluckt.

Gewissenhaft versiegelt Inspektor Scott Skiffer die Wohnung des falschen Mister Pickles.

„Die Dame scheint eine Menge Schlupfwinkel zu haben", murmelt er dabei. „Ich glaube nicht, daß sie heute noch hierher zurückkommt."

„Du willst doch die Wohnung nicht unbeaufsichtigt lassen?" fragt Perry Clifton.

„Ich werde zwei gute Beamte hier postieren. Einen im Haus und einen in der Umgebung. Außerdem lasse ich sofort eine Großfahndung anlaufen. Entweder wir erwischen sie dabei – oder sie geht hier in die Falle..."

„Deinen Optimismus möchte ich haben, Scotty", meint Perry skeptisch.

„Alles ist eine Frage der Zeit... Hast du eine Ahnung, ob es hier in der Nähe ein Telefon gibt?"

„Unten im Tabakladen ist bestimmt eines, Mister Skiffer", meint Dicki eifrig und reckt dabei ein wenig seine Brust heraus. Schließlich sind ihm die „Beweismittel" zu verdanken.

„Okay, Mister Miller", grinst Skiffer, „gehen wir in den Tabakladen."

Mistreß Ward, die Inhaberin des kleinen Tabakladens, sieht den drei Eintretenden erstaunt entgegen.

„Haben Sie ein Telefon, Mistreß?“ fragt Skiffer ohne lange Umschweife. „Ich müßte mal ein Gespräch führen.“

„Ja, habe ich...“ Sie weist in eine Ecke. „Dort hinten steht der Apparat.“

Der Inspektor hat schon den Hörer in der Hand, als Mistreß Ward ahnungslos die Frage stellt:

„Haben Sie Mister Pickles getroffen, Inspektor?“

Langsam legt Scott Skiffer den Hörer auf die Gabel zurück. Man sieht es ihm an, daß er Schreckliches ahnt.

„Wieso soll ich ihn getroffen haben? Die Wohnung war leer.“

Die Tabakwarenhändlerin schüttelt zweifelnd den Kopf. „Das verstehe ich nicht. Er hat doch gesagt, daß er sofort nach oben gehen wolle.“

Perry Clifton und Dicki Miller sehen sich erschrocken an, während Inspektor Skiffer mächtig bemüht ist, seinen Ärger zu verbergen. „So, er war also hier...“

„Vor fünf Minuten etwa... Ich sagte ihm, daß er von zwei Herren erwartet würde... Daraufhin hat er sich sehr beeilt.“

„Das kann ich mir denken...“ stellt der Inspektor bissig fest. „An seiner Stelle wäre ich auch einer Rakete gleich davon.“ Und zu Perry Clifton gewandt: „Die ganze Großfahndung hätten wir uns sparen können... Wie ein Anfänger habe ich mich benommen...“

Mistreß Ward hat aufmerksam zugehört, jedoch kein Wort verstanden. Dann fallen ihr Mister Pickles' letzte Worte ein...

„Sagen Sie, Inspektor – ich weiß zwar nicht, was hier gespielt wird –, hat sich Mister Pickles denn etwas zuschulden kommen lassen?“

Scott Skiffer lacht kurz und trocken auf.

„Mister Pickles ist kein Mister Pickles, sondern die gefährlichste Trickdiebin, die in den letzten Jahren London unsicher gemacht hat."

Mistreß Ward macht große runde Augen. „Trickdiebin", stammelt sie fassungslos. „Und ich habe ihr meine beste Wohnung vermietet... Vielleicht hat sie gar etwas mit dem Verschwinden meines Sascha zu tun..."

Sie schluchzt trocken auf.

„Wer ist Sascha?" will Skiffer wissen, und auch Perry Clifton und Dicki sind hellhörig geworden.

„Mein Dackel... Seit drei Tagen ist er spurlos verschwunden – überall habe ich gefragt – auch auf der Polizeistation... Und Sascha würde nie von allein fortlaufen..."

Dicki ist plötzlich wie der Blitz durch die Ladentür verschwunden. Das Scheppern der Türglocke ist noch nicht ver-verstummt, als Scotty fragt:

„Ein brauner Dackel?" Und Perry ergänzt: „Der am liebsten warme Milch trinkt?"

Mistreß Ward nickt heftig. „Ja, braun und kurzhaarig..." Sie will noch etwas sagen, als die Türglocke wieder stürmisch zu schellen beginnt...

Alles andere geht in einem lauten Bellen unter. Perrys vierbeiniger Gast gebärdet sich wie toll und springt abwechselnd an Mistreß Ward und Perry hoch, während der Tabakwarenhändlerin dicke runde Tränen über die Wange rollen... „Sascha – mein Sascha", schluchzt sie ein ums andere Mal.

„Das ist also Ihr Hund?" erkundigt sich Inspektor Skiffer.

Mistreß Ward nickt heftig. Und nachdem sie sich kräftig geschneuzt hat, fragt sie:

„Wo haben Sie ihn denn gefunden?"

„Unsere geheimnisvolle Dame, Ihr Mister Pickles, hat ihn als Lockmittel benutzt."

Dicki findet, daß es an der Zeit sei, auch seine und Perrys Verdienste ins rechte Licht zu rücken:

„Mein Freund Perry hat ihm immer warme Milch gegeben und einen guten Platz zum Schlafen..." Als er den dankbaren Blick sieht, mit dem die Frau Perry ansieht, ergänzt er selbstgefällig: „Und ich habe ihn immer auf die Straße geführt!"

Verstohlen schielt Dicki nach seinem Freund Perry. Man kann ja nie wissen. Vielleicht bringt es dieser fertig und verbessert ... „immer auf die Straße geführt" in ... „auch einmal auf die Straße geführt". Doch Perry lächelt nur still vor sich hin.

Mistreß Ward schiebt Dicki eine Pfundnote hin. „Hier, sicher hast du eine Sparbüchse."

Dicki hat schon die Hand ausgestreckt und die Erklärung über die Nutzlosigkeit einer Sparbüchse auf der Zunge, als er sie verlegen wieder zurückzieht.

„Ich habe es gern getan... Dafür nehme ich kein Geld..." murmelt er in harter Selbstüberwindung und schilt sich im geheimen einen Narren...

Perry kommt ihm zu Hilfe.

„Du hast sie wirklich verdient, Dicki..."

„Danke", sagt Dicki glücklich und läßt den Geldschein mit der Geschwindigkeit eines Taschenspielers in seiner Hosentasche verschwinden, wo er sich in angenehmer Gesellschaft mit Steinen, Bindfaden, einem Korkenzieher und einem Brillengestell befindet.

Die Zwillingsschwester

Zwei Tage sind seit den Ereignissen in der Kaefer Street vergangen.

Die von Inspektor Skiffer ausgelöste Großfahndung läuft auf vollen Touren.

Jeder Polizist in Groß-London ist im Besitz einer ungefähren Personenbeschreibung der Dackeldame. Eine Beschreibung, die man aus den bisher vorliegenden Tatsachen und Zeugenaussagen gewonnen hat.

Und noch einmal hat man allen Warenhäusern und Schmuckwarenhändlern eine dringende Warnung zukommen lassen. Doch was insgeheim erwartet wird – trifft ein. Die Dame mit dem schwarzen Dackel scheint der Erdboden verschluckt zu haben. Auch kein neuer Diebstahl oder Diebstahlversuch wird gemeldet.

Perry Clifton scheint am Ende seiner Kunst zu sein.

Zum hundertstenmal schon ist er alle Fakten durchgegangen. Und jedesmal, wenn er zu dem Punkt der Haussuchung in der Kaefer Street gelangt, befällt ihn neuer Ärger.

Eins steht für ihn fest: der vierbeinige Diebsgehilfe ist kein anderer als der Zirkusdackel Jocky.

Und dabei ist er wieder bei Madame Porelli. Er kann es drehen und wenden, wie er will: der Schlüssel zur Lösung des Rätsels muß aus ihrer Umgebung kommen.

So beschließt Perry Clifton, ihr noch einmal einen Besuch zu machen.

Es geht auf Mittag zu, als er in die Wingert Street einbiegt. Madame Porelli scheint gerade nach Hause gekommen zu sein, denn Mantel und Hut liegen noch auf einem Stuhl. Ihre tiefe

Stimme ist voller Ironie und Spott, als sie Perry begrüßt: „Ach, du liebe Güte, Perry Clifton, der Superdetektiv..."

Perry läßt sich nicht beeindrucken. Ohne Aufforderung setzt er sich auf einen Stuhl.

„Immerhin weiß ich etwas über Ihren Dackel Jocky!"

Die Artistin mustert ihn mißtrauisch, als wolle sie prüfen, ob Perrys Worte nur pure Aufschneiderei sind.

„So?"

„Ich weiß nicht nur, daß er das Werkzeug einer unwahrscheinlich raffinierten Diebin ist, ich weiß sogar, daß er sein Fell gewechselt hat."

„Sie sprechen in Rätseln, Mister Clifton", erwidert Madame Porelli, die nicht weiß, worauf Perry hinauswill.

Perry klärt sie auf:

„Daran ist nichts Rätselhaftes. Seine augenblickliche Besitzerin hat ihm nur das Fell gefärbt. Jocky ist zur Zeit schwarz."

Madame Porellis Stimme ist heiser vor Erregung, und ihre Augen sprühen, als sie fragt:

„Soll das ein Scherz sein?"

Perry schüttelt den Kopf. „Mir ist nicht zum Scherzen zumute. Vorgestern hätten wir die Dame um ein Haar erwischt. Zur Abwechslung in der Maske eines alten weißhaarigen Gentlemans."

Madame Porelli beginnt in ihrem Wohnwagen auf und ab zu gehen. Ihre Fäuste sind geballt und ihr Mund verkniffen. „Das ist Tierquälerei..." bringt sie nach einer Weile hervor, und man spürt, daß sie am Rande ihrer Beherrschung zu sein scheint. Plötzlich faßt sie Perry Clifton am Arm und versucht ihn zu schütteln. Dabei zischt sie ihm ins Gesicht: „Warum fangen Sie die Frau nicht endlich – warum – warum...?"

Ebensoschnell läßt sie wieder los. Gesenkten Hauptes flüstert sie: „Verzeihen Sie, Mister Clifton, wenn ich mich gehen ließ... Aber wenn ich mir vorstelle, was diese Person mit meinem armen Hund anstellt, könnte ich vor Wut und Verzweiflung aus der Haut fahren..."

Schwer läßt sie sich auf einen Stuhl fallen.

Perry Clifton versucht ihr etwas Tröstliches zu sagen.

„Es ist nur eine Frage der Zeit, bis sie sich in den Maschen des aufgespannten Netzes verfängt..."

Sie schüttelt nur stumm den Kopf.

Perry beginnt auf den Grund seines Besuchs zu kommen:

„Hören Sie, Madam, ich habe die Dinge von allen Seiten beleuchtet: Es gibt keine andere Möglichkeit als die, daß die Diebin in Ihrem Bekanntenkreis oder in Ihrem früheren Kollegenkreis beim Zirkus zu finden ist... Haben Sie mal darüber nachgedacht?"

Sie nickt und erwidert mit abwesender Stimme:

„Ich wüßte niemanden, der einer solchen Gemeinheit fähig wäre... Ich lebe hier sehr zurückgezogen. Wenn mich jemand besucht, dann ist es höchstens der Briefträger ... Seit der Sache mit Jocky bin ich regelrecht menschenscheu geworden – und was Sie mir da von meinem gefärbten Jocky erzählen, das will und will mir nicht in den Kopf... Hallo, Mister Clifton – was haben Sie denn?"

Perry Clifton hat die letzten Worte Madame Porellis wohl nicht wahrgenommen. Gebannt hängen seine Augen an einem Gegenstand in der Ecke des Wohnwagens. Langsam erhebt er sich von seinem Stuhl und geht wie hypnotisiert auf ein kleines barockes Schränkchen zu, auf dem eine Fotografie steht...

Wie in Trance streckt er die Hand aus. Mit starren Blicken mustert Perry Clifton die Fotografie in dem lederüberzogenen Rahmen.

Sekunden später flüstert er schwer atmend:

„Eine Frau in Männerkleidung... Madame Porelli, das sind Sie..."

Madame Porelli läßt ein gequältes Lachen hören.

„Sie urteilen schon wieder einmal sehr vorschnell, lieber Mister Clifton – und Sie denken zu schnell. Das bin ich nicht!"

Entgeistert gleiten Perrys Blicke zwischen der Frau auf dem Stuhl und der Fotografie hin und her.

„Sie sind es nicht? Ja, wer soll es sonst sein? Sagen Sie mir, wer sieht außer Ihnen aus wie Sie?"

„Nur *ein* Mensch. Meine Zwillingsschwester Claire... *Ihr* Bild halten Sie zwischen den Fingern."

Perry hat Mühe, sich von der gerahmten Fotografie loszureißen. „Sie haben mir nie von Ihrer Zwillingsschwester erzählt."

Madame Porellis Stimme ist mit einem Mal hart.

„Ich habe keinen Grund, Sie über meine Familienangelegenheiten aufzuklären, und noch weniger, von Claire zu sprechen..."

„Sie mögen sie nicht?"

„Sie interessiert mich nicht mehr. Wenn ihr Bild noch auf dem Schrank steht, dann nur deshalb, weil es immer dort gestanden hat und weil es mich auch ein wenig an meine Mutter erinnert."

„Treffen Sie Ihre Schwester nicht mehr?" Perry Clifton ist von einer seltsamen Unruhe ergriffen worden. Liegt hier der Schlüssel, nach dem er so sucht?

„Unsere Wege haben sich schon vor vielen Jahren getrennt. Wie ich hoffte, für immer."

Perry merkt einen Kälteschauer. Ihre Stimme hat jegliche Wärme verloren. Nur noch Haß ist zu hören.

„Sie hatten Streit?" wirft Perry leise fragend ein.

„Wie man's nimmt. Claire trat in einem Varieté als Verkleidungskünstlerin auf. Leider hatte sie nie den Erfolg wie ich mit meinen Hunden... Sie müssen wissen, daß ich früher ganze Rudel von Hunden dressiert und vorgeführt habe... Ja, und da wurde sie immer neidischer. Sie gönnte mir meine Erfolge nicht... Eines Tages kam es dann zu einem bitterbösen Auftritt, in dessen Verlauf wir beschlossen, uns zu trennen... Sie schwor mir Rache – aber das waren wohl nur große Worte..."

Madame Porelli stützt ihren Kopf auf die Arme. Perry Clifton hat ihr aufmerksam zugehört.

„Wissen Sie, wo sich Ihre Schwester zur Zeit aufhält?"

„Keine Ahnung", erwidert die Frau leise. „Das letztemal hörte ich vor vier Jahren von ihr. Angeblich sollte sie damals in einem Tingeltangel irgendwo in Australien auftreten..." Nach einer kleinen Atempause fährt Madame Porelli bitter fort:

„Es genügte ihr auch nicht mehr, unseren guten Namen Porelli zu behalten. Sie nannte sich Judith Corano."

Perry Clifton spricht den Namen gedehnt vor sich hin... „Ju-dith Co-ra-no..." Er würde ihn nie wieder vergessen. „Hatte sie die gleiche tiefe Stimme wie Sie?"

Madame Porelli nickt. „Ja... Wenn Sie glauben, daß Claire in London ist, ich..." Sie spricht nicht weiter. Innerlich aufgewühlt, verbirgt sie den Kopf wieder in ihren Armen.

„Einen ihrer Schlupfwinkel haben wir in der Kaefer Street entdeckt... Wie gesagt, wir kamen leider zu spät... Denken Sie nach, Madame Porelli, können Sie uns nicht ein paar Anhaltspunkte geben? Irgendwelche Eigenheiten...?"

Madame Porelli denkt lange nach. Als sie den Kopf hebt, drückt ihre Miene Zweifel aus.

„Sollte es wirklich so weit mit ihr gekommen sein...?" fragt sie gequält.

Perry zuckt mit den Schultern.

„Ich erinnere mich, daß sie eine große Vorliebe für französische Personenwagen hatte. Aber das wird Ihnen ja nicht viel nützen."

Perry verabschiedet sich, nachdem er der alten Artistin noch ein paar aufmunternde Worte gesagt hat.

An der Tür wendet er sich noch einmal um.

„Ich glaube, daß wir in spätestens vierundzwanzig Stunden Ihre Schwester gefunden haben – wenn sie sich hier aufhält..."

„Viel Glück, Mister Clifton", antwortet Madame Porelli müde.

Man nehme eine Weltstadt mit acht Millionen vierhunderttausend Einwohnern und versuche, eine Frau zu finden, deren richtiger Name Claire Porelli, ihr Künstlername Judith Corano ist. Dabei kann man in diesem Fall sicher sein, daß sie sich unter keinem dieser Namen bewegt. Hinzu kommt ihr Geschick, ihr Aussehen zu wechseln wie ein Chamäleon.

Eine unlösbare Aufgabe?

Perry Clifton weiß selbst nicht, woher er die Gewißheit nimmt, daß Madame Porellis Zwillingsschwester Claire die gesuchte Dame mit dem schwarzen Dackel ist.

Perry ist froher Dinge. Er pfeift sogar ein Lied, als er seine Wohnung betritt.

Es ist genau 13 Uhr.

Der Detektiv entfaltet eine fieberhafte Tätigkeit. Mit einem energischen Handgriff fegt er die Tischplatte leer, und bald häufen sich Straßenkarten, Stadtpläne, Notizzettel und – ein Telefonbuch darauf.

Perry bereitet eine Art Marschplan vor.

Als Perry Clifton seine merkwürdige Arbeit abschließt, zeigt sein Reisewecker auf der Kommode 14.30 Uhr.

Er packt ein paar Zettel in eine Mappe und verläßt seine Wohnung.

Um 14.38 Uhr wendet er auf der Straße seinen Mietwagen und fährt rasch in Richtung City davon.

Dreißig Sekunden später löst sich aus dem Schatten einer riesigen Reklametafel für Prince-Albert-Tabak ein französischer Reisewagen und hält auf das Haus Starplace Nr. 14 zu.

Mit sanftem Ruck kommt der schwere Wagen zum Stehen.

Die Tür öffnet sich, und ein Polizist steigt aus. Er trägt ein kleines Paket unter dem Arm und geht mit schnellen Schritten auf den Eingang zu.

Um 14.44 Uhr klingelt er an der Wohnungstür mit dem Namen Miller im obersten Stockwerk.

„Ja, bitte?“ Mistreß Miller fährt beim Anblick des Polizisten der heiße Schreck in die Glieder.

„Guten Tag, Mistreß. Ich bin Sergeant beim sechzehnten Polizeirevier...“

„Du liebe Güte“, unterbricht Mistreß Miller ihn, „hat mein Dicki etwas ausgefressen?“

Der Polizist winkt ab.

„Kein Anlaß zur Sorge. Ich möchte Sie nur bitten, dieses Paket Mister Clifton auszuhändigen. Er scheint leider nicht zu Hause zu sein.“

Erleichtert atmet Dickis Mutter auf.

„Soll ich ihm auch etwas ausrichten, Sergeant?“

„Nicht nötig. Er weiß schon Bescheid.“

Mister Jeremias Ratherkent raucht nur Zigarren

Fast fünfzig Meilen nördlich von London liegt die Stadt Luton.

Wie in jeder Stadt gibt es in Luton ein Rathaus und wie in jedem Rathaus auch ein Standesamt.

Der Standesbeamte von Luton heißt Jeremias Ratherkent, er ist vierundsechzig Jahre und freut sich auf seine baldige Pensionierung. Zweiundvierzig Jahre war er dann Beamter, davon allein neunzehn Standesbeamter.

Zehn Minuten vor 16 Uhr erhebt sich Mister Ratherkent ächzend aus seinem Sessel, um das Fenster zu öffnen. Er hat es in den Beinen, und deshalb geht alles ein wenig langsamer.

In zehn Minuten ist Büroschluß, und wie die meisten Beamten hält Jeremias Ratherkent viel von einem pünktlichen Feierabend. Auf der anderen Seite jedoch ist Mister Ratherkent nur einmal in seinen zweiundvierzig Dienstjahren zu spät gekommen. Das war an dem Tag, als sich ein Schäferhund aus unerfindlichen Gründen in seinem hinteren Hosenteil verbissen hatte und zu guter Letzt mit einem nicht unbeträchtlichen Beutestück das Weite suchte.

Seit diesem Tag macht Jeremias Ratherkent um jeden Schäferhund einen weiten Bogen.

Es ist inzwischen fünf Minuten vor 16 Uhr geworden. Der Standesbeamte sammelt seine Stifte und Akten zusammen.

Da klingelt das Telefon.

Ratherkent blickt mißtrauisch auf den Apparat. Doch dann siegt sein Pflichtbewußtsein. Schließlich ist es noch nicht 16 Uhr.

„Ratherkent“, meldet er sich höflich.

„Rauchen Sie Zigarren, Zigaretten oder Pfeife?“ fragt eine Stimme am anderen Ende todernst.

Jeremias glaubt zuerst, einem Irrtum zum Opfer gefallen zu sein. Er schüttelt den Hörer in seiner Hand, als wolle er feststellen, ob vielleicht etwas lose darin sei.

„Hallo?“ ruft er unsicher in die Muschel.

„Ich bitte nur um Beantwortung meiner Frage, Mister Ratherkent.“

Jeremias Ratherkent richtet sich steif auf. Ebenso steif antwortet er:

„Mein Herr, ich weiß zwar nicht, mit wem ich die Ehre habe, solcherlei geistreiche Konversation zu führen. Aber ich darf Ihren Wissensdurst dahin befriedigen, daß ich mich in einem Alter befinde, in dem ein seriöser Gentleman nur noch Zigarren raucht.“

Zufrieden mit sich und seiner gedrechselten Auskunft legt Ratherkent den Hörer auf die Gabel zurück.

„Immer Haltung, Jeremias. Auch ein Verrückter hat das Recht, auf eine Frage eine Antwort zu bekommen“, spricht er zu sich und setzt seine unterbrochenen Aufräumungsarbeiten fort.

Zwei Minuten nach 16 Uhr, er ist bereits in Hut und Mantel, klopft es an seine Tür.

„Herein!“ ruft Ratherkent, fest entschlossen, seinen Feierabend zu verteidigen.

Mit gerunzelter Stirn betrachtet er den jungen Mann, der mit strahlendem Lächeln vor ihm steht.

„Lieber Mister Ratherkent, ich weiß, daß Sie bereits seit einigen Minuten sozusagen außer Dienst sind. Wenn ich Sie trotzdem belästige, so liegt das an der außerordentlichen Wichtigkeit meiner Mission. Damit Sie sehen, daß ich einen Ihrerseitigen Teilverzicht auf den wohlverdienten Feierabend zu schätzen weiß, erlaube ich mir, Ihnen hiermit fünfzig Zigarren der allerbesten Sorte zu überreichen."

Mit einer Verbeugung legt der junge Mann dem fassungslosen Standesbeamten eine Kiste mit Zigarren in die Hände.

Jeremias Ratherkent hat nicht nur die charmante Art, mit der er überrumpelt werden soll, zur Kenntnis genommen. Ebenso hat er mit der Sachkenntnis eines alten Zigarrenrauchers festgestellt, daß es sich wirklich um eine ausgezeichnete Sorte handelt. Eine Sorte, die ihm sein Beamtengehalt nur an hohen Festtagen ermöglicht.

„Was haben Sie denn für einen Wunsch?" fragt er viel freundlicher, als er eigentlich beabsichtigt hatte.

„Ich suche eine bestimmte Familie in Luton. Leider wird es dazu notwendig sein, daß man die Register mehrerer Jahrgänge durchblättert, da ich weder das genaue Jahr noch den Monat oder den Tag weiß."

Nach kurzem Zögern beginnt sich Jeremias Ratherkent wieder auszukleiden. Pedantisch hängt er seinen Mantel auf den Bügel, legt den Hut ins Fach und weist seinem Besucher stumm einen Stuhl zu. Nach zehn Minuten ist nur noch das Atmen der beiden Männer und das Rascheln von umgewendeten Papierseiten zu hören.

Falle oder Ablenkung

Dicki Miller ist unruhig, als hätte er einen ganzen Ameisen-Völkerstamm in der Hose.

Wo nur Perry bleiben mag? Jetzt wartet er seit Stunden. Dabei schielt er immer wieder zu dem Paket, das der Polizist gebracht hat.

Da – waren da nicht Schritte im Treppenhaus? Dicki ist mit wenigen Sprüngen an der Tür und legt lauschend ein Ohr an die Füllung.

„Ist es Mister Clifton, Dicki?" fragt Mistreß Miller aus der Küche, wo sie beim Abwasch klappert.

„Ich weiß es noch nicht..."

Es muß Perry Clifton sein. Vorsichtig öffnet Dicki die Tür einen Spaltbreit. Das Hauslicht brennt – und da taucht auch schon Perrys Kopf auf.

„Sie kommen aber spät, Mister Clifton", empfängt Dicki seinen großen Freund vorwurfsvoll. „Es ist schon neun durch."

„So", lächelt Perry und droht mit dem Finger. „Solltest du da nicht schon lange im Bett liegen?"

„Ich habe auf Sie gewartet, weil ich Ihnen was übergeben muß", erklärt Dicki, von der Wichtigkeit seiner Mission überzeugt.

Während Perry Clifton seine Wohnung aufschließt, ist Dicki wie der Blitz verschwunden. Mit dem Paket unter dem Arm kommt er zurück.

„Ein Polizist hat es heute nachmittag gebracht", sagt er und schiebt sich behend an Perry vorbei in dessen Wohnung.

„Komisch", wundert sich der Detektiv. „Vielleicht ist es von Scotty..." Clifton zieht seinen Mantel aus und wirft zwei Shilling-Münzen in den Gasheizautomaten.

„Soll ich aufmachen?" bietet sich Dicki an und tastet bereits nach seinem nagelneuen Taschenmesser.

„Meinetwegen... Nanu, ein neues Messer?"

Dicki nickt stolz. „Ich habe es heute gekauft... Von dem Pfund, das mir Mistreß Ward geschenkt hat."

Anerkennend mustert Perry das Messer. „Scheint ja alles dran zu sein."

„Ja, Korkenzieher, Nagelfeile, Schere und noch ein Haufen

mehr... Ronnie Hasting wird staunen... Der gibt nämlich immer so mit seinem Spinatstecher an."

„Womit gibt er an?"

„Na, mit seinem Messer. Dabei hat er nur einen verrosteten Büchsenöffner dran..."

Während seiner langatmigen Erklärung hat Dicki den Bindfaden, der das Paket zusammenhielt, in eine Unmenge kleiner Stücke zersäbelt. Vorsichtig hebt er den Deckel hoch – und starrt entgeistert auf den Inhalt.

„Hallo, Mister Clifton..."

„Was ist, Dicki...?"

Perry will gerade den Teekessel auf die Gasflamme stellen.

„Was ist denn drin?"

Als Dicki schweigt, wendet er sich um und macht ein paar Schritte zu diesem hin. Da haben seine Augen den obersten Teil des Inhalts erfaßt. Mit einem Sprung ist er bei Dicki.

„Die Dame mit dem schwarzen Dackel", ruft er aus und wirft die Sachen einzeln auf den Tisch: einen Anzug, eine weiße Perücke, eine Uniformjacke, eine Uniformhose und eine Schirmmütze...

„Der Hauptmann der Heilsarmee und der komplette weißhaarige Gentleman..."

Dicki blickt noch immer entgeistert auf die Kleidungsstücke.

„Sie glauben, daß sie die Sachen geschickt hat?"

„Sie war selbst da, Dicki. Der Polizist war niemand anderes als die Dame mit dem schwarzen Dackel."

Es vergehen Minuten, bis Dicki das verdaut hat. Die Dackeldame war also hier. Vielleicht gar zu der Zeit, als Dicki sein neues Messer kaufen ging.

Perry untersucht die Taschen der Uniform. Aber er findet nichts. Keinen Hinweis auf den wirklichen Besitzer.

Da bückt sich Dicki plötzlich.

„Hier, Mister Clifton, ein Brief..."

„Sieh einer an, die Dame schreibt mir sogar einen Brief."

Ohne ein Zeichen besonderer Aufregung nimmt ihn Perry Dicki aus der Hand und schlitzt ihn auf. Dickis Augen hängen gebannt an Perrys Gesicht.

„Ist es wieder eine Drohung?" fragt er mit belegter Stimme.

Perry überfliegt die Zeilen, dann antwortet er:

„Eher das Gegenteil. Willst du hören, was die Lady schreibt?"

Dicki nickt heftig.

„Lieber Mister Clifton! Ich habe Sie unterschätzt. Aber ich möchte mich mit Ihnen treffen – versteht sich: ohne Polizei. Bei dieser Gelegenheit will ich Ihnen etwas übergeben, wofür Sie sicherlich Interesse haben werden. Ich vertraue Ihnen also, und damit Sie sehen, daß ich es ernst meine, übergebe ich Ihnen hiermit zwei meiner Verkleidungen. Kommen Sie morgen nachmittag um 2 Uhr in die Gartenanlagen von Sheltmans. Im zweiten Nebengang finden Sie eine dunkelblau gestrichene Hütte. Das soll der Treffpunkt sein. Sie werden erwartet."

Dicki schluckt schwer. „Werden Sie hingehen?"

„Selbstverständlich", erwidert Perry und stopft die Kleidungsstücke in den Karton zurück.

„Aber es ist bestimmt gefährlich", gibt Dicki zu bedenken.

„Ich glaube nicht."

„Und wenn es eine Falle ist?" Dicki ist nicht so schnell zu beruhigen.

„Es wird weniger eine Falle als ein Ablenkungsmanöver sein. Wenn die gute Judith Corano wüßte, wie nah ich ihr schon auf den Fersen bin, würde sie auf solche Mätzchen verzichten."

„Judith Corano ...? Wer ist das?"

„Stimmt", erinnert sich Perry. „Du hast ja keine Ahnung, daß ich heute noch einmal bei Madame Porelli war..."

Und dann macht Dicki kugelrunde Augen, als ihm Perry die Geschichte von der Zwillingsschwester der Madame Porelli erzählt.

„Ob wir sie erwischen?" fragt er atemlos, denn für ihn steht es fest, daß er dabeisein wird.

„Wir werden sie erwischen, Dicki – schon sehr bald!"

Die großen Zeiger auf dem gewaltigen Zifferblatt an der anglikanischen Kirche in Brixton zeigen fünf Minuten bis 14 Uhr.

Vom Himmel, der eben noch die Farbe eines bleiernen Grau hatte, fällt jetzt leiser Nieselregen.

Langsam biegt der Morris, eine schwarze Spur auf dem lackglänzenden Asphalt hinterlassend, in die Bridge Street ein. Meterweit hört man das Quietschen seiner Scheibenwischer, die in stereotyper Gleichmäßigkeit über die Panoramascheibe gleiten.

Mit abgestelltem Motor fährt der Wagen auf die Einfahrt zu Sheltmans Gartenanlagen zu.

Es ist 13.58 Uhr, als Perry Clifton den Morris genau vor der Einfahrt zum Stehen bringt...

Perry nickt Dicki kurz zu. „Abgemacht, Dicki, solltest du was Verdächtiges bemerken, drückst du zweimal auf die Hupe."

„Mach ich, Mister Clifton", antwortet Dicki mit leiser Stimme.

Mit weitausholenden Schritten strebt Perry Clifton dem zweiten Nebenweg zu, während er aus den Augenwinkeln heraus die Umgebung mustert. Aber niemand scheint Lust zu verspüren, an einem solchen regnerischen Novembertag seine Zeit im Garten zu verbringen.

Das Schlagwerk in der Uhr der anglikanischen Kirche beginnt zu läuten. 14 Uhr...

Jetzt hat Perry den zweiten Nebenweg erreicht. Nichts rührt sich. Langsam, Schritt für Schritt, geht der Detektiv weiter...

Nach wenigen Metern hat er die Hütte entdeckt, deren Holz mit einem schreienden Blau bemalt ist.

Das Gartentor steht offen. Der Weg zur Hütte ist mit Kies bestreut.

Perry zögert einen Augenblick.

Als er auf die Hütte zuzugehen beginnt, knirscht der Kies laut unter seinen Schuhen... Noch acht Meter... Nichts geschieht, kein Laut ist zu hören... Vier Meter – zwei...

Perry lauscht... Langsam legt er seine Hand auf den eisernen Türgriff... Mit einem heftigen Ruck stößt er die Tür auf und fährt im gleichen Moment erschrocken und entsetzt zurück...

Mit wütendem Gekläff ist ein Hund aus der Hütte gestürzt und springt um Perry herum, der sich den Schweiß von der Stirn wischt. „Wird Zeit, daß sich meine Nerven wieder erholen können", ärgert er sich innerlich über seine Schreckhaftigkeit.

„Na, komm her!"

Der Hund bellt noch gereizter. Dabei schüttelt er sich ein um das andere Mal...

„Jocky – sei ein lieber Hund..." Der Dackel stutzt, als er seinen Namen hört. Und plötzlich geht er schweifwedelnd auf Perry zu. Warm fährt seine Zunge über Perrys ausgestreckte Hand.

„So ist es lieb, Jocky... Jetzt wirst du bald wieder bei deinem Frauchen sein."

Verdutzt blickt Perry auf seine Hand. Schwarze Flecken zeichnen sich darauf ab... Als der Dackel schmusend an seinem Bein vorbeistreicht, sieht er des Rätsels Lösung. Jocky, der Diebesdackel, färbt ab... Perry muß unwillkürlich lachen.

Bevor er zum Wagen zurückkehrt, wirft er noch einen schnellen Blick in die Hütte. Wie erwartet ist sie leer. Bis auf wenige Gartengeräte enthält sie nur noch eine alte, zusammengefaltete Decke, die wahrscheinlich dem Dackel als Lager gedient hat.

Dicki bleibt die Spucke weg, als er hinter Perry treu und brav einen schwarzen Dackel trippeln sieht.

Im Nu ist er aus dem Wagen heraus.

„Vorsichtig, daß du dich nicht schwarz machst!" ruft ihm Perry warnend zu, und als er Dickis verständnisloses Gesicht wahrnimmt, erklärt er:

„Unser vierbeiniger Freund färbt ab wie ein frisch gestrichener Gartenzaun."

So steht Dicki starr und steif und läßt sich von allen Seiten beschnuppern. „Und was jetzt?" fragt er endlich und macht vorsichtig einen Schritt zur Seite.

„Jetzt muß ich erst einmal telefonieren. Anschließend bringen wir dann den Dackel zu Madame Porelli zurück. Sie kann ihn gleich in einen Waschzuber stecken..."

„Und Miß Corano oder wie sie heißt?"

Perry macht ein geheimnisvolles Gesicht.

„Auch die wird uns noch heute in die Falle gehen – wenn alles klappt. Deshalb muß ich ja mit Inspektor Skiffer telefonieren... Jaja, Madame Porelli wird Augen machen, wenn sie plötzlich ihrer Zwillingsschwester Claire gegenübersteht..."

Dicki brummt grimmig und drohend: „Wenn ich Madame

Porelli wäre, würde ich meiner diebischen Schwester alle Haare einzeln ausreißen..."

„Aber, aber..." dämpft Perry seines kleinen Freundes kriegerische Gefühle.

„Mein Großvater sagt immer: Auge um Auge und Zahn auf Zahn!"

Perry verbessert grinsend: „Sicher meint dein Großvater ‚Zahn um Zahn'."

„Da ist doch kein Unterschied..." Dicki hat etwas dagegen, wenn jemand seines Großvaters Zitatenschatz anzweifelt. Selbst Perry darf das nicht. Und rechthaberisch wiederholt er deshalb: „Auge um Auge, Zahn auf Zahn!"

„Na, meinetwegen. Mach mit deinen Zähnen, was du willst. Aber jetzt müssen wir sehen, daß wir weiterkommen. Schließlich haben wir heute noch eine ganze Menge zu tun."

Das letzte Kapitel

In einer stillen Teestube am Matton Square sitzt Dicki und wartet auf Perry Clifton.

Er ist inzwischen beim fünften Kakao angelangt.

Schon nach dem ersten beschloß er, seinen Platz zu wechseln. Nun sitzt er so, daß er den altmodischen Regulator über dem Kachelofen sehen kann.

Eine Stunde wollte Perry wegbleiben. Und jetzt ist es schon fast 17 Uhr.

„Bitte, noch einen Kakao..."

Die dicke Frau nickt ihm freundlich zu. „Hoffentlich platzt dir nicht der Bauch."

„Ich kann zwanzig Tassen trinken!" übertreibt Dicki maßlos und genießt die Hochachtung der Bedienung...

Er ist dankbar für jede Ablenkung, denn sobald er an die bevorstehende Entlarvung der Dackeldame denkt, beginnt sein Herz wie wild zu klopfen. Und es klopft überall dort, wo es eigentlich nicht klopfen sollte. Im Bauch, in den Händen und am meisten im Hals.

Er, Dicki Miller, wird dabei sein, wenn man die vielgejagte Diamantendiebin stellt. Ein unvorstellbarer Gedanke. Das schlimme ist nur, daß er seinen Freunden in der Schule nichts davon sagen darf. Sein Nebensitzer Ronnie und der dünne David würden vor Neid erblassen. Im Geist sieht er sich auf dem Katheder stehen und mit lässigen Gesten von seinen Abenteuern erzählen. Vielleicht würde dann sogar Miß Carter, seine Lehrerin, „Sie" zu ihm sagen. Dicki kichert still in sich hinein... Und er dürfte sie Agathe nennen...

Aber hatte ihm Perry nicht schon damals nach der Geschichte mit dem Baron Kandarsky und dem geheimnisvollen Würfel verboten, darüber zu sprechen...? Es ist zum Auswachsen mit den Erwachsenen. Da hilft man ihnen nun, und zum Dank muß man auch noch die Klappe halten.

Dicki sieht zur Uhr. Fünf Minuten nach 17 Uhr.

„Kann ich noch eine Tasse Kakao haben, Miß?"

„Nein, mein Freund!"

Erschrocken fährt Dicki herum... Perry Clifton nickt ihm freundlich zu: „Es ist Zeit, Dicki."

Rasch springt Dicki auf. „Ich habe sechs Kakao getrunken", bereitet er seinen Freund auf die Rechnung vor.

„Was, sechs Tassen Kakao? Du lieber Himmel, wir sind doch nicht in der Wüste."

Die Bedienung ist näher getreten. Mit ernstem Gesicht sagt sie zu Perry:

„Das ist noch gar nichts. Er kann zwanzig Tassen trinken."

Dicki überlegt: Soll er sich in ein Mauseloch verkriechen – oder soll er bei seiner Behauptung bleiben? Aber der Gedanke daran, daß ihm Perry womöglich die restlichen vierzehn Tassen servieren läßt, verursacht ihm ein Schütteln.

„Naja, zehn, vielleicht", schwächt er seine Übertreibung von vorhin ab und verschwindet durch die Tür.

Perry zahlt und geht ihm nach. Still steigen sie in den Wagen.

Das letzte Kapitel kann beginnen.

Der Regen hat aufgehört. Die Luft ist feucht und kalt. Es herrscht nur wenig Verkehr in der Wingert Street, als Perry seinen Morris in die schmale Toreinfahrt lenkt. Vorbei an Gerümpel und Müll.

Als sie aussteigen, schaudert Dicki fröstelnd zusammen. Jocky steht schon vor der Tür des Wohnwagens und wedelt wie wild mit seinem dünnen Schwanz.

Perry sieht auf seine Uhr. 17.30 Uhr. Er streicht Dicki noch einmal über die Haare. „Komm..."

Er klopft zweimal.

„Wer ist da?"

„Perry Clifton!"

„Kommen Sie herein, die Tür ist nicht verschlossen."

Jocky ist der erste, der schweifwedelnd im Inneren des Wohnwagens verschwindet. Sein glückliches Bellen ist sicher mehrere Straßen weit zu hören.

Perry schiebt Dicki vor sich hin. Gewissenhaft schließt er hinter sich die Tür.

Madame Porelli kniet auf dem Boden und versucht, sich der Begeisterung des Dackels zu erwehren.

„Eigentlich wollte ich Sie schon fragen, Mister Clifton, ob Sie sich nicht gleich bei mir ein Bett aufstellen wollen..."

„Und jetzt?"

„Jetzt muß ich mich bei Ihnen bedanken... Es ist Ihnen also wirklich gelungen, meinen Jocky zu finden."

„Wie Sie sehen!"

„Ihre Schwester hat ihn schwarz gefärbt, aber die Farbe geht ganz leicht ab", ruft ihr Dicki zu, der sich mit ihr freut.

„Ich sehe es", nickt Madame Porelli und zeigt Dicki ihre Hände.

„Darf ich Ihnen einen Whisky anbieten, Mister Clifton?" Madame Porellis Stimme ist voller Glück. Mit strahlenden Augen richtet sie sich auf.

„Nein, danke – zu so später Stunde trinke ich nie."

„Werden Sie jetzt wieder im Zirkus auftreten, Madame Porelli?" erkundigt sich Dicki und hockt sich auf das marokkanische Sitzkissen, auf dem er schon bei seinem ersten Besuch Platz genommen hatte.

„Vielleicht – vielleicht auch nicht... Ich hätte Lust, mit Jocky zu verreisen..."

Perry steht noch immer in der Mitte des Wohnwagens.

„Wo haben Sie denn meinen Jocky aufgespürt?" Wieder ist es Dicki, der die Beantwortung der Frage übernimmt:

„In einer Gartenhütte – aber das ist noch nicht alles", sprudelt er in grenzenloser Begeisterung hervor... „Wir werden heute auch noch Ihre Schwester fangen."

Madame Porelli blickt fragend auf Perry Clifton.

„Ist das wahr, Mister Clifton?"

„Stimmt. Ihr Hinweis auf Ihre Zwillingsschwester war unbezahlbar..."

„Und wo steckt meine Schwester?"

Perrys Stimme hat jede Verbindlichkeit verloren.

„Immer der Reihe nach. Ich habe gestern einige sehr interessante Fahrten und Besuche unternommen..."

„So?“ Madame Porelli setzt sich auf einen dreibeinigen Hocker am Fenstertisch.

„Ich war noch einmal in dem Krankenhaus in der Baker Street. Anschließend besuchte ich Direktor Paddlestone vom Zirkus... Dort erfuhr ich, daß Sie aus Luton stammen.“

„Das hätten Sie auch von mir erfahren können“, wirft Madame Porelli finster ein.

„Sicher... Wie Sie sehen, habe ich keine Mühe und keine Zeit gescheut, um Ihre Zwillingsschwester ausfindig zu machen – beziehungsweise ihr auf die Schliche zu kommen... Zwei Stunden lang habe ich zusammen mit dem Standesbeamten von Luton Register gewälzt – übrigens ein netter Mensch, dieser Mister Ratherkent... Es hat sich gelohnt...“

„Was hat sich gelohnt?“ kommt es leise von den Lippen der Artistin.

„Ich habe gefunden, was ich gesucht habe: Im Jahrgang 1903 fand ich unter dem 12. September einen Eintrag. Mister und Mistreß Porelli melden die Geburt eines Mädchens an. Name des Mädchens: Geraldine. Geraldine Porelli.“

„Und?“

„Hören Sie, Madame Porelli, ich sagte: *ein* Mädchen. Im Geburtenregister stand nichts von Zwillingen.“ Perrys Stimme ist eiskalt...

Dicki glaubt, vor Entsetzen sterben zu müssen. Fassungslos wandern seine Blicke zwischen Perry Clifton und Madame Porelli hin und her. Einer Madame Porelli, deren Aussehen sich beängstigend verändert hat.

„Es existiert keine Zwillingsschwester, Madam“, fährt Perry unerbittlich fort. „Die Patientin im Krankenhaus hieß zwar Porelli, doch war ihr Vorname Susan. Sie ist Ihre Nichte und hatte von den einträglichen Diebstählen ihrer Tante keine Ahnung.“

„Sie elender Schnüffler..." Madame Porelli ist aschgrau im Gesicht. Ihre Augen lodern haßerfüllt, während die Knöchel ihrer verkrampften Hände weiß hervortreten.

„Für Madame Porelli wird es keine Vorstellungen mehr geben. Auch keine Reisen – außer einer, aber die führt wohl ins Gefängnis – ob Sie wollen oder nicht... Tja, Sie haben eine Reihe großer Fehler gemacht. Ihr größter war Ihr überheblicher Leichtsinn. Sie haben alle anderen Mitmenschen für dumm gehalten... Ein Kompliment muß ich Ihnen allerdings machen", Perry deutet spöttisch eine höfliche Verbeugung an, „Ihre Schauspielkunst war meisterhaft und vollendet..."

Madame Porelli erhebt sich langsam. Ihre Züge sind verzerrt, während ihr Atem stoßweise geht.

„Sie verdammter Narr", zischt sie Perry zu, „Sie glauben doch nicht, daß Sie hier heil herauskommen...!"

Dicki hat sich auch erhoben. Der Schreck sitzt ihm in den Gliedern.

„Du brauchst keine Angst zu haben, Dicki. Madame Porelli ist im Augenblick harmlos wie eine von Miß Wimmerfords musikalischen Ameisen..."

„Ich werde Sie alle beide..." keucht sie, ohne den Satz zu vollenden, und macht einen Sprung zur Tür...

Krachend fliegt in diesem Moment die Tür auf.

„Bemühen Sie sich nicht, Mylady. Wir sind zum Empfang gerüstet."

Madame Porellis Augen flackern. Mit einem dumpfen Laut sinkt sie auf dem marokkanischen Sitzkissen zusammen. Sie weiß, daß das große Spiel verloren ist.

„Ich bin Inspektor Skiffer vom Scotland Yard. Im Namen der Königin verhafte ich Sie wegen fortgesetzten Diebstahls. Ich mache Sie darauf aufmerksam, daß alles, was Sie ab jetzt sagen, gegen Sie verwandt werden kann."

Noch einmal flackert es in Madame Porelli auf. Rauh und heiser ist ihre dunkle Stimme:

„Sie können mir nichts beweisen – gar nichts…“

Inspektor Skiffer hebt kurz die Hand.

Aus dem anonymen Dunkel des Hofes schiebt sich eine Gestalt an Scott Skiffer vorbei. „Ja, Inspektor, das ist das Gesicht von weißhaarige Gentleman…“

„Sie irren sich nicht?“

Der Mann klopft sich vor die Brust. „Jan Krenatzki irrt sich nicht. Sehen Sie, ist gleiche Uhr wie bei Gentleman.“

Ein Wort noch…

Ja, liebe Leser, sicher wollt ihr wissen, was aus dem Dackel Jocky geworden ist. Stimmt's? Direktor James Paddlestone nahm sich seiner an. Und als die neue Spielzeit begann, hatte er ihm beigebracht, zwischen jeder Nummer ein Schild in der Schnauze herumzutragen, auf dem der nächste Auftritt angekündigt wurde.

Die gestohlenen Diamanten aber fand man nach langem Suchen in einem Versteck auf dem Hausboot „Jane“.

Und Dicki… Nun, der war zutiefst beleidigt. Einen ganzen Tag lang sprach er kein Wort mit seinem großen Freund. Er war der Ansicht, daß es gar nicht fein von Perry war, ihn so im unklaren über Madame Porellis Täterschaft zu lassen.

Ausgerechnet ihn, der sie schließlich zuerst verdächtigt hatte.

Aber sein Großvater war schon im Recht, wenn er behauptete, daß Dankbarkeit auf der Welt seltener sei als vierblättrige Kleeblätter.

??????????????????????????????????????

Auflösungen

??????????????????????????????????????

Das seltsame Ableben des Mr. Banks

Bei der „nicht bemerkten Lüge", von der Feldhoff sprach, handelte es sich um die Tatsache, daß er eigentlich schon bei dem ersten Gespräch mit Banks hätte merken müssen, daß dieser Spanisch verstand. Wie sonst hätte er all die Einzelheiten verstehen können, die Gegenstand der spanisch geführten Unterhaltung zwischen Ibanez und Feldhoff waren.

Geisterstunde

Den nicht wiedergutzumachenden Fehler beging der Portier und ehemalige Butler Oliver. Obgleich Sir John Danbrugh den Namen des oder der Bestohlenen noch gar nicht genannt hatte, wußte Oliver bereits, daß es sich um Mrs. Mary Woodmaker handelte.

Max und Moritz

Es war seine Körpergröße, die Moritz von den anderen unterschied. Er war sozusagen ein „Zwerg". Um aus dem Zellenfenster sehen zu können, benötigte er Tisch und Stuhl.

Zwei Pläne nach Maß

Als Verräter kommt nur derjenige Gauner in Frage, der von vornherein bestimmen und seine beiden Helfershelfer darüber informieren konnte, wohin er die Geldtasche stecken würde. Das war in diesem Fall Berry Priscott.

Der Phantomdieb

Ganz einfach: Eine hebräische Zeitung wird von rechts nach links gelesen. Wahrscheinlich war dem falschen Schmul Stettiner diese Tatsache fremd. Oder er hatte nicht daran gedacht, als er mit seinem Vergrößerungsglas von links nach rechts schwenkte.

Kofferdiebe

Am 15. August wurden die beiden verhaftet. Sie behaupteten, zur fraglichen Zeit in der Burgschenke gewesen zu sein. Eine Behauptung, die nicht stimmen konnte, da dieses Lokal am Mittwoch Ruhetag hatte.

Auge in Auge

Die Zeichnung vom „Tathergang“ überführte den Kassierer der Lüge. Wie zu sehen ist, fehlten dem betreffenden Täter weder Zeige- noch Mittelfinger.

Kirchendiebe

Hamilton behauptete, seit 1.30 Uhr im Besitz der Figuren zu sein. Das war ein großer Fehler, da die Diebe die Kirche mit ihrer Beute erst wesentlich später verließen.

Pepes Pech

Die Antwort lautet schlicht und einfach: In einem Kaufhaus. Nur dort gibt es so viele verschiedene Dinge unter einem Dach.

++++++++++++++++++++++++++++++++++++

Bibliographie Wolfgang Ecke

(Stand: Juni 1977)

++++++++++++++++++++++++++++++++++++

Selbständige Veröffentlichungen

Der Mann mit dem roten Zylinder. Stuttgart 1964. Tb-Ausgabe: Ravensburg 1973; Neuausgabe: Balve 1976. Übersetzungen in den Niederlanden und Südafrika

Der Herr in den grauen Beinkleidern. Stuttgart 1964. Tb-Ausgabe: Ravensburg 1969. Übersetzung in Südafrika

Die Dame mit dem schwarzen Dackel. Bayreuth 1965. Tb-Ausgabe: Ravensburg 1970. Übersetzung in Südafrika

Die Jagd nach dem gelben Krokodil. Bayreuth 1965. Tb-Ausgabe: Ravensburg 1974; Neuausgabe: Balve 1976. Übers. in Südafrika

Das Geheimnis der weißen Raben. Bayreuth 1966. Tb-Ausgabe: Ravensburg 1970. Übersetzungen in den Niederlanden und Frankreich

Wer knackt die Nuß? 1. Band. Ravensburg 1966

Flucht. Stuttgart 1966. Übersetzungen in Spanien, Frankreich und Amerika

Wer knackt die Nuß? 2. Band. Ravensburg 1968

Wer knackt die Nuß? 1. Band. Exeter 1968 (Ausgabe in England zum Erlernen der deutschen Sprache)

Notlandung auf Takanawe. Stuttgart 1969. Tb-Ausgabe: Ravensburg 1975

Die Insel der blauen Kapuzen. Bayreuth 1969. Tb-Ausgabe: Ravensburg 1972

Wer knackt die Nuß? 1. Band. Kopenhagen 1970 (Ausgabe in Dänemark zum Erlernen der deutschen Sprache)

Kriminalgeschichten. Ravensburg 1971

Das Schloß der roten Affen. Ravensburg 1971

Der Mann in Schwarz. Ravensburg 1972

Das Gesicht in der Scheibe. Ravensburg 1972. Übersetzung in Spanien

Solo für Melodica. Ravensburg 1972

Das Geheimnis der alten Dschunke. Ravensburg 1973. Buchgemeinschafts-Ausgabe: Gütersloh 1977
Das Haus der 99 Geister. Ravensburg 1974
Das unheimliche Haus von Hackston. Bayreuth 1974. Buchgemeinschafts-Ausgabe: Gütersloh 1976
Wer knackt die Nuß? 3. Band. Ravensburg 1975
Kichergeschichten. Ravensburg 1975
Das geheimnisvolle Gesicht. Bayreuth 1975
Schach bei Vollmond. Ravensburg 1976
Falschgeld. Kopenhagen 1976 (Ausgabe in Dänemark zum Erlernen der deutschen Sprache)
Die Schatzjäger. Stuttgart 1976
Das Geheimnis der Spieluhr. Bayreuth 1976
Spuk um Mitternacht. Bayreuth 1976
Der Erpresser. Kopenhagen 1977 (Ausgabe in Dänemark zum Erlernen der deutschen Sprache)
Der Juwelendieb. Kopenhagen 1977 (Ausgabe zum Erlernen der deutschen Sprache)
Das Tal der Affen. Stuttgart 1977
Der unsichtbare Zeuge. Ravensburg 1977
Der silberne Buddha. Bayreuth 1977
Der Schrecken aller Geister. Bayreuth 1977

Wolfgang Ecke als Herausgeber

Erben auf Schottisch. Ravensburg 1974
Wolfgang Ecke's Kriminalmagazin 1. Ravensburg 1976
Wolfgang Ecke's Kriminalmagazin 2. Ravensburg 1976
Wolfgang Ecke's Kriminalmagazin 3. Ravensburg 1977
Außerdem Hörspieltexte und Kurzgeschichten in vielen Schulbüchern.
Von Wolfgang Ecke gibt es über 650 Hörspiele, von denen sehr viele auch in Österreich, Italien, Norwegen, Schweden, Dänemark, Finnland, Südafrika, Jugoslawien, Polen, Tschechoslowakei und der Schweiz gesendet wurden.
35 Langspielplatten getextet und produziert.